MENALAR DENGAN BENAR: PENGANTAR LOGIKA UNTUK AKADEMISI DAN MASYARAKAT

Rohmatun Fitriana, dkk

MENALAR DENGAN BENAR: PENGANTAR LOGIKA UNTUK AKADEMISI DAN MASYARAKAT
Penulis
Rohmatun Fitriana, dkk

QRCBN
62-688-8243-691

Editor
Rifqi Khairul Anam

Penyunting
Rifqi Khairul Anam

Desain Sampul dan Tata Letak
Rifqi Khairul Anam

Penerbit
Graflit Anagraf Indonesia
Penerbitan dan Penulisan
Palem Merah, J2/06, Tangerang, Banten
@graflit.id
www.graflitin.com
081-317-450-195
IKAPI: No.082/BANTEN/2025

Cetakan pertama, Desember 2025

KATA PENGANTAR

Puji syukur ke hadirat Allah Swt. atas limpahan rahmat dan karunia-Nya, sehingga buku *Menalar dengan benar: Pengantar Logika untuk Akademisi dan Masyarakat* ini dapat disusun dan dihadirkan kepada pembaca. Buku ini lahir dari kesadaran bahwa logika bukan sekadar perangkat berpikir bagi kalangan akademik, melainkan kebutuhan fundamental setiap manusia dalam memahami realitas, mengambil keputusan, dan membangun nalar yang sehat dalam kehidupan sehari-hari.

Di tengah derasnya arus informasi, perbedaan pandangan, serta dinamika sosial yang semakin kompleks, kemampuan berpikir logis, kritis, dan sistematis menjadi sangat penting. Logika tidak hanya berfungsi sebagai alat analisis ilmiah, tetapi juga sebagai sarana membangun dialog yang rasional, etis, dan bermartabat. Dalam konteks inilah, pendekatan antropologis terhadap logika menjadi relevan, karena logika tidak pernah lahir di ruang hampa, melainkan tumbuh dan berkembang dalam kebudayaan, nilai, serta praktik sosial manusia.

Buku ini berupaya menyajikan konsep-konsep dasar logika secara sederhana, kontekstual, dan mudah dipahami, tanpa kehilangan kedalaman akademiknya. Pembahasan diarahkan agar logika dapat dipahami sebagai bagian dari kehidupan manusia, bagaimana manusia berpikir, menalar, berargumentasi, dan memaknai kebenaran dalam berbagai konteks sosial dan budaya. Dengan demikian, buku ini diharapkan dapat menjembatani dunia akademik dan realitas masyarakat secara lebih inklusif.

Harapannya, karya ini dapat menjadi langkah awal bagi penulis untuk terus mengembangkan kajian logika yang lebih mendalam, interdisipliner, dan responsif terhadap perkembangan zaman, serta melahirkan karya-karya lanjutan yang semakin memperkaya khazanah keilmuan dan memberikan kontribusi nyata bagi dunia akademik dan masyarakat luas.

Akhir kata, semoga buku ini bermanfaat dan menjadi bagian dari ikhtiar bersama dalam membangun tradisi berpikir yang rasional, humanis, dan berkeadaban.

Probolinggo, 18 Desember 2025

Nazahah Ulin Nuha, S.Hum., M.Pd.

PRAKATA EDITOR

Assalamualaikum Warahmatullahi Wabarakatuh,

Dunia ibarat sungai yang mengalir deras. Di dalamnya, informasi bukan lagi sekadar data, melainkan arus deras yang siap menghanyutkan siapa saja yang tidak memiliki pijakan. Kebanyakan orang memilih untuk terapung, membiarkan diri mereka diseret oleh opini publik, tren sesaat, dan retorika kosong yang memukau namun mematikan.

Buku yang ada di tangan Anda ini bukan sekadar tugas akhir atau tumpukan kertas kurikulum *Outcome-Based Education* (OBE). Jika Anda hanya melihatnya sebagai "Bunga Rampai" mahasiswa, maka Anda telah gagal menangkap esensinya. Buku ini adalah dokumentasi dari sebuah kegigihan.

Seperti seseorang yang berjalan melawan arus informasi yang begitu deras, para penulis dalam buku ini sedang berlatih untuk menjadi subjek yang utuh. Di ruang kelas, saya tidak meminta mereka untuk menjadi bejana kosong yang pasif. Saya menuntut mereka untuk menjadi batu karang. Mereka belajar untuk tidak menangis saat argumennya dipatahkan, tidak mengeluh saat kerancuan berpikirnya (*logical fallacy*) dikuliti, dan tidak berhenti saat teori terasa mencekik.

Menalar dengan benar adalah sebuah bentuk ketekunan (*perseverance*). Ia menuntut wajah yang tanpa ekspresi di hadapan badai hoaks. Ia menuntut tatapan yang setajam monolit di hadapan godaan kemudahan. Melalui proses penulisan ini, mahasiswa saya sedang menempa jalan mereka sendiri sebuah jalan nalar yang akan membuat mereka tetap tegak berdiri ketika dunia di sekitar mereka kehilangan integritasnya.

Terima kasih kepada pimpinan kampus yang telah memberikan arena penajaman intelektual ini. Apresiasi khusus saya haturkan kepada Rektor Institut Ahmad Dahlan Probolinggo Assoc. Prof. Dr. Benny Prasetiya M.Pd.I dan Kaprodi Pendidikan Agama Islam Nazahah Ulin Nuha, S.Hum., M.Pd , atas dukungan moral yang diberikan.

Pada akhirnya, buku ini adalah bukti bahwa di Probolinggo, pada Desember 2025, ada sekelompok manusia yang menolak untuk hanyut. Mereka memilih untuk terus melangkah, selangkah demi selangkah, menuju kemandirian berpikir.

Sebab, bagi mereka yang memahami esensi nalar, menyerah pada sesat pikir adalah bentuk pengkhianatan terhadap kedaulatan diri yang paling mendasar.

Selamat membaca. Jangan hanya menelan; ujilah!

Probolinggo, Desember 2025

Rifqi Khairul Anam *Editor / Dosen Pengampu*

DAFTAR ISI

BAB 1
MENGAPA LOGIKA? MEMBEDAH PERAN PENALARAN DALAM STUDI DAN KEHIDUPAN SEHARI-HARI

PENDAHULUAN

Di dalam pendidikan tinggi, logika seringkali dianggap sebagai disiplin formal yang berfokus pada penalaran sistematis. Namun, keterampilan berpikir logis dalam praktik sehari-hari sering kali rendah, yang tercermin dari keputusan yang diambil berdasarkan intuisi dan informasi yang tidak tervalidasi. Fenomena penyebaran misinformasi digital, sifat bias dalam berpikir, dan argumen yang tidak berbasis data di media sosial menegaskan bahwa materi logika belum sepenuhnya diinternalisasi dalam pola pikir masyarakat, termasuk kalangan mahasiswa(Suarniati, 2024). Kesenjangan ini menunjukkan pentingnya memaknai kembali logika sebagai keterampilan yang tidak hanya penting dalam konteks akademik, tetapi juga sebagai alat esensial dalam pengambilan keputusan dan interaksi sosial sehari-hari.

Penelitian terdahulu mengindikasikan bahwa pembelajaran logika dapat berkontribusi signifikan terhadap kemampuan berpikir kritis mahasiswa(Ekasari et al., 2023). Sebuah studi yang menunjukkan bahwa mahasiswa yang menerima pelatihan logika memiliki kecenderungan yang lebih rendah untuk membuat kesalahan dalam penalaran adalah penting untuk dipertimbangkan, tetapi penelitian ini tidak mengkaji secara mendalam bagaimana keterampilan logika diintegrasikan dalam pengambilan keputusan sehari-hari(Sari & Yusnita, 2018). Oleh karena itu, penelitian ini bertujuan untuk mengisi kekosongan tersebut dengan mengeksplorasi logika sebagai keterampilan lintas situasi yang penting dalam akademik dan kehidupan pribadi mahasiswa.

Keunikan dari penelitian ini terletak pada pendekatan yang berupaya memahami logika sebagai kerangka berpikir transformasional yang membantu individu dalam memaknai realitas mereka(Dinihari et al., 2023). Fokus penelitian ini adalah untuk mengevaluasi bagaimana logika mempengaruhi cara mahasiswa dalam menilai informasi dan keterlibatan mereka dalam diskusi etis. Dalam era digital yang dihadapi oleh generasi sekarang, kemampuan untuk menyaring dan mengevaluasi informasi secara rasional menjadi tantangan yang semakin mendesak(Karim, 2022). Menciptakan perspektif integratif terhadap logika dalam kehidupan sehari-hari mahasiswa bukan hanya memperkaya pemahaman akademis, tetapi juga meningkatkan keterampilan kritis yang dibutuhkan di dunia nyata.

Pertanyaan penelitian utama yang akan dijawab adalah bagaimana logika berperan dalam membangun kemampuan penalaran yang relevan dalam konteks akademik dan personal mahasiswa. Penelitian ini mengusulkan bahwa logika berperan signifikan dalam mengurangi bias kognitif dan memperkuat kemampuan refleksi diri(Kamarudin, 2022). Indikasi awal menunjukkan bahwa mahasiswa yang memahami prinsip logika lebih mahir dalam menyusun argumen yang kohesif dan rasional dalam konteks sosial, serta lebih teliti dalam menilai informasi digital. Dengan demikian, penelitian ini berusaha menunjukkan bahwa logika tidak hanya memperkuat studi akademik tetapi juga memfasilitasi kualitas interaksi serta pengambilan keputusan yang lebih baik dalam kehidupan sehari-hari.

PEMBAHASAN

Konsep Dasar Logika

Logika merupakan cabang ilmu filsafat yang berfokus pada prinsip-prinsip berpikir benar dan penalaran yang sahih. Dalam konteks akademik maupun kehidupan sehari-hari, logika berfungsi sebagai perangkat intelektual yang membantu seseorang menilai kualitas suatu pemikiran, membedakan argumentasi yang kuat dari yang lemah, serta mengidentifikasi struktur proses berpikir yang koheren. Penekanan logika tidak hanya terletak pada hasil pemikiran, tetapi juga pada proses mental yang mengarah pada kesimpulan tertentu. Karena itu, logika memberikan kerangka sistematis agar setiap orang mampu menimbang alasan, bukti, dan hubungan antara premis dan kesimpulan secara objektif. Dengan memahami logika, seseorang dapat lebih mudah menilai apakah suatu pernyataan memiliki dasar rasional atau hanya berupa asumsi tanpa landasan(Hafizhah & Zein, 2024). Pada akhirnya, logika menjadi fondasi penting bagi semua disiplin ilmu karena memungkinkan mahasiswa dan peneliti mengembangkan pola pikir kritis, analitis, dan sistematis dalam memahami fenomena dan persoalan ilmiah.

Tujuan utama mempelajari logika adalah membantu individu menghindari kesalahan berpikir dan meningkatkan ketepatan dalam menyusun penalaran. Dalam banyak situasi, seseorang dapat dengan mudah terperangkap dalam bias, prasangka, dan asumsi yang tidak teruji, sehingga menghasilkan kesimpulan yang menyesatkan(Qirani et al., 2023). Melalui logika, mahasiswa dibimbing untuk mengenali berbagai bentuk kekeliruan berpikir (fallacies), baik yang muncul secara sengaja maupun tidak disadari. Penguasaan logika juga mendorong kemampuan mengevaluasi argumen secara disiplin, menilai kesesuaian antara alasan dan klaim, serta memastikan bahwa setiap kesimpulan yang ditarik memiliki dasar yang cukup. Dalam ranah akademik, tujuan ini sangat penting karena kualitas penelitian sangat ditentukan oleh ketepatan analisis dan koherensi argumentasi. Sementara dalam kehidupan sehari-hari, logika membantu seseorang membuat keputusan yang lebih rasional dan terukur. Dengan demikian, belajar logika bukan sekadar keterampilan abstrak, tetapi kebutuhan praktis untuk mengelola informasi dengan jernih dan bertanggung jawab.

Logika terdiri atas beberapa komponen utama, salah satunya adalah konsep, yang merupakan gambaran mental terhadap objek, sifat, atau ide tertentu(Erdiansyah et al., 2022). Konsep berfungsi sebagai dasar bagi proses berpikir karena melalui konsep seseorang mengelompokkan informasi dan memberi makna pada pengalaman. Komponen berikutnya adalah proposisi, yaitu pernyataan yang dapat dinilai benar atau salah. Proposisi menjadi dasar terbentuknya argumen, sebab di dalamnya terkandung hubungan antara subjek dan predikat yang diikat oleh nilai kebenaran. Dalam praktik berpikir, konsep dan proposisi bekerja secara sistematis untuk membentuk struktur pemahaman yang terarah. Tanpa kemampuan mengidentifikasi konsep secara tepat, seseorang mudah salah menafsirkan informasi. Demikian pula, tanpa kemampuan menyusun proposisi yang jelas, suatu gagasan tidak dapat dianalisis secara kritis(Rohman & Kusaeri, 2021). Karena itu, pemahaman tentang konsep dan proposisi menjadi langkah awal yang sangat penting agar proses penalaran berlangsung secara konsisten dan tidak menyimpang.

Selain konsep dan proposisi, logika juga melibatkan inferensi, argumen, dan validitas sebagai komponen penting yang menentukan kualitas penalaran. Inferensi adalah proses menarik kesimpulan dari premis-premis yang telah diketahui, sehingga menghasilkan pengetahuan baru yang tetap berada dalam kerangka kebenaran. Sementara itu, argumen merupakan rangkaian proposisi yang tersusun secara logis untuk mendukung suatu klaim. Argumen yang baik harus memiliki premis yang relevan dan kesimpulan yang mengikuti secara wajar dari premis tersebut. Komponen terakhir adalah validitas, yaitu ukuran apakah hubungan antara premis dan kesimpulan disusun secara tepat menurut aturan logis. Validitas tidak selalu bergantung pada kebenaran isi premis, melainkan pada struktur penalarannya(Asfiyah, 2021). Dengan memahami ketiga komponen ini, mahasiswa dapat mengevaluasi kualitas argumentasi, membedakan argumen yang valid dari yang keliru, serta menyusun penalaran yang lebih kuat. Keseluruhan komponen ini bekerja secara terpadu sehingga logika menjadi perangkat intelektual yang efektif untuk berpikir kritis dan sistematis.

Peran Logika dalam Konteks Akademik

Dalam konteks akademik, logika menempati posisi fundamental sebagai fondasi bagi proses berpikir ilmiah yang sistematis dan rasional. Mahasiswa dari berbagai disiplin ilmu tidak hanya dituntut menguasai materi, tetapi juga mampu menalar, menghubungkan konsep, dan menarik kesimpulan secara sahih(Purpura et al., 2024). Logika memberikan seperangkat aturan untuk memastikan bahwa suatu argumentasi disusun berdasarkan premis yang jelas dan hubungan yang konsisten, sehingga mencegah munculnya kesalahan dalam penalaran. Kemampuan ini sangat penting ketika mahasiswa harus mengkritisi teori, menganalisis kasus, atau mengevaluasi data secara objektif. Tanpa perangkat logika yang memadai, argumen akademik rentan pada bias, asumsi keliru, dan kesimpulan yang tidak dapat dipertanggungjawabkan(Zhuang et al., 2022). Oleh karena itu, logika berfungsi tidak sebatas alat analisis, tetapi juga sebagai landasan epistemologis dalam memahami, membangun, dan menguji pengetahuan.

Mahasiswa sering dihadapkan pada berbagai bentuk argumentasi, baik dalam jurnal ilmiah, diskusi kelas, maupun tugas penelitian. Logika menjadi alat untuk menganalisis struktur argumen tersebut, mengidentifikasi premis, menilai konsistensi, serta menentukan validitas inferensi. Melalui kemampuan ini, mahasiswa dapat membedakan antara argumen yang cukup bukti dan argumen yang hanya mengandalkan opini. Di banyak disiplin ilmu, termasuk filsafat, hukum, pendidikan, dan ilmu sosial, ketelitian dalam mengevaluasi argumen merupakan kompetensi utama. Logika memungkinkan mahasiswa membangun sikap kritis yang tidak mudah menerima klaim tanpa verifikasi, sekaligus mampu memberikan tanggapan yang tepat berdasarkan pemikiran rasional. Dengan demikian, logika bukan hanya mendukung penguatan kemampuan akademik, tetapi juga membentuk cara pandang ilmiah yang menjunjung objektivitas, koherensi, dan ketepatan berpikir.

Penelitian akademik selalu melibatkan proses penalaran, mulai dari perumusan masalah, penyusunan kerangka teori, penentuan metodologi, hingga analisis hasil penelitian. Logika membantu mahasiswa memastikan bahwa setiap tahap penelitian dihubungkan secara konsisten dan didasarkan pada prinsip berpikir yang sahih. Dalam penyusunan kerangka teori misalnya, logika berperan dalam menyeleksi konsep yang relevan, menata hubungan antarvariabel, serta membangun argumentasi yang kuat untuk mendukung hipotesis penelitian. Pada tahap analisis data, logika membantu menafsirkan temuan secara tepat dan menghindari kesimpulan yang tidak didukung bukti empiris(Pratiwi et al., 2024). Logika tidak hanya menjadi instrumen teknis, melainkan fondasi metodologis yang memastikan penelitian berjalan secara sistematis, rasional, dan dapat dipertanggungjawabkan secara ilmiah. Tanpa logika, proses penelitian akan kehilangan arah, koherensi, dan kekuatan argumentatifnya.

Selain memperkuat kemampuan penelitian, logika juga memiliki peran strategis dalam pengembangan literasi akademik, terutama dalam keterampilan membaca, menulis, dan berkomunikasi ilmiah. Mahasiswa yang terbiasa berpikir logis akan mampu memahami teks akademik secara lebih mendalam karena mereka dapat mengikuti alur argumentasi, mengenali struktur klaim, serta menilai validitas bukti yang disajikan(Debrenti & Bordás, 2023). Dalam penulisan ilmiah, logika membantu menyusun paragraf yang koheren, menghubungkan ide secara runtut, dan mengemukakan argumentasi secara sistematis. Keterampilan ini juga mendukung kemampuan presentasi akademik, karena mahasiswa dapat menyampaikan gagasan secara jelas, terstruktur, dan persuasif. Dengan demikian, logika bukan hanya meningkatkan kecakapan berpikir, tetapi juga menjadi elemen integral dalam pembentukan kompetensi akademik yang komprehensif dan profesional. Peran logika inilah yang menjadikannya elemen penting dalam proses pendidikan tinggi di berbagai disiplin ilmu.

Peran Logika dalam Kehidupan Sehari-hari

Dalam kehidupan sehari-hari, logika memainkan peranan penting sebagai dasar bagi pengambilan keputusan yang rasional, baik dalam konteks keuangan, sosial, maupun moral. Ketika seseorang dihadapkan pada pilihan yang menuntut pertimbangan matang, kemampuan menggunakan prinsip penalaran logis membantu menyaring berbagai alternatif secara objektif(Cintamulya et al., 2023). Misalnya, dalam pengelolaan keuangan pribadi, individu yang memiliki kemampuan berpikir logis mampu menimbang risiko, manfaat, serta konsekuensi jangka panjang sebelum memutuskan pengeluaran atau investasi tertentu. Dalam ranah sosial dan moral, logika memungkinkan seseorang menilai situasi secara proporsional, tidak hanya mengikuti dorongan emosional atau tekanan kelompok. Dengan demikian, penggunaan logika menciptakan fondasi keputusan yang lebih stabil, dapat dipertanggungjawabkan, dan selaras dengan tujuan hidup yang realistis. Keputusan yang diambil secara logis juga lebih cenderung menghasilkan hasil yang konsisten dan menghindarkan individu dari tindakan impulsif yang berpotensi menimbulkan dampak negatif. Oleh karena itu, logika bukan sekadar konsep teoritis, tetapi perangkat praktis yang menuntun manusia pada tindakan yang bijaksana(Marshall & Meins, 2025).

Di era digital yang ditandai oleh banjir informasi, kemampuan berpikir logis menjadi alat penting untuk memilah pesan yang benar dari yang menyesatkan. Media sosial mempercepat penyebaran berita, opini, dan klaim yang tidak selalu diverifikasi, sehingga individu dituntut untuk memiliki ketelitian epistemik dalam menilai validitas informasi. Logika membantu masyarakat mengevaluasi argumen yang tersaji, mengidentifikasi premis yang lemah, serta menolak kesimpulan yang tidak berdasar. Sebagai contoh, ketika menghadapi konten sensasional atau provokatif, kemampuan analitis membuat seseorang tidak mudah terpancing untuk mempercayai atau menyebarkannya tanpa pengecekan. Lebih dari itu, logika memungkinkan individu memahami struktur argumen dalam suatu unggahan apakah didukung bukti empiris, apakah ada bias tertentu, atau apakah terjadi manipulasi emosi(Adhikari & Joshi, 2024). Dengan demikian, logika berperan sebagai pelindung intelektual yang menjaga publik dari hoaks, misinformasi, dan propaganda digital. Kemampuan ini sangat penting dalam membangun masyarakat yang kritis dan tidak mudah dipengaruhi oleh narasi yang tidak benar.

Kesesatan berpikir atau fallacies sering kali muncul tanpa disadari dalam kehidupan sehari-hari, baik ketika seseorang menarik kesimpulan terburu-buru, menggunakan generalisasi berlebihan, maupun mengikuti logika yang tampak benar tetapi sesungguhnya cacat. Penguasaan logika membantu individu mengenali pola-pola kesalahan ini sehingga tidak terjerumus pada cara berpikir yang merugikan diri sendiri ataupun orang lain. Misalnya, seseorang yang memahami prinsip penalaran akan lebih berhati-hati dalam menyimpulkan karakter seseorang berdasarkan satu kejadian, atau menghindari asumsi yang tidak didukung bukti kuat. Selain itu, logika mendorong seseorang mempertimbangkan berbagai faktor sebelum mengambil sikap, sehingga keputusan menjadi lebih objektif dan tidak dipengaruhi bias kognitif. Kemampuan ini juga penting dalam relasi sosial, karena kesesatan berpikir sering kali memicu konflik, salah paham, dan stereotip. Dengan memahami logika, seseorang dapat membangun pola pikir yang lebih sehat, rasional, dan proporsional, sehingga langkah yang diambil dapat dipertanggungjawabkan secara moral maupun intelektual.

Komunikasi yang baik tidak hanya ditentukan oleh kemampuan menyampaikan pesan, tetapi juga oleh struktur berpikir yang mendasarinya. Logika membantu seseorang menyusun gagasan secara teratur, memilih kata dengan tepat, serta menyampaikan argumen dengan cara yang tidak emosional tetapi tetap persuasif(Supriyanti et al., 2020). Dalam interaksi sehari-hari baik dalam keluarga, lingkungan kerja, maupun pertemanan kemampuan berkomunikasi secara logis meminimalkan potensi salah paham karena informasi disampaikan secara runtut dan didukung alasan yang kuat. Orang yang mampu menggunakan logika dalam berbicara cenderung lebih dihormati, karena argumen yang ia ajukan tidak dibangun atas dasar asumsi semata, tetapi melalui analisis yang dapat diuji. Selain itu, komunikasi logis membantu menciptakan dialog yang sehat, di mana setiap pihak fokus pada substansi, bukan emosi atau serangan personal. Pola komunikasi seperti ini tidak hanya memperkuat hubungan interpersonal, tetapi juga meningkatkan kemampuan seseorang dalam menyelesaikan konflik secara damai dan produktif. Dengan demikian, logika berperan penting dalam membentuk komunikasi yang efektif dan konstruktif

Relevansi Dan Manfaat Praktis Belajar Logika

Pembelajaran logika memiliki relevansi yang semakin kuat dalam konteks kehidupan modern yang ditandai oleh derasnya arus informasi dan meningkatnya kompleksitas persoalan sosial. Di era digital, individu dihadapkan pada beragam data, opini, serta argumen yang tidak selalu disertai dasar penalaran yang sahih. Kondisi ini menuntut kemampuan memilah, menilai, dan menginterpretasi informasi secara cermat agar tidak terjebak dalam bias kognitif ataupun penipuan intelektual. Logika, sebagai disiplin yang mempelajari aturan berpikir benar, menawarkan perangkat yang sangat dibutuhkan untuk menghadapi tantangan tersebut(Hendri, 2024). Dengan mempelajari logika, seseorang tidak hanya memahami struktur argumen, tetapi juga mampu mengidentifikasi hubungan sebab-akibat secara lebih akurat. Relevansi ini memperlihatkan bahwa logika bukan sekadar mata kuliah teoretis, melainkan keterampilan fundamental yang mendasari kemampuan akademik, profesional, dan sosial dalam pengambilan keputusan yang tepat dan bertanggung jawab.

Manfaat utama belajar logika terletak pada kemampuannya dalam mengembangkan kemampuan berpikir kritis yang sistematis. Logika melatih individu untuk menilai premis, menelaah konsistensi argumen, serta memeriksa validitas penalaran sebelum menerima suatu kesimpulan(Amanda et al., 2024). Kemampuan ini sangat penting untuk menghindarkan seseorang dari sikap mudah percaya terhadap klaim-klaim tanpa bukti yang memadai. Dalam kegiatan akademik, logika membantu mahasiswa mengonstruksi tulisan ilmiah yangkoheren,menyusun argumen yang terstruktur,dan menyajikan analisis yang dapatdipertanggungjawabkan secara rasional. Di luar ranah akademikpun,kemampuan berpikir kritis menjadi modal utama dalam menyelesaikan persoalan sehari-hari yang menuntut evaluasi objektif terhadap berbagai alternatif solusi(Sitepu & Albina, 2025). Dengan demikian, logika memberikan manfaat praktis berupa peningkatan kualitas pertimbangan intelektual yang memperkuat kemampuan seseorang dalam memahami persoalan secara mendalam dan mengambil keputusan yang lebih akurat.

Selain memperkuat kemampuan intelektual, pembelajaran logika juga memiliki manfaat praktis dalam membangun pola komunikasi yang efektif dan rasional. Logika membantu individu mengungkapkan gagasan secara jelas, teratur, dan bebas dari kontradiksi sehingga pesan yang disampaikan menjadi lebih mudah dipahami(Ishak, 2023). Dalam interaksi sosial, kemampuan menggunakan argumen yang logis mendorong terciptanya dialog yang sehat, tidak emosional, dan berorientasi pada penyelesaian masalah. Manfaat ini sangat penting dalam konteks masyarakat yang sering kali diwarnai oleh perdebatan tidak produktif karena miskomunikasi atau penggunaan penalaran keliru(Fazira et al., 2025). Logika mengajarkan individu untuk menghargai fakta, menahan diri dari generalisasi berlebihan, serta menghindari kesesatan berpikir yang merugikan diri sendiri maupun orang lain. Dengan keterampilan ini, seseorang dapat membangun hubungan sosial yang lebih harmonis karena interaksi didasarkan pada kejelasan berpikir, penghargaan terhadap bukti, dan sikap argumentatif yang sehat.

Pembelajaran logika memberikan manfaat signifikan dalam proses pengambilan keputusan, baik dalam konteks pribadi, akademik, maupun profesional. Logika membantu individu menilai setiap alternatif pilihan secara objektif berdasarkan fakta dan implikasi rasional, bukan sekadar mengikuti dorongan emosional atau tekanan lingkungan. Dalam aspek pribadi, logika memungkinkan seseorang membuat keputusan finansial, sosial, dan moral secara lebih terukur. Dalam dunia kerja, kemampuan ini menjadi dasar analisis masalah, penyusunan strategi, dan perumusan kebijakan yang efektif(Nesi et al., 2022). Di lingkungan akademik, logika memperkuat ketelitian dalam riset serta ketepatan dalam penarikan kesimpulan ilmiah. Dengan demikian, manfaat praktis logika bukan hanya pada peningkatan kecerdasan intelektual, tetapi juga pada kualitas keputusan yang dibuat dalam berbagai situasi penting. Hal ini menjadikan logika sebagai keterampilan hidup yang tidak dapat dipisahkan dari upaya membangun pola pikir rasional, bertanggung jawab, dan berorientasi pada penyelesaian masalah yang efektif.

KESIMPULAN

Kajian mengenai peran logika dalam konteks akademik dan kehidupan sehari-hari menunjukkan bahwa logika bukan sekadar cabang filsafat yang mempelajari aturan berpikir benar, tetapi merupakan kompetensi esensial yang memengaruhi kualitas penalaran, pengambilan keputusan, dan interaksi sosial. Kesenjangan antara teori logika dan praktik penalaran yang terjadi dalam Masyarakat ditandai oleh maraknya misinformasi, bias kognitif, dan pola argumentasi yang tidak sahih menggambarkan bahwa kemampuan berpikir logis belum terinternalisasi secara optimal. Oleh karena itu, mempelajari logika menjadi kebutuhan mendesak, terlebih dalam era digital yang menuntut ketelitian epistemik dan kemampuan menilai informasi secara objektif. Logika hadir sebagai jembatan antara disiplin akademik dan realitas kehidupan, memberikan struktur bagi individu untuk menimbang alasan, menguji bukti, serta menyusun kesimpulan secara rasional dan bertanggung jawab.

Pembahasan menunjukkan bahwa logika memiliki fondasi berupa konsep, proposisi, inferensi, argumen, dan validitas yang bekerja secara terpadu dalam membentuk proses berpikir kritis. Melalui komponen tersebut, mahasiswa mampu mengenali kesalahan berpikir, mengevaluasi kualitas argumen, dan menghindari klaim yang tidak didukung bukti. Dalam konteks akademik, logika terbukti menjadi instrumen dasar dalam membaca teks ilmiah, menyusun tulisan yang koheren, mengembangkan kerangka teori, serta menyusun temuan penelitian secara sahih. Keterampilan ini menjadikan logika sebagai fondasi epistemologis yang tidak dapat dipisahkan dari proses ilmiah.

Di sisi lain, logika juga mempunyai kontribusi signifikan dalam kehidupan sehari-hari. Kemampuan menggunakan penalaran yang benar memungkinkan seseorang membuat keputusan keuangan, sosial, dan moral secara lebih bijaksana. Dalam interaksi sosial, logika menciptakan komunikasi yang lebih jernih, mengurangi konflik yang bersumber dari miskonsepsi, serta membangun dialog yang konstruktif. Logika juga membantu masyarakat menghadapi derasnya informasi digital dengan sikap kritis, sehingga tidak mudah terperangkap oleh hoaks, manipulasi emosional, atau propaganda. Kemampuan mengenali fallacies menjadi bagian penting dalam menjaga kesehatan intelektual dan kualitas hubungan antarindividu.

Dengan mempertimbangkan keseluruhan analisis, dapat disimpulkan bahwa logika memiliki relevansi yang sangat luas, tidak hanya bagi dunia akademik, tetapi juga untuk menunjang proses pengambilan keputusan dan interaksi sosial dalam berbagai situasi kehidupan. Logika memberikan kerangka berpikir yang adaptif, rasional, dan reflektif yang sangat diperlukan dalam menghadapi tantangan era modern. Oleh karena itu, pembelajaran logika seyogianya tidak diposisikan sebagai mata kuliah teoritis semata, melainkan sebagai keterampilan hidup (life skill) yang mampu meningkatkan kualitas berpikir, memperkuat integritas intelektual, dan membentuk pribadi yang kritis, bijak, serta mampu berkontribusi secara konstruktif dalam masyarakat.

BAB 2
KARAKTERISTIK DAN PERBEDAAN PARADIGMATIK LOGIKA FORMAL, INFORMAL, SIMBOLIS, DAN MATEMATIKA

PENDAHULUAN

Dalam kajian logika, penting untuk memahami perbedaan mendasar antara logika formal, informal, simbolis, dan matematika guna menghindari kebingungan dalam analisis. Logika formal berfokus pada validitas struktur argumen, dengan penekanan pada bentuk dan aturan deduktif yang jelas, sedangkan logika informal mementingkan konteks penggunaan bahasa sehari-hari dan aspek pragmatis dalam berargumentasi (Johnson-Laird et al., 1992; . Logika simbolis menggunakan simbol dan notasi matematis untuk merepresentasikan proposisi dan hubungan logis dengan presisi; hal ini memungkinkan pemrosesan argumen secara sistematis (Howse & Stapleton, n.d.). Di sisi lain, logika matematika berlandaskan pada deduksi numerik dan pembuktian matematis yang ketat, memberikan keandalan dan konsistensi dalam konteks teori-teori matematis (Johnson-Laird et al., 1992; Landy et al., 2014).

Namun, dalam praktik akademik, seringkali terjadi penyamarataan antar jenis logika ini, yang dapat mengakibatkan kesalahpahaman. Misalnya, ada kecenderungan untuk menganggap logika simbolis setara dengan logika matematika atau menerapkan prinsip-prinsip logika informal untuk evaluasi argumen formal, yang dapat merugikan proses penalaran dan menghasilkan kesimpulan yang tidak valid (Haumahu, 2019). Oleh karena itu, penting untuk melakukan pemetaan paradigmatik yang sistematis terhadap karakteristik, perbedaan, dan hubungan fungsional antar jenis logika untuk menyelaraskan pemahaman dan aplikasinya dalam analisis ilmiah dan argumentasi.

Penelitian ini bertujuan untuk menjelaskan karakteristik utama dari tiap jenis logika serta menganalisis perbedaan paradigmatik yang kerap menimbulkan kebingungan (Burattini et al., n.d.). Dengan pendekatan komparatif yang lebih rinci, diharapkan dapat memberikan kejelasan metodologis dan landasan teoretis bagi pengembangan penalaran yang lebih akurat dan koheren. Misalnya, pemahaman yang lebih mendalam mengenai logika formal dapat meningkatkan kemampuan siswa dalam pembuktian matematis, sedangkan logika simbolis dapat membantu menjelaskan konsep-konsep yang lebih kompleks (Fasha et al., 2019).
Lewat integrasi teori-teori logika ini, penelitian diharapkan dapat memperkuat proses penalaran dengan menawarkan metode yang lebih substansial, baik dalam argumen formal maupun informal. Dengan demikian, memperjelas perbedaan fungsi di antara jenis logika yang berbeda akan memperkaya cara kita berargumentasi dan beranalisis serta mendukung penciptaan penalaran yang lebih relevan dan aplikatif di berbagai disiplin ilmu (Purba & Slamet, 2019; Landy et al., 2014).

PEMBAHASAN

Pemahaman Dasar Logika

Logika sebagai sebuah disiplin ilmu mempelajari prinsip-prinsip penalaran yang benar dan sahih, berfungsi sebagai landasan metodologis yang mengarahkan individu untuk berpikir secara teratur dan konsisten, serta menghindari kontradiksi (Bronkhorst et al., 2019).Dalam kerangka tradisi intelektual, logika digunakan untuk menguji validitas argumen, sehingga memungkinkan penilaian kritis terhadap kesimpulan yang diambil dari premis tertentu. Definisi logika yang berkembang sesuai dengan konteks paradigma menunjukkan adanya variasi dalam pendekatan: logika formal menekankan struktur argumen, logika informal berfokus pada penggunaan bahasa sehari-hari, sementara logika simbolis dan matematika mendasarkan analisis pada abstraksi dan sistem deduktif yang ketat (Andreasen et al., 2017). Kebutuhan manusia untuk menggunakan logika dipicu oleh adanya ketidaksempurnaan dalam proses kognitif, yang sering kali dipengaruhi oleh bias, intuisi yang keliru, dan asumsi yang tidak teruji. Dalam hal ini, logika berperan sebagai mekanisme korektif yang mengorganisasi proses berpikir secara rasional, sehingga mampu membantu individu dalam mengenali sejumlah kesalahan berpikir, seperti generalisasi yang berlebihan atau argumen yang tidak relevan (Debrenti & Bordás, 2023).Penelitian menunjukkan bahwa penerapan logika dalam konteks akademik, sosial, dan profesional merupakan kebutuhan praktis. Hal ini memungkinkan individu untuk mengevaluasi informasi dengan lebih efektif dan menyusun argumen yang dapat dipertanggungjawabkan.

Perbedaan dasar dalam logika dapat ditelaah melalui tiga aspek utama: bentuk, bahasa, dan alat analisis. Bentuk merujuk pada struktur argumen, sedangkan bahasa dapat berupa bahasa natural dalam logika informal atau simbolik dalam logika simbolis dan matematika. Penggunaan bahasa simbolik memberikan keuntungan dari segi presisi, sementara bahasa natural cenderung memuat ambiguitas yang lebih tinggi(Andreasen et al., 2020).Alat analisis yang digunakan, mulai dari silogisme Aristotelian hingga sistem deduktif matematis, menunjukkan variasi metodologis yang mengantar perkembangan berbagai paradigma logika, yang selanjutnya menjelaskan adaptabilitas logika dalam berbagai disiplin ilmu.

Keterhubungan antara logika formal, informal, simbolis, dan matematika menunjukkan bahwa meskipun masing-masing paradigma memiliki pendekatan yang berbeda, semua berakar pada fungsi logika sebagai pemandu dalam penalaran yang benar. Logika formal yang menekankan struktur deduktif berfungsi berbeda dengan logika informal yang menekankan konteks komunikasi.Sementara logika simbolis menghasilkan representasi yang lebih presisi melalui simbol, logika matematika membangun sistem pembuktian ketat yang memungkinkan analisis kebenaran dalam konteks matematis. Dengan demikian, pemahaman terhadap perbedaan paradigmatik ini sangat penting untuk memperkaya kemampuan analitis individu dalam mengevaluasi, memperbaiki, dan menghasilkan argumen yang lebih baik dalam konteks akademik dan profesional(Markovits & Doyon, 2010).

Karakteristik Logika Formal,Informal,Simbolis,dan Matematika

Logika Formal, Analisis penelitian mengenai logika formal menunjukkan bahwa karakteristik utama dari jenis logika ini adalah fokus pada bentuk atau struktur argumen, di mana validitas suatu argumen diukur tidak berdasarkan kebenaran faktual proposisi, tetapi semata-mata pada kesesuaian pola hubungan deduktif antara premis dan kesimpulan. Hal ini menegaskan bahwa dalam logika formal, suatu argumen dapat dinyatakan valid ketika kesimpulannya mengikuti struktur yang konsisten dari premis yang ada, meskipun premis tersebut bisa jadi keliru atau tidak benar secara factual.Validitas dalam konteks ini diartikan sebagai "formally true", bukan "materially true", yang berarti bahwa logika formal berfokus pada ketepatan struktur argumen lebih daripada kebenaran isi dari argumen tersebut(Salto et al., 2021).

Pendekatan ini tidak hanya memberikan keunggulan dalam mengevaluasi argumen secara objektif, tetapi juga berfungsi untuk membebaskan proses penalaran dari bias kontekstual yang mungkin muncul dalam situasi tertentu. Namun, keterbatasan dari logika formal terlihat jelas ketika tidak mampu menilai kualitas argumentasi yang bergantung pada makna, tujuan, atau relevansi.Dalam banyak hal, logika formal mempertahankan universalitas struktur argumentasi yang dapat diterapkan di berbagai disiplin ilmu,dan analisis penalaran yang ketat.

Temuan terkait menunjukkan bahwa meskipun logika formal memiliki dasar yang kuat dalam prinsip-prinsip penalaran yang sahih, pendekatan ini tidak mencakup semua aspek penting dari proses penalaran manusia. Sebagai contoh, dalam kegiatan akademik dan profesional, individu seringkali dihadapkan pada argumen yang memerlukan evaluasi terhadap konteks dan makna, yang hanya dapat dilakukan dengan menggunakan logika informal atau simbolis(Ciardelli et al., 2018).Oleh karena itu, pemahaman yang lebih holistik mengenai perbedaan antara logika formal dan bidang lainnya seperti logika informal dapat membantu individu dalam kemampuan penalaran dan argumentasi yang lebih baik dalam konteks yang lebih luas.

Secara keseluruhan, logika formal, dengan fokus utamanya pada struktur dan bentuk argumen, menyediakan kerangka kerja yang kuat untuk memahami validitas deduktif, meskipun perlu diingat bahwa pemahaman model logika lainnya juga penting untuk melengkapi perspektif ini (Ghasemi et al., 2025).Pemikiran yang memadukan berbagai paradigma logika dapat mengarah pada analisis yang lebih kaya dan akurat akan berbagai situasi dan isu yang dihadapi dalam penalaran sehari-hari.

Logika Informal, Logika informal mengedepankan analisis argumen yang berkembang dalam konteks bahasa sehari-hari dan komunikasi nyata, menjadikannya sangat relevan dalam berbagai aspek interaksi sosial. Dalam pendekatan ini, analisis tidak hanya menekankan pada struktur argumen, tetapi juga mencakup makna, tujuan penuturan, relevansi premis, serta kondisi retorika yang mengelilingi argumen tersebut.Penelitian menunjukkan bahwa logika informal mempertimbangkan aspek pragmatis yang lebih dinamis, seperti intensi pembicara, audiens, serta konteks sosial yang melatarbelakangi suatu argumentasi.

Praktik logika informal berfokus pada evaluasi kekuatan argumen, alih-alih hanya validitasnya, dan menjadikan unsur seperti kesesatan berpikir (fallacies) sebagai indikator utama dalam penilaiannya.Hal ini memberikan wacana bahwa kualitas argumen dalam kehidupan nyata tidak dapat ditentukan semata-mata oleh struktur deduktif, tetapi juga oleh kelayakan alasan, kebenaran materi, dan relevansi konteks.Dalam konteks ini, pendekatan logika informal memiliki keunggulan, di antaranya kemampuannya untuk menangkap kompleksitas interaksi manusia serta memahami bagaimana argumen dipersepsikan dalam situasi tertentu (Faishol Ali et al., 2020).

Logika informal juga mampu mendeduksi kesalahpahaman yang umum terjadi dalam komunikasi. Sebagai contoh, analisis terhadap argumen dalam debat menunjukkan bahwa para pembicara sering kali jatuh ke dalam kesesatan berpikir tertentu yang bisa diidentifikasi dan diperbaiki melalui aplikasi prinsip-prinsip logika informal(Agustin et al., 2024).Dengan karakteristik tersebut, logika informal dianggap lebih representatif dalam menganalisis argumentasi publik, diskusi akademik, maupun komunikasi profesional, karena ia mengakomodasi nuansa dan kompleksitas yang tidak bisa dijangkau oleh logika formal.
Secara keseluruhan, melalui lensa logika informal, peserta diskusi dapat lebih memahami dan memperbaiki argumen yang dihasilkan, tidak hanya pada tingkat teknikal tetapi juga di arena yang lebih luas di mana komunikasi dan interaksi sosial berlangsung. Kemampuan untuk mengevaluasi argumen dalam konteks sosial dan budaya ini menjadi bagian penting dalam pendidikan kritis dan pengembangan keterampilan berargumentasi yang efektif dalam kehidupan sehari-hari.

Logika Simbolis, Logika simbolis muncul sebagai pengembangan dari logika formal dengan tujuan untuk mencapai tingkat presisi dan sistematisasi yang lebih tinggi dalam analisis argumentasi. Dalam logika simbolis, proposisi dan operasi logis direpresentasikan melalui simbol-simbol khusus yang menggantikan penggunaan bahasa alami, sehingga mengurangi ambiguitas makna yang sering kali disertai oleh bahasa sehari-hari. Penelitian menunjukkan bahwa penggunaan simbol dalam logika simbolis menawarkan kejelasan dalam proses inferensi, sehingga memungkinkan pembuktian yang lebih terstruktur dan memfasilitasi manipulasi logis melalui aturan-aturan formal yang berlaku.

Sebagai contoh, logika simbolis berperan penting dalam sistem deduktif yang dapat menguji validitas argumen, terutama ketika argumen tersebut kompleks dan melibatkan banyak variabel. Berbeda dengan logika formal yang banyak bergantung pada logika Aristotelian, logika simbolis menyajikan pendekatan yang lebih fleksibel dan matematis, membuatnya relevan dalam berbagai bidang ilmu, termasuk ilmu komputer, linguistik formal, dan perkembangan kecerdasan buatan(Deng et al., 2021).

Karakteristik matematis dan abstrak dari logika simbolis memberikannya posisi yang kuat sebagai jembatan antara struktur formal tradisional dan formulasi logis modern. Dengan demikian, logika simbolis tidak hanya memfasilitasi analisis yang lebih mendalam tentang konsistensi dan validitas argumen, tetapi juga memberikan kerangka kerja yang berfungsi dalam aplikasi praktis, seperti pengembangan algoritma dalam kecerdasan buatan dan sistem informasi.

Secara keseluruhan, logika simbolis berfungsi sebagai alat yang sangat penting dalam meningkatkan kejelasan dan ketepatan dalam penalaran logis, menjadi pilar dalam pengembangan metode analisis yang lebih canggih dalam berbagai disiplin ilmu. Analisis ini menunjukkan bahwa logika simbolis, dengan kemampuan sistematisasi yang ketat, menjadikannya alat yang esensial bagi ilmuwan dan profesional dalam pengambilan keputusan berbasis data dan argumentasi yang kuat dan logis.

Logika Matematika, Logika informal mengedepankan analisis argumen yang berkembang dalam konteks bahasa sehari-hari dan komunikasi nyata, menjadikannya sangat relevan dalam berbagai aspek interaksi sosial. Dalam pendekatan ini, analisis tidak hanya menekankan pada struktur argumen, tetapi juga mencakup makna, tujuan penuturan, relevansi premis, serta kondisi retorika yang mengelilingi argumen tersebut.Penelitian menunjukkan bahwa logika informal mempertimbangkan aspek pragmatis yang lebih dinamis, seperti intensi pembicara, audiens, serta konteks sosial yang melatarbelakangi suatu argumentasi.

Praktik logika informal berfokus pada evaluasi kekuatan argumen, alih-alih hanya validitasnya, dan menjadikan unsur seperti kesesatan berpikir (fallacies) sebagai indikator utama dalam penilaiannya.Hal ini memberikan wacana bahwa kualitas argumen dalam kehidupan nyata tidak dapat ditentukan semata-mata oleh struktur deduktif, tetapi juga oleh kelayakan alasan, kebenaran materi, dan relevansi konteks.Dalam konteks ini, pendekatan logika informal memiliki keunggulan, di antaranya kemampuannya untuk menangkap kompleksitas interaksi manusia serta memahami bagaimana argumen dipersepsikan dalam situasi tertentu(Faishol Ali et al., 2020).

Logika informal juga mampu mendeduksi kesalahpahaman yang umum terjadi dalam komunikasi. Sebagai contoh, analisis terhadap argumen dalam debat menunjukkan bahwa para pembicara sering kali jatuh ke dalam kesesatan berpikir tertentu yang bisa diidentifikasi dan diperbaiki melalui aplikasi prinsip-prinsip logika informal(Agustin et al., 2024).Dengan karakteristik tersebut, logika informal dianggap lebih representatif dalam menganalisis argumentasi publik, diskusi akademik, maupun komunikasi profesional, karena ia mengakomodasi nuansa dan kompleksitas yang tidak bisa dijangkau oleh logika formal.

Secara keseluruhan, melalui lensa logika informal, peserta diskusi dapat lebih memahami dan memperbaiki argumen yang dihasilkan, tidak hanya pada tingkat teknikal tetapi juga di arena yang lebih luas di mana komunikasi dan interaksi sosial berlangsung. Kemampuan untuk mengevaluasi argumen dalam konteks sosial dan budaya ini menjadi bagian penting dalam pendidikan kritis dan pengembangan keterampilan berargumentasi yang efektif dalam kehidupan sehari-hari(K. Lunggito et al., 2015).

Perbedaan Paradigmatik

Perbedaan paradigmatik antara logika formal, informal, simbolis, dan matematika dapat dipahami melalui fokus epistemologis dan kerangka analitis masing-masing. Logika formal berorientasi pada struktur argumen yang mengutamakan hubungan deduktif antara premis dan kesimpulan, tanpa mempertimbangkan kebenaran materinya. Hal ini sejalan dengan pandangan bahwa validitas argumen formal dapat dinilai secara mekanis berdasarkan aturan inferensi yang ada.Dalam logika informal, di sisi lain, konteks, relevansi, dan tujuan komunikasi menjadi faktor penting dalam analisis argumen. Ini mencerminkan kebutuhan untuk mempertimbangkan situasi sosial di mana penalaran terjadi, sebagaimana diungkapkan dalam penelitian tentang argumen publik dan relevansi konteks di dalamnya.

Logika simbolis memperkenalkan anotasi abstrak dengan menggunakan simbol-simbol logis yang memungkinkan analisis yang lebih presisi. Pendekatan ini sangat berguna dalam konteks komputasi dan pengembangan algoritma, menunjukkan struktur yang dapat diandalkan untuk manipulasi symbol.Sementara itu, logika matematika memfokuskan pada hubungan angka dan objek matematis lain, sejalan dengan penekanan pada pembuktian matematis seperti induksi dan deduksi aksiomatis(Daugulis, 2013).Dengan melihat perbedaan-perbedaan ini, kita dapat mengidentifikasi bahwa setiap jenis logika menawarkan cara pandang yang unik dalam memaknai kebenaran dan proses inferensi.

Dari segi metode analitis, logika formal menggunakan pendekatan deduktif dengan pola silogisme dan aturan inferensi yang ketat.Sementara itu, logika informal mengandalkan analisis bahasa yang pragmatis, menggali kekuatan argumen berdasarkan relevansi dan ketepatan alasan yang terkandung di dalamnya(Kim & Chung, 2007).Logika simbolis, yang ditandai dengan sintaksis yang ketat, memfasilitasi evaluasi validitas melalui manipulasi simbolik dan transformasi formal.Aspek ini kontras dengan logika matematika yang berfokus pada kebenaran aksiomatis yang dapat diandalkan, jauh dari ambiguitas dan kontradiksi.

Dalam ranah aplikasi, jelas bahwa penggunaan jenis-jenis logika ini ditentukan oleh kebutuhan spesifik dalam bidang tertentu. Logika informal banyak dimanfaatkan dalam penyusunan argumen di ruang publik dan debat, sedangkan logika formal sering kali diterapkan dalam analisis linguistik dan filsafat. Logika simbolis berperan penting dalam kajian kecerdasan buatan dan pemrograman, sementara logika matematika mendominasi domain pembuktian teorema dan analisis struktur aljabar.Penelitian juga menunjukkan bahwa tidak ada satu jenis logika yang universal, melainkan setiap logika memiliki optimalitas penerapan yang tergantung pada karakteristik paradigmatiknya.

Terakhir, dalam hal konsep kebenaran, keempat jenis logika menunjukkan pendekatan yang berbeda. Logika formal berkaitan dengan validitas struktural antarproposisi, sedangkan logika informal lebih memperhatikan kekuatan argumen berdasarkan konteks (Kim & Chung, 2007).Kebenaran dalam logika simbolis cenderung bergantung pada evaluasi simbolis yang dilakukan berdasarkan aturan sintaksis.Sementara itu, logika matematika menghargai kepastian matematis, yang pada dasarnya adalah kebenaran yang dibangun di atas dasar aksioma yang tidak dapat saling bertentangan(Daugulis, 2013).Penelitian ini menekankan bahwa perbedaan ini mendasari keanekaragaman epistemologis dalam memandang kebenaran, menegaskan bahwa perbedaan ini tidak hanya bersifat metodologis, tetapi juga mencakup dimensi ontologis dan epistemologis dari penalaran

Hubungan Antar jenis Logika Formal,Informal,Simbolis,dan Matematika

Penelitian menunjukkan bahwa logika formal memainkan peran fundamental dalam membentuk logika simbolis dan logika matematika. Struktur dasar logika formal, seperti aturan deduksi dan syarat validitas, memberikan kerangka epistemologis yang memungkinkan pengembangan sistem simbolik yang lebih kompleks (Guo & Yu, 2023).Logika simbolis, yang merupakan perluasan dari logika formal, mengganti bahasa alami dengan simbol teknis, namun tetap mengikuti prinsip deduktif yang berasal dari logika.Hal yang sama juga berlaku untuk logika matematika, di mana pembuktian teorema dan penyusunan aksioma bergantung pada kerangka deduktif formal yang diletakkan oleh logika formal.Temuan ini menyoroti bahwa logika formal bukan hanya tipe logika yang berdiri sendiri, tetapi berfungsi sebagai fondasi paradigmatik yang mendukung sistem logika yang lebih teknis dan presisi.

Logika informal berfungsi sebagai jembatan antara penalaran sehari-hari dan sistem logika formal. Dalam praktik sehari-hari, argumen sering kali tidak terstruktur secara ketat dan menggunakan bahasa alami yang kaya konteks dan ambiguitas. Logika informal memberikan kemampuan untuk mengidentifikasi sifat penalaran ini sebelum kontribusi argumen tersebut diubah menjadi bentuk formal yang lebih terstruktur(Kakas, 2019).Penelitian menunjukkan bahwa logika informal berperan sebagai ruang transisi untuk memfasilitasi peralihan dari penalaran natural ke penalaran formal yang lebih sistematis, sehingga menghasilkan argumen yang kuat dan dapat diuji sesuai standar evaluatif dari logika formal.

Lebih jauh, logika simbolis berfungsi sebagai alat teknis yang memformalkan prinsip-prinsip logika formal secara lebih presisi. Dengan simbol-simbol seperti $\wedge$ (dan), $\vee$ (atau), dan $\rightarrow$ (implikasi), logika simbolis mampu menghilangkan ambiguitas yang terjadi dalam bahasa alami, yang memberikan kejelasan dalam proses evaluasi argument.Hal ini sangat penting dalam pengembangan di bidang komputasi dan kecerdasan buatan, tempat di mana logika simbolis memungkinkan penalaran logis dilakukan secara mekanis (Bronkhorst et al., 2019).Penelitian ini juga mengonfirmasi bahwa logika simbolis berdiri di tengah hubungan dengan logika formal dan matematika; mengadopsi prinsip deduktif dari logika formal dan menyediakan kompetensi untuk membentuk pembuktian matematis yang lebih kompleks.

Logika matematika muncul sebagai aplikasi tingkat lanjut dari logika simbolis yang diterapkan pada struktur matematis. Dalam praktiknya, logika matematika menggunakan simbol-simbol logika secara sistematis untuk menyusun aksioma dan membuktikan teorema. Lebih dari sekadar alat bantu, simbol dalam logika matematika terintegrasi dalam kerangka struktural yang diperlukan untuk menjamin konsistensi internal dan kepastian deduktif (Bronkhorst et al., 2019).Temuan ini menunjukkan bahwa logika matematika tidak dapat berjalan tanpa dasar simbolis yang jelas, sekaligus mengonfirmasi bahwa simbol logis memiliki arti hanya dalam konteks struktur formal yang mendasarinya. Oleh karena itu, hubungan antara logika simbolis dan logika matematika bersifat integratif dan koheren: logika simbolis menyediakan bahasa dan metode, sedangkan logika matematika memberikan objek dan tujuan deduksi.

Secara keseluruhan, penelitian ini menyimpulkan bahwa hubungan antarjenis logika adalah berjenjang dan saling melengkapi, serta koheren dalam membentuk sistem penalaran ilmiah yang modern. Keterhubungan antara logika formal, informal, simbolis, dan matematika menunjukkan bahwa setiap jenis logika memiliki peran krusial yang mendukung satu sama lain dalam membangun penalaran yang sistematis dan terpercaya dalam konteks berbagai aplikasi yang berbeda.

KESIMPULAN

Penelitian ini menegaskan bahwa keempat jenis logika formal, informal, simbolis, dan matematika memiliki karakteristik, fokus epistemologis, serta fungsi aplikatif yang berbeda, namun saling berhubungan dalam membangun sistem penalaran ilmiah yang utuh. Logika formal menjadi fondasi utama bagi logika simbolis dan matematika melalui penekanan pada struktur argumen dan aturan deduksi yang ketat. Sementara itu, logika informal berfungsi sebagai penghubung antara penalaran sehari-hari dengan sistem logika formal, karena mempertimbangkan konteks, makna, dan tujuan komunikasi dalam evaluasi argumen.

Logika simbolis berkembang sebagai alat teknis yang memformalkan prinsip-prinsip logika formal dengan simbol-simbol khusus guna mencapai tingkat presisi tinggi dalam analisis. Adapun logika matematika memanfaatkan representasi simbolik tersebut untuk menyusun pembuktian, aksioma, dan struktur deduktif yang diperlukan dalam teori matematika modern. Perbedaan paradigmatik antar keempat logika ini mencerminkan perbedaan cara pandang dalam memahami kebenaran, metode inferensi, dan evaluasi argumen.

Secara keseluruhan, penelitian ini menyimpulkan bahwa setiap jenis logika tidak dapat berdiri sendiri. Keempatnya membentuk sistem yang hierarkis namun saling melengkapi mulai dari pemahaman argumen sehari-hari hingga pembuktian matematis tingkat lanjut. Pemahaman yang tepat mengenai karakteristik serta hubungan antarjenis logika ini sangat penting untuk memperkuat kemampuan berpikir kritis, meningkatkan akurasi analisis, dan memperluas penerapan logika dalam berbagai disiplin ilmu.

BAB 3
PENERAPAN EMPAT PILAR AKAL SEHAT DALAM ANALISIS ARGUMEN: TELAAH HUKUM IDENTITAS, KONTRADIKSI, DAN CUKUP ALASAN

PENDAHULUAN

Naungan debat publik di era modern sering kali dikacaukan oleh argumen yang tampak meyakinkan namun cacat secara logis. Ini terjadi di berbagai ruang, dari akademik hingga percakapan di media sosial, di mana para pembicara saling mengklaim kemenangan tanpa mempertimbangkan validitas argumen yang diajukan. Salah satu isu kritis dalam konteks ini adalah penyalahgunaan rasionalitas dalam pidato politik. Politisi sering memanipulasi informasi dan menggunakan logos yang menyesatkan. Misalnya, dengan mengabaikan fakta atau mengedepankan post-truth yang lebih didasarkan pada emosi dan bias daripada rasionalitas (Pricop, 2023). Ketika manuver ini mendominasi diskusi, integritas debat publik terganggu, mengarahkan pada penyebaran disinformasi yang berbahaya.
Pentingnya logika dan argumentasi dalam debat tidak dapat diabaikan. Keterampilan komunikasi yang kuat dan kemampuan untuk merumuskan pertanyaan yang menantang menjadi fondasi untuk debat yang efektif, memungkinkan pengembangan pemikiran kritis yang lebih mendalam. Namun, interaksi dalam diskusi sering kali dibayangi oleh pola pikir yang tidak kritis, di mana para peserta rentan terhadap desakan informasi yang tidak akurat atau bahkan bisa terjebak dalam kebingungan kognitif yang disebabkan oleh pengaruh manipulatif di lingkungan sosial dan media(Pantazi et al., 2021).

Dalam kerangka epistemologi klasik dan filsafat logika, ketiga hukum berpikir yang disebutkan Hukum Identitas, Hukum Kontradiksi, dan Prinsip Cukup Alasan merupakan bagian dari Empat Pilar Akal Sehat, yang berfungsi fundamental dalam analisis argumen yang rasional. Hukum Identitas menjelaskan bahwa sesuatu harus dikenali sebagaimana adanya (misalnya, A = A), yang menegaskan pentingnya konsistensi dalam komunikasi dan pemikiran Hibben, n.d. Prinsip ini mendasari pemahaman bahwa setiap klaim harus merujuk pada realitas dan tidak boleh ada kontradiksi dalam argumen yang diusulkan (Hibben, n.d.) .

Di sisi lain, Hukum Kontradiksi jelas menegaskan bahwa dua pernyataan yang bertentangan tidak dapat benar pada waktu dan keadaan yang sama. Penolakan terhadap hukum ini berpotensi mengarah pada kebingungan dalam argumentasi, menjadi dasar untuk manipulasi retorika. Kegagalan untuk menghormati Hukum Kontradiksi dapat memiliki konsekuensi serius, terutama dalam konteks akademik, di mana kejelasan dan konsistensi berpikir sangat penting(Butyrin et al., 2021).

Prinsip Cukup Alasan menegaskan bahwa setiap klaim yang diajukan perlu didukung oleh alasan yang memadai. Tanpa alasan yang kuat, argumen tetap bersifat lemah dan tidak dapat diterima sebagai benar. Ketidakpatuhan pada prinsip ini dalam debat publik bisa menyebabkan kesalahan dalam verifikasi data dan kesalahan dalam menarik kesimpulan. Konsekuensi dari kegagalan dalam menerapkan ketiga hukum ini tak hanya mengakibatkan argumen yang cacat, tetapi juga menurunkan kualitas diskursus publik secara keseluruhan, dengan menciptakan ruang bagi disinformasi dan manipulasi(Butyrin et al., 2021).

Aplikasi prinsip-prinsip logika ini sangat penting, terutama dalam konteks kebijakan publik dan debat akademik. Dalam dunia yang ditandai oleh arus informasi yang deras dan sering kali tidak terverifikasi, keberadaan kerangka berpikir yang rasional menjadi sangat vital untuk memastikan bahwa penyampaian argumen tidak hanya berbasis emosi, tetapi juga berdasarkan logika yang solid dan bukti yang sah (Sieńkowski, 2020). Dengan membangun fondasi logika yang kuat ini, partisipasi dalam diskusi dan debat dapat ditingkatkan, mendorong pemikiran kritis dan, pada akhirnya, meningkatkan kualitas keputusan dalam masyarakat yang lebih.

Peta jalan bab ini dirancang untuk menguraikan secara sistematis bagaimana Ketiga Pilar Akal Sehat diterapkan dalam analisis argumen. Pembahasan akan dimulai dari definisi serta landasan filosofis dari masing-masing hukum logika sebagai fondasi teoretis. Setelah itu, bab ini menguraikan cara mendeteksi berbagai bentuk pelanggaran terhadap hukum-hukum tersebut dalam argumen. Untuk memberikan gambaran konkret, disajikan pula contoh-contoh aplikatif dari ranah akademik, sosial, hingga media agar pembaca dapat melihat bagaimana prinsip-prinsip ini bekerja dalam situasi nyata. Pada akhirnya, bab ini menjelaskan bagaimana mahasiswa dapat memanfaatkan tiga hukum dasar logika tersebut sebagai instrumen berpikir kritis dalam menilai, menyusun, dan mengevaluasi argumen. Keseluruhan peta jalan ini diharapkan mampu membekali pembaca dengan kemampuan analisis yang lebih tajam, sistematis, dan bebas dari berbagai bentuk bias logika.

PEMBAHASAN

Fondasi Logika: Apa dan Mengapa Empat Pilar Akal Sehat Penting?

Empat Pilar Akal Sehat, yang mencakup tiga hukum logika Hukum Identitas, Hukum Kontradiksi, dan Prinsip Cukup Alasan merupakan dasar bagi proses berpikir manusia. Aristoteles sering kali diakui sebagai tokoh yang merumuskan bentuk formal dari hukum-hukum logika ini, meskipun praktik penggunaan logika telah ada jauh sebelum era tersebut. Hukum-hukum ini bukan sekadar teori abstrak; melainkan instrumen yang secara alami digunakan manusia dalam proses penalaran sehari-hari (Hibben, n.d.).

Hukum Identitas (A = A)

Hukum Identitas (A = A) adalah salah satu prinsip dasar logika yang menyatakan bahwa setiap objek, konsep, atau proposisi harus memiliki identitas yang jelas dan konsisten. Dalam konteks ini, jika seseorang mendefinisikan "keadilan" sebagai "kesetaraan" dalam satu bagian argumennya tetapi di bagian lain mendefinisikannya sebagai "pembalasan setimpal," maka orang tersebut telah melanggar Hukum Identitas. Ketidakkonsistenan dalam definisi ini menyebabkan argumen tersebut tidak dapat diuji secara konsisten, yang pada akhirnya mengarah pada kebingungan dan ketidakjelasan dalam komunikasi.

Alamat dari masalah ini tidak dapat dipisahkan dari bagaimana masyarakat memahami identitasnya, baik pada tingkat individu maupun kolektif. Misalnya, Burhan et al. dalam studi mereka menyatakan bahwa identitas nasional dapat menjadi sumber ancaman bagi identitas budaya individu jika tidak dikelola dengan baik (Burhan et al., 2022). Ini menjelaskan bagaimana ketidakjelasan dalam pengidentifikasian konsep utama dapat mengakibatkan kesalahpahaman di masyarakat. Ketika "keadilan" didefinisikan secara berbeda oleh individu yang sama, maka audiens dapat mengalami kebingungan, mirip dengan bagaimana dua identitas yang saling bertentangan bisa menyebabkan konflik dalam konteks sosial yang lebih luas.

Hukum Kontradiksi (Tidak Mungkin A dan Tidak-A Benar Bersamaan)

Hukum Kontradiksi, yang menyatakan bahwa dua pernyataan yang saling bertentangan tidak dapat benar pada waktu dan keadaan yang sama, adalah prinsip fundamental dalam logika yang mengarahkan kita untuk menolak pernyataan yang saling bertentangan dalam konteks yang sama. Misalnya, seseorang tidak dapat secara logis mengklaim bahwa "semua orang bebas berpendapat" sementara pada saat yang sama menyatakan bahwa "pendapat tertentu harus dilarang" tanpa memberikan kriteria yang konsisten untuk justifikasi. Pelanggaran terhadap hukum ini kerap muncul dalam debat publik di mana argumen yang tidak konsisten diajukan, sehingga menciptakan kebingungan dalam wacana.

Dalam lingkungan akademis dan diskusi yang formal, Hukum Kontradiksi berperan penting dalam menjaga integritas argumen. Kinasih dan Irawan menunjukkan bahwa deduksi dan konsistensi dalam pemikiran matematis adalah kunci dalam menyelesaikan pembuktian, yang sangat merefleksikan kebutuhan untuk menjaga argumentasi tetap tidak kontradiktif (Kinasih & Irawan, 2023). Melanggar hukum ini, seperti dalam contoh di atas, tidak hanya membuat argumen menjadi lemah tetapi juga merusak kepercayaan audiens terhadap penyampaian posisi.

Prinsip Cukup Alasan

Prinsip Cukup Alasan adalah pilar fundamental dalam penalaran logis yang menegaskan bahwa setiap klaim yang diajukan harus disertai dengan alasan atau bukti yang memadai untuk dianggap valid. Dalam konteks ilmiah, prinsip ini menjadi dasar untuk metode verifikasi setiap hipotesis harus dapat diuji melalui data yang tepat dan terukur. Pengabaian terhadap prinsip ini dapat menghasilkan klaim yang tidak dapat dipertahankan secara logis, mengurangi kredibilitas argumen tersebut (Wu et al., 2023).

Penerapan Hukum Identitas dalam Analisis Argumen

Hukum Identitas menegaskan bahwa setiap istilah atau konsep harus memiliki makna yang konsisten sepanjang argumen. Konsistensi ini penting karena tanpa identitas yang tetap, suatu argumen tidak dapat diuji secara rasional. Ketika sebuah istilah digunakan dengan makna yang berubah-ubah tanpa penjelasan atau alasan yang memadai, maka struktur argumen menjadi cacat dan klaim yang dihasilkan kehilangan landasan epistemologisnya. Dalam konteks berpikir kritis, pelanggaran terhadap Hukum Identitas sering kali terjadi karena kurangnya ketelitian penutur dalam mendefinisikan istilah kunci atau karena kesengajaan untuk menyelamatkan posisi yang sedang terpojok (Ma et al., 2025).

Salah satu pelanggaran yang umum dijumpai adalah kerancuan makna atau equivocation, yaitu ketika sebuah kata digunakan dalam dua makna berbeda dalam argumen yang sama, sehingga menghasilkan kesimpulan yang menyesatkan. Sebagai ilustrasi, pernyataan "Semua mahasiswa harus bebas. Maka, mahasiswa harus bebas dari tugas" menunjukkan kerancuan makna pada kata "bebas." Dalam konteks argumen pertama, kata tersebut merujuk pada kebebasan berpendapat, sementara dalam konteks kedua, maknanya berganti menjadi "bebas dari kewajiban." Pergantian makna yang tidak konsisten ini menyebabkan kesimpulan menjadi tidak sah secara logis dan merugikan komunikasi serta pemahaman di antara partisipan diskusi (Teresia & Nugraheni, 2022)

Di samping equivocation, terdapat bentuk pelanggaran lainnya berupa definisi circular, di mana istilah didefinisikan dengan merujuk kembali pada dirinya sendiri, sehingga definisi tersebut tidak memberikan informasi baru atau menjelaskan konsep secara substantif. Misalnya, jika "keadilan" didefinisikan sebagai "itu yang adil," maka definisi tersebut tidak mengandung penjelasan yang membantu pemahaman. Juga ada fenomena definisi yang tidak tetap, di mana istilah mengalami perubahan makna tanpa penjelasan yang memadai selama proses argumentasi berlangsung, mengarah pada kebingungan dan kesalahpahaman terutama di antara audiens yang tidak mengikuti penjelasan awal.

Kedua pelanggaran ini menggarisbawahi pentingnya ketelitian dalam definisi istilah dalam proses berargumentasi dan berpikir kritis. Menjaga konsistensi dan kejelasan dalam penggunaan istilah tidak hanya membantu memperkuat argumen yang diajukan, tetapi juga membantu audiens memahami dan mengkritisi argumen tersebut dengan lebih baik. Dengan demikian, penerapan Hukum Identitas secara konsisten merupakan langkah krusial dalam menjaga integritas diskusi dan mewujudkan dialog yang konstruktif. Melalui klarifikasi istilah dasar dan penggunaan definisi yang konsisten, peserta diskusi dapat berkontribusi pada proses pencarian kebenaran. Ini sangat relevan dalam konteks pendidikan dan penalaran kritis, di mana kemampuan untuk mendefinisikan istilah dengan jelas menjadi indikator utama dari kualitas argumen yang dihasilkan (Levey, 2011).

Pelanggaran terhadap Hukum Identitas dapat terlihat jelas dalam berbagai konteks kehidupan sehari-hari, terutama dalam perdebatan mengenai konsep "toleransi." Dalam banyak kasus, satu pihak mungkin mendefinisikan toleransi sebagai "menghormati perbedaan," yang menuntut pengakuan terhadap keberagaman pandangan. Namun, dalam argumen yang sama, pihak tersebut dapat mengubah definisi dan menuntut bahwa semua orang harus menyetujui nilai-nilai yang ia pegang, mengonversi arti toleransi menjadi "penerimaan wajib" terhadap pandangan tertentu. Pergeseran makna ini melanggar Hukum Identitas karena istilah yang sama digunakan dengan dua arti berbeda pertama sebagai penghormatan terhadap perbedaan, dan kedua sebagai keharusan menerima pandangan tertentu, yang menciptakan ketidakkonsistenan dalam argumen tersebut.

Contoh lain yang mencolok dapat ditemukan dalam diskusi mengenai "pasar bebas." Di satu sisi, seseorang mungkin menyatakan bahwa pasar bebas harus beroperasi tanpa campur tangan pemerintah dan bahwa kebebasan mekanisme pasar adalah prinsip utama. Namun, pada sisi lain, orang yang sama juga dapat berpendapat bahwa pemerintah harus turun tangan dan mengatur harga ketika pasar mengalami ketidakstabilan. Penggunaan istilah "pasar bebas" mengalami perubahan dari "tanpa intervensi" menjadi "dengan intervensi bila diperlukan," yang menunjukkan bahwa identitas konsep menjadi tidak konsisten dan menyebabkan kebingungan dalam interpretasi argumen (Ekerdt & Koss, 2015).

Hal ini menunjukkan betapa pentingnya menjaga konsistensi dalam penggunaan istilah dalam suatu argumen. Ketidakjelasan ini bisa memicu misinterpretasi dan ketidakpahaman di antara audiens, yang berpotensi mengarah pada kesimpulan yang salah dan keputusan yang tidak tepat. Dalam konteks ini, praktik yang baik dalam berbicara dan berargumen adalah dengan menetapkan definisi yang jelas dan konsisten untuk menghindari ambiguitas yang dapat merusak validitas argumen.

Penerapan Hukum Kontradiksi dalam Analisis Argumen

Hukum Kontradiksi menyatakan bahwa dua pernyataan yang saling bertentangan tidak dapat benar pada waktu dan kondisi yang sama. Prinsip ini merupakan fondasi logika yang menjaga koherensi berpikir dan memastikan bahwa argumen tetap konsisten. Jika seseorang menerima dua proposisi yang bertentangan sekaligus, maka keseluruhan struktur argumentasinya runtuh karena tidak ada kerangka rasional yang dapat menampung dua kebenaran yang berlawanan (Bueno & Colyvan, 2004).

Dalam praktiknya, pelanggaran terhadap Hukum Kontradiksi sering terjadi secara halus maupun terang-terangan, baik dalam wacana publik, perdebatan politik, maupun percakapan sehari-hari. Misalnya, dalam konteks perdebatan sosial tentang kebebasan berpendapat, satu pihak mungkin mengklaim bahwa "setiap orang berhak menyampaikan pandangan mereka," namun di sisi lain, mereka juga bisa menyatakan bahwa "beberapa pandangan tidak bisa diterima dan harus dilarang." Pernyataan ini menampilkan kontradiksi yang jelas, yang jika diterima, akan mengurangi kredibilitas argumen mereka. Situasi ini juga sering terlihat dalam arena politik, di mana politisi dapat mengubah posisi mereka tergantung pada konteks atau audiens, yang mengarah pada inkonsistensi yang merusak kepercayaan publik. Sebagai contoh, politisi yang mengadvokasi pasar bebas dapat bersikeras bahwa intervensi pemerintah berbahaya, tetapi ketika dihadapkan pada kondisi ketidakstabilan ekonomi, mereka mungkin meminta tindakan segera dari pemerintah untuk menstabilkan pasar. Dalam dua kasus ini, penegasan tentang "pasar bebas" berubah dari konsep tanpa intervensi menjadi konsep yang memperbolehkan intervensi oleh pemerintah jika diperlukan, menciptakan kebingungan dan konflik dalam argumen mereka.

Dalam wacana politik, Hukum Kontradiksi sering kali muncul melalui pernyataan yang saling bertentangan. Sebagai contoh, sebuah pihak dapat mengklaim bahwa mereka mendukung kebebasan pers sebagai prinsip dasar demokrasi. Namun, di sisi lain, mereka dapat menegaskan bahwa media tertentu harus ditutup hanya karena mengkritik kebijakan mereka.

Ini mencerminkan kontradiksi antara "mendukung kebebasan pers" dan "menutup media yang kritis," yang menunjukkan ketidakadilan dalam argumentasi. Pelanggaran terhadap Hukum Kontradiksi ini bisa dipicu oleh ketidakmampuan untuk menerima kerumitan argumen yang lebih mendalam atau sebagai upaya untuk melindungi pandangan yang sudah ada. Cara pikir yang dipengaruhi oleh pandangan sosial dan politik yang mendalam dapat menghasilkan disonansi kognitif, di mana seseorang merasakan ketegangan ketika dua keyakinan yang bertentangan ada dalam pikiran mereka. Dalam kasus ini, individu akan cenderung mencari cara untuk merasionalkan argumen mereka, sering kali dengan cara yang tidak konsisten, untuk membenarkan pandangan yang mereka miliki, meskipun hal itu tidak konsisten baik secara logis maupun etis (Moshe, 2010).

Untuk menganalisis apakah suatu argumen melanggar Hukum Kontradiksi, langkah yang dapat dilakukan adalah mengidentifikasi dua gagasan yang tampaknya kompatibel namun sebenarnya berlawanan. Setelah itu perlu ditanyakan apakah kedua gagasan tersebut dapat benar dalam konteks yang sama. Jika ternyata kedua pernyataan tersebut saling meniadakan, maka argumen tersebut jelas melanggar Hukum Kontradiksi dan tidak dapat diterima sebagai argumen yang valid. Teknik analisis ini membantu pembaca untuk membedakan argumen yang koheren dari argumen yang dibangun atas dasar kontradiksi internal.

Prinsip Cukup Alasan dalam Argumentasi

Prinsip Cukup Alasan merupakan pedoman penting dalam logika yang menegaskan bahwa setiap klaim harus didukung oleh alasan yang memadai, relevan, dan dapat dipertanggungjawabkan. Tanpa alasan yang cukup, sebuah pernyataan tidak dapat dinilai sebagai benar atau layak diterima. Prinsip ini tidak hanya berlaku dalam ranah ilmiah, tetapi juga dalam percakapan sehari-hari, pembuatan kebijakan, dan penalaran moral. Dalam konteks berpikir kritis, prinsip ini menjaga agar seseorang tidak menerima suatu klaim hanya berdasarkan asumsi atau keyakinan pribadi, tetapi berdasarkan bukti yang dapat diverifikasi (Coetzee et al., 2018). Pelanggaran terhadap Prinsip Cukup Alasan dapat muncul dalam berbagai bentuk, seperti generalisasi terburu-buru, yaitu ketika seseorang menarik kesimpulan luas berdasarkan satu atau dua contoh yang tidak representatif. Misalnya, pernyataan seperti "Siswa sekarang malas belajar. Lihat saja anak tetangga saya," menunjukkan bagaimana seseorang menilai seluruh populasi berdasarkan contoh yang tidak mewakili. Pelanggaran lainnya dapat berupa argumentasi yang dibangun berdasarkan prasangka tanpa data pendukung, atau klaim yang diajukan tanpa bukti yang relevan. Contoh lainnya adalah post hoc fallacy, di mana seseorang berasumsi bahwa suatu peristiwa menyebabkan peristiwa berikutnya hanya karena terjadi secara berurutan, tanpa dasar logis yang jelas untuk hubungan tersebut.

Contoh konkret pelanggaran prinsip ini sangat relevan dalam konteks pemikiran kritis. Sebagai contoh, klaim seperti "produk ini pasti aman, karena sudah dipakai banyak orang" mengasumsikan bahwa popularitas sama dengan keamanan. Popularitas tidak dapat dijadikan bukti bahwa suatu produk aman secara medis atau teknis. Tanpa data atau penelitian yang mendukung, klaim tersebut tidak dapat diterima. Dalam ranah penelitian ilmiah, penerapan Prinsip Cukup Alasan menjadi sangat penting. Setiap pernyataan ilmiah harus ditunjang oleh data yang valid dan dapat diuji ulang. Kesimpulan harus diturunkan secara logis dari premis dan metode yang digunakan. Penelitian yang baik memerlukan alasan yang kuat untuk metode yang dipilih, bukan hanya berdasarkan preferensi peneliti, sehingga penelitian tersebut menjadi lebih dapat dipertanggungjawabkan (Monti & Osherson, 2012). Hal ini juga memperkuat hasil penelitian, meningkatkan legitimasi ilmiah dari temuan yang dihasilkan.

Dengan penerapan Prinsip Cukup Alasan, proses berpikir menjadi tidak hanya intuitif, tetapi lebih sistematis dan berbasis bukti. Prinsip ini berfungsi sebagai pengingat untuk selalu mempertanyakan asumsi kita dan mencari alasan yang mendasar sebelum menerima suatu klaim. Ini penting untuk memastikan bahwa argumen yang disusun dapat bertahan terhadap kritik dan dapat direplikasi dalam konteks yang berbeda, serta terus mendukung pengembangan pengetahuan dalam berbagai bidang (Straß et al., 2019).

KESIMPULAN

Bab ini menegaskan pentingnya penerapan Empat Pilar Akal Sehat, khususnya Hukum Identitas, Hukum Kontradiksi, dan Prinsip Cukup Alasan, sebagai fondasi utama dalam analisis argumen. Ketiga pilar tersebut berfungsi sebagai "kompas intelektual" yang memastikan bahwa argumen dibangun di atas definisi yang jelas, konsistensi internal, serta alasan yang memadai. Tanpa ketiganya, proses berpikir mudah terseret pada kekacauan logika, kesesatan pikir, hingga manipulasi retorika.

Analisis dalam bab ini menunjukkan bahwa pelanggaran atas ketiga hukum tersebut sering terjadi baik dalam ranah akademik, sosial, maupun perdebatan publik. Kerancuan makna, kontradiksi internal, hingga klaim tanpa dasar menjadi bukti betapa seringnya akal sehat diabaikan. Sebaliknya, ketika ketiga hukum ini diterapkan secara konsisten, kualitas diskusi meningkat, kesimpulan menjadi lebih terverifikasi, dan proses berpikir lebih rasional. Dengan demikian, berpikir kritis bukan hanya kemampuan teknis, melainkan disiplin intelektual. Ajakan bagi pembaca adalah menjadikan hukum-hukum ini sebagai alat evaluasi diri: apakah argumen yang saya buat sudah konsisten? Apakah saya memberikan definisi jelas? Apakah saya menghindari kontradiksi? Apakah saya menyediakan alasan yang memadai?.Jika setiap individu menerapkan ketiga hukum ini, budaya diskusi akademik maupun publik akan menjadi lebih sehat, jernih, dan berorientasi pada pencarian kebenaran. Menjadi pemikir kritis berarti memiliki komitmen untuk menilai argumen berdasarkan kekuatannya sendiri, bukan berdasarkan retorika, bias, atau prasangka.

BAB 4
ANATOMI ARGUMEN: MENGURAI TIGA UNSUR DASAR LOGIKA DARI PENGERTIAN HINGGA PENYIMPULAN

PENDAHULUAN

Fenomena penggunaan Argumentum ad Hominem dalam ruang diskusi publik mencerminkan pergeseran dari debat yang berbasis argumen menjadi serangan bersifat personal. Hal ini sering kali menjadi taktik untuk mengalihkan perhatian dari substansi perdebatan dan melemahkan argumen lawan tanpa menanganinya secara langsung. Macagno menekankan bahwa serangan karakter dapat memicu kemarahan dan perasaan superioritas di dalam audiens, sehingga mengaburkan struktur logis argumentasi yang sebenarnya. Ketika serangan pribadi ini digunakan, tujuan utama dari perdebatan yang seharusnya adalah mencari kebenaran atau pemahaman bersama menjadi teralihkan, dan perhatian hanya tertuju pada upaya untuk mendiskreditkan individu.

Penggunaan ad hominem dalam konteks politik atau sosial sering diperkuat oleh dinamika psikologis yang terjadi di tingkat audiens. Seringkali, lebih mudah bagi audiens untuk meragukan kredibilitas penutur daripada menguji kekuatan argumen yang disampaikan. Eemeren dan Houtlosser menjelaskan bahwa ad hominem adalah salah satu kesesatan logika yang dapat menghambat proses berpikir rasional dalam diskusi. Ini juga memungkinkan individu yang terlibat dalam debat untuk saling menjatuhkan tanpa perlu merujuk pada bukti atau data yang valid. Dalam platform media sosial yang penuh dengan komentar impulsif, serangan pribadi seringkali diperburuk, menciptakan suasana diskusi yang jauh dari konstruktif.

Ad hominem tidak hanya muncul dalam debat politik, tetapi juga dalam wacana publik di berbagai isu. Misalnya, Patil mencatat bahwa taktik ini sering digunakan dalam argumen seputar kesehatan, di mana penyerangan terhadap kredibilitas individu dapat menciptakan kesan bahwa pandangan yang diungkapkan tidak layak untuk dipertimbangkan. Demikian juga,. menggambarkan bagaimana fallasi logika dalam debat publik di kalangan mahasiswa menjadi fenomena yang merusak kualitas argumen yang dikemukakan. Dengan demikian, argumentasi yang seharusnya berfungsi untuk menjelaskan dan meyakinkan sering kali dinodai oleh serangan terhadap individu.

Penggunaan argumentum ad hominem sangat erat kaitannya dengan identitas kelompok dan polaritas sosial yang telah meluas dalam komunikasi massa saat ini. Di zaman ketika masyarakat semakin terpolarisasi secara politik dan ideologis, kritik terhadap ide atau individu yang berbeda pandangan sering dipandang sebagai ancaman terhadap identitas kelompok. Hal ini membuat serangan pribadi menjadi taktik yang diadopsi secara luas sebagai upaya untuk mempertahankan dan melindungi posisi kelompok. Dalam konteks ini, serangan ad hominem menjadi cara yang efektif untuk menutup ruang diskusi dan menimbulkan bias konfirmasi yang signifikan. Eemeren et al. menunjukkan bahwa dalam diskusi ilmiah, penggunaan fallasi ini sering dianggap kurang wajar dibandingkan dengan diskusi lain yang lebih emosional, mencerminkan bahwa kualitas dialog di dalam ruang diskusi publik sangat dipengaruhi oleh penggunaan ad hominem.

Dengan memahami karakteristik dan dampak dari ad hominem ini, individu dapat lebih waspada terhadap manipulasi argumentatif yang meluas dalam diskusi publik. Hal ini penting untuk tidak hanya meningkatkan kualitas dialog yang terjadi, tetapi juga untuk mendorong pemikiran kritis yang lebih baik di tengah kompleksitas komunikasi modern. Upaya untuk mendeteksi dan menghindari fallasi ad hominem dapat menjadi langkah penting dalam membangun lingkungan diskusi yang lebih sehat dan produktif.

PEMBAHASAN

Membedah Argumentum ad Hominem: Logika di Balik Kekeliruan

Argumentum ad Hominem merupakan salah satu bentuk kesalahan logika yang kerap digunakan dalam diskusi publik dan debat. Istilah ini mengacu pada upaya untuk mendiskreditkan argumen seseorang dengan menyerang karakter atau sifat pribadi individu tersebut, daripada menilai sisi logis dari argumennya. Hal ini secara krusial memengaruhi kualitas diskusi serta pengambilan keputusan di masyarakat, khususnya di era informasi yang kian cepat saat ini.

Dalam konteks komunikasi publik, Argumentum ad Hominem sering kali muncul sebagai taktik manipulatif. Penelitian menunjukkan bahwa individu dengan kecenderungan berpikir konservatif atau yang mengandalkan moralitas berbasis otoritas cenderung lebih mudah terjebak dalam kesalahan berpikir ini (Demir et al., 2025). Disfungsi komunikasi ini dapat berakar dari bias kognitif, di mana individu menilai kebenaran argumen berdasarkan persepsi pribadi terhadap penutur, bukan dari substansi argumennya. Hal ini menunjukkan bahwa penilaian atas argumen bisa menjadi tidak akurat jika kita memahami betapa kuatnya pengaruh karakter penutur dalam menilai sebuah klaim.

Selain itu, budaya komunikasi yang berkembang, khususnya di media sosial, memberikan lahan subur bagi penggunaan Argumentum ad Hominem. Dengan meningkatnya persaingan dalam ruang publik, strategi menyerang pribadi bisa lebih efektif ketimbang menyajikan argumen berbasis logika. Hal ini terutama berlaku dalam konteks diskusi politik, di mana serangan personal lebih sering dijadikan alat untuk meraih dukungan publik dengan cepat (Ifan, 2022). Dalam sebuah penelitian yang menyelidiki wacana politik, ditemukan bahwa penggunaan kesalahan logika, termasuk Argumentum ad Hominem, semakin sering dilakukan untuk mengalihkan perhatian audiens dari isu-isu substansial (Ifan, 2022).

Dari perspektif pendidikan dan pengembangan kemampuan berpikir kritis, penting untuk menyadari potensi bahaya dari serangan personal ini. Sebuah penelitian mengungkapkan bahwa meskipun kemampuan untuk mengidentifikasi kesalahan logika seperti Argumentum ad Hominem tidak diajarkan secara formal dalam kurikulum, sebagian peserta masih mampu mengenalinya dalam konteks diskusi sehari-hari (Lunggito et al., 2015). Hal ini menegaskan kebutuhan akan pelatihan dan pendidikan yang lebih baik terkait dengan penalaran kritis di berbagai level pendidikan agar individu dapat bertahan dari strategi manipulatif ini dan mengedepankan logika dalam diskusi.

Secara etis, Argumentum ad Hominem juga merusak kualitas komunikasi. Diskusi yang seyogianya bersifat konstruktif malah bisa bertransformasi menjadi arena konflik personal yang berpotensi menghancurkan hubungan sosial (Demir et al., 2025). Dalam konteks akademis, penting untuk menghindari ad hominem guna menjaga fokus pada substansi dan integritas argumen yang disampaikan (Ifan, 2022). Pemahaman akan kesalahan berpikir ini krusial bagi individu di semua tingkatan, tidak hanya dalam konteks politik, tetapi juga dalam pendidikan dan kehidupan sehari-hari.

Dengan demikian, Argumentum ad Hominem tidak hanya menimbulkan tantangan dalam diskusi publik tetapi juga menggambarkan kekurangan dalam pendidikan berpikir kritis yang seharusnya mampu menanggulangi pengaruh kesalahan logika ini. Memperkuat pemahaman dan kemampuan analisis kritis di tengah masyarakat diharapkan dapat mengurangi penggunaan Argumentum ad Hominem, dan menciptakan lingkungan diskusi yang lebih sehat dan produktif.

Ragam Serangan Pribadi: Mengenali Berbagai Wajah Ad Hominem

Diskursus publik sering kali dipengaruhi oleh dinamika argumentasi, dan kesesatan berpikir seperti Argumentum ad Hominem dapat merusak kualitas debat. Argumentum ad Hominem, yang mengalihkan perhatian dari substansi argumen kepada karakter atau keadaan pribadi lawan, memiliki beberapa bentuk yang umum digunakan dalam konteks politik, akademik, dan percakapan sehari-hari. Terdapat empat jenis utama dari kesesatan ini, yaitu Ad Hominem Abusive, Ad Hominem Circumstantial, Tu Quoque, dan Guilt by Association.

Ad Hominem Abusive merupakan serangan langsung yang paling jelas, di mana kritik ditujukan pada karakter atau atribut pribadi lawan alih-alih argumennya. Penelitian oleh Jazeri et al. menunjukkan bahwa dalam konteks debat politik, peserta sering menggunakan serangan karakter untuk melemahkan posisi lawan, daripada membahas substansi yang disampaikan (Jazeri et al., 2019). Hal ini senada dengan temuan Macagno, yang mengemukakan bahwa teknik serangan karakter dapat mengalihkan perhatian dari struktur rasional argumen (Macagno, 2013). Penalaran rasional seharusnya tetap menjadi fokus, di mana argumen dinilai berdasarkan logika dan premisnya, bukan berdasarkan penampilan atau reputasi penutur (Walton, 2010).

Selanjutnya, Ad Hominem Circumstantial mengganggu argumen dengan meragukan keabsahan argumen berdasarkan keadaan atau afiliasi personal. Misalnya, seseorang mungkin dituduh bias karena latar belakangnya. Hal ini diilustrasikan dalam konteks debat politik di mana seseorang mendukung suatu kebijakan mungkin dianggap tidak objektif karena keterhubungannya dengan organisasi tertentu (Jazeri et al., 2019). Di sini, tuduhan mengenai motif pribadi tidak mengurangi kekuatan argumen yang disampaikan, yang seharusnya diuji dengan bukti dan logika (Macagno, 2013).

Bentuk ketiga, Tu Quoque, melibatkan mempertanyakan konsistensi penutur dengan mengungkit perilaku masa lalu mereka. Dalam konteks ini, argumen tidak dibantah secara substansial, melainkan diserang berdasarkan ketidakcocokan antara ucapan dan tindakan penutur. Meskipun ketidakkonsistenan tersebut dapat menjadi isu etis, hal itu tidak membuktikan bahwa argumen tersebut salah (Macagno, 2013). Ini menunjukkan bahwa keberpihakan pribadi tidak seharusnya mempengaruhi validitas argumen yang disampaikan.
Guilt by Association merupakan bentuk ad hominem yang merugikan di mana argumen seseorang ditolak karena keterkaitannya dengan individu atau ide yang dipandang negatif. Penelitian oleh Mohammed menunjukkan bahwa lembaga atau individu yang memiliki reputasi buruk dapat mengakibatkan ketidakpercayaan terhadap argumen mereka, meskipun isi argumen tersebut tetap valid (Mohammed, 2023). Contoh ini memperlihatkan pentingnya untuk tidak membiarkan reputasi asosiasi berpengaruh pada penilaian argumen yang jelas dan logis.

Secara keseluruhan, kesesatan berpikir seperti Argumentum ad Hominem merusak integritas dan produktivitas diskursus publik. Pengertian mendalam terhadap berbagai bentuk ad hominem ini penting untuk meningkatkan kemampuan menganalisis dan berdebat secara rasional, di mana substansi argumen melampaui atribut pribadi penutur.

Mengapa Ragam Ad Hominem Ini Sangat Berbahaya?

Ragam serangan pribadi di atas bukan hanya keliru secara logis, tetapi juga memiliki konsekuensi sosial dan epistemik yang luas. Berikut beberapa alasan mengapa ad hominem harus diwaspadai:

1. Merusak Kualitas Diskusi Publik

Ketika ad hominem mendominasi percakapan publik, substansi argumen terpinggirkan. Masyarakat tidak lagi fokus pada kualitas gagasan, melainkan pada gosip, citra, dan stereotip. Akibatnya, proses pengambilan keputusan publik menjadi dangkal dan emosional.

2. Mendorong Polarisasi

Serangan personal memperkuat batas identitas kelompok. Alih-alih membangun ruang bagi dialog yang sehat, ad hominem menciptakan jurang pemisah yang semakin dalam antara kelompok berbeda. Hal ini sangat terlihat dalam debat politik yang semakin memanas.

3. Menghambat Kemampuan Berpikir Kritis

Ketika seseorang terbiasa menolak argumen berdasarkan siapa yang menyampaikannya, kemampuan menilai argumen berdasarkan logika menjadi tumpul. Ini berbahaya karena masyarakat kehilangan kemampuan untuk menyaring informasi dengan tepat.

4. Menormalisasi Serangan Personal

Penggunaan ad hominem secara terus-menerus membuat budaya komunikasi penuh dengan penghinaan, tuduhan, dan stereotip. Dalam jangka panjang, hal ini melemahkan etika komunikasi dan merusak hubungan sosial.

Memahami ragam *Argumentum ad Hominem* mulai dari *Abusive*, *Circumstantial*, *Tu Quoque*, hingga *Guilt by Association* merupakan langkah fundamental dalam membangun budaya berpikir kritis yang sehat. Keempat bentuk ini berbeda dari segi mekanisme, namun semuanya berbagi kesamaan: menyerang pribadi, bukan argumen. Dengan mengenali dan menghindari kesesatan ini, kita dapat meningkatkan kualitas diskusi, menjaga etika komunikasi, dan memastikan bahwa proses berpikir tidak dikaburkan oleh retorika yang menyesatkan.

Dampak Destruktif Ad Hominem dalam Diskursus Intelektual dan Publik

Argumentum ad Hominem, sebagai kesalahan logika yang sering terjadi dalam interaksi publik, dapat merusak kualitas diskursus. Penggunaan strategi ini membawa dampak negatif yang signifikan terhadap iklim diskusi, perkembangan gagasan, dan polarisasi masyarakat, terutama dalam konteks komunikasi digital. Ketiga poin ini akan dibahas lebih mendalam.

Pertama, ad hominem meracuni iklim diskusi dengan mengalihkan perhatian dari substansi argumen ke karakter pribadi. Ketika serangan pribadi mulai mewarnai diskusi, nuansa konstruktif berkurang, dan ruang untuk pertukaran ide yang sehat menjadi terbatas. Sebuah studi oleh Habernal et al. menunjukkan bahwa serangan pribadi dalam argumentasi online sering kali menyebabkan peserta merasa tidak aman untuk berbagi pandangan mereka, yang akhirnya memunculkan self-censorship dan menciptakan ketidakpercayaan antara pihak yang berpartisipasi dalam diskusi (Habernal et al., 2018). Hal ini juga diperkuat oleh penelitian oleh Patel et al. yang menunjukkan bahwa di banyak forum publik, ad hominem tidak hanya merugikan argumen, tetapi juga menciptakan suasana kompetitif alih-alih kolaboratif, yang mengarah pada penurunan kualitas dialog (Patel et al., 2023).

Kedua, dampak negatif lainnya adalah penghambatan kemajuan intelektual. Ketika argumen ditolak hanya karena reputasi pembawanya, banyak gagasan inovatif gagal mendapatkan perhatian yang seharusnya. Penelitian oleh Shea et al. menunjukkan bahwa ad hominem sering kali menghalangi proses pengembangan dan pengujian gagasan baru (Shea et al., 2025). Termasuk di dalamnya adalah keraguan terhadap pandangan peneliti muda yang mungkin tidak sejalan dengan arus pemikiran dominan, yang dapat menyebabkan stagnasi dalam ilmu pengetahuan.

Ketiga, di era digital saat ini, ad hominem berkontribusi pada penguatan polarisasi sosial dan pembentukan echo chamber. Ketika pengguna media sosial diserang secara pribadi dalam perdebatan, interaksi ini mengubah cara mereka memandang lawan argumen sebagai musuh ketimbang rekan dialog. Penelitian oleh Duseja dan Jhamtani menunjukkan bahwa penggunaan ad hominem sering kali memperkuat silo ideologis, di mana individu berinteraksi lebih banyak dengan kelompok sepemikiran dan menghindari argumen yang berlawanan (Holcombe, 2021). Hal ini dapat menimbulkan dampak serius pada kapasitas berpikir kritis dan kolaboratif dalam masyarakat, di mana ketidakmampuan untuk mendengarkan sudut pandang yang berbeda dapat memperdalam jurang pemisah sosial (Delobelle et al., 2019).

Secara keseluruhan, Argumentum ad Hominem bukan hanya kesalahan logis semata, melainkan ancaman nyata bagi kesehatan diskursus publik, inovasi dalam pemikiran, dan kohesi sosial di komunitas. Untuk memperbaiki situasi ini, penting untuk membangun budaya diskusi yang didasarkan pada rasa hormat terhadap argumen dan pendekatan rasional yang lebih inklusif.

Strategi Bertahan: Cara Merespons dan Melawan Argumen Ad Hominem

Dalam dunia akademik maupun diskusi publik, kemampuan untuk mempertahankan argumen secara rasional merupakan keterampilan yang sangat penting bagi mahasiswa. Salah satu tantangan terbesar dalam proses tersebut adalah menghadapi serangan ad hominem, yaitu serangan pribadi yang tidak berkaitan dengan substansi argumen. Agar mahasiswa mampu tetap tenang, objektif, dan fokus pada esensi diskusi, beberapa strategi praktis berikut dapat diterapkan. Strategi-strategi ini tidak hanya membantu menjaga integritas dialog, tetapi juga melatih kemampuan berpikir kritis dan komunikasi efektif.

1. Identifikasi dan Beri Nama: Menyadarkan Lawan Bicara akan Kesalahannya

Langkah pertama dalam menghadapi ad hominem adalah kemampuan untuk mengenali bentuk kesesatan berpikir tersebut. Mahasiswa perlu membiasakan diri memisahkan antara kritik yang bersifat substantif dan serangan yang menargetkan aspek personal. Setelah dikenali, penting untuk menamai dan mengidentifikasi kesesatan itu secara eksplisit agar lawan bicara menyadari bahwa ia telah keluar dari jalur argumentatif.

Sebagai contoh, mahasiswa dapat mengatakan: **"Maaf, pernyataan Anda tampaknya lebih mengarah pada serangan pribadi (ad hominem), bukan pada gagasan yang saya sampaikan.** Pernyataan seperti ini memiliki dua fungsi penting. Pertama, memberikan sinyal bahwa mahasiswa memahami prinsip-prinsip logika dan tidak mudah dialihkan oleh serangan emosional. Kedua, menghadirkan tekanan sosial dan intelektual yang mendorong lawan bicara kembali kepada argumen rasional. Strategi ini efektif menjaga agar diskusi tetap berada dalam koridor akademik.

2. Abaikan dan Arahkan Kembali: Menjaga Fokus pada Substansi Diskusi

Langkah kedua adalah kemampuan untuk tetap tenang dan tidak terprovokasi oleh serangan personal. Menghadapi ad hominem dengan emosi hanya akan memperburuk situasi dan merusak kualitas dialog. Karena itu, strategi yang lebih efektif adalah mengabaikan serangan tersebut dan mengembalikan fokus pembicaraan pada pokok persoalan.

Contoh tanggapan yang dapat digunakan adalah: **"Terlepas dari latar belakang pribadi saya, bagaimana Anda menanggapi data yang tadi saya paparkan?"**

Dengan mengarahkan kembali diskusi kepada substansi, mahasiswa menunjukkan kedewasaan intelektual dan pengendalian diri. Strategi ini juga membantu mencegah diskusi berkembang menjadi pertikaian personal yang tidak produktif. Lebih jauh lagi, respon semacam ini memperlihatkan kepada audiens bahwa mahasiswa tetap konsisten dengan kaidah berpikir kritis, sementara lawan bicara tampak menghindari substansi argumen.

3. Tunjukkan Ketidakrelevanan: Mengembalikan Logika sebagai Dasar Penilaian

Langkah selanjutnya adalah menjelaskan secara singkat mengapa serangan personal tersebut tidak memiliki hubungan logis dengan argumen yang sedang dibahas. Tindakan ini penting untuk mempertegas kepada lawan bicara dan audiens bahwa kualitas argumen ditentukan oleh premis dan logikanya, bukan oleh identitas atau karakter pembicara.

Mahasiswa dapat memberikan penjelasan seperti: **"Atribut pribadi yang Anda sebutkan tidak memiliki relevansi logis dengan validitas argumen saya. Yang sedang kita bahas adalah data dan penalarannya, bukan aspek personal saya."**

Dengan menegaskan ketidakrelevanan tersebut, mahasiswa menempatkan kembali percakapan pada landasan logis. Strategi ini juga memberikan edukasi implisit kepada peserta diskusi lainnya mengenai pentingnya konsistensi berpikir dan pemisahan yang jelas antara gagasan dan pembawanya.

KESIMPULAN

Argumentum ad hominem merupakan salah satu bentuk kekeliruan logis yang paling sering muncul dalam berbagai bentuk diskusi, baik dalam ruang akademik, percakapan sehari-hari, maupun debat publik. Dari keseluruhan pembahasan sebelumnya, dapat disintesiskan bahwa ad hominem adalah serangan terhadap pribadi, karakter, atau latar belakang seseorang yang digunakan untuk menolak atau melemahkan argumen yang ia ajukan. Kesesatan ini memiliki berbagai bentuk, seperti *ad hominem abusive*, *ad hominem circumstantial*, *tu quoque*, serta *guilt by association*—masing-masing memiliki karakteristik dan pola serangan yang berbeda, namun sama-sama mengalihkan perhatian dari substansi pembahasan menuju hal-hal yang tidak relevan. Dampaknya pun sangat luas, mulai dari rusaknya iklim diskusi, matinya peluang berkembangnya gagasan yang konstruktif, hingga meningkatnya polarisasi sosial, khususnya di era digital yang sarat dengan interaksi impulsif dan ruang gema (*echo chamber*).

Melalui uraian tersebut, semakin jelas bahwa argumentum ad hominem bukan hanya sebuah kesalahan berpikir yang tampak sederhana, melainkan ancaman serius terhadap integritas penalaran. Karena itu, penting ditegaskan bahwa disiplin intelektual untuk memisahkan antara pembicara dan argumennya merupakan syarat utama bagi tumbuhnya pemikiran kritis. Validitas argumen tidak pernah ditentukan oleh siapa yang mengucapkannya, tetapi oleh kekuatan premis, konsistensi logika, serta ketepatan data yang mendukungnya. Ketika individu mampu menilai gagasan secara objektif tanpa terpengaruh oleh bias personal, maka kualitas diskusi akan meningkat dan ruang dialog akan menjadi lebih sehat. Penegasan tesis ini menjadi dasar bagi seluruh strategi yang telah dijelaskan sebelumnya—mulai dari mengidentifikasi kesesatan, mengarahkan kembali percakapan, hingga menunjukkan ketidakrelevannya.

Pada akhirnya, pembahasan mengenai ad hominem tidak hanya bertujuan menambah wawasan tentang kesesatan berpikir, tetapi juga mengajak pembaca untuk melakukan refleksi mendalam terhadap kebiasaan berargumen mereka sendiri. Setiap individu perlu bertanya: sejauh mana kita telah terjebak dalam pola serangan pribadi ketika berdiskusi? Seberapa sering kita menolak gagasan bukan karena kelemahan substansinya, melainkan karena ketidaksukaan terhadap orang yang menyampaikannya? Dengan refleksi seperti ini, pembaca diharapkan dapat mengembangkan kesadaran kritis untuk memperbaiki cara berargumentasi, sekaligus meningkatkan integritas intelektual dalam setiap bentuk komunikasi.

Lebih dari itu, pembaca juga diajak untuk menjadi agen perubahan dalam menciptakan budaya diskusi yang lebih etis dan rasional. Dalam lingkungan akademik, media sosial, maupun percakapan sehari-hari, diperlukan keberanian untuk mengarahkan dialog kembali kepada substansi, meskipun pihak lain menggunakan taktik ad hominem. Menjadi pemikir kritis bukan sekadar kemampuan mengenali kesalahan logika, tetapi juga komitmen moral untuk tetap berpegang pada standar argumentatif yang benar, bahkan ketika berhadapan dengan tekanan emosional atau provokasi personal. Dengan demikian, seluruh pembahasan ini menegaskan bahwa upaya melawan ad hominem bukan hanya bentuk pertahanan diri dalam diskusi, tetapi juga kontribusi nyata terhadap pembangunan ruang publik yang lebih matang dan beradab. Gagasan yang kuat harus dinilai berdasarkan argumentasi yang menyertainya, bukan berdasarkan identitas penyampainya. Sikap inilah yang akan membawa kita menuju budaya berpikir yang lebih sehat dan kehidupan intelektual yang lebih berkualitas.

BAB 5
SENI MEMBERI BATASAN: TEKNIK MERUMUSKAN DEFINISI YANG TEPAT, JELAS, DAN BEBAS AMBIGUITAS

PENDAHULUAN

Dalam berbagai bidang ilmu dan kehidupan sehari-hari, penggunaan definisi yang tidak jelas atau ambigu sering kali memunculkan kebingungan yang dapat memengaruhi pemahaman dan pengambilan keputusan. Sebagai contoh, dalam konteks hukum, istilah "keadilan" seringkali memiliki banyak interpretasi yang berbeda-beda, bergantung pada siapa yang mendefinisikan dan dalam situasi apa istilah tersebut diterapkan. Konsep yang sama bisa dipahami secara berbeda oleh individu atau kelompok yang memiliki perspektif yang berbeda, yang kemudian memicu perdebatan panjang. Begitu pula dalam diskursus akademik, ketika definisi tidak dipahami dengan cara yang seragam, maka argumen yang dibangun atas dasar definisi tersebut akan mudah dipertanyakan, merusak koherensi dan objektivitas dari pembahasan itu sendiri (Narwadi et al., 2025). Ketidakjelasan dalam merumuskan definisi tidak hanya menyebabkan miskomunikasi, tetapi juga dapat mengarah pada kesalahan penerapan dalam praktik profesional maupun kebijakan publik.

Dalam dunia akademik dan kehidupan sehari-hari, pemberian definisi yang tepat sangat penting untuk menghindari kebingungannya. Ketidaktepatan dalam merumuskan definisi seringkali menyebabkan ambiguitas, yang dapat mengarah pada salah pengertian dan kesalahpahaman. Masalah ini sering terjadi dalam pendidikan dan konteks profesional, di mana istilah-istilah yang kompleks atau baru tidak didefinisikan dengan jelas, sehingga menimbulkan kebingungannya di kalangan mahasiswa atau praktisi (Ridwan et al., 2022). Ketidakjelasan dalam definisi juga bisa memicu perdebatan yang tidak produktif, di mana para pihak lebih memperdebatkan makna suatu istilah daripada substansi atau argumen yang sebenarnya. merumuskan definisi dengan jelas dan tepat agar komunikasi, diskusi, dan argumentasi dapat berjalan lebih efektif dan tidak terjebak dalam interpretasi yang salah.

Dalam konteks akademik maupun kehidupan sehari-hari, pemberian definisi yang tepat merupakan elemen yang sangat penting. Ketidaktepatan dalam merumuskan definisi sering kali menyebabkan ambiguitas yang mengarah pada kesalahpahaman. Hal ini dapat mengganggu komunikasi yang efektif, memperburuk diskusi, dan melemahkan argumentasi. Masalah semacam ini sering terjadi dalam pendidikan dan lingkungan profesional, di mana istilah-istilah yang kompleks atau baru sering kali tidak didefinisikan secara jelas, menyebabkan kebingungannya di kalangan mahasiswa atau praktisi. Ketidakjelasan definisi juga berpotensi memicu perdebatan yang tidak produktif, di mana pihak-pihak yang terlibat lebih fokus pada perbedaan makna daripada substansi atau argumen yang sebenarnya. definisi yang tegas dan jelas agar diskusi berjalan lebih konstruktif, serta memastikan bahwa pemahaman terhadap suatu konsep dapat diterima dengan konsisten di berbagai konteks (Ridwan et al., 2022).

Tujuan dari bab ini adalah untuk mengkaji secara mendalam seni merumuskan definisi yang tepat, jelas, dan bebas ambiguitas. Pembaca akan diperkenalkan pada berbagai teknik dasar yang dapat digunakan untuk merumuskan definisi dengan tujuan memperjelas konsep-konsep dalam diskursus akademik maupun praktis. Selain itu, bab ini juga bertujuan untuk mengidentifikasi metode evaluasi dan kritik terhadap definisi yang ada, dengan pendekatan yang sistematis. Hal ini dilakukan untuk memastikan bahwa definisi yang digunakan dalam berbagai konteks dapat mencerminkan makna yang dimaksud secara akurat, serta menghindari potensi kebingungannya. Dengan demikian, pembaca diharapkan dapat lebih cermat dalam merumuskan dan mengevaluasi definisi, serta memahami pentingnya definisi yang jelas dan konsisten dalam membangun pemahaman yang valid dalam diskusi akademik atau profesional.

PEMBAHASAN

Membedah Konsep Definisi: Dasar-Dasar dan Tujuannya

Secara etimologis, kata "definisi" berasal dari bahasa Latin *definitio*, yang berarti "penentuan batas" atau "penjelasan". Definisi memiliki fungsi penting dalam memberikan batasan yang jelas terhadap suatu istilah atau konsep. Dalam konteks ilmu pengetahuan, definisi sangat krusial untuk menetapkan makna yang konsisten bagi istilah-istilah yang digunakan dalam diskursus ilmiah. Dengan adanya definisi yang tepat, konsep atau istilah yang digunakan tidak akan terbuka untuk berbagai interpretasi yang dapat menimbulkan kebingungannya (Kolouch et al., 2023). Definisi yang jelas akan memperjelas ruang lingkup pembahasan dan memfokuskan diskusi pada aspek-aspek yang relevan, serta menghindari terjadinya perdebatan yang tidak produktif mengenai perbedaan pemahaman tentang suatu istilah. definisi yang tepat sangat diperlukan untuk memastikan komunikasi yang efektif dan pemahaman yang sahih dalam berbagai konteks akademik maupun praktis.

Pemberian definisi yang jelas dan terukur merupakan fondasi utama dari komunikasi yang efektif dalam berbagai bidang, terutama dalam dunia akademik. Sebuah definisi yang tepat tidak hanya memberikan pengertian yang jelas tentang konsep yang dibahas, tetapi juga berfungsi untuk membatasi ruang lingkup pembahasan tersebut. Tanpa adanya definisi yang jelas, suatu konsep atau istilah dapat menimbulkan kerancuan, terutama ketika digunakan dalam berbagai konteks yang berbeda. Sebagai contoh, dalam penelitian sosial, ketidakjelasan definisi mengenai "kemiskinan" dapat menimbulkan berbagai interpretasi yang bertentangan, tergantung pada kriteria yang digunakan, seperti apakah kemiskinan diukur berdasarkan pendapatan, akses terhadap layanan dasar, atau standar hidup minimum (Adeoye & Adong, 2023). Hal ini dapat memperumit analisis dan menghasilkan kesimpulan yang tidak konsisten. Oleh karena itu, penting bagi peneliti untuk merumuskan definisi yang tegas dan tidak multitafsir. Definisi yang baik akan memperjelas parameter yang digunakan dalam penelitian dan memastikan bahwa semua pihak yang terlibat memiliki pemahaman yang sama. Dengan demikian, pemberian definisi yang tepat membantu memperlancar proses analisis, mengurangi kebingungannya, dan meningkatkan validitas dari kesimpulan yang diambil.

Dalam logika, definisi merupakan langkah pertama yang sangat penting dalam membangun argumen yang koheren dan sahih. Sebuah argumen yang baik harus didasarkan pada definisi yang jelas dan diterima oleh semua pihak yang terlibat dalam diskusi. Ketidaktepatan dalam merumuskan definisi dapat merusak validitas dari seluruh rangkaian argumen, karena perbedaan pemahaman terhadap suatu istilah dapat mengarah pada kesalahan penalaran dan perdebatan yang tidak produktif. Selain itu, dalam konteks ilmu pengetahuan, definisi yang jelas sangat penting agar para peneliti dapat berkomunikasi dengan menggunakan istilah yang dapat diukur dan diuji secara objektif. Misalnya, dalam eksperimen ilmiah, jika variabel yang diteliti tidak didefinisikan dengan tepat, hal ini dapat memengaruhi interpretasi dan kesimpulan yang diambil dari data yang dikumpulkan (De Lotto & Morelli di Popolo, 2019). Ketidakjelasan definisi bisa mengarah pada hasil yang tidak konsisten atau tidak valid, yang dapat merusak integritas penelitian. definisi yang tepat menjadi dasar bagi penyusunan hipotesis yang valid, metodologi yang relevan, dan analisis yang objektif. Dengan demikian, merumuskan definisi yang akurat dan konsisten adalah langkah krusial dalam memastikan keberhasilan penelitian ilmiah dan pembahasan argumentatif yang konstruktif.

Ragam Teknik dalam Merumuskan Definisi yang Tepat dan Bebas Ambiguitas

Definisi stipulatif merujuk pada definisi yang diberikan secara sengaja untuk mengklarifikasi makna suatu istilah yang baru atau belum ada dalam bahasa umum. Definisi ini biasanya digunakan untuk menghindari kebingungannya atau ketidakpahaman terkait istilah yang baru ditemukan atau yang memiliki banyak arti dalam konteks yang berbeda. Dalam penelitian ilmiah, definisi stipulatif berfungsi untuk memberikan batasan yang lebih sempit terhadap suatu konsep, sehingga tidak menyimpang dari fokus pembahasan yang ada. Hal ini sangat penting untuk memastikan bahwa konsep yang dibahas tetap relevan dan terarah. Sebagai contoh, dalam penelitian mengenai kesadaran lingkungan, istilah "kesadaran lingkungan" dapat didefinisikan stipulatif sebagai sejauh mana individu atau kelompok memperhatikan dan bertindak untuk menjaga kelestarian lingkungan. Definisi ini bertujuan untuk memperjelas bahwa kesadaran lingkungan yang dimaksud berfokus pada tindakan nyata yang dilakukan untuk melestarikan lingkungan, bukan hanya kesadaran secara teoritis atau konseptual (Wolman, 2017). Dengan merumuskan definisi stipulatif yang jelas, peneliti dapat memastikan bahwa istilah yang digunakan dalam penelitian tidak membingungkan atau disalahpahami, dan relevansi dari setiap konsep yang dibahas dapat tetap terjaga sepanjang proses penelitian.

Definisi operasional adalah definisi yang menghubungkan suatu konsep dengan prosedur atau pengukuran spesifik yang dapat diukur secara empiris. Dalam penelitian ilmiah, terutama penelitian empiris, definisi operasional digunakan untuk mengubah konsep-konsep yang abstrak atau sulit diukur menjadi lebih konkret dan dapat diuji melalui instrumen yang jelas dan terstandarisasi. Hal ini memungkinkan para peneliti untuk mengukur variabel secara objektif, menghindari subjektivitas, dan meningkatkan validitas hasil penelitian. Sebagai contoh, dalam penelitian yang berkaitan dengan psikologi, istilah "kecemasan" dapat didefinisikan operasional sebagai skor yang diperoleh dari instrumen tes kecemasan Beck, yang merupakan alat ukur yang sahih dan terstandarisasi (TUC &&childer ENgland, 2016). Dengan definisi operasional seperti ini, kecemasan yang sebelumnya merupakan konsep abstrak dapat diukur secara kuantitatif dan diujikan kepada responden dalam penelitian. Definisi operasional ini memberikan kejelasan dalam hal apa yang dimaksud dengan kecemasan dan bagaimana mengukurnya, sehingga hasil penelitian menjadi lebih terukur, terarah, dan dapat dibandingkan antarpenelitian yang menggunakan instrumen yang sama. Penggunaan definisi operasional membantu mengurangi ambiguitas dan memastikan bahwa variabel yang diukur dapat dievaluasi secara akurat dan konsisten.

Definisi persuasif adalah jenis definisi yang digunakan dalam konteks debat atau diskusi untuk membujuk atau mempengaruhi pandangan orang lain. Definisi ini sering diterapkan untuk menciptakan pemahaman yang lebih menguntungkan bagi pihak tertentu dalam suatu perdebatan, dengan tujuan untuk memperkuat posisi mereka dan memengaruhi audiens agar lebih mendukung argumen yang diajukan. Definisi persuasif tidak semata-mata bertujuan untuk memberikan penjelasan objektif tentang suatu konsep, melainkan untuk menggugah persepsi atau emosi audiens, serta meyakinkan mereka akan kebenaran atau relevansi posisi tertentu. Sebagai contoh, dalam diskusi mengenai kebijakan nasional, istilah "keamanan negara" dapat didefinisikan secara persuasif sebagai "stabilitas yang terjaga yang melindungi seluruh rakyat dan wilayah negara dari ancaman dalam dan luar negeri". Definisi ini dirumuskan dengan tujuan untuk menekankan pentingnya peran keamanan dalam menjaga keselamatan nasional dan untuk membentuk persepsi publik mengenai urgensi perlindungan terhadap negara. Definisi persuasif dapat digunakan sebagai alat retorika untuk mengarahkan audiens pada pemahaman yang sesuai dengan tujuan politik atau sosial pihak yang mengajukan definisi tersebut.

Salah satu masalah utama yang sering muncul dalam banyak diskursus adalah penggunaan definisi yang kabur atau ambigu. Definisi yang tidak jelas, seperti "kebahagiaan" atau "keadilan", sering kali memicu interpretasi yang berbeda-beda, tergantung pada sudut pandang atau konteks di mana istilah tersebut digunakan. Ketidakjelasan dalam merumuskan definisi ini dapat menyebabkan kebingungannya, yang akhirnya memperburuk komunikasi dan analisis. Ketika istilah yang digunakan dalam suatu diskusi atau penelitian tidak didefinisikan dengan tepat, hal ini membuka peluang bagi perbedaan pemahaman yang dapat mengarah pada kesalahpahaman di antara pihak-pihak yang terlibat. Sebagai contoh, definisi "keadilan" yang kabur dapat mencakup berbagai interpretasi, seperti keadilan distributif, yang berfokus pada pembagian sumber daya yang adil, keadilan prosedural, yang mengedepankan kesetaraan dalam proses hukum, atau keadilan komutatif, yang mengacu pada keadilan dalam hubungan timbal balik (Borek, 2021). Masing-masing jenis keadilan ini memiliki konteks dan aplikasi yang berbeda dalam sistem hukum atau sosial, sehingga penting untuk merumuskan definisi yang jelas agar tidak terjadi tumpang tindih atau kebingungannya dalam penerapan konsep tersebut. merumuskan definisi yang tegas dan tidak ambigu adalah langkah awal yang penting dalam memastikan kelancaran diskusi dan validitas analisis.

Dampak Penggunaan Definisi yang Tidak Tepat dalam Diskursus Akademik dan Publik

Penggunaan definisi yang kabur atau tidak tepat sering kali menjadi hambatan dalam diskusi atau perdebatan yang konstruktif. Ketika peserta diskusi tidak sepakat mengenai arti dari suatu istilah, diskusi tersebut akan terjebak dalam perdebatan semantik yang tidak produktif. Dalam banyak kasus, terutama dalam bidang hukum atau politik, istilah-istilah seperti "keadilan" atau "hak asasi manusia" sering kali memiliki interpretasi yang beragam. Ketidaksepakatan tentang arti dari istilah-istilah ini dapat memicu perbedaan pandangan yang tajam dan mengarah pada debat yang tidak mengarah pada solusi atau kesepakatan. Fenomena ini mempersulit pencapaian tujuan diskusi, karena alih-alih menyelesaikan masalah yang ada, perhatian terpecah pada perbedaan pemahaman tentang makna kata yang digunakan. Dengan demikian, penting bagi para peserta diskusi untuk memastikan bahwa setiap istilah yang digunakan memiliki definisi yang jelas dan diterima oleh semua pihak yang terlibat, agar fokus diskusi tetap pada inti permasalahan, bukan pada perdebatan tentang makna kata itu sendiri (Soeharto & Csapó, 2022).

Ketidaktepatan dalam merumuskan definisi dapat merusak validitas suatu argumen. Ketika definisi yang digunakan dalam argumen tidak jelas atau ambigu, maka argumen tersebut menjadi lemah dan tidak dapat dipertanggungjawabkan. Hal ini sangat penting, terutama dalam konteks ilmiah atau akademik, di mana kejelasan dan ketepatan definisi memengaruhi kesimpulan yang ditarik. Misalnya, dalam sebuah penelitian ilmiah, jika peneliti menggunakan istilah yang memiliki definisi yang kabur atau tidak konsisten, maka temuan yang dihasilkan akan menjadi tidak sahih. Ketidaktepatan dalam merumuskan definisi dapat mengarah pada kesalahan dalam interpretasi data dan penarikan kesimpulan, yang pada gilirannya merusak integritas penelitian itu sendiri (Wulandari et al., 2020). Dalam dunia akademik, validitas temuan ilmiah sangat bergantung pada kejelasan konsep yang digunakan, dan oleh karena itu, penting bagi peneliti untuk merumuskan definisi dengan cermat, agar temuan yang dihasilkan dapat dipertanggungjawabkan dan berkontribusi pada pengembangan ilmu pengetahuan yang lebih lanjut.

Definisi yang kabur atau ambigu tidak hanya merusak diskusi dan argumen, tetapi juga dapat menciptakan konflik konseptual yang lebih besar. Ketidakpahaman yang timbul akibat definisi yang tidak jelas sering kali memperburuk ketegangan antar individu, kelompok, atau bahkan masyarakat. Misalnya, dalam perdebatan tentang isu-isu sosial, perbedaan dalam pemahaman tentang istilah seperti "kebebasan" atau "kesetaraan" dapat memperburuk ketidakpahaman antar budaya atau disiplin ilmu yang berbeda. Ketidakjelasan definisi ini memicu terjadinya polarisasi, di mana pihak-pihak yang terlibat merasa bahwa mereka tidak dapat menemukan titik temu karena perbedaan pemahaman yang mendalam (Cengiz et al., 2021). Merumuskan definisi, penting untuk memastikan bahwa istilah-istilah yang digunakan dapat diterima secara konsisten oleh semua pihak yang terlibat. Definisi yang jelas dan bebas ambiguitas tidak hanya memperlancar diskusi, tetapi juga meminimalisir kemungkinan munculnya konflik yang tidak produktif dan memperkuat integritas serta pemahaman kolektif dalam berbagai bidang.

Strategi dalam Merumuskan dan Mengevaluasi Definisi yang Jelas dan Tepat

Strategi dalam merumuskan dan mengevaluasi definisi yang jelas dan tepat dimulai dengan memastikan tujuan dari definisi tersebut. Tujuan ini sangat penting untuk memperjelas apakah definisi tersebut bertujuan untuk menjelaskan makna suatu konsep yang ambigu, mempersempit ruang lingkup istilah, atau menegaskan aspek-aspek tertentu yang relevan dalam diskusi. Menyusun tujuan yang jelas akan memberikan arahan yang lebih terfokus dalam merumuskan definisi tersebut, sehingga konsep yang digunakan tidak terdistorsi. Sebagai contoh, dalam psikologi positif, definisi "kebahagiaan" dapat disempitkan untuk merujuk pada kesejahteraan subjektif individu, yang lebih berfokus pada pengalaman emosional positif, bukan sekadar konsep kebahagiaan yang lebih luas. Setelah tujuan ditetapkan, langkah berikutnya adalah memasukkan elemen-elemen kunci dari konsep yang sedang dibahas. Definisi yang baik harus mencakup ciri-ciri penting yang membedakan konsep tersebut dari konsep lain yang serupa, sehingga pemahaman menjadi lebih terfokus dan akurat. Sebagai contoh, dalam mendefinisikan "demokrasi", elemen-elemen kunci yang harus dimasukkan adalah partisipasi warga negara, kebebasan berekspresi, dan pemerintahan berdasarkan suara mayoritas. Elemen-elemen ini akan memastikan bahwa definisi yang diberikan tetap relevan dan tidak membingungkan bagi pihak yang terlibat dalam diskusi (Verma et al., 2023).

Penting untuk menggunakan bahasa yang tegas dan tidak multitafsir agar definisi yang diberikan dapat dipahami dengan jelas. Pemilihan kata harus dilakukan dengan hati-hati, menghindari penggunaan istilah yang memiliki banyak arti atau dapat menimbulkan interpretasi ganda. Sebagai contoh, dalam mendefinisikan "keadilan", lebih baik untuk menyebutkan jenis keadilan yang dimaksud, seperti keadilan distributif, daripada hanya menggunakan istilah "keadilan" yang dapat dipahami secara berbeda oleh setiap pihak. Untuk menghindari ambiguitas, sangat penting untuk tidak menggunakan istilah yang terlalu luas atau kabur, seperti "kebaikan" atau "kemajuan", tanpa memberikan batasan yang jelas. Definisi yang kabur dapat menimbulkan kebingungan dan memperumit pemahaman terhadap konsep tersebut. Selain itu, verifikasi definisi juga sangat diperlukan untuk memastikan bahwa definisi yang diberikan dapat diuji dan diterima dalam konteks tertentu serta relevan dalam praktik atau penelitian yang dilakukan (Novikov, 2023). Dalam evaluasi definisi, sangat penting untuk memeriksa relevansi dan konsistensinya dengan konteks diskusi yang sedang berlangsung. Sebuah definisi yang baik harus sejalan dengan pemahaman yang ada dalam literatur terkait dan diterima oleh berbagai pihak tanpa menimbulkan kebingungannya. Hal ini penting untuk mencapai konsensus dalam diskursus akademik atau profesional, agar istilah yang digunakan dipahami dengan cara yang sama oleh semua pihak.

KESIMPULAN

Pemberian definisi yang jelas dan tepat memiliki peranan yang sangat penting dalam setiap diskursus, baik dalam ranah akademik maupun kehidupan sehari-hari. Definisi yang akurat berfungsi sebagai landasan yang memperjelas konsep-konsep yang dibahas, sehingga menghindari ambiguitas yang dapat menyebabkan kesalahpahaman. Dalam konteks ilmiah, definisi yang tepat merupakan dasar untuk membangun argumen yang logis dan sistematis, serta menjaga konsistensi dalam pemikiran dan komunikasi. Tanpa definisi yang jelas, diskusi akan cenderung terjebak dalam perdebatan tentang makna istilah, yang pada akhirnya mengalihkan perhatian dari inti permasalahan yang dibahas. Definisi yang tepat juga menyediakan kerangka kerja yang lebih kokoh untuk menganalisis, membandingkan, dan mengevaluasi ide-ide dalam diskursus yang lebih luas, sehingga memungkinkan pembahasan menjadi lebih terarah dan produktif. Dengan definisi yang tepat, setiap pihak yang terlibat dalam diskusi dapat memiliki pemahaman yang sama tentang konsep yang dibahas, yang pada gilirannya mendorong tercapainya kesepakatan dan pemahaman yang lebih mendalam.

Perumuskan definisi yang jelas dan tepat sangat penting untuk memastikan bahwa komunikasi, argumentasi, dan analisis dapat dilakukan dengan cara yang efektif dan efisien.

Merumuskan definisi yang tepat dan bebas ambiguitas adalah landasan utama dalam pemikiran kritis dan komunikasi yang efektif. Definisi yang jelas dan tegas tidak hanya memperjelas makna suatu konsep, tetapi juga mengarahkan diskusi atau penelitian ke arah yang lebih terfokus dan produktif. Tanpa adanya definisi yang jelas, diskursus dapat berkembang menjadi perdebatan yang tidak konstruktif, di mana para pihak yang terlibat terjebak dalam perdebatan semantik tanpa mencapai pemahaman yang substantif. Ketidakjelasan dalam definisi sering kali mengarah pada kebingungannya, memecah fokus diskusi, dan memperlemah validitas argumen yang diajukan. Setiap individu memiliki keterampilan dalam merumuskan definisi yang tidak hanya akurat, tetapi juga dapat dipahami dan diterima oleh berbagai pihak. Kejelasan definisi mendukung terciptanya komunikasi yang efektif, memungkinkan pemahaman yang konsisten di antara para peserta diskusi . Dengan demikian, kemampuan untuk merumuskan dan mengkritisi definisi menjadi keterampilan dasar dalam membangun argumentasi yang valid dan dalam mendorong diskusi yang produktif, baik dalam penelitian ilmiah maupun dalam kehidupan sosial secara umum.

Seiring dengan pentingnya merumuskan definisi yang jelas dan tepat, pembaca diharapkan untuk mulai lebih cermat dalam mengevaluasi definisi yang mereka temui dalam berbagai diskusi atau literatur. Penguasaan teknik-teknik yang telah dibahas dalam bab ini akan memperdalam pemahaman tentang konsep-konsep yang lebih kompleks dan memastikan bahwa diskusi yang dilakukan tetap terarah dan relevan. Ketika definisi yang digunakan dalam diskusi atau penelitian disusun dengan hati-hati, hasil diskusi tersebut akan lebih mudah dipahami dan diterima oleh semua pihak yang terlibat. Penting bagi kita untuk mengintegrasikan keterampilan ini dalam kehidupan sehari-hari, baik dalam konteks akademik, profesional, maupun komunikasi sosial, guna menghindari ambiguitas yang bisa merusak pemahaman yang jelas dan tepat. Sebagai penutup, marilah kita menjadi agen perubahan yang berkomitmen untuk menciptakan komunikasi yang lebih jelas, rasional, dan bebas dari ambiguitas, baik dalam diskursus publik maupun ilmiah. Dengan demikian, kita tidak hanya berkontribusi pada kemajuan pengetahuan, tetapi juga menciptakan lingkungan intelektual yang lebih konstruktif dan produktif. Penerapan prinsip ini akan mendukung tercapainya dialog yang lebih efektif dan menghasilkan pemahaman yang lebih mendalam dalam setiap bidang yang kita geluti.

BAB 6
MEMETAKAN REALITAS: STRATEGI MENGGOLONGKAN INFORMASI SECARA SISTEMATIS DAN KONSISTEN

PENDAHULUAN

Di tengah derasnya arus informasi digital yang semakin tak terbendung, kemampuan untuk mengelola dan mengorganisir data telah menjadi kompetensi kunci dalam menjawab kompleksitas realitas modern. Setiap hari, mahasiswa, peneliti, dan profesional dibanjiri oleh volume informasi yang tumbuh secara eksponensial mulai dari artikel jurnal hingga kumpulan *big data* yang justru dapat memicu kebingungan dan inefisiensi apabila tidak ditata dengan baik. Analoginya bagai sebuah perpustakaan raksasa tanpa sistem penataan rak: mencari satu buku tertentu bisa menjadi pekerjaan yang menghabiskan waktu berjam-jam. Dalam konteks ini, strategi menggolongkan informasi secara sistematis dan konsisten muncul sebagai solusi fundamental untuk mengubah kekacauan tersebut menjadi sebuah struktur yang teratur, mudah diakses, dan dapat diandalkan.

Namun, tantangan utama yang kerap menghambat adalah masalah inkonsistensi dalam proses penggolongan. Ketika kriteria yang digunakan bersifat subjektif dan tidak baku, dampaknya sering berupa tumpang-tindih kategori, hilangnya data penting, atau variasi interpretasi yang berbeda-beda di antara pengguna. Di lingkungan akademis, misalnya, banyak mahasiswa yang mengalami kesulitan dalam mengklasifikasikan konsep-konsep abstrak seperti teori pendidikan atau sumber ajaran, sehingga proses analisis mendalam dan pengambilan keputusan berbasis bukti menjadi terhambat. Masalah ini semakin diperparah oleh absennya prinsip logis yang seragam, yang berujung pada redundansi informasi dan penurunan kualitas pembelajaran. Alhasil, potensi informasi sebagai aset strategis pun tidak tergali secara optimal.

Oleh karena itu, bab ini memperkenalkan dasar-dasar strategi menggolongkan informasi sebagai suatu proses sistematis untuk mengelompokkan objek, data, atau konsep berdasarkan kriteria logis yang telah ditetapkan sebelumnya. Tujuannya adalah menciptakan aksesibilitas, konsistensi, dan kegunaan yang optimal. Klasifikasi di sini didefinisikan sebagai pengelompokan yang bersifat *mutually exclusive* (saling mengunci) dan *exhaustive* (menyeluruh), yang memungkinkan pemetaan realitas secara hierarkis dari tingkat umum menuju yang lebih spesifik.

Peta jalan pembahasan mencakup landasan konseptual, prinsip sistematis dan konsisten, penentuan kriteria, teknik-teknik praktis, prosedur langkah demi langkah, upaya menjaga konsistensi, serta contoh konkret penerapannya bagi kalangan mahasiswa. Melalui pendekatan yang komprehensif ini, pembaca diharapkan mampu menerapkan strategi penggolongan informasi untuk mencapai luaran pembelajaran, yakni mengklasifikasikan berbagai objek atau konsep secara logis dan efektif.(Triandini et al., 2019)

PEMBAHASAN

Landasan Konseptual

Dalam era informasi yang melimpah, mengklasifikasi informasi merupakan proses fundamental yang sistematis untuk mengelompokkan data, objek, atau konsep berdasarkan kriteria yang jelas dan logis. Tujuan akhirnya adalah menciptakan struktur yang koheren dan bermakna dari kumpulan elemen yang semula heterogen. Pada dasarnya, menggolongkan informasi adalah tindakan mentransformasi keragaman menjadi kumpulan kategori yang homogen seperti menyortir dokumen berdasarkan topik, periode waktu, atau tingkat urgensi sehingga menghindarkan kita dari kekacauan dan inefisiensi dalam mengelola pengetahuan.

Dalam ranah akademik, proses klasifikasi ini bersifat esensial untuk mengorganisir literatur penelitian, memudahkan mahasiswa dalam melacak referensi, dan pada akhirnya membangun argumen ilmiah yang solid. Sementara di lingkungan organisasi, klasifikasi mendukung efisiensi operasional melalui pengkategorian laporan keuangan, arsip proyek, atau data pelanggan. Dalam konteks pembelajaran, klasifikasi berperan sebagai alat bantu yang sangat berharga bagi siswa untuk memetakan konsep-konsep abstrak, seperti teori pendidikan, ke dalam kerangka hierarkis yang lebih mudah dipahami dan diingat.

Secara lebih mendalam, tujuan utama dari klasifikasi informasi dapat dijabarkan ke dalam beberapa fungsi krusial. Pertama, klasifikasi bertujuan untuk mempermudah dan mempercepat proses pencarian informasi melalui sistem indeksasi yang terstruktur, mengubah proses penelusuran yang memakan menit menjadi hanya hitungan detik. Kedua, klasifikasi memfasilitasi analisis yang lebih mendalam dengan mengelompokkan data ke dalam kategori, sehingga memungkinkan identifikasi pola dan hubungan, seperti tren dalam data penjualan atau tema dalam penelitian kualitatif. Ketiga, struktur yang tercipta dari klasifikasi secara signifikan meningkatkan kualitas pengambilan keputusan berbasis bukti, memungkinkan seorang manajer atau peneliti untuk memprioritaskan data yang paling kritis tanpa terjebak dalam redundansi informasi. Pada tingkat yang lebih filosofis, tujuan akhir klasifikasi adalah memetakan realitas kompleks termasuk banjir data digital yang kita hadapi sehari- harimenjadi sebuah struktur hierarkis yang teratur, ibarat sebuah peta rinci yang mengubah suatu wilayah tak dikenal menjadi jaringan jalur yang dapat dinavigasi dengan jelas dan pasti.

Ruang lingkup penerapan klasifikasi ini sangatlah luas dan mencakup beragam jenis informasi. Ia berlaku untuk informasi tekstual seperti artikel jurnal, buku, atau memo; data numerik seperti statistik dan metrik kinerja; dokumen formal seperti kontrak, laporan resmi, dan prosedur standar; serta media visual dan audio seperti video pembelajaran, podcast, atau infografis. Bahkan, klasifikasi juga diterapkan pada ranah yang paling abstrak, yaitu konsep dan teori, misalnya dengan mengelompokkan prinsip-prinsip filsafat pendidikan ke dalam cabang-cabang seperti ontologi, epistemologi, dan aksiologi. Pendekatan ini bersifat inklusif, dapat menangani informasi baik dalam bentuk digital maupun analog, dengan penekanan khusus pada adaptasinya dalam konteks pendidikan. Tujuannya adalah membekali mahasiswa dengan kemampuan analitis dan logis yang kuat, yang merupakan fondasi penting untuk berpikir kritis dan memecahkan masalah di berbagai disiplin ilmu.

Prinsip Sistematis dan Konsisten

Prinsip utama dalam mengelola informasi yang kompleks terletak pada pendekatan yang sistematis, konsisten, dan logis. Prinsip sistematis menekankan perlunya prosedur kerja yang terstruktur, berurutan, dan dapat diprediksi, sehingga proses penggolongan dapat direproduksi oleh siapa pun dan kapan pun. Proses ini umumnya dimulai dengan tahap identifikasi objek, yakni mengumpulkan dan menguraikan seluruh elemen informasi seperti dokumen akademik atau konsep teoretis yang akan dikelompokkan. Langkah selanjutnya adalah menetapkan kriteria logis yang akan digunakan, seperti berdasarkan topik, kronologi waktu, atau tingkat kesulitan. Berdasarkan kriteria ini, kategori yang jelas dan terdifinisi dengan baik kemudian disusun. Skema klasifikasi yang telah dirancang selanjutnya diuji pada sampel data untuk mengidentifikasi kelemahan atau ambiguitas, sebelum akhirnya direvisi hingga matang. Penerapan prosedur baku atau standar internasional, seperti ISO untuk manajemen informasi, sangat penting dalam tahap ini, karena menjamin keseragaman alur kerja, meminimalkan variasi subjektif manusia, dan meningkatkan efisiensi, terutama di lingkungan akademik.

Sementara itu, prinsip konsistensi berfokus pada penerapan kriteria yang seragam untuk kasus-kasus yang sejenis. Hal ini menjamin bahwa satu unit informasi, misalnya sebuah artikel jurnal tentang pendidikan, akan selalu berada dalam kategori yang sama tanpa bergantung pada siapa yang melakukan klasifikasi. Untuk mencapai hal ini, diperlukan batasan yang saling eksklusif mutually exclusive, di mana suatu objek hanya dapat dimasukkan ke dalam satu kategori tunggal, sehingga menghindari tumpang tindih dan duplikasi yang membingungkan. Konsistensi ini diwujudkan melalui aturan dan pedoman tertulis yang diterapkan secara berulang dan disiplin. Contohnya adalah sistem klasifikasi Dewey Decimal yang diterapkan secara seragam di perpustakaan universitas, yang memungkinkan skalabilitas, kolaborasi antartim, dan pemeliharaan sistem dalam jangka panjang.

Di atas landasan sistematis dan konsisten tersebut, prinsip logis berperan sebagai fondasi intelektual. Prinsip ini menuntut agar kategori-kategori yang dibuat harus saling meniadakan mutually exclusive sekaligus menyeluruh exhaustive, mencakup semua objek relevan tanpa ada yang tertinggal atau masuk dalam dua kategori. Struktur yang dihasilkan juga harus bersifat hierarkis, mengalir dari konsep yang paling umum menuju ke hal-hal yang lebih spesifik misalnya, dari "teori pendidikan umum" turun ke "metode pengajaran berbasis proyek". Kriteria yang digunakan harus relevan dan selaras dengan tujuan akhir pengguna, namun tetap menyisakan ruang untuk fleksibilitas, sehingga dapat beradaptasi dengan perkembangan baru, seperti munculnya jenis media digital tanpa perlu merombak keseluruhan sistem. Secara kolektif, ketiga prinsip ini membekali mahasiswa dengan kerangka berpikir yang rasional dan adaptif untuk mengorganisir realitas informasi yang ruwet menjadi peta pengetahuan yang terstruktur dan bermanfaat.

Penentuan Kriteria dan Dimensi Klasifikasi

Penentuan kriteria dan dimensi merupakan langkah fundamental dalam membangun sistem klasifikasi informasi yang akurat dan berfungsi optimal. Proses ini berawal dari analisis mendalam terhadap sifat-sifat informasi yang akan dikelompokkan, untuk memastikan kriteria yang dipilih relevan dan menghasilkan penggolongan yang efektif. Kriteria umum seringkali didasarkan pada isi atau topik, yang mengelompokkan informasi menurut tema utamanya, misalnya memisahkan literatur tentang "pendidikan Islam" dari "manajemen pendidikan". Sifat bentuk informasi juga menjadi pertimbangan penting, seperti membedakan antara teks (artikel, laporan), data numerik (statistik prestasi siswa), atau materi visual (infografis, diagram). Tingkat kerahasiaan (misalnya publik, internal, rahasia) menjadi kriteria krusial untuk dokumen sensitif, sementara sumber informasi membedakan data primer (hasil observasi langsung) dari sekunder (tinjauan literatur). Dimensi waktu bisa merujuk pada periodisasi atau kesegaran data, dan pengguna target (mahasiswa, dosen, administrator) membantu menyesuaikan aksesibilitas. Pemilihan kombinasi kriteria yang tepat ini menjamin bahwa skema klasifikasi yang dihasilkan selaras dengan konteks dan tujuan penggunaannya.

Dalam penerapannya, sistem klasifikasi dapat dibangun menggunakan dimensi tunggal atau dimensi multidimensi. Dimensi tunggal, yang hanya menggunakan satu atribut utama (seperti topik), sangat efektif untuk kasus sederhana atau volume data rendah misalnya, mengatur koleksi di perpustakaan kecil. Pendekatan ini menghindari kompleksitas yang tidak perlu. Sebaliknya, dimensi multidimensi diperlukan ketika informasi bersifat kompleks dan perlu dilihat dari berbagai sudut pandang secara bersamaan. Contohnya, dalam sistem informasi organisasi, sebuah dokumen dapat diklasifikasikan berdasarkan kombinasi topik, tingkat kerahasiaan, dan departemen asal, sehingga memungkinkan pencarian dan penyaringan yang sangat spesifik, seperti menemukan "laporan keuangan internal dari divisi riset". Pemilihan dimensi bergantung pada kebutuhan: dimensi tunggal cocok untuk pemula atau tugas sederhana, sedangkan dimensi multidimensi esensial untuk analisis mendalam dan pengelolaan big data, meskipun memerlukan perancangan hierarki yang cermat untuk menghindari kekacauan.

Kontekstualisasi kriteria ini dapat dilihat dalam berbagai bidang. Di pendidikan, bahan ajar dapat digolongkan berdasarkan jenjang (dasar, menengah, tinggi) dan format medianya (visual, audio, digital). Dalam penelitian, kriteria seperti metodologi (kualitatif, kuantitatif) dan bidang studi (sosial, sains) sangat membantu untuk mensintesis literatur. Sementara di manajemen informasi, laporan dapat dikategorikan berdasarkan departemen dan tingkat urgensi (rendah, tinggi) untuk mendukung prioritisasi tugas. Bagi mahasiswa, penerapan praktisnya bisa dimulai dengan proyek sederhana, seperti mengklasifikasikan kumpulan jurnal penelitian menggunakan kombinasi kriteria topik, jenis sumber, dan tahun terbit. Latihan semacam ini secara bertahap membangun kemampuan analitis dan logis yang diperlukan untuk mengelola informasi dalam skala yang lebih besar dan kompleks.

Strategi dan Teknik Menggolongkan Informasi

Mengembangkan sistem klasifikasi informasi yang efektif memerlukan penerapan berbagai strategi dan teknik yang saling melengkapi. Strategi Deskriptif bertumpu pada pengelompokan informasi berdasarkan ciri fisik atau atribut yang dapat diobservasi dan terukur secara langsung. Contohnya, mengklasifikasikan bahan pendidikan berdasarkan panjang dokumen, keberadaan visual, atau frekuensi kata kunci tertentu. Pendekatan ini sangat intuitif dan cocok untuk pemula, karena tidak memerlukan asumsi teoritis yang kompleks, sehingga mahasiswa dapat dengan mudah memulai dengan menandai bahan sebagai "dominan visual" atau "berbasis data" untuk mengenali pola awal.

Sementara itu, Strategi Hierarkis membangun struktur pengetahuan yang bertingkat, menyerupai pohon dengan cabang dan ranting. Klasifikasi dimulai dari kategori yang sangat umum (seperti "Ilmu Pendidikan") kemudian secara bertahap menurun ke subkategori yang lebih spesifik (misalnya "Teori Belajar" → "Konstruktivisme"). Struktur ini, yang mirip dengan sistem folder di komputer, memungkinkan navigasi yang logis dan intuitif serta sangat skalabel untuk menangani volume data besar, meskipun membutuhkan perancangan awal yang cermat agar tidak menjadi terlalu dalam dan rumit.

Untuk meningkatkan konsistensi dan efisiensi, *Strategi Berbasis Aturan menerapkan logika kondisi "jika-maka". Sebagai contoh, aturan dapat ditetapkan: "*jika* dokumen berisi data nilai siswa *dan* lebih baru dari satu tahun, *maka* masukkan ke kategori 'Laporan Aktif'." Pendekatan ini meminimalkan subjektivitas dan sangat ideal untuk kerja tim. Dalam konteks pendidikan, aturan seperti "*jika* sumber kutipan adalah Al-Quran, *maka* kategorikan sebagai 'Sumber Primer'" dapat memastikan presisi dalam mengelompokkan konsep keagamaan.

Pada era digital, Strategi Berbantuan Teknologi menjadi krusial. Teknik ini memanfaatkan perangkat lunak seperti spreadsheet untuk pengelolaan metadata atau pustaka pemrograman seperti Python NLTK untuk pengelompokan otomatis berdasarkan kata kunci. Alat-alat ini secara signifikan mempercepat proses untuk kumpulan data yang massif seperti mengorganisir ribuan artikel jurnal sambil menambahkan tag yang dapat dicari untuk memudahkan penelusuran di kemudian hari.

Akhirnya, tidak ada sistem klasifikasi yang statis. Strategi Pemeliharaan menekankan pentingnya peninjauan dan pembaruan berkala, misalnya setiap semester atau tahun akademik. Proses ini melibatkan evaluasi relevansi kategori yang ada, penggabungan kategori yang tumpang tindih, atau pemecahan kategori yang terlalu luas seiring berkembangnya bidang ilmu seperti menambahkan kategori baru untuk "Pembelajaran Berbantuan AI". Dengan pemeliharaan yang berkelanjutan, skema klasifikasi tetap hidup, relevan, dan mampu beradaptasi dengan dinamika informasi yang terus berubah.

Prosedur Praktis Langkah demi Langkah

Untuk menerapkan strategi menggolongkan informasi secara efektif, diperlukan prosedur praktis yang dijalankan langkah demi langkah. Langkah pertama dan terpenting adalah merumuskan tujuan klasifikasi dengan sangat jelas. Tujuan ini harus mampu menjawab pertanyaan mendasar: untuk apa dan untuk siapa sistem ini dibuat? Sebagai contoh, dalam konteks akademik, tujuannya mungkin "memudahkan akses dosen dan mahasiswa terhadap bahan ajar digital," sementara di tingkat administrasi sekolah bisa berupa "mendukung analisis data siswa untuk pengambilan kebijakan." Perumusan tujuan yang tepat sejak awal akan menentukan ruang lingkup pekerjaan, mencegah klasifikasi yang berlebihan, dan memastikan hasil akhir relevan bagi pengguna.

Setelah tujuan ditetapkan, langkah berikutnya adalah mengumpulkan dan menganalisis sampel informasi yang akan dikelompokkan. Pengumpulan sampel yang representatif—misalnya, puluhan artikel jurnal, dokumen kurikulum, atau set data siswa—memungkinkan dilakukannya telaah mendalam terhadap berbagai atributnya, seperti tema utama, format penyajian, sumber, dan frekuensi penggunaan. Proses analisis awal ini sangat penting untuk memahami karakteristik nyata dari data, menghindari kesalahan asumsi, dan membangun landasan kontekstual yang kuat, terutama bagi mahasiswa yang baru mempelajari disiplin ini.

Berdasarkan pemahaman dari analisis sampel, kita kemudian masuk ke tahap menentukan dan menguji kriteria klasifikasi. Kriteria logis seperti "jenjang pendidikan" atau "tipe sumber media" dipilih dan segera diuji coba pada subset data kecil (misalnya 10-20 item). Uji coba ini berfungsi untuk mengidentifikasi masalah potensial seperti tumpang tindih kategori atau keberadaan item yang tidak masuk ke dalam kriteria manapun. Tahap revisi yang iteratif di sini sangat krusial untuk menyempurnakan kriteria hingga memenuhi prinsip mutually exclusive (saling meniadakan) dan exhaustive (menyeluruh) sebelum diterapkan pada skala penuh.

Tahap keempat adalah menyusun skema klasifikasi formal. Skema ini berupa dokumen yang berisi daftar kategori beserta definisi operasionalnya yang eksplisit. Contohnya, mendefinisikan kategori "Teori Pendidikan" sebagai "konsep atau model abstrak mengenai proses belajar-mengajar tanpa pedoman aplikasi praktis langsung," dan "Metode Pengajaran" sebagai "teknik atau prosedur terstruktur yang dapat langsung diimplementasikan di kelas." Pelengkap visual seperti diagram hierarki dan contoh konkret sangat disarankan untuk meningkatkan kejelasan dan memudahkan replikasi oleh pihak lain.

Langkah terakhir adalah implementasi skala penuh dan evaluasi. Skema yang telah matang kemudian diterapkan pada seluruh dataset. Evaluasi ketat perlu dilakukan untuk mengukur konsistensi, misalnya dengan menghitung persentase ketidaksesuaian atau melakukan uji reliabilitas antar-pengklasifikasi. Jika ditemukan inkonsistensi, audit dan penyesuaian harus segera dilakukan. Melalui prosedur sistematis ini, mahasiswa tidak hanya memahami teori, tetapi juga memperoleh kemampuan praktis yang siap diaplikasikan dalam mengelola informasi untuk tugas akhir, proyek penelitian, atau bahkan sistem manajemen pengetahuan di tingkat fakultas.

Menjaga Konsistensi dalam Praktik

Menjaga konsistensi dalam praktik klasifikasi informasi bukanlah proses yang otomatis, melainkan memerlukan kerangka kerja yang disengaja dan berkelanjutan. Langkah pertama dan mendasar adalah melalui standarisasi. Ini mencakup penyeragaman istilah, format penamaan kategori, dan aturan penempatan objek. Contohnya, menentukan satu nomenklatur baku seperti "Teori Pendidikan Dasar" dan menghindari variasi sinonim yang membingungkan seperti "Konsep Belajar Anak Usia Dini". Format penamaan yang konsisten (misalnya, "Kode_NamaKategori") dan aturan operasional yang eksplisit (seperti, "dokumen dikategorikan sebagai 'Metode' jika memuat langkah-langkah aplikatif") sangat penting untuk meminimalisir subjektivitas. Standarisasi ini memastikan bahwa siapa pun yang melakukan klasifikasi, baik mahasiswa maupun staf, akan menghasilkan pengelompokan yang identik untuk objek yang sama, menciptakan sistem yang andal layaknya standar internasional di perpustakaan.

Namun, standar saja tidak cukup tanpa dokumentasi yang komprehensif. Sebuah pedoman tertulis yang berfungsi sebagai "konstitusi" operasional harus dibuat, berisi definisi kategori yang detail, contoh nyata, diagram alur keputusan, dan glosarium. Dokumen hidup ini, yang disimpan dalam format digital yang mudah diakses (seperti wiki internal atau PDF terpusat), menjadi referensi utama bagi semua pengguna, memfasilitasi pelatihan anggota baru dan audit mandiri. Dalam konteks akademik, mahasiswa dapat berlatih dengan membuat pedoman semacam ini untuk proyek klasifikasi jurnal mereka, sekaligus membangun kebiasaan dokumentasi yang profesional.

Untuk memastikan pedoman dipahami dan diterapkan secara seragam, pelatihan praktis bagi para pengklasifikasi mutlak diperlukan. Workshop *hands-on* yang melibatkan pengelompokan sampel data dan diskusi perbandingan hasil sangat efektif. Sesi pelatihan harus mencakup simulasi untuk menangani kasus ambiguitas (edge cases) dan dilengkapi dengan evaluasi untuk mengukur peningkatan konsistensi. Pelatihan berkala misalnya setiap awal semester penting untuk mencegah penyimpangan dan menjaga kualitas, terutama dalam lingkungan dinamis seperti proyek penelitian mahasiswa.

Akhirnya, konsistensi dijaga melalui mekanisme pengawasan dan koreksi yang sistematis. Mekanisme ini dapat berupa peer review, di mana dua pengklasifikasi saling memeriksa sebagian sampel pekerjaan, atau audit periodik oleh supervisor menggunakan alat ukur statistik seperti Cohen's Kappa untuk menilai reliabilitas. Setiap kesalahan yang teridentifikasi kemudian memicu feedback loop: koreksi pada data, revisi pada pedoman jika kesalahan bersifat sistemik, atau re-training individu jika diperlukan. Siklus pengawasan ini tidak hanya mendeteksi inkonsistensi sejak dini, tetapi juga membuat sistem klasifikasi terus berevolusi dan beradaptasi, memastikan keakuratan dan relevansinya tetap terjaga dalam jangka panjang.

Contoh Penerapan dalam Konteks Mahasiswa

Penerapan strategi menggolongkan informasi menjadi konkret dan bermanfaat ketika diimplementasikan langsung dalam konteks akademik mahasiswa. Sebagai contoh, dalam studi kasus klasifikasi artikel jurnal pendidikan, mahasiswa dapat mengumpulkan sekitar 100 artikel dari database akademik. Dengan menerapkan prinsip hierarkis, mereka membangun struktur kategori dimulai dari bidang studi luas (misalnya, "Teknologi Pembelajaran") menuju subkategori yang lebih spesifik (seperti "Gamifikasi" atau "Pembelajaran Daring Pasca-Pandemi"). Kriteria yang digunakan biasanya mencakup topik, tahun publikasi, dan metodologi penelitian. Skema yang dihasilkan tidak hanya mempermudah proses tinjauan literatur untuk tugas akhir, tetapi juga memungkinkan identifikasi pola tren, seperti meningkatnya penelitian tentang kecerdasan artifisial dalam pendidikan.

Studi kasus kedua berfokus pada pengorganisasian bahan ajar digital terbuka (OER), seperti modul online dan video pembelajaran. Di sini, mahasiswa dapat mengelompokkan sumber daya berdasarkan dimensi ganda, seperti tipe media (teks, video, simulasi interaktif) dan tingkat kesulitan (pemula, menengah, lanjut). Aturan sederhana dapat diterapkan, misalnya, "jika sumber berupa simulasi interaktif dengan durasi panjang, masukkan ke kategori 'Lanjutan'." Penerapan ini mendukung mahasiswa dalam mendesain jalur belajar personal, memungkinkan mereka menemukan materi yang tepat—seperti video penjelasan konsep dasar agama Islam dengan cepat dan efisien.

Untuk menguatkan pemahaman konseptual, studi kasus ketiga melibatkan penggolongan konsep dalam satu mata kuliah, seperti "Filsafat Pendidikan." Konsep-konsep kunci (ontologi, epistemologi, aksiologi) diklasifikasikan berdasarkan sumber asalnya (misalnya, sumber primer seperti Al-Quran dan Hadis, versus sumber sekunder seperti pemikiran filsuf modern) dan sifat penerapannya (teoritis atau praktis). Mahasiswa kemudian mendokumentasikan skema ini dalam bentuk peta konsep visual menggunakan perangkat lunak seperti MindMeister, yang selanjutnya didiskusikan dalam kelompok untuk menguji dan mempertajam konsistensi klasifikasi.

Sebagai bagian dari penilaian, mahasiswa dapat diberi tugas proyek mandiri untuk membuat dan menerapkan skema klasifikasi pada dataset pribadi mereka, seperti kumpulan catatan kuliah atau literatur penelitian. Setelah penerapan, mereka diminta menulis laporan refleksi singkat yang menganalisis kelebihan skema mereka (misalnya, mempercepat pencarian) dan area perbaikan (seperti adanya kategori yang masih ambigu). Latihan reflektif ini melatih metacognition kemampuan untuk mengevaluasi proses berpikir sendiri dengan menganalisis mengapa suatu kriteria mungkin gagal dan bagaimana merevisinya.

Penekanan pencapaian akhir terletak pada kemampuan mahasiswa untuk menjelaskan justifikasi logis di balik setiap keputusan klasifikasi mereka, dengan argumen yang berdasar pada prinsip-prinsip seperti saling eksklusif dan menyeluruh. Evaluasi melalui presentasi atau portofolio memastikan penguasaan tidak hanya secara teknis, tetapi juga konseptual, sehingga membekali mereka dengan keterampilan analitis dan organisasi yang sangat berharga untuk karir akademik maupun profesional di masa depan.(Nashihuddin, 2021).

KESIMPULAN

Dalam bab ini, strategi menggolongkan informasi telah diuraikan secara menyeluruh sebagai sebuah sistem yang dibangun atas dasar sistematika dan konsistensi. Landasan konseptual diawali dengan definisi klasifikasi yang jelas, yang bertujuan untuk mempermudah pencarian, mendukung analisis mendalam, dan memetakan realitas kompleks menjadi struktur yang dapat dipahami. Ruang lingkupnya pun luas, mencakup berbagai bentuk informasi mulai dari teks dan data numerik hingga konsep-konsep abstrak dalam pendidikan. Prinsip-prinsip inti yang dijelaskan sistematis, konsisten, dan logis memberikan panduan operasional. Prinsip sistematis menuntun langkah-langkah terstruktur dari identifikasi objek hingga revisi, sementara prinsip konsisten dan logis memastikan setiap kategori bersifat saling eksklusif, menyeluruh, hierarkis, relevan dengan tujuan, dan tetap fleksibel terhadap perubahan.

Pembahasan kemudian merinci cara menetapkan kriteria berdasarkan sifat-sifat informasi seperti isi, bentuk, dan sumber, serta menganalisis kapan menggunakan dimensi tunggal atau multidimensi. Berbagai strategi praktis diperkenalkan, mulai dari pendekatan deskriptif dan hierarkis hingga yang memanfaatkan aturan, teknologi, dan siklus pemeliharaan berkala. Untuk menerapkan teori ini, sebuah prosedur langkah demi langkah yang jelas disajikan, dimulai dari perumusan tujuan hingga evaluasi akhir, yang diperkuat dengan mekanisme menjaga konsistensi melalui standarisasi, dokumentasi, pelatihan, dan audit reguler. Konteks penerapannya diilustrasikan melalui studi kasus yang relevan bagi mahasiswa, seperti mengklasifikasikan artikel jurnal, bahan ajar terbuka, dan konsep-konsep teoritis, yang diakhiri dengan tugas refleksi untuk mengasah kemampuan memberikan justifikasi logis atas setiap penggolongan.

Tesis utama bab ini menegaskan bahwa penguasaan strategi penggolongan informasi yang sistematis dan konsisten merupakan kompetensi kritis. Integrasi yang utuh antara konsep, prinsip, teknik, prosedur, dan aplikasi praktis membekali mahasiswa kemampuan untuk mengklasifikasikan berbagai objek atau konsep berdasarkan logika yang kokoh. Pendekatan ini pada dasarnya mengubah banjir informasi yang membingungkan menjadi aset terstruktur yang bernilai, sehingga mendukung efisiensi kerja akademik, pengambilan keputusan yang lebih tepat, dan adaptasi di tengah dinamika era digital. Pada level yang lebih dalam, penguasaan strategi ini tidak sekadar menyederhanakan kompleksitas, tetapi juga membangun pola pikir analitis dan metodologis yang berkelanjutan—seperti seorang arsitek yang merancang fondasi kokoh untuk gedung pengetahuan.

Ke depan, tantangan seperti evolusi data digital yang cepat menuntut komitmen untuk fleksibilitas dan evaluasi berkelanjutan. Oleh karena itu, mahasiswa didorong untuk segera mempraktikkan pengetahuan ini. Langkah konkretnya adalah dengan memilih satu set data pribadi seperti 50 catatan kuliah atau kumpulan artikel lalu menyusun skema klasifikasi lengkap berdasarkan prinsip-prinsip logis yang telah dipelajari. Terapkan prosedurnya langkah demi langkah, evaluasi konsistensinya melalui diskusi atau *peer review*, dan refleksikan proses serta hasilnya dalam sebuah jurnal pembelajaran. Praktik ini sebaiknya diulang secara berkala, didukung dengan alat bantu sederhana seperti *spreadsheet* atau perangkat pemetaan pikiran (mind mapping), dan hasil akhirnya dapat didokumentasikan dalam sebuah portofolio digital. Dengan dedikasi dan latihan yang konsisten, mahasiswa akan terlatih untuk memetakan realitas informasi secara mandiri, sehingga siap berkontribusi secara efektif di bidang pendidikan, penelitian, atau dunia profesional yang sarat informasi.(Khosyiin et al., 2024)

BAB 7
BERPIKIR DENGAN PERBANDINGAN: MENGGUNAKAN ANALOGI UNTUK MENJELASKAN KONSEP KOMPLEKS

PENDAHULUAN

Pembelajaran pada dasarnya merupakan proses kognitif di mana peserta didik secara aktif membangun pengetahuan baru dengan mengaitkannya pada kerangka pemahaman yang sudah dimiliki sebelumnya. Proses ini menuntut keterlibatan aktif untuk mengintegrasikan konsep lama dengan konsep baru yang dipelajari. Dalam hal ini, kemampuan berpikir komparatif menjadi kunci utama karena melalui perbandingan, peserta didik dapat menciptakan hubungan kognitif yang menghubungkan pemahaman lama dan baru secara terstruktur. Berpikir komparatif tidak hanya mengenali persamaan dan perbedaan, tetapi juga memungkinkan analisis mendalam yang memperkuat pemahaman, terutama saat menghadapi materi pendidikan yang kompleks, abstrak, atau teknis (Yohanes & Yusuf, 2021).

Sebagai bentuk berpikir komparatif yang lebih maju, analogi memberikan metode sistematis untuk membantu menjelaskan konsep-konsep dengan cara memetakan hubungan antara domain yang sudah dikenal dan domain baru yang ingin dipahami. Melalui analogi, peserta didik dapat menemukan pola-pola penting dan menerapkannya agar lebih mudah menangkap konsep kompleks. Misalnya, menggunakan analogi aliran air untuk menjelaskan aliran listrik dapat membantu siswa memahami konsep yang abstrak dengan gambaran yang lebih jelas dan familiar. Namun, keberhasilan analogi sangat tergantung pada ketepatan pemilihannya. Analog yang kurang tepat dapat menyebabkan salah pengertian dan menambah beban pikiran peserta didik. Oleh karena itu, pendidik perlu memperhatikan prinsip-prinsip penting dalam memilih analogi, seperti kesepadanan struktur antara dua domain, relevansi konteks, dan penyajian yang sederhana agar mudah dipahami.

Pelaksanaan analogi yang efektif memerlukan langkah-langkah terencana, mulai dari pemilihan analogi yang sesuai, penyampaian dengan cara yang tepat supaya analogi tersampaikan dengan jelas, hingga evaluasi dan refleksi untuk memastikan analogi benar-benar dipahami tanpa menimbulkan salah tafsir (Samsuddin et al., 2021). Memahami secara mendalam tentang berpikir komparatif serta strategi penggunaan analogi sangat penting dalam pendidikan masa kini. Metode yang tepat tidak hanya meningkatkan penguasaan konsep oleh peserta didik, tetapi juga mengasah kemampuan berpikir kritis dan analitis yang sangat dibutuhkan untuk menjawab berbagai tantangan di abad ke-21. Dengan penerapan analogi yang tepat, pendidik dapat menciptakan suasana belajar yang lebih inklusif, efektif, dan bermakna bagi seluruh peserta didik.

PEMBAHASAN

Hakikat Berpikir dengan Perbandingan dalam Aktivitas Kognitif

Berpikir melalui perbandingan merupakan salah satu proses mental yang sangat esensial dalam membantu seseorang memahami informasi yang baru ditemui, terutama ketika ia berhadapan dengan konsep-konsep yang bersifat abstrak atau kompleks. Dalam situasi pembelajaran, perbandingan berperan sebagai alat kognitif untuk mengenali hubungan antara dua atau lebih unsur pengetahuan, baik dari segi persamaan maupun perbedaan (Rahmasantika & Prahmana, 2019). Ketika peserta didik melakukan perbandingan, mereka sesungguhnya sedang membentuk struktur pemahaman yang lebih tertata sehingga materi yang awalnya tampak rumit menjadi lebih mudah dipahami. Salah satu bentuk berpikir perbandingan yang sangat efektif ialah pemanfaatan analogi, yaitu menghubungkan pengetahuan lama dengan informasi baru secara sistematis dan terarah.

Secara kognitif, analogi berfungsi melalui mekanisme pemetaan struktur (structure mapping). Mekanisme ini berlangsung saat siswa menemukan keterhubungan atau pola tertentu pada pengetahuan yang telah mereka kenal (disebut konsep sumber) kemudian menyalurkannya ke konsep baru yang ingin dipahami (disebut konsep target). Dengan demikian, analogi tidak sekadar menyamakan dua hal yang berbeda, tetapi lebih menitikberatkan pada kesesuaian hubungan di antara masing-masing unsur. Ketika guru memberikan analogi yang tepat, siswa tidak hanya melihat kemiripan pada permukaan, tetapi juga mampu memahami pola atau sistem yang menjadi dasar konsep tersebut. Inilah yang menjadikan analogi sebagai salah satu strategi kognitif yang sangat efektif dalam proses pembelajaran (Azmi, 2019).

Dalam ranah aktivitas kognitif, perbandingan dapat menurunkan beban kognitif (cognitive load) yang kerap muncul saat siswa bertemu dengan konsep tertentu yang sulit atau belum dikenal. Beban kognitif menjadi lebih ringan karena analogi memberikan "landasan awal" berupa pengetahuan yang sudah dimiliki siswa sehingga informasi baru tidak diproses dari nol. Misalnya, ketika seorang guru menjelaskan konsep sistem sirkulasi darah, ia dapat menggunakan analogi tentang sistem jalan raya. Pola aliran kendaraan di jalan utama maupun jalan cabang dapat membantu siswa memahami bagaimana darah mengalir melalui arteri dan vena. Dengan cara ini, konsep abstrak dapat dibuat lebih sederhana tanpa menghilangkan inti ilmiahnya. Proses tersebut membantu peserta didik mengefisienkan penggunaan sumber daya mental sehingga lebih fokus pada materi inti.

Selain itu, berpikir perbandingan memiliki peran penting dalam mengorganisasi informasi dengan lebih baik. Ketika siswa membandingkan dua konsep, mereka belajar menyusun, menggolongkan, dan menemukan pola tertentu. Aktivitas ini membuat pengetahuan tersimpan dalam memori jangka panjang dengan lebih kuat. Dalam teori skema (schema theory), perbandingan membantu membentuk struktur mental baru atau memodifikasi struktur yang telah ada. Ketika analogi digunakan secara efektif, peserta didik dapat membangun skema baru yang lebih kuat dan mudah diakses kembali saat diperlukan. Hal inilah yang menjelaskan mengapa pembelajaran berbasis analogi sering menghasilkan pemahaman yang lebih mendalam dibandingkan pembelajaran yang hanya berorientasi pada hafalan.

Berpikir dengan perbandingan juga meningkatkan kemampuan metakognitif siswa, yakni kesadaran dalam memantau dan mengatur proses berpikir mereka. Ketika memahami suatu analogi, siswa terdorong untuk mempertanyakan bagian mana yang sama, apa saja yang berbeda, serta bagaimana hubungan antarunsur tersebut dapat membantu menjelaskan konsep target. Proses reflektif ini memberi kesempatan bagi mereka untuk mengevaluasi ketepatan analogi sekaligus menilai sejauh mana pemahaman terbentuk, dan guru dapat memanfaatkan langkah ini sebagai ruang diskusi untuk memperbaiki miskonsepsi yang mungkin muncul. Di sisi lain, efektivitas berpikir perbandingan sangat dipengaruhi oleh kualitas analogi yang digunakan, karena analogi yang kurang tepat atau terlalu dangkal dapat menyesatkan siswa, terutama jika analogi hanya menonjolkan kemiripan permukaan tanpa memperhatikan kesesuaian hubungan yang lebih mendalam sehingga berpotensi memunculkan pemahaman keliru (KARTIKASARI, 2022). Oleh sebab itu, guru perlu memastikan bahwa analogi yang dipilih memiliki keselarasan struktur yang kuat, relevan dengan pengalaman siswa, serta tidak memunculkan salah interpretasi, karena analogi yang baik adalah analogi yang mampu membantu siswa mengenali pola penting secara mendalam, bukan sekadar menyamakan dua hal secara umum.

Pada akhirnya, berpikir melalui perbandingan dan penggunaan analogi merupakan bagian tak terpisahkan dari cara manusia memahami dunia. Dalam pembelajaran, strategi ini membantu peserta didik menghubungkan pengetahuan lama dengan yang baru, mengurangi beban kognitif, menata informasi secara sistematis, dan memperluas kedalaman pemahaman. Dengan penggunaan analogi yang tepat dan terkelola, siswa dapat mengembangkan keterampilan berpikir yang lebih kritis, reflektif, dan mendalam. Pendekatan ini tidak hanya mendukung penguasaan materi, tetapi juga membangun kemampuan berpikir tingkat tinggi yang sangat dibutuhkan untuk menghadapi tantangan pembelajaran di abad ke-21.

Peran Analogi sebagai Jembatan Pemahaman Konsep Kompleks

Analogi memiliki kedudukan yang sangat signifikan dalam proses pembelajaran sebagai suatu alat pedagogis yang dapat memudahkan pemahaman peserta didik terhadap konsep-konsep yang bersifat kompleks. Pada saat peserta didik menghadapi materi pembelajaran yang abstrak, rumit, atau jauh dari pengalaman hidup mereka sehari-hari, analogi menyediakan jalur kognitif alternatif yang memampukan mereka untuk mengerti konsep baru dengan cara mengaitkannya dengan pengetahuan konkret yang telah mereka kuasai sebelumnya. Dengan demikian, analogi berfungsi sebagai penghubung pengetahuan yang mempererat hubungan antara realitas sehari-hari yang telah dikenal siswa dengan materi teoretis yang sedang dipelajari di lingkungan kelas. Fungsi strategis ini menjadikan analogi sebagai suatu pendekatan pembelajaran yang sangat bernilai dalam berbagai bidang studi, mulai dari sains dan matematika hingga pendidikan agama dan ilmu-ilmu sosial (Firlia & Sukmawati, 2022).

Secara psikologis, analogi bekerja melalui mekanisme pemetaan struktur (structure mapping) yang memungkinkan siswa mengidentifikasi keselarasan hubungan antara konsep sumber dan konsep tujuan. Konsep sumber umumnya bersumber dari pengalaman nyata atau situasi yang telah dipahami oleh siswa, sementara konsep tujuan merupakan materi pembelajaran yang memiliki tingkat abstraksi yang tinggi atau tingkat kerumitan tertentu (Supriadi & Pendahuluan, 2009). Sebagai ilustrasi, ketika pendidik mengajarkan konsep atom sebagai suatu sistem, mereka sering menggunakan perumpamaan sistem tata surya. Penggambaran elektron yang beredar mengelilingi inti atom bagaikan planet-planet yang mengorbit matahari membantu siswa dalam memahami pola hubungan yang tidak dapat diobservasi secara langsung. Melalui mekanisme pemetaan hubungan ini, analogi mampu menurunkan tingkat abstraksi materi pembelajaran sehingga menjadi lebih mudah dicerna oleh siswa dengan berbagai tingkat kemampuan kognitif.

Di samping itu, analogi meningkatkan efisiensi pembelajaran karena menyediakan titik tolak bagi siswa untuk memahami struktur suatu konsep. Peserta didik tidak perlu memulai proses pembelajaran dari sesuatu yang sama sekali asing, melainkan dapat bermula dari hal yang sudah dikenal, sehingga beban mental menjadi lebih ringan dan proses belajar menjadi lebih terfokus (Huszka et al., 2024). Dalam kerangka teori beban kognitif (cognitive load theory), analogi berperan dalam meringankan beban pemrosesan informasi karena menyajikan referensi yang telah tertanam dalam memori jangka panjang. Dengan pendekatan seperti ini, siswa dapat lebih memusatkan perhatian pada esensi materi tanpa harus mencerna semua informasi baru secara bersamaan. Kondisi ini memungkinkan terjadinya proses pengolahan pengetahuan yang lebih mendalam dan lebih terstruktur dengan baik.

Analogi juga berperan sebagai perantara yang membantu menjembatani kesenjangan antara pengalaman keseharian siswa dengan konsep teoretis yang dipelajari. Banyak konsep akademis merupakan bentuk abstraksi atau generalisasi yang tidak selalu dapat dijumpai secara langsung dalam kehidupan nyata. Melalui penggunaan analogi, pendidik dapat menempatkan konsep abstrak tersebut ke dalam konteks yang lebih konkret dan bermakna bagi peserta didik. Sebagai contoh, dalam pembelajaran matematika, konsep limit fungsi dapat dijelaskan melalui gambaran seseorang yang terus mendekati suatu garis batas namun tidak pernah benar-benar mencapainya. Dengan menyajikan situasi yang dekat dengan realitas siswa, analogi memberikan representasi mental yang lebih jelas sehingga mereka dapat membangun pemahaman konseptual yang lebih solid dan kokoh.

Lebih dari itu, analogi juga terbukti efektif dalam memperkuat transfer pengetahuan, yakni kemampuan siswa untuk menerapkan pemahaman yang dimiliki dalam konteks yang baru. Ketika siswa memahami suatu konsep melalui analogi yang tepat, mereka akan lebih mudah dalam menggeneralisasi pola atau prinsip yang terkandung di dalam konsep tersebut. Proses ini memungkinkan siswa tidak hanya menguasai materi dalam satu konteks tertentu, tetapi juga dalam berbagai konteks lain yang memerlukan pola pemikiran yang serupa. Dalam konteks ini, analogi membantu membentuk kerangka berpikir yang lentur sehingga mampu menghubungkan berbagai konsep dari disiplin ilmu yang berbeda-beda. Transfer pengetahuan semacam ini sangat diperlukan dalam pembelajaran abad ke-21 yang menekankan pengembangan kemampuan berpikir kritis, kreatif, dan terintegrasi.

Meskipun demikian, keberhasilan penerapan analogi dalam proses pembelajaran sangat ditentukan oleh kualitas analogi yang digunakan. Analogi yang tidak tepat justru dapat menimbulkan miskonsepsi dan menghambat proses pemahaman siswa. Analogi yang terlalu disederhanakan mungkin tidak mampu merepresentasikan kompleksitas konsep tujuan, sementara analogi yang terlalu rumit justru berpotensi menambah beban kognitif peserta didik (Prayudi, 2023). Oleh karena itu, pendidik perlu memastikan bahwa analogi yang digunakan menunjukkan keselarasan struktural yang kuat antara konsep sumber dan konsep tujuan agar siswa tidak hanya memahami aspek permukaan saja, tetapi juga mampu menangkap makna dan hubungan mendalam yang terkandung di dalamnya. Diskusi reflektif setelah penyampaian analogi juga dapat membantu mencegah terjadinya penafsiran yang keliru atau tidak tepat.

Secara menyeluruh, analogi memainkan peran yang sangat penting dalam menyederhanakan konsep-konsep yang kompleks, menjembatani pengalaman konkret dengan materi teoretis, serta memperkuat proses transfer pengetahuan. Apabila diterapkan dengan tepat, analogi mampu membantu siswa dalam membangun pemahaman yang lebih mendalam, terstruktur, dan komprehensif. Melalui penggunaan analogi yang relevan, terarah, dan bermakna, pendidik dapat menciptakan pengalaman belajar yang lebih efektif sekaligus mendorong peserta didik untuk mengembangkan keterampilan menghubungkan dan menganalisis konsep secara mandiri, yang pada akhirnya akan meningkatkan kualitas pemahaman dan mengembangkan kemampuan berpikir tingkat tinggi mereka.

Kriteria dan Prinsip Pemilihan Analogi yang Efektif dalam Pembelajaran

Dalam konteks pendidikan, analogi berperan sebagai pendekatan kognitif yang memiliki signifikansi tinggi dalam memfasilitasi pemahaman peserta didik terhadap konsep-konsep yang bersifat abstrak maupun rumit. Melalui pemanfaatan analogi, pendidik dapat menghubungkan materi pembelajaran baru dengan pengetahuan maupun pengalaman yang sudah dimiliki siswa, sehingga proses internalisasi konsep dapat berlangsung lebih efisien dan terstruktur. Dengan demikian, analogi berfungsi sebagai jembatan konseptual yang memungkinkan peserta didik menginterpretasikan gagasan-gagasan baru melalui pola-pola atau relasi yang telah familiar dalam pemahaman mereka. Namun demikian, kesuksesan penerapan analogi sangat bergantung pada ketepatan guru dalam menyeleksi dan menyampaikannya. Apabila analogi yang dipilih tidak sesuai atau disampaikan dengan cara yang kurang tepat, upaya penjelasan konsep justru berpotensi menimbulkan kebingungan dan meningkatkan kemungkinan munculnya pemahaman yang keliru (Suherman et al., 2023). Oleh karena itu, guru membutuhkan kapasitas analitis untuk mengevaluasi kelayakan sebuah analogi sebelum menggunakannya sebagai media bantu pemahaman dalam proses belajar-mengajar.

Terdapat beberapa kriteria fundamental yang harus dipertimbangkan dalam memilih analogi yang efektif untuk keperluan pembelajaran. Salah satu kriteria paling mendasar adalah adanya keselarasan struktural antara konsep sumber dan konsep target. Sebuah analogi yang berkualitas tidak hanya terbatas pada kemiripan aspek permukaan, seperti bentuk atau penampakan, tetapi harus mampu menonjolkan hubungan-hubungan mendasar yang memungkinkan siswa memahami pola atau mekanisme tertentu dengan lebih jelas. Hal ini berkaitan erat dengan proses pemetaan struktur yang menjadi esensi kerja sebuah analogi. Di samping itu, relevansi analogi dengan konteks pengalaman siswa juga merupakan faktor krusial, karena analogi yang terlalu jauh dari realitas kehidupan mereka akan sulit dipahami dan tidak memberikan kontribusi berarti bagi proses pembelajaran. Aspek kesederhanaan juga merupakan komponen yang tidak boleh diabaikan. Analogi yang disajikan secara berbelit-belit hanya akan membebani kapasitas kognitif siswa, sehingga fokus mereka teralihkan dari konsep inti yang ingin dijelaskan. Pendidik juga perlu mempertimbangkan potensi timbulnya miskonsepsi, khususnya pada analogi yang dapat memicu pemahaman keliru akibat penyamaan yang tidak tepat antara dua fenomena yang berbeda.

Selain kriteria-kriteria tersebut, terdapat sejumlah prinsip dasar yang dapat dijadikan pedoman dalam menentukan analogi yang tepat. Prinsip relevansi menuntut agar analogi memiliki koneksi yang kuat, baik dengan materi ajar maupun dengan latar belakang pengalaman siswa, sehingga proses pengolahan informasi dapat berjalan lebih optimal. Prinsip kesederhanaan menekankan pentingnya analogi yang jelas, ringkas, dan terfokus pada inti hubungan yang ingin disampaikan, tanpa embel-embel elemen yang tidak diperlukan. Sementara itu, prinsip kesetaraan atau kesejajaran struktural menjadi landasan utama untuk memastikan bahwa hubungan antara konsep sumber dan target benar-benar sepadan dan dapat dipetakan secara akurat. Tanpa adanya kesetaraan ini, analogi yang digunakan hanya akan menjadi perbandingan dangkal yang tidak cukup mendukung pemahaman konseptual yang mendalam (Sukiastini et al., 2024)

Berdasarkan uraian yang telah disampaikan, kompetensi dalam memilih analogi yang efektif merupakan aspek penting dari kemampuan pedagogis seorang pendidik. Dengan pemahaman yang menyeluruh mengenai kriteria dan prinsip analogi, guru dapat menghadirkan proses pembelajaran yang lebih bermakna, mudah dipahami, dan sesuai dengan karakteristik peserta didik. Penerapan analogi yang tepat juga dapat mengembangkan kemampuan berpikir kritis, analitis, dan konseptual siswa, sekaligus mengurangi kemungkinan timbulnya miskonsepsi yang dapat menghambat perkembangan belajar. Dengan demikian, keahlian dalam memilih analogi bukan hanya sekadar pelengkap dalam pendidikan, melainkan merupakan komponen fundamental yang mendukung terciptanya proses pembelajaran yang efektif, terarah, dan mampu membimbing siswa menuju pemahaman yang utuh dan menyeluruh

Strategi Implementasi Analogi dalam Pembelajaran: Pendekatan Inovatif dan Reflektif

Penerapan strategi analogi dalam pembelajaran yang bersifat inovatif dan reflektif merupakan pendekatan pedagogis yang signifikan untuk memfasilitasi pemahaman siswa terhadap konsep-konsep abstrak dan kompleks. Dalam praktik pendidikan kontemporer, analogi tidak hanya berperan sebagai instrumen penyederhanaan materi, tetapi juga berfungsi sebagai media pengembangan kompetensi berpikir tingkat tinggi, khususnya dalam aspek analisis konseptual, pemetaan hubungan antargagasan, dan evaluasi kritis terhadap relasi antaride. Namun demikian, untuk memastikan efektivitas penggunaan analogi, pendidik perlu menerapkan langkah-langkah implementasi yang sistematis, mencakup tahap perencanaan, penyajian, serta evaluasi dan refleksi. Setiap fase tersebut saling terintegrasi secara organik, sehingga kualitas pembelajaran dapat teroptimalkan dan analogi benar-benar berfungsi sebagai alat klarifikasi konseptual yang substantif, bukan sekadar elemen dekoratif yang memperindah presentasi materi tanpa nilai edukatif yang mendalam(Dita et al., 2021).

Fase pertama dalam implementasi analogi yang efektif adalah proses perancangan yang mempertimbangkan tingkat kompleksitas kognitif siswa, capaian pembelajaran yang ditargetkan, serta keselarasan struktural antara konsep yang dibandingkan. Dalam tahap perencanaan ini, pendidik perlu mengidentifikasi konsep target yang memerlukan penjelasan dan menyeleksi konsep sumber yang telah dikenal baik oleh peserta didik. Analogi yang terpilih harus memiliki kesepadanan relasional yang kuat, melampaui sekadar kemiripan aspek permukaan, agar siswa mampu memahami pola atau mekanisme fundamental yang mendasari konsep tersebut. Selain itu, pendidik juga perlu mempertimbangkan karakteristik individual peserta didik, termasuk dimensi usia, latar belakang pengalaman hidup, tingkat penguasaan konsep awal, serta preferensi gaya belajar. Pertimbangan-pertimbangan ini bersifat krusial untuk memastikan bahwa analogi yang digunakan berada pada level abstraksi yang tepat dan dapat diakses tanpa menimbulkan beban kognitif berlebihan. Pada tahap perancangan, pendidik juga perlu mempersiapkan penjelasan komprehensif mengenai batasan-batasan analogi, mencakup aspek-aspek yang paralel dan aspek-aspek yang berbeda antara konsep sumber dan target, sehingga potensi berkembangnya miskonsepsi dapat diantisipasi sejak dini.

Fase implementasi selanjutnya adalah penyajian analogi secara strategis dalam konteks pembelajaran. Pendidik dapat memulai dengan memperkenalkan konsep sumber terlebih dahulu, khususnya apabila konsep tersebut bersumber dari konteks kehidupan sehari-hari siswa. Selanjutnya, hubungan antara konsep sumber dan target dijelaskan secara progresif melalui pemetaan struktural yang jelas dan terarah. Pada tahap penyajian ini, partisipasi aktif siswa perlu didorong melalui penggunaan pertanyaan-pertanyaan pemandu, permintaan untuk mengidentifikasi persamaan dan perbedaan, serta fasilitasi diskusi tentang bagaimana relasi dalam analogi dapat memperjelas pemahaman konsep baru. Proses diskusi interaktif ini tidak hanya memperdalam pemahaman konseptual, tetapi juga melatih kemampuan metakognitif siswa dalam mengevaluasi validitas dan relevansi suatu analogi. Pendidik dapat memanfaatkan berbagai media pendukung, seperti visualisasi grafis, simulasi interaktif, contoh konkret, atau demonstrasi langsung, untuk memperkaya pengalaman belajar dan membantu siswa membangun representasi mental yang komprehensif.

Tahap final dalam implementasi analogi adalah pelaksanaan evaluasi dan refleksi sistematis. Evaluasi dilakukan untuk mengukur tingkat efektivitas analogi dalam mendukung pemahaman siswa. Pendidik dapat menerapkan berbagai teknik assessment, seperti pertanyaan reflektif, kuis formatif, diskusi kelompok terfokus, atau tugas aplikasi konsep yang menuntut siswa untuk menerapkan konsep target dalam konteks berbeda. Melalui mekanisme evaluasi ini, pendidik dapat mengidentifikasi adanya miskonsepsi atau kesulitan pemahaman yang mungkin timbul. Apabila ditemukan ketidaksesuaian, pendidik perlu melakukan revisi terhadap analogi yang digunakan, melakukan penyempurnaan pada bagian-bagian yang kurang tepat, atau mempertimbangkan penggunaan alternatif analogi lain yang lebih sesuai. Tahap refleksi juga memiliki peran yang sama pentingnya, di mana pendidik perlu mengevaluasi proses penyampaian secara holistik: apakah analogi yang dipilih telah efektif, apakah siswa terlibat secara aktif, apakah kesetaraan struktural telah dijelaskan dengan memadai, dan apakah proses pembelajaran telah mencapai tujuan yang ditetapkan. Refleksi dapat dilakukan secara individual maupun melalui diskusi kolaboratif dengan rekan sejawat sebagai bagian dari pengembangan profesionalisme berkelanjutan (Wasi & Ismail, 2025).

Secara komprehensif, implementasi analogi dalam pembelajaran yang bersifat inovatif dan reflektif menuntut pendidik untuk mengembangkan kemampuan berpikir kritis dan sistematis. Pendidik tidak hanya sekadar memilih analogi secara impulsif, tetapi perlu mempertimbangkan berbagai aspek pedagogis, psikologis, dan kognitif peserta didik. Dengan mengimplementasikan tahapan perancangan, penyajian, evaluasi, dan refleksi secara komprehensif, analogi dapat berkembang menjadi instrumen pedagogis yang sangat efektif dalam mengklarifikasi konsep abstrak, meningkatkan kemampuan analitis, dan mendorong siswa untuk berpikir lebih mendalam tentang hubungan antarfenomena. Ketika diterapkan dengan tepat dan sistematis, analogi tidak hanya membuat materi pembelajaran lebih mudah dipahami, tetapi juga memperkuat proses konstruksi pengetahuan siswa secara mandiri dan berkelanjutan, yang pada akhirnya berkontribusi signifikan terhadap pembentukan pemahaman konseptual yang mendalam dan bermakna.

KESIMPULAN

Berdasarkan telaah komprehensif tentang hakikat berpikir komparatif dan implementasi analogi dalam pembelajaran, dapat disimpulkan bahwa pendekatan berpikir melalui perbandingan merupakan strategi kognitif fundamental dalam membentuk pemahaman peserta didik yang holistik dan sistematis. Proses kognitif ini memampukan siswa untuk mengidentifikasi persamaan, perbedaan, dan relasi antarkonsep, sehingga memfasilitasi internalisasi pengetahuan baru melalui integrasi dengan kerangka pemahaman yang telah dimiliki. Aktivitas komparatif tidak terbatas pada pengenalan kemiripan permukaan, melainkan menekankan pemahaman terhadap pola, mekanisme, dan hubungan substantif yang mendasari suatu konsep. Dengan demikian, materi pembelajaran yang bersifat kompleks atau abstrak dapat diakses dan dipahami dengan lebih mudah. Lebih jauh, pendekatan ini berperan signifikan dalam mereduksi beban kognitif, memperkuat retensi informasi dalam memori jangka panjang, serta mengembangkan kapasitas metakognitif siswa.

Analogi, sebagai representasi berpikir komparatif yang lebih maju, berfungsi sebagai jembatan kognitif yang menghubungkan pengetahuan sebelumnya dengan konsep-konsep baru yang bersifat abstrak atau kompleks. Melalui mekanisme pemetaan struktur, analogi memungkinkan peserta didik memahami hubungan relasional yang mendasar, melampaui sekadar persamaan permukaan, sehingga mereka mampu membangun skema mental yang kokoh dan menguasai konsep secara komprehensif. Penerapan analogi yang tepat juga mendukung proses transfer pengetahuan, memungkinkan siswa mengaplikasikan pola atau prinsip yang telah dipelajari dalam berbagai konteks dan disiplin ilmu sebuah kompetensi yang sangat esensial dalam menjawab tantangan pendidikan kontemporer. Keberhasilan implementasi analogi sangat bergantung pada keselarasan struktural antara konsep sumber dan target, relevansi dengan konteks pengalaman siswa, serta kejelasan dalam mengkomunikasikan batasan-batasan analogi.

Implementasi analogi dalam pembelajaran memerlukan pendekatan sistematis melalui tiga tahap utama: perencanaan, penyajian, dan evaluasi-refleksi. Tahap perencanaan menuntut pendidik untuk menyeleksi analogi yang relevan dan sesuai dengan tingkat perkembangan kognitif siswa. Tahap penyajian menekankan pentingnya interaksi aktif peserta didik melalui diskusi konstruktif, pertanyaan pemandu, serta pemanfaatan media visual yang mendukung konstruksi representasi mental. Sementara itu, evaluasi dan refleksi memungkinkan pendidik mengukur efektivitas analogi dan melakukan koreksi terhadap miskonsepsi. Melalui pendekatan terstruktur ini, analogi tidak hanya berfungsi sebagai alat penyederhanaan materi, tetapi juga berperan sebagai katalisator pengembangan kemampuan berpikir kritis dan kreatif.

Secara keseluruhan, pendekatan berpikir komparatif dan pemanfaatan analogi merupakan strategi pedagogis yang sangat efektif dalam membangun pemahaman konseptual yang mendalam dan mengembangkan keterampilan berpikir tingkat tinggi. Penerapan analogi yang tepat dan terstruktur mampu menciptakan pengalaman belajar yang bermakna dan berkelanjutan, memungkinkan peserta didik untuk menghubungkan, menganalisis, serta menerapkan pengetahuan secara mandiri. Strategi ini tidak hanya meningkatkan penguasaan materi akademik, tetapi juga memperkuat fondasi kognitif dan intelektual siswa secara komprehensif, menjadikannya landasan penting bagi terwujudnya pemahaman konseptual yang utuh dan bermakna dalam konteks pendidikan modern.

BAB 8
STRUKTUR LOGIS PERNYATAAN DAN ARGUMEN: STUDI ATAS PROPOSISI KATEGORIS (A, E, I, O)

PENDAHULUAN

Dalam tradisi logika klasik, proposisi kategoris menempati posisi fundamental dalam memahami mekanisme dasar penalaran manusia. Setiap proposisi terdiri atas dua elemen utama subjek dan predikat yang dihubungkan oleh penanda kuantitas universal atau partikular serta dimaknai secara afirmatif maupun negatif. Tipologi proposisi A (universal afirmatif), E (universal negatif), I (partikular afirmatif), dan O (partikular negatif) telah digunakan sejak era Aristoteles sebagai pola dasar dalam merumuskan silogisme. Melalui empat bentuk ini, sebuah pernyataan sederhana dapat diolah menjadi struktur argumentatif yang menjelaskan, mendukung, atau menolak suatu klaim. Pemahaman terhadap kerangka ini menjadi krusial karena logika bukan hanya sarana untuk menilai kebenaran, tetapi juga instrumen untuk menakar konsistensi, koherensi, dan validitas cara berpikir(Agustian et al., 2025).

Namun demikian, dalam ranah pendidikan dan praktik penalaran kontemporer, kajian terhadap proposisi kategoris kerap terjebak dalam pendekatan mekanis terbatas pada hafalan bentuk dan aturan, bukan sebagai alat berpikir yang adaptif dan kritis. Akibatnya, banyak mahasiswa atau peneliti pemula yang secara teori mampu mengidentifikasi proposisi A, E, I, dan O, tetapi belum dapat mengaitkannya secara matang dengan konstruksi argumen nyata yang relevan dengan konteks akademik. Kondisi ini menunjukkan adanya kesenjangan (gap) antara penguasaan konsep logika formal dan kemampuan menerapkannya dalam analisis argumentatif. Sebagian besar kajian sebelumnya menitikberatkan aspek struktural dan formalistik, tanpa mengulas bagaimana proposisi kategoris berperan secara fungsional dalam membangun argumen pada wacana ilmiah, filosofis, maupun komunikasi akademik.

Berangkat dari persoalan tersebut, penelitian ini bertujuan untuk menjembatani kesenjangan pemahaman dengan menelaah cara kerja setiap jenis proposisi kategoris sebagai unit pembentuk argumen. Pendekatan yang digunakan tidak hanya membahas bentuk logis dan relasi deduktif antarproposisi, tetapi juga menyoroti dimensi semantik, yakni bagaimana makna dalam proposisi berkontribusi terhadap pembangunan argumentasi rasional. Dengan demikian, analisis ini berupaya menampilkan proses transformasi dari pernyataan dasar menuju argumen inferensial yang runtut, logis, dan dapat dipertanggungjawabkan. Perspektif ini diharapkan mampu memperkaya pembelajaran logika sehingga lebih aplikatif dan tidak berhenti pada ranah normatif semata.

Nilai kebaruan penelitian ini terletak pada pengembangan model analisis transformatif yang menghubungkan proposisi dengan argumen melalui perpaduan antara struktur formal, makna, serta implikasi penalarannya. Model ini menegaskan pentingnya interaksi antara aspek bentuk (form) dan isi (meaning) dalam menentukan kekuatan serta validitas suatu argumen. Dengan pendekatan tersebut, penelitian ini bukan hanya merevitalisasi pemahaman terhadap proposisi kategoris Aristotelian, tetapi juga mengadaptasikannya ke dalam paradigma berpikir kritis modern yang relevan bagi analisis ilmiah dan komunikasi akademik.

Melalui keseluruhan pendekatan ini, diharapkan muncul pemahaman yang lebih menyeluruh mengenai logika kategoris bahwa ia bukan sekadar perangkat deduktif, melainkan juga medium untuk memperkuat kapasitas bernalar dan menyusun argumentasi ilmiah. Kajian ini diproyeksikan memberi kontribusi bagi peningkatan pedagogi logika, memperkaya metode analisis argumen, serta membuka peluang untuk penelitian lebih lanjut mengenai penerapan struktur proposisi di berbagai bidang, seperti linguistik, filsafat bahasa, maupun studi retorika kontemporer.

PEMBAHASAN

Struktur dan Unsur Proposisi Kategoris

Kajian kepustakaan menunjukkan bahwa proposisi kategoris merupakan salah satu struktur berpikir paling mendasar dalam logika klasik yang menjadi dasar bagi setiap bentuk penalaran deduktif. Dalam logika Aristotelian, proposisi dipandang sebagai pernyataan yang dapat dinilai benar atau salah karena mengandung hubungan tertentu antara dua konsep atau istilah. Proposisi semacam ini biasanya berbentuk kalimat deklaratif yang menyatakan keberlakuan atau ketidakberlakuan suatu predikat terhadap subjek tertentu. Unsur inilah yang membuat proposisi berbeda dari kalimat lain seperti pertanyaan atau perintah, karena proposisi selalu memiliki nilai kebenaran yang dapat diuji secara logis. Aristoteles dalam karyanya, *Organon*, menegaskan bahwa proposisi adalah bagian paling fundamental dari proses berpikir, sebab dari proposisi inilah kemudian dibangun bentuk-bentuk penalaran deduktif yang disebut silogisme(El et al., 2025).

Struktur formal proposisi kategoris terdiri dari tiga unsur utama: subjek, predikat, dan kopula. Subjek adalah istilah yang menyatakan objek pembicaraan atau sesuatu yang sedang dinyatakan. Predikat merupakan sifat, kategori, atau hal yang dilekatkan pada subjek, sedangkan kopula berfungsi menghubungkan antara subjek dan predikat melalui kata "adalah" atau "bukan". Di samping ketiga unsur tersebut, terdapat pula komponen kuantor seperti "semua", "tidak satu pun", atau "beberapa" yang menentukan luas atau sempitnya cakupan dari subjek. Kuantor inilah yang menjadi penanda apakah proposisi bersifat universal atau partikular. Dengan kombinasi antara kuantor dan bentuk afirmatif atau negatif, terbentuklah empat tipe utama proposisi kategoris yang menjadi pusat analisis dalam logika tradisional.

Empat tipe proposisi tersebut terdiri atas bentuk universal afirmatif (A), universal negatif (E), partikular afirmatif (I), dan partikular negatif (O). Proposisi A berbunyi "Semua S adalah P" dan menyatakan bahwa setiap anggota dari subjek termasuk dalam predikat. Misalnya kalimat "Semua manusia adalah makhluk rasional" menunjukkan inklusi total kelas manusia ke dalam kategori makhluk rasional. Proposisi E berbunyi "Tidak satu pun S adalah P", yakni penegasan eksklusi total antara subjek dan predikat, seperti "Tidak satu pun logam bersifat nonkonduktor." Sementara itu, proposisi I dinyatakan dalam bentuk "Sebagian S adalah P", contohnya "Sebagian siswa menyukai logika formal", yang menunjukkan adanya sebagian anggota subjek yang termasuk dalam predikat. Terakhir, proposisi O berbentuk "Sebagian S bukan P", contohnya "Sebagian tanaman tidak memerlukan banyak cahaya." Keempat bentuk ini menjadi alat utama analisis dalam menentukan hubungan logis antar pernyataan(Agustian et al., 2025).

Temuan dari penelitian kepustakaan menunjukkan bahwa struktur sintaksis dan penggunaan istilah dalam proposisi sangat memengaruhi kejelasan makna logis. Kalimat yang tampak sederhana bisa menimbulkan penafsiran berbeda bila tidak disusun dengan struktur yang tepat. Misalnya, perbedaan antara kalimat "Semua dosen adalah peneliti" dan "Beberapa peneliti adalah dosen" bukan hanya soal susunan kata, tetapi menunjukkan arah hubungan logis yang berbeda. Pada kalimat pertama, subjek "dosen" mencakup seluruh kelas peneliti, sedangkan kalimat kedua menyiratkan bahwa hanya sebagian kecil dari kelas peneliti yang kebetulan juga berprofesi sebagai dosen. Analisis terhadap perbedaan semacam ini menegaskan pentingnya ketepatan struktur agar proses penalaran deduktif tidak menimbulkan kesalahan interpretasi(Siola et al., 2025).

Selain aspek sintaksis, dimensi semantik juga berperan penting dalam memastikan kejelasan makna proposisi. Dalam setiap proposisi terdapat kecenderungan istilah yang digunakan bersifat umum dan konseptual, sehingga membutuhkan kejelasan definisi. Jika makna istilah tidak ditentukan dengan jelas, proposisi bisa bersifat ambigu dan sulit diuji kebenarannya. Misalnya pada pernyataan "Semua tindakan baik adalah bermoral", konsep "baik" dan "bermoral" harus didefinisikan terlebih dahulu agar hubungan keduanya dapat dianalisis dengan logis. Dalam konteks ini, analisis semantik menjadi bagian penting dalam proses penalaran karena membantu memperjelas batas makna antara subjek dan predikat.

Proposisi kategoris juga memiliki fungsi praktis dalam membangun argumen deduktif yang dikenal sebagai silogisme. Dalam silogisme, dua proposisi (disebut premis mayor dan premis minor) digunakan untuk menarik satu kesimpulan yang logis. Hubungan di antara ketiga proposisi ini bergantung pada konsistensi struktur dan penggunaan istilah yang sama, yang disebut term menengah. Dengan demikian, keabsahan argumen sangat bergantung pada kebenaran bentuk proposisi yang digunakan. Misalnya, dalam penarikan kesimpulan bahwa "Semua filsuf adalah makhluk rasional", dibutuhkan dua proposisi sebelumnya yang secara logis mengarahkan ke hasil tersebut tanpa kontradiksi. Kekuatan argumen deduktif terletak pada kesahihan bentuknya, bukan pada isi empirisnya, dan hal ini hanya dapat diperoleh melalui pemahaman yang benar terhadap struktur proposisi.

Kajian literatur juga mengungkap bahwa proposisi kategoris merupakan jembatan antara bahasa dan pemikiran rasional. Bahasa menyediakan simbol dan bentuk untuk menyatakan ide, sementara logika memberikan aturan agar ide tersebut tersusun secara konsisten. Dalam hal ini, proposisi berfungsi ganda: sebagai ekspresi linguistik dan sebagai unit logika. Proses berpikir manusia sesungguhnya bekerja dalam pola yang serupa dengan struktur proposisi, yaitu menghubungkan satu konsep dengan konsep lain untuk menghasilkan makna baru. Ketepatan hubungan ini memungkinkan seseorang menarik kesimpulan yang masuk akal, menghindari kontradiksi, dan membangun landasan pengetahuan yang rasional.

Lebih jauh, pemahaman terhadap struktur dan unsur proposisi kategoris memiliki implikasi penting dalam konteks pendidikan logika dan pengembangan kemampuan berpikir kritis. Pembelajaran logika sering kali hanya menekankan pada kemampuan menghapal bentuk A, E, I, O tanpa mengaitkannya dengan fungsi-fungsi semantiknya dalam kehidupan nyata. Akibatnya, pelajar dapat mengenali rumus formal namun kehilangan makna aplikatifnya dalam menilai kebenaran atau menyusun argumen(Dan et al., 2024). Melalui analisis mendalam terhadap unsur-unsur proposisi, seseorang dapat belajar menilai klaim secara rasional, memahami batas cakupan suatu pernyataan, serta mengenali potensi kesalahan berpikir seperti generalisasi berlebihan atau kekeliruan kuantor.

Hubungan Logis antar Proposisi

Hasil kajian kepustakaan menunjukkan bahwa salah satu aspek penting dalam analisis proposisi kategoris adalah memahami hubungan logis di antara keempat bentuk proposisi, yaitu A, E, I, dan O. Hubungan ini menjadi dasar untuk mengidentifikasi konsistensi, pertentangan, dan keterkaitan kebenaran antarpernyataan. Dalam tradisi logika Aristotelian, hubungan antarproposisi divisualisasikan melalui *Square of Opposition* atau segi empat oposisi. Diagram ini menggambarkan sistem keterhubungan logis antara proposisi universal dan partikular, serta antara bentuk afirmatif dan negatifnya. Melalui pemahaman terhadap hubungan-hubungan ini, peneliti dapat menilai apakah dua proposisi dapat sama-sama benar, sama-sama salah, atau saling meniadakan satu sama lain.

Hubungan yang pertama adalah hubungan kontradiktori. Hubungan ini menunjukkan bahwa dua proposisi tidak mungkin keduanya benar dan tidak mungkin keduanya salah pada waktu yang sama. Apabila salah satu benar, maka yang lain pasti salah. Pasangan kontradiktori terbentuk antara proposisi A (Universal Afirmatif: Semua S adalah P) dengan proposisi O (Partikular Negatif: Sebagian S bukan P), serta antara proposisi E (Universal Negatif: Tidak satu pun S adalah P) dengan proposisi I (Partikular Afirmatif: Sebagian S adalah P). Sebagai contoh, jika pernyataan "Semua burung dapat terbang" (A) dianggap benar, maka pernyataan "Sebagian burung tidak dapat terbang" (O) harus dianggap salah, sebab kebenaran yang bersifat universal meniadakan kemungkinan adanya pengecualian. Sebaliknya, jika ditemukan satu kasus burung yang tidak dapat terbang, maka kebenaran proposisi universal menjadi gugur. Hubungan kontradiktori ini bersifat absolut dan menjadi dasar utama bagi pengujian kebenaran logis dalam penalaran deduktif.

Hubungan kedua adalah hubungan kontrari, yaitu hubungan antara dua proposisi universal (A dan E) yang tidak mungkin keduanya benar pada waktu bersamaan, tetapi keduanya mungkin sama-sama salah. Kontrari menggambarkan bentuk pertentangan yang terjadi pada tingkat universal, karena keduanya menegaskan hal yang secara konseptual berlawanan. Misalnya, pernyataan "Semua manusia jujur" (A) dan "Tidak satu pun manusia jujur" (E) tidak dapat keduanya benar, sebab jika semua manusia jujur, maka tidak mungkin ada pernyataan yang sekaligus menyatakan bahwa tidak satu pun manusia jujur. Namun, kedua proposisi masih dapat sama-sama salah, misalnya jika kenyataannya hanya sebagian manusia jujur dan sebagian lainnya tidak. Dalam konteks analisis logis, kontrari memperlihatkan bagaimana klaim universal sering kali sulit dipertahankan kebenarannya secara empiris karena cakupannya yang terlalu luas, sementara hanya klaim partikular yang lebih mungkin menemukan dukungan faktual.

Hubungan yang ketiga adalah subkontrari, yakni hubungan antara dua proposisi partikular (I dan O). Kebalikan dari kontrari, dua proposisi partikular tidak mungkin sama-sama salah, tetapi keduanya dapat sama-sama benar. Misalnya, proposisi "Sebagian siswa rajin belajar" (I) dan "Sebagian siswa tidak rajin belajar" (O) dapat sama-sama benar karena keduanya tidak saling meniadakan, melainkan hanya menegaskan keberadaan dua kelompok berbeda dalam kelas subjek yang sama. Namun, kedua proposisi itu tidak mungkin sama-sama salah, karena jika pernyataan "Sebagian siswa rajin belajar" salah, berarti seluruh siswa tidak rajin belajar, yang justru membuat proposisi O benar. Hubungan subkontrari ini menegaskan pentingnya analisis proporsi dalam logika deduktif, bahwa kebenaran partikular tidak selalu bersifat eksklusif. Dengan kata lain, partikularitas dalam proposisi membuka ruang bagi kebenaran yang bersifat koeksisten, yaitu sama-sama benar dalam domain yang berbeda.

Hubungan keempat adalah subalternasi, yakni hubungan antara proposisi universal dan partikular yang memiliki sifat sama, baik afirmatif maupun negatif. Dalam hal ini, proposisi partikular bergantung kebenarannya pada proposisi universal yang menjadi atapnya. Hubungan tersebut terjadi antara A dengan I (afirmatif) serta antara E dengan O (negatif). Jika proposisi universal A benar, maka proposisi partikular I harus juga benar, karena kebenaran universal mencakup kebenaran partikular. Namun, jika I benar, belum tentu A benar, sebab kebenaran sebagian tidak menjamin kebenaran seluruhnya. Misalnya, dari pernyataan "Semua mahasiswa gemar membaca" (A) dapat disimpulkan bahwa "Sebagian mahasiswa gemar membaca" (I), sebab pernyataan universal mencakup sebagian. Akan tetapi, kebenaran kalimat "Sebagian mahasiswa gemar membaca" tidak cukup untuk membuktikan bahwa semua mahasiswa memang gemar membaca. Pola yang sama berlaku untuk hubungan E dan O dalam proposisi negatif.

Analisis hubungan antarproposisi ini menunjukkan bahwa sistem logika tradisional memiliki struktur konsistensi internal yang kuat. Pemahaman yang mendalam tentang hubungan-hubungan tersebut sangat penting untuk menghindari kesalahan berpikir yang dikenal sebagai *fallacy of opposition*, yaitu kekeliruan dalam menilai hubungan kebenaran antara dua proposisi yang tampak berkaitan. Misalnya, seseorang dapat keliru menganggap bahwa penolakan terhadap pernyataan universal otomatis membenarkan pernyataan universal yang berlawanan, padahal bisa saja keduanya sama-sama salah. Dengan memahami pola kontradiktori, kontrari, subkontrari, dan subalternasi, seorang penalar dapat menilai argumen dengan cara yang lebih hati-hati dan sistematis.

Dalam praktik penyusunan argumen deduktif, pemahaman terhadap segi empat oposisi logis juga memiliki manfaat strategis. Ia membantu dalam proses evaluasi klaim dan kontra-klaim, terutama ketika seseorang berhadapan dengan dua pernyataan yang tampak berlawanan. Dalam konteks diskursus ilmiah maupun sosial, kemampuan membedakan bentuk hubungan logis ini dapat mencegah perdebatan yang bersifat retoris tanpa dasar penalaran. Dengan kata lain, hubungan antarproposisi tidak hanya penting bagi studi logika formal, tetapi juga untuk melatih koherensi berpikir dalam komunikasi akademik, politik, maupun publik.

Secara keseluruhan, kajian ini menegaskan bahwa keempat bentuk hubungan logis dalam proposisi kategoris merupakan pilar utama dalam menjaga keseimbangan struktur penalaran deduktif. Hubungan kontradiktori memastikan eksklusivitas kebenaran, kontrari menguji klaim universal, subkontrari menjelaskan keseimbangan partikular, dan subalternasi menggambarkan hierarki kebenaran. Kombinasi dari keempatnya membentuk sistem yang memungkinkan manusia menilai validitas argumen dengan dasar yang objektif dan sistematis. Dalam perspektif yang lebih luas, pemahaman konseptual terhadap hubungan antarproposisi menjadi bukti bahwa logika tidak hanya tentang abstraksi simbolik, tetapi juga tentang kemampuan manusia mengelola kebenaran secara rasional dan berimbang dalam menghadapi kompleksitas realitas.

Transformasi Pernyataan menjadi Argumen Deduktif

Hasil telaah pustaka menunjukkan bahwa proses mengubah suatu pernyataan menjadi argumen deduktif merupakan inti dari logika kategoris. Sebuah proposisi pada dasarnya merupakan unit makna yang berdiri sendiri, sedangkan argumen adalah rangkaian terstruktur dari beberapa proposisi yang saling terikat secara logis. Peralihan dari pernyataan tunggal ke bentuk argumentatif melibatkan penyusunan sejumlah premis yang memiliki keterkaitan tertentu sehingga menghasilkan kesimpulan yang sah. Dengan demikian, argumen deduktif tercipta ketika beberapa proposisi diatur dalam urutan yang memungkinkan penarikan konklusi secara pasti berdasarkan aturan-aturan bentuk logika (Ilmiah & Pendidikan, 2025).

Dalam tradisi logika klasik, transformasi ini sangat erat kaitannya dengan struktur silogisme Aristotelian. Silogisme terdiri dari tiga proposisi: premis mayor, premis minor, dan kesimpulan. Setiap premis menegaskan hubungan antara dua istilah, sedangkan kesimpulan menyatukan keduanya melalui istilah menengah(Wanji et al., 2025) . Melalui struktur ini, proposisi-proposisi kategoris (A, E, I, O) menjadi unsur pembentuk argumen yang sahih. Misalnya, dari dua pernyataan "Semua manusia adalah makhluk rasional" dan "Socrates adalah manusia" dapat disimpulkan "Socrates adalah makhluk rasional." Dalam contoh tersebut, istilah menengah "manusia" menghubungkan subjek "Socrates" dengan predikat "makhluk rasional." Proses ini menggambarkan bagaimana proposisi dapat berubah fungsi: dari sekadar pernyataan faktual menjadi komponen penalaran yang melahirkan kebenaran deduktif.

Hasil analisis juga menemukan bahwa kekuatan logis dari suatu argumen bukan terletak pada kebenaran empiris isinya, tetapi pada bentuk dan hubungan antarproposisi yang disusunnya. Sebuah argumen disebut valid bila struktur logisnya menjamin bahwa jika semua premis benar, kesimpulannya pun harus benar. Konsep validitas ini menjadi prinsip utama yang membedakan logika dari retorika. Dalam retorika, penekanan terdapat pada daya persuasif sebuah pernyataan, sedangkan dalam logika, penekanan ada pada kesesuaian bentuk penalaran. Oleh karena itu, transformasi proposisi ke argumen deduktif dapat dianggap sebagai latihan berpikir formal yang bertujuan menata pemikiran agar konsisten dan bebas dari kontradiksi.

Transformasi tersebut dapat dipahami melalui dua tahap utama: tahap struktural dan tahap inferensial. Tahap struktural berhubungan dengan penyusunan urutan proposisi yang tepat mana yang menjadi premis mayor, premis minor, dan mana yang menjadi kesimpulan. Sementara tahap inferensial berkaitan dengan penerapan hukum-hukum logika untuk menarik konklusi yang sah. Dalam proses ini, prinsip konsistensi logis atau *non-contradiction* memegang peranan penting. Setiap proposisi yang digunakan harus kompatibel satu sama lain agar kesimpulan tidak jatuh ke dalam kekeliruan bentuk, seperti *fallacy of four terms* atau *affirming the consequent*. Kesalahan dalam struktur atau hubungan proposisi dapat menyebabkan konklusi menjadi tidak valid, meskipun pernyataan-pernyataannya mungkin benar secara faktual(Hanifah et al., 2025) .

Secara semantik, transformasi proposisi ke argumen juga melibatkan penyempurnaan makna istilah agar hubungan antarproposisi tetap jelas. Istilah yang ambigu dapat menimbulkan kesalahan dalam proses deduksi. Misalnya, jika istilah predikat pada satu proposisi tidak memiliki makna yang sama ketika digunakan pada proposisi lain, maka hubungan logisnya menjadi tidak sah. Oleh karena itu, tahap klarifikasi istilah dan konsistensi predikat merupakan bagian integral dari proses transformasi logis. Dalam konteks ini, logika tradisional menyediakan pedoman untuk memastikan bahwa transisi dari proposisi ke argumen dilakukan berdasarkan definisi yang stabil dan terukur.

Lebih lanjut, penelitian menemukan bahwa transformasi ini juga memiliki dimensi epistemologis. Dari sudut pandang filsafat ilmu, fungsi utama argumen deduktif adalah memperkokoh struktur pengetahuan dengan memastikan bahwa kesimpulan diperoleh dari premis yang sah. Dengan demikian, deduksi tidak sekadar menghubungkan pernyataan, tetapi juga membangun keteraturan dalam berpikir. Aristoteles menyebut proses ini sebagai *demonstrative reasoning*, yaitu bentuk penalaran yang menghasilkan pengetahuan pasti (*scientia*). Dalam konteks modern, struktur deduktif menjadi dasar bagi metode ilmiah yang menggunakan inferensi logis untuk menyusun teori dan menguji hipotesis.

Selain aspek teoritis, transformasi dari pernyataan ke argumen memiliki nilai pedagogis dalam pengajaran logika dan filsafat. Mahasiswa sering kali memahami proposisi sebatas pernyataan yang berdiri sendiri, tanpa melihat potensinya untuk membangun kesimpulan. Melalui latihan penyusunan argumen, kemampuan berpikir sistematis dan kritis dapat dikembangkan. Misalnya, dengan mengubah kalimat sehari-hari menjadi struktur deduktif, siswa belajar membedakan antara klaim yang valid dan klaim yang keliru. Keterampilan ini sangat penting dalam menilai argumen publik, penalaran ilmiah, maupun debat etis yang sering muncul dalam kehidupan akademik.

Hasil kajian literatur menegaskan bahwa proses transformasi dari pernyataan menjadi argumen deduktif merupakan manifestasi dari kemampuan rasional yang paling tinggi, yaitu kemampuan mengaitkan makna secara sistematis hingga menghasilkan kesimpulan yang tak dapat ditolak secara logis. Dalam hal ini, proposisi bukan lagi sekadar unit linguistik, melainkan batu pijakan bagi arsitektur berpikir ilmiah dan filosofis. Transformasi ini mengajarkan bahwa kebenaran dalam logika bersifat structural bergantung pada bentuk hubungan antarpernyataan, bukan pada isi semata. Memahami prinsip ini berarti memahami dasar dari seluruh tradisi berpikir rasional yang menjadi fondasi peradaban pengetahuan.

KESIMPULAN

Kajian ini menegaskan bahwa logika kategoris, melalui analisis terhadap proposisi dan struktur argumen, memiliki peran sentral dalam membentuk dasar berpikir rasional manusia. Proposisi bukan hanya sekadar kalimat yang mengandung pernyataan benar atau salah, melainkan representasi langsung dari cara manusia mengaitkan konsep-konsep dalam pikirannya. Dengan mengenali unsur-unsur utama dalam proposisi subjek, predikat, kopula, dan kuantor dapat dipahami bagaimana bahasa bekerja secara logis membangun makna yang terukur dan konsisten. Keempat bentuk proposisi kategoris (A, E, I, O) menyediakan kerangka analisis universal yang menunjukkan hubungan antara afirmasi dan negasi, serta antara keumuman dan kekhususan dalam setiap penalaran deduktif.

Melalui pemahaman terhadap hubungan logis antarproposisi kontradiktori, kontrari, subkontrari, dan subalternasi pengetahuan logika tradisional memperlihatkan sistem keteraturan yang kokoh. Setiap bentuk hubungan tersebut berperan menjaga koherensi kebenaran dan mencegah tumpang-tindih dalam inferensi. Hubungan kontradiktori menjamin eksklusivitas kebenaran; kontrari menguji klaim universal; subkontrari menjelaskan koeksistensi partikular; dan subalternasi menggambarkan hierarki kebenaran antara pernyataan umum dan khusus. Pemahaman ini melatih kemampuan berpikir kritis dengan fondasi rasional yang kuat serta menjauhkan kita dari kekeliruan berpikir yang disebabkan oleh pertentangan makna atau logika yang tidak konsisten.

Transformasi dari pernyataan ke argumen deduktif merupakan puncak penerapan proposisi kategoris dalam penalaran. Melalui proses ini, proposisi yang semula hanya pernyataan sederhana berubah menjadi struktur argumentatif yang menghasilkan kesimpulan valid secara logis. Silogisme Aristotelian menjadi bentuk konkret dari transformasi tersebut, menunjukkan bahwa hubungan antarproposisi dapat dijabarkan menjadi rangkaian penalaran yang sahih. Proses ini bukan sekadar mekanisme formal, tetapi juga latihan disiplin berpikir mengajarkan bahwa kebenaran deduktif bukan hasil spekulasi, melainkan buah dari keteraturan hubungan antar makna.

Dengan demikian, hasil kajian ini memperlihatkan bahwa analisis proposisi kategoris berfungsi tidak hanya dalam ranah logika formal, tetapi juga dalam pengembangan epistemologi modern. Pemahaman terhadap struktur dan hubungan antarproposisi membantu membangun kemampuan bernalar yang tertata, kritis, dan analitis. Logika, melalui kerangka proposisi dan argumen deduktif, bukan hanya disiplin teoretis, melainkan panduan praktis bagi manusia untuk menata pikiran, menguji klaim, serta membangun pengetahuan secara konsisten dan rasional di tengah kompleksitas realitas intelektual masa kini.

BAB 9
DUA JALAN MENUJU KESIMPULAN : MEMBEDAKAN DAN MENERAPKAN PENALARAN INDUKTIF DAN DEDUKTIF

PENDAHULUAN

Penalaran merupakan fondasi utama dalam setiap aktivitas intelektual, baik dalam proses ilmiah, diskusi akademik, pengambilan keputusan, maupun kehidupan sehari-hari. Dua bentuk penalaran yang paling mendasar dan paling sering digunakan manusia adalah penalaran induktif dan penalaran deduktif. Keduanya berfungsi sebagai alat konseptual untuk memahami fenomena, membangun pengetahuan, serta menarik kesimpulan yang dapat dipertanggungjawabkan. Meskipun sama-sama bertujuan menghasilkan pemahaman yang rasional, induksi dan deduksi memiliki sifat, mekanisme, dan arah penarikan kesimpulan yang berbeda secara fundamental. Perbedaan inilah yang menjadikan keduanya saling melengkapi dan penting untuk dipahami secara mendalam(Marlia et al., 2024).

Pemahaman yang komprehensif mengenai kedua jenis penalaran tersebut tidak dapat dilepaskan dari analisis terhadap perbedaan konseptual yang membedakan cara kerja induksi dan deduksi. Penalaran induktif bergerak dari observasi khusus menuju generalisasi, sedangkan deduksi bergerak dari prinsip umum menuju kesimpulan khusus. Perbedaan arah inferensi ini tidak hanya bersifat teknis, tetapi juga mencerminkan perbedaan dalam karakter kebenaran dan tingkat kepastian kesimpulan yang dicapai. Pemahaman yang jelas mengenai perbedaan ini menjadi landasan penting sebelum meninjau struktur dan mekanisme logis yang membentuk keduanya.

Selain membahas perbedaan mendasar, penting pula memahami struktur dan mekanisme logis yang bekerja di balik proses penarikan kesimpulan. Argumen yang solid tidak hanya ditentukan oleh isi informasi yang disampaikan, tetapi oleh hubungan logis yang mengikat premis dan kesimpulannya. Dalam deduksi, struktur logis yang valid menjadi syarat utama tercapainya kesimpulan yang pasti. Sementara itu, dalam induksi, representativitas data dan kekuatan pola empiris berperan besar dalam menentukan tingkat keandalan suatu generalisasi. Analisis terhadap mekanisme logis ini memungkinkan seseorang menilai kekuatan argumen secara lebih objektif dan sistematis.

Di samping itu, penjelasan mengenai hakikat dan karakteristik induksi dan deduksi memberikan gambaran menyeluruh tentang bagaimana kedua penalaran tersebut berkembang, digunakan, dan berperan dalam proses ilmiah maupun intelektual secara umum. Induksi memberikan ruang bagi kreativitas dan penemuan pola baru melalui pengamatan, sementara deduksi memberikan kepastian melalui koherensi logis. Dengan memahami sifat masing-masing, seseorang tidak hanya mampu menggunakan kedua penalaran tersebut dengan lebih tepat, tetapi juga mampu mengintegrasikannya dalam konteks yang lebih luas, seperti penelitian ilmiah yang menuntut keseimbangan antara temuan empiris dan ketelitian logika formal.

Secara keseluruhan, ketiga subpembahasan tersebut memberikan kerangka yang harmonis untuk memahami bagaimana manusia menarik kesimpulan secara rasional. Perbedaan konseptual antara induksi dan deduksi membangun dasar pemahaman; struktur dan mekanisme logis menjelaskan cara keduanya bekerja; sementara hakikat dan karakteristiknya menunjukkan fungsi dan keterbatasan masing-masing dalam pembentukan pengetahuan. Dengan memahami ketiganya secara terpadu, seseorang dapat mengembangkan kemampuan berpikir kritis yang lebih matang dan mampu menghasilkan argumen yang kuat, akurat, serta dapat dipertanggungjawabkan secara ilmiah(Marlia et al., 2024).

PEMBAHASAN

Hakikat dan Karakteristik Penalaran Induktif serta Deduktif

Penalaran induktif dan deduktif merupakan dua pendekatan fundamental dalam logika yang digunakan manusia untuk mencapai kesimpulan yang rasional. Keduanya berakar pada cara berpikir yang berbeda, tetapi sama-sama berperan dalam membangun pengetahuan dan menilai kebenaran suatu argumen. Secara umum, penalaran induktif bergerak dari pengamatan-pengamatan spesifik menuju generalisasi yang lebih luas, sedangkan penalaran deduktif melakukan hal sebaliknya: ia mulai dari prinsip atau aturan umum untuk menarik kesimpulan khusus yang bersifat pasti, sejauh premisnya benar. Pemahaman mengenai hakikat kedua penalaran ini penting karena menjadi dasar bagi banyak proses akademik, ilmiah, maupun kehidupan sehari-hari, mulai dari menyusun argumen hingga mengambil keputusan secara logis.

Penalaran induktif dapat dipahami sebagai metode berpikir yang bertumpu pada data empiris. Dalam induksi, seseorang mengamati fenomena atau kasus-kasus tertentu, kemudian menemukan pola yang konsisten, dan akhirnya menyusunnya menjadi sebuah kesimpulan umum. Contohnya sederhana: jika kita melihat beberapa burung merpati yang ditemukan selalu memakan biji, maka seseorang dapat menyimpulkan bahwa merpati umumnya adalah pemakan biji. Namun karakter utama induksi adalah sifatnya yang tidak memberikan kepastian absolut, melainkan menghasilkan kesimpulan probabilistik. Artinya, meskipun pola yang ditemukan kuat, tetap terbuka kemungkinan adanya pengecualian. Inilah karakteristik mendasar induksi ia fleksibel, adaptif terhadap penemuan baru, dan sangat bergantung pada kualitas serta kuantitas data yang dikumpulkan. Semakin luas dan akurat data yang digunakan, semakin kuat pula generalisasi yang dihasilkan(Kasih et al., 2024).

Berbeda dari induksi, penalaran deduktif bekerja secara top-down. Deduksi bertumpu pada prinsip atau premis umum yang telah diterima kebenarannya, kemudian memproyeksikannya pada kasus tertentu untuk memperoleh kesimpulan yang pasti. Jika premis-premis dalam deduksi tersusun dengan valid dan benar, maka kesimpulan yang dihasilkan bersifat pasti dan tidak dapat dibantah secara logis. Misalnya, jika premis pertama menyatakan "semua mamalia bernapas dengan paru-paru" dan premis kedua menyatakan "lumba-lumba adalah mamalia", maka kesimpulan deduktifnya adalah "lumba-lumba bernapas dengan paru-paru". Hubungan antar-premis inilah yang menjadi inti dari deduksi: logika bekerja untuk memastikan bahwa kesimpulan tidak hanya masuk akal, tetapi harus benar selama struktur argumennya valid. Dengan demikian, karakter deduktif sering disebut lebih "ketat" karena menuntut kejelasan konsep, ketepatan premis, dan ketertiban logis.

Meski memiliki pola berpikir yang berbeda, induksi dan deduksi sebenarnya saling melengkapi dan tidak dapat dipisahkan dalam proses penyusunan pengetahuan ilmiah. Induksi berfungsi menemukan pola dan membangun hipotesis atau teori awal, sementara deduksi digunakan untuk menguji konsistensi teori tersebut dan memeriksa apakah prediksi yang diturunkan dari teori itu sesuai dengan kenyataan. Dalam penelitian ilmiah, kedua penalaran ini bekerja beriringan: ilmuwan melakukan observasi, menemukan pola, lalu merumuskan sebuah teori (proses induktif). Setelah itu, teori diuji melalui deduksi dengan menurunkan prediksi-prediksi logis dan mengujinya secara empiris. Jika prediksi tidak sesuai, maka teori direvisi dan proses induksi-deduksi terus berputar. Dengan kata lain, induksi memberikan arah, sedangkan deduksi memberikan ketegasan dan kepastian dalam penilaian kebenaran suatu klaim.

Pada akhirnya, pemahaman mengenai hakikat dan karakteristik kedua jenis penalaran ini memberikan landasan yang kokoh bagi siapa pun yang ingin berpikir secara kritis dan sistematis. Penalaran induktif mengajarkan kita untuk terbuka terhadap data dan perubahan, karena kesimpulannya selalu dapat diperbaiki dengan temuan baru. Sementara itu, penalaran deduktif mengajarkan pentingnya konsistensi logis dan kejelasan premis dalam membangun argumen yang kuat. Dalam kehidupan sehari-hari, keduanya hadir dalam berbagai bentuk: dari menyusun strategi berdasarkan pengalaman, mengambil keputusan berdasarkan pola yang terlihat, hingga memastikan kesimpulan tertentu benar berdasarkan aturan yang telah diyakini. Dengan memahami karakteristik masing-masing, seseorang dapat menggunakan kedua jalur penalaran ini secara lebih bijak, tepat, dan efektif untuk mencapai kesimpulan yang dapat dipertanggungjawabkan secara logis maupun empiris(Aristoteles, 2023).

Perbedaan Konseptual antara Penalaran Induktif dan Deduktif

Perbedaan konseptual antara penalaran induktif dan deduktif merupakan fondasi penting dalam memahami cara manusia membangun pengetahuan, menyusun argumen, dan menarik kesimpulan yang masuk akal. Secara garis besar, kedua bentuk penalaran ini mewakili dua jalur berpikir yang berbeda arah: induktif bergerak dari hal-hal khusus menuju generalisasi yang lebih luas, sedangkan deduktif berangkat dari prinsip umum untuk menghasilkan kesimpulan khusus yang bersifat pasti sejauh premisnya valid. Perbedaan arah penarikan kesimpulan ini tampak sederhana, tetapi di baliknya terdapat perbedaan konsep dasar yang jauh lebih kompleks, terutama terkait sifat kebenaran, kekuatan logis, dan hubungan antara premis dengan kesimpulan yang dihasilkan. Memahami perbedaan ini bukan hanya penting dalam konteks akademik, tetapi juga dalam kehidupan sehari-hari ketika seseorang harus mengevaluasi klaim, menimbang bukti, dan menentukan apakah suatu argumentasi dapat dipercaya(Aristoteles, 2023).

Dalam penalaran induktif, proses berpikir bertumpu pada data empiris berupa fakta-fakta khusus yang diamati dalam kehidupan nyata. Dari kumpulan observasi tersebut, seseorang menemukan pola, kecenderungan, atau keserupaan tertentu, lalu membangun kesimpulan yang lebih bersifat umum. Karena dibangun berdasarkan pengalaman terbatas, kesimpulan induktif selalu memiliki sifat probabilistik. Artinya, kesimpulan tersebut mungkin benar, tetapi tidak memiliki kepastian mutlak. Konsep utama yang melekat pada induksi adalah *uncertainty* atau ketidakpastian ilmiah. Bahkan jika suatu pola tampak konsisten pada banyak kasus, masih terbuka kemungkinan adanya pengecualian yang muncul di kemudian hari. Dengan demikian, karakter konseptual induksi sangat erat dengan fleksibilitas, keterbukaan terhadap revisi, dan kebergantungan pada kualitas serta representativitas data. Semakin beragam dan akurat data yang dikumpulkan, semakin tinggi tingkat kepercayaan terhadap generalisasi yang dibuat. Inilah sebabnya mengapa induksi banyak digunakan dalam sains, karena memberikan ruang bagi teori untuk berkembang seiring adanya temuan baru.

Berbanding terbalik dengan itu, penalaran deduktif berlandaskan pada prinsip umum atau premis-premis yang kebenarannya telah diterima terlebih dahulu. Deduksi bekerja dengan cara memproyeksikan aturan atau proposisi umum tersebut ke situasi khusus untuk menghasilkan kesimpulan yang bersifat pasti, asalkan premisnya benar dan hubungan logisnya valid. Konsep utama yang mendasari deduksi adalah *necessity*, yaitu keharusan logis. Jika premis-premis sebuah argumen deduktif disusun dengan tepat, maka kesimpulan yang muncul tidak hanya mungkin benar, tetapi harus benar. Dengan demikian, kekuatan deduksi terletak pada struktur logisnya, bukan pada data empiris. Deduksi menuntut kejernihan konsep, ketelitian dalam menyusun premis, serta aturan logika formal yang ketat. Perbedaan konseptual ini menjadikan deduksi sebagai alat utama dalam matematika, filsafat, dan bidang-bidang yang membutuhkan kesimpulan pasti, bukan dugaan yang dapat berubah. Namun, kekuatan deduksi juga sekaligus menjadi kelemahannya: jika premis awal terbukti salah, sekencang apa pun struktur logisnya, kesimpulannya tetap keliru.

Perbedaan konseptual lain yang cukup penting adalah hubungan antara bukti dan kesimpulan. Dalam induksi, bukti empiris merupakan fondasi utama. Observasi berulang menjadi bahan baku yang melahirkan teori atau generalisasi. Di sini, bukti berfungsi sebagai dasar pembentukan pengetahuan. Sebaliknya, dalam deduksi, bukti tidak selalu berperan langsung pada proses penarikan kesimpulan, karena yang diuji bukan kesesuaian dengan kenyataan, tetapi konsistensi logis antara premis dan kesimpulan. Bukti empiris baru diperlukan ketika seseorang mengevaluasi kebenaran premis awal, bukan untuk memeriksa hubungan logis dalam argumen itu sendiri. Dengan kata lain, induksi menggunakan bukti untuk membangun teori, sementara deduksi menggunakan teori untuk memprediksi atau menjelaskan fakta. Perbedaan inilah yang membuat keduanya sering digunakan secara komplementer dalam penelitian ilmiah. Induksi menghasilkan teori awal berdasarkan pola data, sementara deduksi menguji teori tersebut melalui prediksi yang dapat diverifikasi secara empiris.

Secara keseluruhan, perbedaan konseptual antara penalaran induktif dan deduktif mencerminkan dua pendekatan berbeda dalam memahami dunia. Induksi memberikan kemungkinan, deduksi memberikan kepastian; induksi bersumber dari pengalaman, deduksi bertumpu pada prinsip; induksi membangun pola, deduksi menguji konsistensi. Keduanya memiliki kelebihan dan keterbatasan, tetapi justru karena perbedaan inilah kedua penalaran tersebut menjadi saling melengkapi. Dalam kehidupan sehari-hari, manusia menggunakan induksi untuk mengenali pola dari pengalaman seperti memperkirakan cuaca dari kejadian sebelumnya dan menggunakan deduksi untuk memastikan sesuatu berdasarkan aturan yang sudah dikenal seperti memutuskan tindakan berdasarkan prinsip moral atau hukum. Dengan memahami perbedaan konsep dasar keduanya, seseorang dapat lebih cermat dalam menilai apakah suatu argumen kuat secara logis, layak dipercaya, atau masih memerlukan bukti tambahan. Pada akhirnya, kemampuan membedakan dua jalur ini membantu membentuk pemikiran yang lebih kritis, terstruktur, dan matang dalam menghadapi berbagai persoalan intelektual maupun praktis(Lubis et al., 2023).

Struktur dan Mekanisme Logis dalam Proses Penarikan Kesimpulan

Struktur dan mekanisme logis dalam proses penarikan kesimpulan merupakan kerangka fundamental yang menentukan kualitas suatu argumentasi, baik dalam penelitian ilmiah, kajian filsafat, maupun kegiatan analitis lainnya. Pada dasarnya, penarikan kesimpulan melibatkan proses menghubungkan premis-premis dengan kesimpulan melalui aturan-aturan logika tertentu. Struktur ini menuntut kejelasan konsep, relevansi antara komponen-komponen argumen, serta konsistensi internal agar kesimpulan yang dihasilkan dapat diterima secara rasional. Argumentasi yang baik tidak hanya bergantung pada isi pernyataannya, tetapi pada cara pernyataan-pernyataan tersebut disusun sehingga membentuk hubungan logis yang kuat. Oleh karena itu, memahami struktur dasar argumen termasuk identifikasi premis, jenis hubungan logis, dan bentuk inferensi merupakan langkah penting untuk memastikan bahwa kesimpulan yang dicapai tidak sekadar meyakinkan secara retorik, melainkan sah secara logis(Lubis et al., 2023).

Dalam kerangka penalaran deduktif, struktur logis dibentuk melalui hubungan yang bersifat *necessity*, yaitu hubungan yang memastikan bahwa kesimpulan harus benar apabila premis yang menjadi dasar argumen benar. Deduksi beroperasi melalui pola silogistik atau bentuk logika formal lainnya, seperti modus ponens, modus tollens, atau inferensi hipotetis. Premis mayor menyatakan proposisi umum, premis minor memberikan informasi khusus, dan keduanya bersama-sama menghasilkan kesimpulan yang tidak dapat ditolak secara logis. Mekanisme penalaran semacam ini bergantung pada validitas struktur, bukan semata-mata pada kebenaran empiris isi pernyataannya. Ketika struktur deduktif valid, kesimpulan menjadi konsekuensi logis yang tidak dapat dihindari. Hal ini terlihat jelas dalam argumen seperti: "Semua bentuk kehidupan membutuhkan air; organisme X adalah bentuk kehidupan; oleh karena itu, organisme X membutuhkan air." Contoh tersebut mengilustrasikan bahwa deduksi berperan sebagai alat untuk menilai konsistensi logis suatu sistem pengetahuan. Dalam bidang matematika, etika normatif, dan hukum, struktur deduktif menjadi instrumen utama untuk memastikan bahwa kesimpulan yang diperoleh tidak menyimpang dari prinsip-prinsip dasar yang telah ditetapkan.

Berbeda dari deduksi, struktur dan mekanisme logis dalam penalaran induktif bersifat *probabilistic*, yakni memberikan kesimpulan yang mungkin benar tetapi tidak bersifat mutlak. Induksi dibangun melalui generalisasi empiris, analogi, inferensi kausal, atau pola probabilistik yang disusun berdasarkan data observasi. Dalam generalisasi induktif, misalnya, penalaran dimulai dari sejumlah observasi yang terbatas, kemudian ditarik kesimpulan yang mencakup populasi yang lebih luas. Struktur seperti ini memerlukan data yang representatif agar kesimpulan yang diperoleh tidak bersifat spekulatif. Mekanisme induksi juga melibatkan kemampuan mengenali pola yang konsisten, menentukan relevansi variabel, dan mengidentifikasi frekuensi atau kecenderungan yang muncul. Namun, karena pola empiris selalu terbuka terhadap anomali dan perubahan, kesimpulan induktif tidak pernah mencapai kepastian absolut. Sebagai contoh, pengamatan terhadap ratusan gagak yang semuanya berwarna hitam tidak menjamin bahwa semua gagak di dunia memiliki warna yang sama. Meskipun demikian, induksi tetap memiliki kekuatan konseptual yang besar karena memungkinkan manusia merumuskan teori, memprediksi fenomena, dan memperluas cakupan pengetahuan berdasarkan bukti empiris.

Di dalam praktik ilmiah, kedua mekanisme ini bukan hanya digunakan secara terpisah, tetapi sering kali bekerja secara komplementer dalam suatu siklus metodologis yang berkelanjutan. Ilmuwan memulai dengan pengumpulan data empiris melalui observasi, eksperimen, atau studi lapangan, kemudian melakukan proses induktif untuk mengidentifikasi pola, membangun hipotesis, atau menyusun teori awal. Setelah teori terbentuk, deduksi digunakan untuk menurunkan prediksi logis dari teori tersebut. Prediksi ini kemudian diuji kembali melalui data empiris, dan hasilnya akan menentukan apakah teori perlu dipertahankan, dimodifikasi, atau ditolak. Interaksi timbal balik ini menunjukkan bahwa struktur dan mekanisme logis tidak hanya berperan dalam penalaran individual, tetapi juga menjadi dasar metodologi ilmiah yang diakui secara universal. Dalam konteks ini, induksi memberikan keterbukaan terhadap kompleksitas dunia empiris, sementara deduksi memberikan ketegasan untuk menilai apakah penjelasan yang diberikan suatu teori benar-benar konsisten secara logis(Suhu & Kalor, 2020).

Akhirnya, pemahaman yang mendalam mengenai struktur dan mekanisme logis dalam penarikan kesimpulan memiliki implikasi praktis yang luas dalam kemampuan berpikir kritis. Individu yang mampu membedakan bentuk-bentuk penalaran, menilai validitas struktur argumen, dan mengidentifikasi hubungan logis antara premis dan kesimpulan akan lebih mampu menelaah klaim, menghindari kekeliruan berpikir, dan mengambil keputusan yang tepat. Dalam konteks sosial, politik, maupun profesional, kemampuan ini membantu seseorang menilai informasi secara objektif, memisahkan argumentasi yang didukung bukti dari yang bersifat manipulatif atau emosional. Dengan kata lain, penguasaan terhadap mekanisme logis tidak hanya menciptakan argumen yang kuat, tetapi juga membentuk karakter intelektual yang mampu mempertanggungjawabkan pendapat dan kesimpulan secara rasional. Oleh sebab itu, pemahaman yang komprehensif mengenai struktur dan mekanisme logis merupakan fondasi esensial bagi perkembangan pola pikir yang matang, sistematis, dan ilmiah(Puling et al., 2024).

Kesimpulan

Secara keseluruhan, penalaran induktif dan deduktif merupakan dua pendekatan fundamental dalam proses berpikir ilmiah maupun dalam praktik penalaran sehari-hari. Keduanya memiliki landasan konseptual yang berbeda, namun saling melengkapi dalam membangun pemahaman yang utuh dan komprehensif terhadap berbagai fenomena. Penalaran induktif berakar pada proses generalisasi dari fakta-fakta empiris menuju proposisi umum, menjadikannya alat penting dalam pengembangan teori dan perumusan hipotesis. Sementara itu, penalaran deduktif berangkat dari prinsip atau premis universal menuju kesimpulan khusus yang logis, sehingga berperan penting dalam pengujian, verifikasi, serta pembuktian validitas argumen. Perbedaan orientasi tersebut menegaskan bahwa masing-masing bentuk penalaran memiliki posisi epistemologis yang khas dalam struktur ilmu pengetahuan.

Dari sisi mekanisme logis, kedua jenis penalaran menunjukkan pola kerja yang berbeda namun dapat dipetakan secara sistematis. Penalaran induktif bekerja melalui proses akumulasi data, observasi, dan identifikasi pola, kemudian merumuskan generalisasi yang bersifat probabilistik. Hal ini membuat kesimpulannya selalu terbuka terhadap revisi ketika ditemukan bukti baru. Sebaliknya, penalaran deduktif memanfaatkan hubungan logis antar-premis yang disusun secara hierarkis dalam silogisme atau bentuk argumentatif lainnya, sehingga kesimpulannya memiliki karakter kepastian selama premis awalnya benar. Kejelasan struktur logis ini menjadikan deduksi sebagai instrumen penting dalam menilai validitas argumen dan menjaga konsistensi pemikiran.

Ketika dilihat dari karakteristik epistemiknya, induksi dan deduksi tidak dapat diposisikan sebagai dua pendekatan yang saling bertentangan, melainkan dua metode yang berfungsi melengkapi satu sama lain. Induksi memberikan pijakan awal berupa pengetahuan empiris yang menggambarkan realitas faktual, sedangkan deduksi memberikan kerangka rasional yang memastikan bahwa pengetahuan tersebut diproses secara konsisten dan merujuk pada kaidah logika. Dengan demikian, kerja ilmiah yang komprehensif membutuhkan kombinasi keduanya: induksi untuk menemukan dan memperluas pengetahuan, serta deduksi untuk menguji dan memantapkan pengetahuan tersebut dalam sistem logika yang sahih.

Lebih jauh, pemahaman mengenai perbedaan konseptual dan mekanisme kerja kedua pola penalaran ini memiliki implikasi praktis yang signifikan dalam berbagai konteks akademik dan profesional. Dalam penelitian ilmiah, induksi membantu peneliti mengenali pola dari data lapangan, sementara deduksi membantu memvalidasi temuan melalui kerangka teoritik yang ketat. Dalam pengambilan keputusan, induksi memungkinkan penyusunan prediksi berbasis bukti, sedangkan deduksi memberikan jaminan rasional bahwa keputusan tersebut tidak bertentangan dengan prinsip dasar yang telah ditetapkan. Pada akhirnya, kemampuan menggunakan keduanya secara tepat merupakan indikator kedewasaan berpikir, baik dalam konteks ilmiah maupun dalam dinamika kehidupan sehari-hari.

Dengan demikian, telaah atas ketiga subpoint tersebut menegaskan bahwa penalaran induktif dan deduktif merupakan dua jalur yang berbeda namun sama-sama esensial dalam membangun kesimpulan yang kokoh dan dapat dipertanggungjawabkan. Menguasai perbedaan konsepnya, memahami struktur logisnya, serta mampu menerapkannya secara tepat akan memperkaya kapasitas intelektual seseorang dalam menganalisis, mengevaluasi, dan merumuskan pengetahuan secara kritis. Kedua bentuk penalaran ini, ketika digunakan secara sinergis, membentuk fondasi pemikiran rasional yang menjadi dasar bagi pengembangan ilmu pengetahuan modern dan proses pemecahan masalah yang efektif.

BAB 10
PETA PENALARAN: ANTOLOGI FONDASI, ARGUMEN, DAN SESAT PIKIR

PENDAHULUAN

Di tengah derasnya arus informasi yang memenuhi ruang publik, perdebatan dan diskusi kerap dipadati oleh serangan personal, pengaburan fakta, dan pengalihan isu. Banyak dialog yang seharusnya menjadi sarana pertukaran gagasan justru berubah menjadi arena kontestasi emosional. Contoh paling jelas terlihat dalam perdebatan di media sosial maupun arena publik ketika seseorang menyampaikan pendapat seringkali latar belakang, karakter, atau preferensi pribadinya yang diserang, bukan substansi gagasan. Substansi argumen seolah tidak lagi menjadi pusat perhatian; yang dominan adalah upaya menjatuhkan lawan bicara. Fenomena ini menunjukkan lemahnya tradisi berpikir kritis dan minimnya kesadaran logis dalam menilai serta menyusun argumen. Hal tersebut dikuatkan oleh penelitian Kesalahan Penalaran Berbahasa Indonesia sebagai Bahasa Ketiga Penutur Venezuela, yang menunjukkan betapa "salah nalar", termasuk generalisasi berlebihan, analogi keliru, dan kesalahan kausalitas dapat muncul ketika penalaran tidak dibangun secara sistematis(Agustus et al., 2023).

Situasi tersebut semakin menegaskan betapa pentingnya meninjau kembali fondasi penalaran yang menjadi dasar dalam menyusun, memahami, dan mengevaluasi argumen. Fondasi penalaran bukanlah sekadar kemampuan teknis untuk mengolah informasi atau menyusun kalimat, melainkan mencakup pemahaman mendalam mengenai bagaimana pengetahuan diperoleh, bagaimana sebuah kebenaran diuji melalui prosedur rasional, serta bagaimana hubungan logis antara gagasan satu dengan lainnya dibangun secara sistematis. Tanpa fondasi berpikir yang kokoh, seseorang akan mudah terjebak dalam pola pikir yang tidak rasional, menerima kesimpulan tanpa bukti yang memadai, dan mengikuti pendapat tertentu hanya karena bersumber dari figur otoritas tanpa melalui proses analisis kritis.

Kajian Memahami Logika Berpikir Sebagai Landasan Membangun Argumentasi yang Kuat menegaskan bahwa logika berpikir mencakup prinsip-prinsip dasar seperti asas identitas, asas non-kontradiksi, serta prinsip sanggahan merupakan landasan fundamental dalam membangun argumen yang konsisten, sahih, dan dapat dipertanggungjawabkan secara intelektual(Juli & Lawalata, 2024). Penerapan prinsip-prinsip tersebut membantu seseorang menata alur penalaran agar tidak saling bertentangan, menghindari lompatan logis, serta memastikan bahwa kesimpulan benar-benar mengikuti dari premis yang diberikan. Dengan demikian, penguatan fondasi logika tidak hanya bermanfaat bagi kegiatan akademik, tetapi juga penting dalam kehidupan sehari-hari ketika seseorang harus menilai informasi, mengambil keputusan, atau terlibat dalam diskusi yang menuntut ketajaman berpikir.

Namun, proses berpikir manusia pada hakikatnya tidak pernah sepenuhnya terbebas dari kemungkinan melakukan kekeliruan. Dalam setiap aktivitas bernalar baik ketika seseorang menyusun argumen, menilai pernyataan orang lain, maupun terlibat dalam percakapan sehari-hari selalu terdapat potensi munculnya kesalahan logis. Berbagai bentuk sesat pikir, baik yang dilakukan secara sengaja untuk memengaruhi opini maupun yang terjadi tanpa disadari karena kebiasaan berpikir yang kurang terlatih, kerap mewarnai dinamika komunikasi di berbagai ruang publik. Hal ini dapat ditemukan dalam perdebatan politik, diskusi di media sosial, percakapan informal, hingga dialog di lingkungan pendidikan.

Beberapa bentuk sesat pikir yang paling sering muncul antara lain ad hominem, strawman, false cause, dan generalisasi tergesa-gesa. Setiap jenis kekeliruan tersebut memiliki dampak serius terhadap mutu dan ketepatan argumen. Ad hominem mengalihkan perhatian dari substansi dengan menyerang pribadi lawan bicara. Strawman mendistorsikan argumen asli menjadi versi yang lebih lemah sehingga mudah dipatahkan. False cause menghubungkan dua peristiwa sebagai sebab dan akibat tanpa dasar yang memadai. Sementara itu, generalisasi tergesa-gesa menarik kesimpulan luas hanya berdasarkan data atau pengalaman yang sangat terbatas. Kehadiran sesat pikir ini tidak hanya menyesatkan proses penalaran, tetapi juga dapat memicu kebingungan, memperkeruh arah pembahasan, serta menurunkan kualitas wacana intelektual.Fakta bahwa berbagai bentuk kekeliruan tersebut sering muncul menunjukkan bahwa kemampuan berpikir kritis dan literasi logis masih perlu ditingkatkan. Penguatan kemampuan bernalar secara runtut, teliti, dan objektif menjadi penting agar masyarakat mampu membedakan argumen yang sahih dari yang keliru serta dapat berpartisipasi dalam diskusi publik secara lebih sehat, terbuka, dan rasional bisa(Adhi & Mangkurat, 2022)

Buku atau kajian dengan judul *Antologi Fondasi, Argumen, dan Sesat Pikir* disusun untuk memetakan tiga ranah tersebut secara sistematis. Bab-bab yang disajikan akan membuka pembahasan tentang dasar penalaran sebagai titik awal, dilanjutkan dengan uraian tentang struktur dan kekuatan argumen, kemudian diakhiri dengan katalog berbagai bentuk sesat pikir beserta contoh-contoh relevannya. Dalam literatur pendidikan, misalnya artikel Critical Thinking in Indonesian Language Learning, dikemukakan bahwa pengembangan kemampuan berpikir kritis harus dimulai sejak proses pembelajaran bahasa dan literasi agar siswa tidak sekadar menguasai materi, tetapi mampu menganalisis, mengevaluasi, dan menilai kualitas argumen secara mandiri(Jannah et al., 2025). Dengan peta jalan ini, diharapkan pembaca mendapatkan pemahaman menyeluruh yang tidak hanya bersifat teoritis tetapi juga aplikatif, sehingga mampu membangun budaya berpikir yang lebih jernih, kritis, dan bertanggung jawab.

PEMBAHASAN

DASAR PENALARAN ARGUMEN

Kajian mengenai penalaran, argumen, dan sesat pikir merupakan fondasi utama dalam tradisi berpikir kritis. Setiap aktivitas intelektual baik membaca, menulis, berdiskusi, menanggapi isu publik, maupun menilai informasi dari berbagai sumber selalu melibatkan proses menyusun alasan serta menarik kesimpulan. Aktivitas intelektual ini tidak hanya berupa kemampuan teknis memahami teks, tetapi juga kemampuan menilai kualitas klaim, membedakan bukti yang kuat dari yang lemah, serta menilai apakah suatu gagasan dibangun berdasarkan logika yang sahih atau sekadar retorika manipulatif. Secara praktis, penalaran yang matang memungkinkan seseorang mengevaluasi klaim secara objektif, memahami relevansi bukti, serta membedakan antara argumen yang sahih dan argumen menyesatkan. Individu dengan kemampuan menalar yang baik dapat memilah informasi valid, menguji koherensi suatu pernyataan, serta menolak argumentasi yang mengandung bias emosional atau cacat logis. Secara sosial, kapasitas penalaran yang sehat berkontribusi terhadap kualitas wacana publik karena mendorong cara berpikir yang rasional, adil, dan bebas dari manipulasi. Ketika masyarakat mengembangkan kompetensi ini, dialog sosial menjadi lebih bernilai, lebih etis, dan tidak mudah dikuasai oleh propaganda atau distorsi fakta. Bahasan ini secara sistematis memaparkan tiga ranah utama: fondasi penalaran, struktur dan kekuatan argumen, serta klasifikasi sesat pikir yang wajib dipahami dalam proses berpikir kritis(Yasmin et al., 2025).

Penalaran merupakan suatu proses kognitif yang kompleks dan terstruktur, yang memungkinkan seseorang membangun serta menyusun hubungan logis antara berbagai informasi, bukti, pengalaman, dan konsep yang ia peroleh. Melalui penalaran, seseorang tidak hanya menggabungkan data secara acak, tetapi mengolahnya menjadi pemahaman yang koheren sehingga mampu menghasilkan keputusan, kesimpulan, atau keyakinan yang dapat dipertanggungjawabkan secara nalar. Pada hakikatnya, penalaran berfungsi sebagai alat intelektual yang menjembatani antara informasi yang diterima dengan kesimpulan yang dihasilkan secara sadar dan logis. Dalam tradisi filsafat, penalaran dipandang sebagai aktivitas intelektual yang bersifat rasional, yakni proses mental yang menghubungkan premis-premis menuju kesimpulan berdasarkan kaidah logika formal. Setiap premis berfungsi sebagai fondasi atau titik pijak yang menjadi dasar terbentuknya sebuah inferensi, dan kesimpulan yang dihasilkan wajib mengikuti premis tersebut secara konsisten, tanpa kontradiksi dan tanpa adanya lompatan logis. Bila struktur ini tidak terpenuhi, maka argumen menjadi tidak valid meskipun premis-premisnya benar. Pandangan filsafat ini menempatkan penalaran sebagai inti dari upaya manusia untuk mencapai kebenaran yang sah melalui mekanisme berpikir yang tertib dan teratur.

Sementara itu, dalam kajian kognitif modern, penalaran dipahami sebagai proses mental yang terjadi di dalam otak ketika seseorang mengelola informasi, mengenali pola, membandingkan data, membuat prediksi, hingga menilai kemungkinan yang paling masuk akal berdasarkan bukti yang diterima. Perspektif psikologi kognitif menegaskan bahwa penalaran bukan sekadar penerapan aturan logika, melainkan juga dipengaruhi oleh kebiasaan berpikir, tingkat literasi, kapasitas memori, pengetahuan yang dimiliki, serta konteks sosial-budaya yang membentuk cara seseorang memahami dunia sekitarnya. Oleh karena itu, dua orang yang menerima informasi yang sama dapat menghasilkan kesimpulan berbeda tergantung pada cara mereka menggunakan proses penalarannya. Fondasi penalaran yang kuat dibangun melalui sejumlah komponen penting. Pertama, pemahaman terhadap prinsip dasar logika, yaitu prinsip yang mengatur validitas struktur berpikir. Kedua, kemampuan untuk mengenali hubungan antar gagasan agar seseorang dapat menilai apakah suatu pernyataan benar-benar relevan dan mendukung kesimpulan yang dibuat. Ketiga, kesadaran terhadap potensi kesalahan berpikir, karena manusia sangat mungkin terjebak dalam bias, prasangka, atau pola pikir keliru yang memengaruhi kualitas kesimpulan. Beberapa prinsip logika dasar yang menjadi fondasi ini antara lain prinsip identitas, yaitu bahwa sesuatu adalah dirinya sendiri dan tidak bisa sekaligus menjadi hal lain. Selanjutnya prinsip non-kontradiksi, yang menyatakan bahwa dua pernyataan yang saling bertentangan tidak dapat sama-sama benar dalam kondisi dan waktu yang sama. Terakhir, prinsip sebab–akibat yang menegaskan bahwa suatu hubungan kausal hanya dapat diterima apabila didukung oleh bukti yang jelas dan terverifikasi, bukan sekadar asumsi atau dugaan subyektif. Ketiga prinsip ini berfungsi sebagai pagar intelektual untuk menghindarkan seseorang dari klaim yang kabur, kontradiktif, tidak relevan, atau tidak memiliki dasar.Penerapan prinsip-prinsip tersebut sangat diperlukan agar proses penalaran tetap konsisten, berurutan, terarah, dan sahih. Tanpa prinsip dasar logika, cara berpikir seseorang mudah terjebak pada kesimpulan yang keliru atau menyesatkan (misleading), yang pada akhirnya mengganggu kemampuan untuk membuat keputusan yang tepat dalam kehidupan akademik maupun praktis(Lubis et al., 2023).

Kemampuan membedakan antara fakta, opini, dan interpretasi juga merupakan aspek penting dari penalaran. Fakta adalah informasi objektif yang dapat diverifikasi secara empiris; opini merupakan penilaian subjektif yang dipengaruhi pengalaman atau keyakinan; sedangkan interpretasi adalah pemaknaan terhadap fakta dalam suatu konteks tertentu. Ketidakmampuan membedakan ketiganya membuka pintu bagi kesalahan logika. Misalnya, seseorang bisa saja memperlakukan interpretasinya sebagai fakta tanpa dasar, atau menilai fakta berdasarkan perasaan pribadi yang bias. Dalam literasi kritis, kompetensi membedakan antara fakta, opini, dan interpretasi menjadi dasar untuk melakukan analisis argumen secara benar, sehingga seseorang tidak mudah terjebak dalam informasi yang manipulatif atau spekulatif(Nurviana et al., 2024).

Selain itu, penalaran menuntut pemahaman tentang inferensi proses menarik kesimpulan dari premis. Ada dua jenis inferensi utama: deduksi dan induksi. Deduksi bergerak dari prinsip umum ke kasus khusus; jika premis benar dan struktur logis valid, maka kesimpulan pasti benar. Deduksi banyak digunakan dalam matematika, logika formal, dan argumentasi normatif. Induksi bergerak dari kasus khusus menuju generalisasi. Kesimpulan induktif bersifat probabilistik; kekuatannya bergantung pada jumlah, keragaman, dan kualitas bukti yang tersedia. Kesalahan dalam menggunakan jenis inferensi secara keliru sering menghasilkan bentuk kesalahan seperti generalisasi tergesa-gesa, kesalahan kausal, atau penyederhanaan berlebihan.

STRUKTUR ARGUMEN

Setelah seseorang memahami fondasi penalaran secara memadai, langkah penting berikutnya adalah menguasai struktur argumen sebagai alat utama dalam proses berpikir kritis. Argumen, dalam pengertian yang paling mendasar, merupakan rangkaian pernyataan yang tersusun dari unsur-unsur utama berupa premis dan kesimpulan. Premis berfungsi sebagai alasan, dasar pijakan, atau landasan konseptual yang memberikan dukungan terhadap klaim, sedangkan kesimpulan adalah pernyataan pokok yang hendak dibuktikan melalui alasan tersebut. Dengan kata lain, argumen adalah bangunan logis yang menghubungkan apa yang diyakini seseorang dengan alasan yang dapat dipertanggungjawabkan. Agar sebuah argumen dapat dikategorikan sebagai argumen yang baik dan layak diterima, premis-premis yang diajukan harus memenuhi tiga syarat utama: relevan dengan topik yang dibahas, memadai dalam memberikan dukungan, serta tersusun secara koheren sehingga tidak menimbulkan kerancuan dalam penalaran(A. D. Utami et al., 2024).

Relevansi premis sangat menentukan kekuatan argumen, sebab alasan yang tidak berkaitan secara langsung dengan klaim akan melemahkan daya dukung keseluruhan pernyataan. Premis yang tidak relevan membuat argumen tampak meyakinkan secara permukaan, tetapi sebenarnya kosong secara substansial karena tidak memberikan kontribusi nyata terhadap pembuktian kesimpulan. Di sisi lain, premis yang tidak memadai misalnya karena terlalu umum, kurang data, atau tidak memiliki basis empiris akan menyebabkan kesimpulan menjadi rapuh dan sulit dipertanggungjawabkan secara rasional maupun intelektual. Argumen yang disusun tanpa ketelitian seperti ini mudah dipatahkan dan tidak mampu meyakinkan audiens yang kritis.

Dalam kegiatan menganalisis argumen, terdapat dua aspek utama yang perlu diperhatikan secara saksama, yakni aspek struktur dan aspek kekuatan. Aspek struktur berkaitan dengan bagaimana alasan-alasan disusun, bagaimana setiap bagian argumen saling terhubung, serta bagaimana alur penalaran dibangun dari awal hingga akhir. Argumen yang baik harus disusun secara sistematis sehingga pendengar atau pembaca dapat mengikuti alurnya tanpa kebingungan. Penyampaian yang tidak runtut misalnya melompat dari satu gagasan ke gagasan lain tanpa penghubung yang jelas akan mengaburkan maksud penulis dan membuka ruang bagi kesalahpahaman. Oleh sebab itu, idealnya seseorang memulai argumennya dengan memaparkan latar belakang persoalan, menjelaskan konteks, kemudian menyajikan bukti empiris atau data yang relevan. Setelah itu, argumen yang kuat biasanya mempertimbangkan kemungkinan keberatan atau pandangan alternatif, sebelum akhirnya menarik kesimpulan yang didukung oleh keseluruhan pemaparan sebelumnya. Struktur seperti ini menunjukkan adanya keteraturan berpikir, kedisiplinan dalam penalaran, serta ketelitian dalam membangun relasi logis antara klaim dan alasan yang mendasarinya(Andaryanto et al., 2024).

Sementara itu, aspek kekuatan argumen berkaitan dengan validitas logis dan keandalan premis. Validitas logis mengacu pada apakah kesimpulan benar-benar mengikuti dari premis, yaitu apakah hubungan antara keduanya sah dan dapat diterima secara logika. Sebuah argumen dapat saja tampak meyakinkan, tetapi jika hubungan antara premis dan kesimpulan mengandung lompatan logis, twist penalaran, atau kesalahan inferensi, argumen tersebut tetap tidak valid. Keandalan premis menyangkut kebenaran faktual, tingkat verifikasi, dan relevansinya terhadap argumen yang dibangun. Dengan demikian, argumen yang valid tetapi bertumpu pada premis-premis yang salah tetap menghasilkan kesimpulan keliru, sebagaimana argumen dengan premis benar tetapi struktur inferensinya cacat tetap tidak dapat diterima.

Dalam praktik, struktur argumen yang kuat sering menggunakan pola penalaran tertentu seperti argumen sebab-akibat, analogi, dan otoritas. Argumen sebab-akibat menyatakan bahwa suatu peristiwa menyebabkan peristiwa lainnya. Untuk menjadi kokoh, argumen kausal harus didukung oleh data empiris, analisis yang masuk akal, serta penjelasan komprehensif yang membedakan antara korelasi dan kausalitas. Argumen analogi, yang membandingkan dua hal atau peristiwa yang dianggap memiliki kemiripan penting, memerlukan tingkat kesamaan yang substansial agar kesimpulan tidak bersifat semu atau menyesatkan. Adapun argumen otoritas menggunakan pendapat ahli sebagai dasar alasan. Argumen ini hanya sah apabila otoritas yang dirujuk benar-benar memiliki kompetensi, reputasi, dan keahlian yang relevan; jika tidak, penggunaan otoritas yang keliru dapat menjadi bentuk sesat pikir yang merugikan proses penalaran(Budi et al., 2024).

KATALOG SESAT BERPIKIR

Pengelompokan katalog sesat pikir merupakan aspek yang tidak dapat dipisahkan dari kajian penalaran dan logika, khususnya bagi siapa pun yang bermaksud memahami cara kerja argumentasi yang benar. Sesat pikir (fallacy) merupakan bentuk kesalahan logis yang pada permukaan tampak meyakinkan, seolah memiliki dasar kuat, tetapi pada hakikatnya tidak relevan, tidak valid, atau bahkan bersifat menyesatkan. Kesalahan semacam ini sering kali tidak segera terlihat, terutama oleh mereka yang belum terbiasa melakukan analisis kritis terhadap struktur atau isi argumen. Secara umum, katalog sesat pikir dapat dibagi ke dalam dua kategori pokok, yaitu sesat pikir formal dan sesat pikir informal, yang masing-masing memiliki karakteristik dan sumber kesalahan yang berbeda.

Sesat pikir formal berkaitan dengan struktur logis argumen. Artinya, kekeliruan terletak pada bentuk penalaran atau pola inferensi yang digunakan. Kesalahan jenis ini dapat terjadi meskipun premis yang digunakan benar. Misalnya pada argumen: "Jika hujan turun maka jalan basah. Jalan basah sekarang. Maka hujan turun." Sekilas pernyataan tersebut tampak logis, tetapi secara struktur salah karena kesimpulan tidak mengikuti premis secara sah. Jalan yang basah dapat disebabkan oleh berbagai hal selain hujan, seperti tumpahan air, kebocoran pipa, atau aktivitas pembersihan. Dengan demikian, kesalahan terletak pada bentuk penalarannya, bukan pada fakta yang terlibat. Berbeda dari itu, sesat pikir informal berhubungan dengan isi, konteks, dan cara penyampaian argumen. Kesalahan jenis ini lebih banyak ditemukan dalam percakapan sehari-hari, perdebatan publik, maupun diskusi di media sosial. Bentuk-bentuk sesat pikir informal antara lain: yang pertama Ad hominem, yakni menyerang karakter, latar belakang, atau identitas pribadi lawan bicara alih-alih menanggapi substansi argumennya.yang kedua Strawman, yaitu mendistorsi atau memelintir argumen lawan menjadi lebih lemah agar lebih mudah diserang.ketiga, False cause, yakni menganggap adanya hubungan sebab-akibat hanya berdasarkan korelasi atau urutan waktu.keempat, Generalisasi tergesa-gesa, yaitu menarik kesimpulan luas berdasarkan sampel yang tidak memadai. Kelima,Bandwagon, yaitu menerima klaim hanya karena banyak orang mempercayainya. Keenam, Appeal to emotion, yaitu menggugah emosi pendengar untuk menggantikan bukti rasional. Terakhir, Appeal to ignorance, yaitu menyatakan sesuatu benar hanya karena belum terbukti salah(Shabriya et al., 2024).

Dalam praktik sosial, sesat pikir muncul sangat sering, terutama dalam ruang komunikasi publik seperti kampanye politik, perdebatan daring, atau opini media. Ketika seseorang tidak memiliki bukti memadai atau ingin mempertahankan posisi tertentu, sesat pikir sering digunakan sebagai strategi retorika untuk menutupi kelemahan argumennya. Pola komunikasi seperti ini berbahaya karena dapat mengaburkan kebenaran, memperkeruh dialog, memprovokasi konflik emosional, dan memperdalam polarisasi di masyarakat. Di media sosial, sesat pikir menyebar lebih cepat karena dikemas secara singkat, penuh emosi, dan mudah memicu reaksi. Mengenali macam-macam sesat pikir memberikan keuntungan besar bagi siapa pun yang ingin mengembangkan kemampuan berpikir kritis. Dengan memahami jenis dan ciri kesalahan logis, seseorang menjadi lebih hati-hati dalam menerima informasi, serta lebih terampil menyusun argumen yang akurat, relevan, dan dapat dipertanggungjawabkan. Literasi penalaran yang mencakup kemampuan berpikir kritis, logis, dan analitis menjadi instrumen penting dalam menghadapi arus misinformasi yang berkembang pesat pada era digital(Amro et al., 2025).

Implementasi kemampuan ini dapat diterapkan di berbagai bidang kehidupan, seperti pendidikan, profesi, maupun interaksi sosial sehari-hari. Di lingkungan pendidikan, penguasaan analisis argumen dapat dilatih melalui diskusi kelas, kegiatan membaca kritis, evaluasi teks, dan penulisan esai argumentatif. Dalam konteks profesional, kemampuan bernalar secara logis mendukung pengambilan keputusan, penyusunan kebijakan, negosiasi, dan komunikasi organisasi. Dalam kehidupan personal, pemahaman sesat pikir membantu mengurangi kesalahpahaman, meningkatkan kualitas dialog, serta memperkuat hubungan interpersonal(S. Utami et al., 2023).

Keseluruhan pembahasan ini menggambarkan bahwa penalaran, struktur argumen, dan pemahaman terhadap katalog sesat pikir merupakan satu kesatuan yang saling berkaitan. Penalaran menjadi landasan utama, struktur argumen memberikan kerangka penyusunan alasan yang sahih, dan kesadaran terhadap sesat pikir membantu menjaga kejernihan analisis. Ketiga aspek ini, bila diterapkan secara konsisten, akan membentuk tradisi berpikir kritis, jujur, dan rasional dalam kehidupan bermasyarakat(Mulia, 2024).

KESIMPULAN

Pembahasan mengenai penalaran, struktur argumen, serta katalog sesat pikir menunjukkan bahwa kemampuan berpikir kritis merupakan elemen mendasar dalam setiap bentuk komunikasi yang sehat dan bertanggung jawab. Dari keseluruhan uraian, terdapat beberapa poin penting yang dapat dirangkum. Pertama, fondasi penalaran menjadi dasar utama bagi setiap individu dalam memahami, menilai, dan menyusun argumen. Penalaran tidak hanya mencakup kemampuan mengolah informasi, tetapi juga menyentuh aspek yang lebih mendalam, seperti pemahaman terhadap cara memperoleh pengetahuan, prinsip-prinsip logika dasar, serta kesadaran terhadap hubungan kausal dan koherensi antar-gagasan. Kedua, struktur argumen yang kuat harus memenuhi tiga syarat pokok: premis yang relevan, bukti yang memadai, dan hubungan logis yang jelas. Tanpa ketiga unsur ini, argumen akan kehilangan kekuatan dan rentan disangkal. Ketiga, katalog sesat pikir menjadi alat penting dalam mendeteksi kesalahan logika baik yang muncul secara tidak disengaja maupun sengaja dimanfaatkan untuk memanipulasi opini. Sesat pikir seperti ad hominem, strawman, generalisasi tergesa-gesa, false cause, bandwagon, dan appeal to emotion merupakan bentuk-bentuk kekeliruan yang banyak ditemukan dalam percakapan publik dan diskursus media sosial. Keempat, kemampuan mengenali dan menghindari sesat pikir meningkatkan kualitas dialog, memperkaya pemahaman, dan membantu membangun masyarakat yang berpikir jernih serta tidak mudah terjebak manipulasi.

Penegasan ulang terhadap tesis utama penelitian ini memberikan gambaran bahwa penguasaan penalaran logis bukan sekadar kemampuan akademik, tetapi kebutuhan mendasar dalam kehidupan modern. Tesis tersebut menekankan bahwa argumen yang kuat, valid, dan dapat dipertanggungjawabkan hanya dapat dibangun di atas fondasi penalaran yang matang dan kesadaran penuh terhadap potensi sesat pikir. Dengan kata lain, seseorang tidak mungkin menghasilkan argumentasi berkualitas apabila ia tidak memahami prinsip logika dasar, tidak mampu membedakan fakta dari opini, serta gagal mengidentifikasi kecacatan dalam proses inferensi. Demikian pula, pemahaman terhadap katalog sesat pikir berfungsi sebagai "pagar kognitif" yang mencegah seseorang menerima atau menyebarkan klaim menyesatkan. Tesis ini juga menegaskan bahwa kesadaran terhadap sesat pikir dapat meningkatkan integritas intelektual, mendorong sikap ilmiah, serta memperbaiki kualitas perdebatan di ruang publik.

Tanpa fondasi ini, masyarakat akan mudah terpengaruh propaganda, polarisasi, dan retorika emosional yang tidak berdasarkan bukti.

Sebagai refleksi akhir, pembahasan ini memberikan pelajaran penting bahwa tradisi berpikir kritis tidak akan terbangun secara otomatis, tetapi harus dilatih, dikembangkan, dan diterapkan dalam berbagai konteks kehidupan. Individu perlu membiasakan diri memeriksa keakuratan informasi, menguji logika argumen, serta menolak klaim yang hanya mengandalkan serangan pribadi atau manipulasi emosional. Dalam lingkungan pendidikan, guru dan dosen perlu berperan aktif menanamkan kemampuan analisis, evaluasi, dan penalaran kepada peserta didik. Pada tataran sosial, setiap warga memiliki tanggung jawab untuk berkontribusi terhadap kualitas diskursus publik dengan cara menghindari penyebaran berita palsu, tidak terjebak provokasi, serta menghargai argumen yang disusun secara rasional. Pada akhirnya, ajakan bertindak bagi setiap pembaca adalah untuk membangun kebiasaan berpikir jernih, kritis, dan logis dalam setiap bentuk komunikasi. Hanya dengan cara demikian, masyarakat dapat bergerak menuju kultur intelektual yang lebih dewasa, dialogis, dan bebas dari sesat pikir yang merusak kehidupan bersama.

BAB 11
ANTUNG LOGIKA DEDUKTIF: MEMBANGUN ARGUMEN YANG RUNTUT DENGAN SILOGISME KATEGORIS

PENDAHULUAN

Dalam konteks arus informasi yang semakin deras pada abad ke-21, keterampilan berpikir secara runtut dan terstruktur menjadi suatu kebutuhan yang tidak dapat ditawar. Masyarakat dewasa ini dituntut tidak hanya untuk menerima informasi, tetapi juga untuk mengevaluasi, mengkritisi, dan menalar berbagai klaim yang muncul, baik melalui media sosial, berita daring, maupun diskusi akademik. Di sinilah peran logika, terutama logika deduktif, menjadi sangat signifikan sebagai alat penalaran yang sistematis, berfungsi sebagai fondasi untuk memastikan kejelasan berpikir dan validitas argumen. Penelitian menunjukkan bahwa kemampuan untuk menyusun argumen yang sahih sangat penting dalam pengembangan literasi kritis di berbagai aspek kehidupan (Bronkhorst et al., 2019).

Kesalahan dalam penalaran (fallacy) seperti generalisasi tergesa-gesa dan argumentum ad hominem masih sering dijumpai di ruang publik. Walaupun banyak individu mampu mengemukakan pendapat, seringkali argumen tersebut tidak didukung oleh penalaran yang kokoh. Hal ini menandakan perlunya pendidikan yang lebih baik dalam logika, di mana tidak hanya teori diajarkan tetapi juga penerapan. Silogisme kategoris, yang merupakan bentuk dasar dari logika deduktif, menawarkan struktur yang baik untuk membangun argumen yang tegas dan dapat dipertanggungjawabkan. Penelitian menunjukkan bahwa pemahaman terhadap silogisme dan komponen-komponennya mendasari kemampuan individu dalam melakukan analisis yang lebih kritis dan tajam.

Silogisme kategoris terdiri atas tiga proposisi yang menunjukkan hubungan logis antar kelas atau kategori. Dalam silogisme, kesimpulan yang benar dapat dihasilkan dari premis yang juga benar, selama struktur argumennya valid. Aspek penting dalam silogisme bukan hanya konten, melainkan juga hubungan formal antara istilah mayor, minor, dan istilah tengah. Memahami struktur ini tidak hanya bermanfaat untuk individu dalam menganalisis argumen, tetapi juga untuk memahami konsep-konsep awal seperti validitas dan distribusi istilah, yang menjadi dasar bagi penalaran deduktif yang kuat (C. Zhang, 2022).

Terakhir, pentingnya silogisme kategoris dalam pendidikan dan pengembangan keterampilan berpikir kritis tidak dapat diabaikan. Dengan pendekatan yang menggabungkan analisis konseptual dengan contoh penerapan nyata, diharapkan dapat mengatasi tantangan dalam pendidikan logika yang sering kali bersifat teoritis (Yongmei, 2021). Melalui pemahaman dan penerapan silogisme kategoris, individu tidak hanya dapat menyusun argumen yang valid, tetapi juga dapat mengevaluasi argumen dengan lebih objektif, menghindari kesalahan yang sering muncul akibat asumsi yang tidak diuji.

Dengan demikian, silogisme kategoris bukan hanya alat untuk analisis argumen, tetapi juga menjadi fondasi penting dalam membangun pola pikir yang kritis dan rasional di tengah arus informasi yang kompleks di era modern ini. Penelitian yang dihasilkan dalam bidang ini menciptakan pemahaman yang lebih dalam tentang pentingnya logika dalam kehidupan sehari-hari dan mempromosikan pemikiran yang lebih struktural dalam pembelajaran dan aplikasi sehari-hari.

PEMBAHASAN

Konsep Dasar Logika Deduktif

Konsep dasar logika deduktif merupakan pilar penting dalam pengembangan argumen yang sistematis dan dapat diuji kebenarannya. Logika deduktif mendefinisikan penarikan kesimpulan pasti dari premis yang dianggap benar, dan karakteristik utama yang membedakannya dari logika induktif adalah bahwa deduksi memastikan bahwa, jika premisnya benar dan aturan logikanya diikuti, kesimpulan yang dihasilkan juga akan benar. Sebagai contoh klasik, silogisme yang berbunyi, "Semua manusia fana; Socrates adalah manusia; oleh karena itu, Socrates fana," menunjukkan bagaimana kesimpulan secara logis mengikuti dari premis-premis yang dijabarkan.

Selain pemahaman tentang logika deduktif, penelitian terkini menunjukkan bahwa deduksi tidak hanya terbatas pada aspek teoretis tetapi juga memiliki aplikasi penting dalam berbagai bidang, termasuk psikologi dan pendidikan. Misalnya, studi oleh (Oaksford & Chater, 2020)mengemukakan bahwa penalaran deduktif dan induktif dapat dipahami dalam kerangka probabilistik, memberikan wawasan baru tentang bagaimana orang dapat menggunakan logika dalam konteks argumentasi publik dan debat. Dalam konteks ini, penting untuk mengembangkan pendidikan yang mendorong penggunaan logika deduktif secara efektif.

Dalam praktiknya, logika deduktif berperan sentral dalam membantu individu mengevaluasi argumen secara kritis. Kemampuan untuk membedakan antara argumen valid dan tidak valid sangat penting dalam konteks diskusi publik, di mana berbagai bentuk kesesatan berpikir bisa muncul. Penelitian menunjukkan bahwa kemampuan untuk menganalisis argumen secara mendalam, termasuk memahami struktur logika di baliknya, memungkinkan individu untuk lebih baik dalam berargumen dan dalam menjawab tantangan yang muncul di lingkungan debat (Keren & Schul, 2009).

Lebih jauh lagi, pemahaman tentang logika deduktif membantu dalam pembentukan opini publik yang berbasis penalaran. Mengingat pentingnya penyampaian argumen yang jelas dan terstruktur, penelitian oleh (Hayes et al., 2018) menunjukkan bagaimana panjang dan validitas argumen dapat memengaruhi penilaian individu terhadap kesimpulan yang diambil. Oleh karena itu, mengajarkan logika deduktif tidak hanya penting untuk pendidikan formal tetapi juga untuk meningkatkan literasi informasi di kalangan masyarakat umum.

Logika deduktif juga berhubungan erat dengan berpikir kritis. Dalam diskusi akademik atau perdebatan publik, kemampuan untuk mengidentifikasi kesalahan logis dan menganalisis argumen yang disampaikan sangat penting. Penelitian menunjukkan bahwa pelatihan dalam logika deduktif dapat meningkatkan kemampuan berpikir kritis, yang pada gilirannya berkontribusi pada diskusi yang lebih produktif dan rasional, serta memungkinkan individu untuk memisahkan fakta dari retorika yang manipulatif.

Dengan demikian, logika deduktif tidak hanya menjadi alat penalaran yang bermanfaat dalam konteks akademik tetapi juga sangat relevan dalam kehidupan sehari-hari, membantu individu mengambil keputusan rasional berdasarkan argumen yang jelas dan terstruktur. Peningkatan pemahaman mengenai prinsip deduksi berkontribusi pada kemampuan berargumentasi secara efektif, membuat keputusan yang lebih baik, dan mempertahankan integritas penalaran di berbagai konteks sosial dan profesional, sebagaimana yang disorot dalam penelitian yang relevan ((Kean et al., 2025).

Secara keseluruhan, pentingnya logika deduktif bagi masyarakat modern tidak dapat diabaikan. Dalam era di mana informasi mudah diakses namun sering kali penuh dengan kekeliruan, pemahaman yang kuat tentang logika deduktif menjadi alat penting untuk menyaring dan mengevaluasi informasi secara kritis. Oleh karena itu, pendidikan yang menekankan logika deduktif dan berpikir kritis harus menjadi prioritas untuk menghasilkan individu yang mampu berkontribusi pada dialog sosial yang sehat dan rasional.

Pengertian Silogisme Kategoris

Silogisme kategoris adalah salah satu aspek fundamental dalam logika deduktif yang diperkenalkan oleh Aristoteles. Penalaran ini melibatkan penggunaan proposisi yang menghubungkan dua kategori atau kelas objek, di mana kesimpulan yang dihasilkan mengikuti secara logis dari premis-premis yang valid. Misalnya, dalam contoh klasik: premis mayor

"Semua manusia fana," premis minor "Socrates adalah manusia," dan kesimpulan "Oleh karena itu, Socrates fana." Struktur ini memungkinkan penarikan kesimpulan yang pasti dan membuat silogisme kategoris menjadi alat penting dalam pengembangan argumen yang sistematis dan valid.

Ada tiga komponen utama dalam silogisme kategoris: premis mayor, premis minor, dan kesimpulan. Premis mayor berisi term mayor yang berperan sebagai predikat dari kesimpulan dan menetapkan karakteristik kategori yang lebih luas. Sementara itu, premis minor mencakup term minor yang menjadi subjek dari kesimpulan dan menghubungkan individu atau kelompok tertentu dengan kategori yang ditetapkan dalam premis mayor. Kesimpulan merupakan penggabungan dari term minor dan mayor, membentuk proposisi logis berdasarkan hubungan antara premis-premis tersebut. Pemahaman komponen ini sangat penting agar argumen yang disusun memiliki struktur yang koheren dan kesimpulan yang valid secara formal.

Selain komponen tersebut, pemahaman terhadap tiga istilah penting term mayor, minor, dan Tengah adalah krusial. Term tengah berfungsi sebagai penghubung antara premis mayor dan premis minor, dan pengetahuan yang baik tentang cara kerjanya dapat membantu penalar untuk menghindari kesalahan logis seperti undistributed middle. Dengan kata lain, silogisme kategoris menyediakan kerangka berpikir yang memungkinkan individu menarik kesimpulan yang sah dari premis-premis yang diakui.

Di dalam aplikasi praktis, silogisme kategoris membantu individu untuk melakukan analisis kritis terhadap argumen. Misalnya, dalam konteks evaluasi berita di media sosial dan analisis laporan penelitian, pemahaman strukturnya yang baik memungkinkan individu untuk membedakan antara argumen yang valid dan tidak valid. Hal ini sangat penting di era informasi saat ini, di mana kecepatan penyebaran informasi memerlukan kemampuan evaluasi yang tanggap dan akurat ((Moshman & Franks, 1986).

Lebih jauh, silogisme kategoris memberikan dasar yang solid untuk berpikir deduktif, yang memiliki nilai besar dalam pendidikan logika. Penguasaan silogisme tidak hanya meningkatkan keterampilan analisis kritis, tetapi juga mendorong komunikasi rasional dan penyusunan argumen yang koheren dalam berbagai konteks akademik dan praktis. Penelitian oleh Zarechnev dan Kumova menyoroti pentingnya penalaran berbasis silogisme dalam perkembangan logika dan berargumentasi (Zarechnev & Kumova, 2015).

Silogisme kategoris juga menjadi dasar untuk memahami logika dalam konteks yang lebih luas, termasuk pengambilan keputusan berbasis bukti dan debat akademik. Kesadaran akan struktur logis dalam silogisme dapat membantu individu dalam mendiskusikan ide-ide kompleks tanpa kehilangan fokus pada substansi argumentasi. Kajian oleh Zhang menunjukkan betapa pentingnya struktur silogisme dalam logika formal dan bagaimana hal ini diterapkan dalam situasi nyata dalam ilmu pengetahuan (H. W. X. Zhang, 2024).

Sebagai kesimpulan, silogisme kategoris adalah alat yang tidak hanya penting di dunia formal logika, tetapi juga dalam praktik kehidupan sehari-hari. Penguasaan terhadap silogisme ini memberikan individu kemampuan untuk membangun argumen yang meyakinkan secara logis, serta menjamin kevalidan dalam penalaran mereka. Oleh karena itu, silogisme kategoris menjadi kritikal dalam membentuk pondasi berpikir kritis dan analitis yang solid.

Jenis Proposisi Kategoris

Silogisme kategoris memainkan peran penting dalam penalaran deduktif, di mana proposisi menjadi unit dasar untuk menyusun premis dan kesimpulan. Dalam konteks ini, terdapat empat jenis proposisi kategori yang dikategorikan berdasarkan kuantitas dan kualitas: A (universal afirmatif), E (universal negatif), I (partikular afirmatif), dan O (partikular negatif). Proposisi A menyatakan bahwa "semua anggota suatu kategori memiliki sifat tertentu," seperti dalam pernyataan "Semua manusia fana." Proposisi E, di sisi lain, mengekspresikan bahwa "tidak ada anggota suatu kategori yang memiliki sifat tertentu," contohnya "Tidak ada manusia abadi." Proposisi I berfungsi untuk menyatakan bahwa "sebagian anggota suatu kategori memiliki sifat tertentu," misalnya "Beberapa manusia bijaksana," sedangkan proposisi O menyatakan bahwa "sebagian anggota suatu kategori tidak memiliki sifat tertentu," seperti dalam pernyataan "Beberapa manusia tidak bijaksana." Keempat jenis proposisi ini memberikan variasi kuantitas dan kualitas, memungkinkan penalar untuk menganalisis hubungan logis antara premis dan kesimpulan secara sistematis (Barnes, 2000).

Fungsi proposisi dalam silogisme kategoris lebih dari sekadar menyatakan fakta; proposisi membentuk struktur logis yang menghubungkan term mayor, term minor, dan term tengah. Dengan menggunakan proposisi A dan E, yang bersifat universal, seorang penalar dapat menetapkan batasan kategori dan memastikan distribusi term yang benar. Di sisi lain, proposisi I dan O, yang bersifat partikular, menghubungkan individu atau sebagian anggota kategori dengan premis mayor atau minor. Kombinasi yang tepat dari proposisi-proposisi ini memungkinkan penalar untuk menarik kesimpulan yang sah serta menghindari kesalahan logis, termasuk kelemahan dalam distribusi term atau ketidaksesuaian middle term yang tidak didistribusikan.

Penguasaan tentang tipe-tipe proposisi ini penting bagi penalar dalam membangun argumen deduktif yang koheren dan valid. Dalam konteks pendidikan, penalar yang memahami struktur proposisi silogistik akan lebih mampu mengevaluasi argumen orang lain serta membedakan antara argumen yang valid dan tidak valid (Coppens, n.d.). Hal ini sangat krusial dalam konteks debat dan pengambilan keputusan berbasis logika. Sebagai contoh, penelitian oleh Radulescu menunjukkan bagaimana penerapan proposisi kategoris memperluas pemahaman tentang argumen kategoris yang valid dan meningkatkan kemampuan analisis kritis (Pereira-Fariña et al., 2013).

Dalam praktik sehari-hari, pemahaman tentang proposisi dan silogisme membantu individu dalam memberikan analisis yang akurat terhadap informasi yang mereka terima. Ini tidak hanya berlaku dalam konteks akademis, tetapi juga dalam diskusi publik di mana argumen yang logis dan jelas sangat diperlukan untuk mendukung posisi yang diajukan. Sebagai ilustrasi, sebuah studi oleh Tantray menunjukkan bagaimana ambiguitas dalam analisis proposisi dapat dipahami lebih baik melalui kerangka kerja ini, memperjelas penerapan proposisi dalam kondisi yang lebih kompleks (Tantray, 2016).

Struktur dan Validitas Silogisme

Struktur dan validitas silogisme merupakan aspek penting dalam logika deduktif, karena menentukan apakah kesimpulan yang ditarik benar-benar mengikuti secara logis dari premis-premis yang diberikan. Dalam silogisme kategoris, aturan distribusi term adalah fundamental, yang menyatakan bahwa setiap term yang digunakan dalam silogisme harus didistribusikan dengan benar untuk menjaga hubungan logis antara premis dan kesimpulan. Penerapan aturan distribusi term ini membantu penalar untuk memastikan bahwa bukan hanya validitas formal terjaga, tetapi juga implikasi logis kesimpulan dipastikan bertanggung jawab terhadap premis yang ada (Radulescu, 2020).

Sebagaimana didefinisikan, term mayor, yaitu predikat dari kesimpulan, harus didistribusikan dalam premis mayor. Term minor, yaitu subjek dari kesimpulan, harus didistribusikan dalam premis minor. Selain itu, term tengah, yang berfungsi sebagai penghubung antara term mayor dan minor, harus didistribusikan setidaknya sekali di salah satu premis. Jika distribusi term ini tidak dipenuhi, argumen yang dihasilkan dapat menjadi cacat, yang bisa berujung pada kesimpulan yang tidak sah . Contoh yang baik untuk mengilustrasikan hal ini adalah ketika premis mayor berbunyi "Semua manusia bijaksana" dan premis minor "Beberapa filsuf adalah manusia," kesimpulan yang valid dapat berupa "Beberapa filsuf bijaksana." Namun, jika kesimpulan yang tidak benar, seperti "Semua filsuf bijaksana," disimpulkan, ini mengindikasikan bahwa kesalahan distribusi term telah terjadi .

Penting juga untuk mempertimbangkan hubungan antara premis negatif dan kesimpulan negatif. Dalam silogisme kategoris, jika salah satu premis bersifat negatif, kesimpulan yang ditarik juga harus bersifat negatif. Prinsip ini membantu menjaga konsistensi logis dan memastikan bahwa sifat kesimpulan tidak melebihi sifat premis yang ada. Misalnya, dari premis mayor "Tidak semua hewan dapat terbang" dan premis minor "Burung tertentu adalah hewan," maka kesimpulan "Beberapa burung tidak dapat terbang" adalah sah, meskipun hal ini tidak secara khusus didukung oleh referensi dalam konteks ini dan mungkin memerlukan sumber tambahan untuk validitas argumen secara menyeluruh.

Penalar juga harus menghindari kesalahan four-term fallacy. Ini terjadi ketika silogisme menggunakan empat term yang berbeda, yang tidak menjalin hubungan logis yang sah antara premis mayor dan premis minor. Kesalahan dalam distribusi term harus dihindari untuk menjaga konsistensi dalam argumen. Misalnya, jika premis mengandung lebih dari tiga tag, hasilnya tidak dapat dievaluasi kevalidannya secara logis (Liu et al., 2025)

Prinsip tambahan yang juga penting adalah bahwa kesimpulan tidak boleh lebih kuat daripada premis. Kesimpulan yang menegaskan lebih dari yang telah disediakan oleh premis, baik dalam hal kuantitas maupun kualitas, merupakan pelanggaran terhadap aturan deduksi dan dapat menyebabkan kesalahan logis dihasilkan. Contoh yang jelas adalah dari pernyataan "Beberapa mahasiswa rajin," yang tidak dapat langsung disimpulkan sebagai "Semua mahasiswa rajin," karena premis hanya memberikan informasi tentang sebuah subset dari mahasiswa, tidak semua (Radulescu, 2018)

Keseluruhan, pemahaman yang baik mengenai struktur dan validitas silogisme menekankan pentingnya pemenuhan terhadap aturan distribusi term, penghindaran kesalahan logika, penyesuaian sifat kesimpulan dengan premis, dan pembatasan kekuatan kesimpulan menurut premis. Dengan menguasai prinsip-prinsip ini, penalar dapat menyusun argumen yang logis dan sistematis, serta menganalisis klaim yang muncul dalam berbagai konteks akademik, debat, maupun pengambilan keputusan berbasis logika.

Penerapan Silogisme Kategoris dalam Argumen

Silogisme kategoris adalah alat penting dalam menyusun argumen deduktif yang runtut, karena kemampuan untuk menarik kesimpulan yang logis dari premis-premis yang jelas dan terstruktur. Penerapan silogisme ini dapat dilihat pada berbagai jenis argumen, baik yang sederhana maupun yang kompleks. Dalam contoh sederhana, premis mayor "Semua manusia fana" dan premis minor "Socrates adalah manusia" memunculkan kesimpulan "Oleh karena itu, Socrates fana." Contoh ini menunjukkan bagaimana hubungan logis antara premis mayor dan premis minor memastikan kesimpulan yang dihasilkan valid secara logika, sehingga silogisme kategoris berfungsi sebagai dasar dalam penyusunan argumen yang efektif dan koheren (Vlasáková, 2023).

Silogisme tidak hanya digunakan dalam argumen sederhana; ia juga bisa dibangun dalam beberapa lapisan, di mana kesimpulan dari satu silogisme menjadi premis minor dalam silogisme berikutnya. Misalnya, jika kita memiliki premis mayor "Semua makhluk hidup membutuhkan nutrisi" dan premis minor "Semua manusia adalah makhluk hidup," maka kita bisa menarik kesimpulan sementara "Semua manusia membutuhkan nutrisi." Kesimpulan ini kemudian dapat digunakan sebagai premis minor dalam silogisme kedua yang memiliki premis mayor "Seseorang yang membutuhkan nutrisi harus makan makanan sehat," sehingga kita mendapat kesimpulan akhir "Socrates harus makan makanan sehat." Struktur berlapis ini menunjukkan bagaimana silogisme kategoris dapat menjaga alur argumen tetap runtut dan sistematis.

Lebih lanjut, penerapan silogisme kategoris memudahkan analisis validitas argumen. Dengan memperhatikan komponen seperti premis mayor, premis minor, dan distribusi term mayor, minor, dan tengah, penalar dapat mengevaluasi apakah kesimpulan mengikuti dari premis. Sebagai contoh, jika premis mayor berbunyi "Semua burung bisa terbang" dan premis minor "Burung unta adalah burung," kesimpulan "Burung unta bisa terbang" tidak valid, karena premis mayor terlalu umum dan tidak mempertimbangkan pengecualian. Situasi ini menunjukkan pentingnya validitas dalam hubungan logis antarpremis dan kesimpulan (Kumova & Çakır, 2010).

Analisis perbandingan antara argumen valid dan tidak valid juga memberikan wawasan lebih lanjut. Argumen valid mengikuti aturan deduksi dan distribusi term yang tepat. Misalnya, premis mayor "Semua manusia fana" dan premis minor "Plato adalah manusia" menghasilkan kesimpulan "Plato fana," yang jelas valid. Sebaliknya, contoh tidak valid seperti premis mayor "Beberapa mahasiswa rajin" dan premis minor "Ali adalah mahasiswa," yang menyimpulkan "Ali rajin," adalah argumen yang lemah, karena premis mayor hanya mengindikasi sebagian mahasiswa, bukan keseluruhan (Malink & Vasudevan, 2018).

Penerapan silogisme dalam konteks debat dan penulisan ilmiah sangat signifikan, karena membekali penalar dengan kemampuan untuk menyoroti ketidaksesuaian logis tanpa melakukan serangan personal. Dalam penulisan ilmiah, silogisme menuntun peneliti untuk menarik kesimpulan berdasarkan data dan hipotesis yang valid, dan dalam pengambilan keputusan sehari-hari, ia menyediakan kerangka untuk menilai risiko dan konsekuensi dari pilihan yang ada (Striker, 1998).

Secara keseluruhan, silogisme kategoris berfungsi sebagai alat untuk membangun penalaran yang runtut dan sistematis, membantu dalam evaluasi validitas argumen, serta membedakan antara argumen yang sah dan yang menyesatkan. Melalui penguasaan komponen premis, term, dan aturan distribusi, penalar dapat menyusun argumen deduktif yang koheren, menjaga kesinambungan logis, dan meningkatkan kualitas analisis dalam berbagai konteks (Knuuttila, 2010).

KESIMPULAN

Berdasarkan seluruh pembahasan yang telah dilakukan, dapat disimpulkan bahwa silogisme kategoris merupakan inti dari logika deduktif yang memungkinkan pembangunan argumen secara runtut, sistematis, dan valid. Silogisme kategoris memberikan kerangka formal untuk menarik kesimpulan dari premis-premis yang jelas, melalui struktur yang melibatkan premis mayor, premis minor, dan kesimpulan, serta distribusi term mayor, minor, dan tengah. Pemahaman mendalam tentang komponen-komponen ini, termasuk jenis proposisi kategoris A (universal afirmatif), E (universal negatif), I (partikular afirmatif), dan O (partikular negatif), sangat penting untuk menjaga konsistensi logis argumen. Distribusi term yang tepat memastikan bahwa kesimpulan yang ditarik tidak melebihi premis, sehingga argumen tetap sah secara deduktif dan bebas dari kesalahan seperti four-term fallacy, undistributed middle, atau kesimpulan yang lebih kuat dari premis.

Selain fungsi formalnya, silogisme kategoris juga memiliki peran penting dalam membantu penalar menghadapi fallacies kontemporer, seperti ad hominem, straw man, dan non sequitur. Dalam konteks debat publik, media sosial, atau diskusi akademik, fallacies semacam ini kerap digunakan untuk menyerang individu atau memelintir posisi lawan agar tampak lemah, alih-alih membahas premis dan argumen secara rasional. Penguasaan silogisme memungkinkan individu membedakan antara kritik yang relevan dengan serangan pribadi atau manipulasi retoris. Dengan demikian, silogisme tidak hanya mendukung kesahihan argumen, tetapi juga memperkuat penalaran kritis, mendorong diskusi yang sehat, dan membangun kemampuan evaluasi logis terhadap klaim yang diterima. Hal ini menjadi sangat relevan di era digital yang penuh polarisasi, informasi cepat, dan opini yang sering bersifat emosional atau subjektif.

Di sisi lain, penerapan silogisme kategoris juga menghadapi berbagai tantangan dan hambatan, terutama bagi pemula. Kesulitan memahami aturan formal, istilah teknis, serta hubungan antara premis dan kesimpulan sering menjadi kendala utama. Selain itu, risiko kesalahan logis muncul ketika penalar dipengaruhi oleh emosi, bias, atau tekanan sosial, sehingga kesimpulan yang ditarik menjadi tidak sah secara deduktif. Untuk mengatasi hambatan ini, strategi yang dapat diterapkan antara lain latihan rutin menyusun silogisme sederhana hingga kompleks, analisis kritis terhadap argumen sendiri maupun orang lain, kesadaran terhadap pengaruh subjektif, dan penggunaan diagram atau contoh konkret untuk mempermudah pemahaman. Strategi-strategi tersebut memungkinkan individu untuk membangun argumen yang lebih tepat, logis, dan sistematis.

Secara keseluruhan, penguasaan silogisme kategoris memberikan manfaat ganda. Pertama, ia meningkatkan kemampuan menyusun argumen deduktif yang valid, koheren, dan sistematis. Kedua, ia memperkuat kemampuan berpikir kritis, analisis logis, dan ketahanan terhadap fallacies dalam komunikasi modern. Dengan kemampuan ini, individu dapat mengevaluasi klaim, menanggapi argumen secara rasional, dan membangun diskusi yang berfokus pada gagasan, bukan pada serangan personal. Oleh karena itu, silogisme kategoris dapat dianggap sebagai "jantung" logika deduktif, menjadi fondasi penting bagi setiap individu yang ingin berpikir rasional, mengembangkan literasi logika, dan menyusun argumen yang dapat dipertanggungjawabkan, baik dalam konteks akademik, profesional, maupun kehidupan sehari-hari.Dengan demikian, penguasaan silogisme kategoris bukan hanya relevan sebagai pembelajaran logika klasik, tetapi juga sebagai keterampilan praktis yang meningkatkan ketepatan, efektivitas, dan kualitas penalaran kritis di era informasi dan komunikasi modern.

BAB 12
MENAVIGASI SKENARIO "JIKA-MAKA": APLIKASI LOGIKA HIPOTETIS DALAM PENGAMBILAN KEPUTUSAN

PENDAHULUAN

Fenomena retorika dalam diskusi publik, terutama dalam konteks politik, menunjukkan kecenderungan masyarakat yang semakin condong pada serangan pribadi alih-alih mengedepankan argumen yang substansial. Dalam salah satu contoh, saat seorang narasumber mengemukakan kritik terhadap kebijakan ekonomi pemerintah, lawan debatnya merespon dengan komentar sinis yang bersifat menyerang karakter pribadi. Hal ini mengindikasikan bahwa metode debat yang seharusnya bertujuan untuk menyampaikan ide dalam kancah politik kini telah bergeser menjadi arena perseteruan personal, sehingga sebagian besar penonton tidak menghargai esensi dari perdebatan itu sendiri tetapi lebih tertarik pada dramatisasi emosional yang terjadi.

Perubahan ini banyak dipicu oleh kehadiran media sosial sebagai platform publik yang memungkinkan penyebaran pendapat secara masif dan instan. Banyak studi menunjukkan bahwa media sosial memperburuk kondisi polarisasi dalam masyarakat, di mana komunikasi yang seharusnya rasional kerap terdistorsi oleh emosionalitas dan retorika serangan pribadi (Fikri, 2024). Hal ini mencerminkan apa yang disebut sebagai argumentum ad hominem, yaitu sebuah kesesatan berpikir yang mengalihkan fokus dari substansi argumen menuju karakter atau status pribadi pemberi argumen tersebut. Dalam banyak kasus, serangan semacam ini sering kali mengalahkan argumen yang lebih kuat dan logis karena publik cenderung lebih terprovokasi oleh aspek personal.

Argumentum ad hominem bukanlah fenomena baru dalam retorika namun, dampaknya semakin memburuk dengan munculnya platform digital yang mendorong interaksi sosial yang lebih agresif. Dalam konteks politik, misalnya, riset menunjukkan bahwa praktik semacam ini dapat melemahkan kualitas diskursus publik dan mengarahkan perhatian khalayak dari isu-isu substantif yang lebih penting. Strategi seperti ini jelas berbahaya sebab mereka tidak hanya mendemosikan ruang diskusi, tetapi juga berpotensi menghancurkan reputasi individu tanpa memberikan pemahaman yang layak atas argumentasi yang ada (Dewi & Basir, 2023).

Kesesatan logika ini mempunyai dampak yang lebih luas. Dalam diskusi publik yang seharusnya berfungsi sebagai forum untuk pertukaran ide-ide dan penyelesaian permasalahan sosial, penggunaan argumentum ad hominem mengalihkan perhatian dari pertimbangan rasional menuju penghakiman karakter, yang pada gilirannya mengurangi kualitas berpikir kritis di masyarakat. Penelitian juga menunjukkan bahwa ketika individu terlibat dalam perdebatan yang sarat dengan serangan pribadi, mereka cenderung mengurangi objektivitas dan kemampuan untuk mempertimbangkan argumen berbeda dengan terbuka (Yahya et al., 2023). Hal ini berujung pada komunitas yang kurang inklusif, di mana suara-suara alternatif dan argumen yang bernas sering kali teredam oleh retorika yang cenderung destruktif.

Kesadaran akan etika dalam komunikasi menjadi kunci dalam mengembalikan perdebatan publik kepada tempat yang lebih aman dan produktif. Pendekatan untuk menanggapi serangan ad hominem dapat diambil melalui penguatan argumentasi yang berbasis fakta, diimbangi oleh sikap kritis terhadap segala bentuk penyerangan yang bersifat personal. Strategi ini bukan saja akan melindungi integritas argumen yang dikemukakan tetapi juga berkontribusi terhadap peningkatan kualitas diskusi yang lebih sehat di dalam masyarakat (Abdullah & Hassan, 2024).

Bab ini, dengan demikian, dimaksudkan untuk menyajikan analisis komprehensif tentang argumentum ad hominem sebagai salah satu bentuk kesesatan logika yang paling sering muncul di ruang publik. Selain mengeksplorasi berbagai variasi dan efek negatif dari serangan ini, pembaca juga akan dibekali dengan panduan praktis untuk mengenali dan mengatasi permasalahan ini, guna mewujudkan perdebatan yang lebih baik dan lebih inklusif di masa depan.

PEMBAHASAN

Membedah Argumentum ad Hominem: Logika di Balik Kekeliruan

Setelah memahami fenomena meluasnya praktik serangan pribadi dalam ruang publik sebagaimana dijelaskan pada bagian pendahuluan, bagian ini akan membedah secara konseptual dan logis apa yang dimaksud dengan *argumentum ad hominem* serta mengapa bentuk penalaran ini tergolong sebagai kekeliruan berpikir. Secara etimologis, istilah *argumentum ad hominem* berasal dari bahasa Latin yang berarti "argumen yang ditujukan kepada orangnya". Dalam disiplin logika, istilah ini merujuk pada bentuk penalaran yang tidak menyerang substansi argumen, melainkan menyerang karakter atau reputasi dari individu yang menyampaikan argumen tersebut. Dengan demikian, fokus diskusi beralih dari isi dari proposisi itu sendiri menjadi atribut personal pembicara. Para filsuf seperti Aristoteles telah lama mengenali kesesatan logika ini, dan menekankan pentingnya memisahkan antara logos (argumen), pathos (emosi), dan ethos (karakter) dalam analisis argumentatif (Malik, 2019). Ketika penilaian terhadap kebenaran suatu argumen dilakukan semata-mata berdasarkan karakter individu, maka penalaran tersebut telah melanggar prinsip logika yang rasional.

Secara logis, *argumentum ad hominem* dianggap sebagai kekeliruan karena serangan terhadap identitas pribadi seseorang tidak memiliki hubungan langsung dengan kebenaran atau kesalahan pernyataan yang dia kemukakan. Dalam kerangka logika formal, validitas argumen ditentukan oleh struktur penalaran dan kebenaran premis-premisnya, bukan oleh karakter dari seseorang. Misalnya, jika seorang individu mengatakan, "Pendapat mengenai perubahan iklimmu salah karena kamu bukan seorang ilmuwan," maka yang diserang adalah identitas pembicara, bukan substansi argumen yang mungkin saja benar atau salah (Patel et al., 2023). Oleh karena itu, serangan pribadi tidak dapat digunakan sebagai dasar logis untuk menerima atau menolak suatu klaim.

Mekanisme kesesatan ini juga bekerja secara halus, memanfaatkan kecenderungan manusia untuk lebih mudah menilai siapa yang berbicara ketimbang apa yang dibicarakan. Dalam konteks debat publik, serangan terhadap karakter sering kali dianggap sebagai metode cepat untuk mengalihkan perhatian audiens dari isu-isu substantif kepada pertanyaan emosional. Ini menciptakan apa yang dikenal sebagai "ilusi relevansi", di mana serangan pribadi tampak relevan walaupun tidak ada hubungan logis dengan topik yang dibahas (Yulianto, 2024). Dengan menutupi batas antara argumen dan identitas, penalaran menjadi tidak objektif dan diskursus rasional bertransformasi menjadi pertikaian pribadi.

Daya tarik psikologis dari *argumentum ad hominem* terletak pada sifat emosional dan instingtifnya. Manusia secara alami lebih responsif terhadap narasi yang berfokus pada konflik personal daripada data dan argumen rasional. Terdapat pula bias kognitif, seperti *confirmation bias*, yang membuat individu cenderung lebih percaya kepada informasi yang sejalan dengan pandangan pribadi mereka, termasuk saat menyerang individu yang tidak mereka sukai. Dalam komunikasi massa kontemporer, terutama melalui media sosial, tipe kesesatan ini bahkan berfungsi sebagai alat retorika yang efisien untuk memanipulasi opini publik. Dengan merendahkan lawan, seorang individu dapat meraih simpati penonton tanpa harus membuktikan akurasi pendapatnya secara substansial (Finn, 2018).

Oleh karena itu, memahami *argumentum ad hominem* bukan sekadar mengenali kesalahan logika, tetapi juga menyadari mekanisme psikologis dan sosial yang membuatnya tampak persuasif. Kesadaran akan aspek-aspek ini memungkinkan kita untuk menjaga perdebatan tetap pada jalur rasional, yang berfokus pada pengujian gagasan berdasarkan bukti dan kejelasan logika, bukan berdasarkan siapa yang menyampaikan argumen tersebut. Memadukan pendekatan ini dalam berbagai konteks, terutama dalam hubungan sosial dan komunikasi publik, dapat membantu menciptakan lingkungan diskusi yang lebih konstruktif dan inklusif, di mana ide-ide dapat dipertukarkan secara produktif tanpa terjebak dalam retorika negatif.

Analisis terhadap argumentum ad hominem harus menjadi perhatian utama dalam kajian logika dan etika komunikasi. Sebab, saat diskusi publik diwarnai dengan serangan personal, bukan hanya substansi argumen yang terancam, tetapi juga integritas dan kualitas perdebatan sebagai sarana untuk mencapai kebenaran bersama. Memahami dan melawan kesesatan ini menjadi tanggung jawab setiap individu dalam menjaga suatu diskursus yang sehat dan berbasis rasionalitas.

Ragam Serangan Pribadi: Mengenali Berbagai Wajah Ad Hominem

Argumentum ad hominem merupakan salah satu bentuk kesesatan logika yang sering muncul dalam diskursus publik, akademik, dan sosial. Kekeliruan ini terjadi ketika seseorang menyerang karakter atau atribut pribadi lawan bicara dengan tujuan mendiskreditkan argumennya, alih-alih menilai substansi dari argumen tersebut. Ada beberapa bentuk utama dari serangan ad hominem yang perlu dilihat lebih dalam, yaitu ad hominem abusive, ad hominem circumstantial, tu quoque, dan guilt by association. Memahami keempat bentuk ini akan membantu kita dalam menyajikan argumen yang lebih rasional dan mengatasi kekeliruan dalam proses berpikir kritis.

1. Ad Hominem Abusive (Hinaan Langsung)

Ad hominem abusive adalah bentuk serangan yang paling jelas dan kasar. Dalam jenis ini, penyerang menyerang karakter pribadi, penampilan, kecerdasan, atau latar belakang emosional lawan bicara. Fokus serangan diarahkan pada aspek personal daripada menyelidiki kebenaran dari argumen yang dinyatakan. Misalnya, dalam konteks politik, seseorang mungkin mengatakan, "Kita tidak perlu mendengarkan pendapatnya tentang kebijakan ekonomi, dia bahkan tidak pernah menyelesaikan pendidikan tingginya." Dalam situasi ini, argumen tentang kebijakan ekonomi tidak diuji secara logis. Sebaliknya, validitas argumen diserang berdasarkan latar belakang pendidikan individu, yang seharusnya tidak berhubungan langsung dengan substansi argumennya (Walton & Macagno, 2015).

Begitu pula dalam konteks akademik, seorang mahasiswa mungkin berkomentar, "Kritikamu terhadap teori ini tidak relevan karena kamu bukan mahasiswa terfavorit." Pada kasus ini, fokus berpindah dari argumen yang relevan kepada status pendidikan individu. Dalam lingkungan sosial, pernyataan seperti "Kamu hanya bicara begitu karena belum punya pasangan!" juga mencerminkan serangan personal yang tidak beralasan. Daya tarik serangan ini sering kali terletak pada emosi, menarik perhatian audiens kepada sifat personal alih-alih argumennya, sehingga memudarkan analisis yang rasional dan obyektif.

2. Ad Hominem Circumstantial (Sirkumstansial)

Berbeda dengan ad hominem abusive, ad hominem circumstantial mengaitkan argumen lawan dengan kepentingan pribadi, latar belakang, atau afiliasi sosialnya. Pola pikir yang muncul dalam jenis ini seringkali berangkat dari asumsi bahwa argumen lawan tidak sah hanya karena terdapat kepentingan di baliknya. Misalnya, seorang politisi mungkin berkomentar, "Tentu saja ia mendukung undang-undang perlindungan lingkungan, karena ia bekerja untuk LSM yang didanai asing." Poin ini mengalihkan perhatian dari substansi kebijakan kepada siapa yang menyokongnya, dan mengasumsikan bahwa afiliasi tersebut otomatis membatalkan argumen yang ada (Rahwan et al., 2011)

Contoh lain bisa ditemukan dalam diskusi akademik di mana seseorang menyebut, "Kritik dosen itu terhadap sistem pendidikan tidak objektif, karena dia sendiri bagian dari struktur birokrasi." Walaupun dosen tersebut mungkin memiliki posisi yang dapat memengaruhi pandangannya, ini tidak berarti bahwa argumen yang diajukan tidak berdasar pada logika atau bukti. Dalam kehidupan sehari-hari, pernyataan seperti "Kamu bilang produk lokal bagus karena kamu sendiri menjualnya" juga layak dianalisis. Seseorang yang memiliki kepentingan ekonomi tidak otomatis salah dalam membuat klaim tentang kualitas produk. Kekeliruan ini sering kali tampak logis dan relevan, namun dalam analisis formal tetap menjadi argumen yang lemah karena tidak menunjukkan hubungan langsung dengan validitas argumen yang sedang dibahas (Laar, 2007).

3. Tu Quoque (Kamu Juga)

Tu quoque, atau serangan kemunafikan, melibatkan penolakan argumen lawan dengan menunjukkan bahwa lawan tersebut tidak konsisten antara perkataan dan tindakan. Secara moral, tuduhan ini bisa jadi menggugah, namun dari aspek logis tidak membuktikan kebenaran atau kesalahan argumen yang sedang dibicarakan. Sebagai contohnya, seseorang bisa berkata, "Bagaimana ia bisa membahas tentang kejujuran saat ia sendiri pernah terlibat dalam skandal korupsi?" Walaupun kasus tersebut relevan secara moral, hal itu tidak otomatis meruntuhkan argumen yang diungkapkan oleh individu tersebut.

Dalam konteks akademik, dapat diungkapkan, "Dosen itu menekankan pentingnya disiplin waktu, tetapi dia sering terlambat." Meskipun terdapat inkonsistensi dalam perilaku, prinsip disiplin waktu tetap relevan secara logis. Dalam interaksi sosial, serangan seperti "Kamu menyuruhku berhenti merokok, tetapi kamu dulu juga seorang perokok" tidak membahas substansi tentang bahaya merokok dan mengalihkan fokus kepada perilaku pemberi nasihat.Keefektifan tu quoque sering berakar pada respons emosional dan bisa menimbulkan rasa malu atau defensif. Namun, dalam berpikir kritis, penting untuk membedakan antara konsistensi moral individu dan kebenaran logis dari argumen yang disampaikan (Alaghbary, 2020).

4. Guilt by Association (Kekeliruan karena Asosiasi)

Guilt by association menolak suatu gagasan dengan mengaitkannya pada kelompok atau individu yang memiliki citra negatif. Dalam debat ideologi dan politik, tipe kesesatan ini sangat umum ditemukan karena perhatian sering kali berfokus pada siapa yang berbicara bukan pada isi yang disampaikan. Sebuah ilustrasi dalam konteks politik mungkin berupa, "Kita harus meragukan gagasannya tentang reformasi pendidikan, karena dia memiliki kesamaan pandangan dengan tokoh yang kontroversial." Kesamaan ini tidak otomatis membatalkan argumen yang diajukan oleh orang tersebut.

Dalam konteks pendidikan, komentar seperti, "Pendapat mahasiswa itu meniru ideologi tokoh radikal, jadi tidak pantas untuk dibahas," mengabaikan substansi argumen yang mungkin memiliki validitas. Dalam kehidupan sehari-hari, "Saya tidak mau mendukung gerakan itu, karena anggotanya terlibat kasus hukum" menunjukkan bagaimana penyelesaian ide dibebani oleh asosiasi negatif.

Ketidakterhubungan antara konteks individu dan argumennya menciptakan bias sosial, di mana penilaian sering kali ditentukan oleh siapa yang berbicara, bukan apa yang disampaikan. Dalam pengambilan keputusan, hal ini memicu prasangka dan polarisasi, yang mengganggu kemampuan berpikir kritis dan objektif (Bhatia & Oaksford, 2015).

Dampak Destruktif Ad Hominem dalam Diskursus Intelektual dan Publik

Dalam konteks ideal, diskursus intelektual dan publik seharusnya berfungsi sebagai arena pertukaran gagasan yang berlandaskan pada argumentasi rasional dan bukti empirik. Namun, ketika *argumentum ad hominem* mendominasi wacana, fungsi luhur dari diskusi dan perdebatan malah berubah menjadi ajang serangan personal yang tidak konstruktif. Alih-alih memfasilitasi pencarian kebenaran, perdebatan berubah menjadi pertarungan ego dan emosi yang merusak.

Meracuni Iklim Diskusi

Salah satu dampak paling nyata dari serangan *ad hominem* adalah rusaknya iklim diskusi. Ketika seseorang diserang karena karakter atau latar pribadinya, alih-alih dari substansi argumennya, isi percakapan menjadi kehilangan arah intelektual. Diskusi yang seharusnya bersifat kritis dan konstruktif sering kali berakhir dengan ketegangan dan konfrontasi personal. Misalnya, dalam forum akademik, bila peserta merasa hendak diserang secara pribadi, maka ini dapat menutup kemungkinan untuk berpikir kritis dan berbagi pandangan. Hal ini juga berlaku di ruang publik dan media sosial, di mana nada debat sering kali penuh dengan cemoohan ketimbang penalaran yang sehat. Akibatnya, budaya dialog yang seharusnya hadir tergantikan oleh budaya saling menjatuhkan, yang memperburuk kualitas komunikasi (Malik, 2019).

Menghambat Kemajuan Gagasan

Dampak selanjutnya dari penggunaan *argumentum ad hominem* adalah terhambatnya kemajuan intelektual dan inovasi gagasan. Banyak ide yang sebenarnya memiliki potensi besar justru gagal berkembang karena pembawanya tidak disukai atau memiliki citra buruk di mata publik. Dalam dunia akademik, misalnya, seorang peneliti muda bisa saja diabaikan hanya karena belum memiliki gelar tinggi, meskipun argumennya valid dan berbasis bukti. Di arena politik, pengusulan kebijakan sering kali ditolak bukan berdasarkan isi yang salah, melainkan karena pengusulnya berasal dari partai yang berbeda pandangan atau bahkan tergolong kontroversial. Situasi semacam ini menunjukkan bagaimana *ad hominem* dapat mematikan gagasan sebelum diuji secara rasional, sehingga reputasi pribadi menjadi lebih penting daripada logika dan substansi argumen.

Mendorong Polarisasi Sosial

Lebih jauh lagi, *argumentum ad hominem* berkontribusi pada polarisasi sosial dan terbentuknya "gelembung informasi" di era digital. Di platform media sosial, orang cenderung hanya berinteraksi dengan mereka yang sependapat, sembari menyerang pribadi lawan yang memiliki pandangan berbeda. Pola ini menciptakan dinding isolasi yang menghambat dialog lintas perspektif, dan ketika serangan pribadi menjadi norma, empati serta keterbukaan pikiran semakin memudar. Akibatnya, masyarakat terpecah ke dalam kelompok-kelompok tertutup yang saling mencurigai, yang memperkuat siklus kebencian dan misinformasi. Dalam jangka panjang, fenomena ini dapat melemahkan fondasi rasionalitas publik dan mengancam kualitas demokrasi itu sendiri (Malik, 2017).

Untuk mengatasi dampak destruktif dari *argumentum ad hominem*, penting bagi individu untuk memahami nilai dari rasionalitas dalam diskusi. Dalam berbagai konteks, baik akademis, publik, maupun media sosial, upaya untuk menciptakan dialog yang sehat haruslah diawali dengan pengakuan terhadap keberagaman pandangan dan penghargaan terhadap substansi argumen. Dengan demikian, terbuka ruang untuk menghasilkan inovasi dan kemajuan sosial yang lebih berarti, serta menjaga integritas dan kualitas diskursus di masyarakat.

Secara keseluruhan, pemahaman yang mendalam mengenai dampak destruktif dari *argumentum ad hominem* memberi kita kesempatan untuk mendekati diskusi dengan lebih bijaksana, mengandalkan pertukaran ide yang substansial dan konstruktif. Hanya dengan cara itu, kita dapat menciptakan ekosistem komunikasi yang tidak hanya sehat tapi juga produktif. Selanjutnya, diharapkan bahwa masyarakat dapat bertransisi menuju perdebatan yang lebih etis dan berbasis pada fakta, yang pada akhirnya akan memperkuat struktur demokrasi dan pluralisme dalam kehidupan berbangsa dan bernegara.

Strategi Bertahan: Cara Merespons dan Melawan Argumen Ad Hominem

Menghadapi *argumentum ad hominem* memerlukan ketenangan, kejelasan berpikir, dan pemahaman logis agar diskusi tetap berjalan secara rasional. Sebagai calon intelektual, mahasiswa diharapkan tidak hanya mampu mengenali kesesatan berpikir ini, tetapi juga memiliki strategi konkret untuk menanggapinya secara etis dan efektif. Berikut adalah langkah-langkah praktis yang dapat diterapkan dalam situasi debat, diskusi akademik, maupun percakapan sehari-hari.

1. Identifikasi dan Namai

Langkah pertama yang perlu dilakukan adalah mengenali dan menamai jenis kesesatan berpikir yang muncul dalam diskusi. Mengidentifikasi bahwa seseorang menggunakan *ad hominem* membantu menjaga objektivitas diri serta memperjelas posisi dalam percakapan. Ketika kita secara eksplisit menyebutkan bentuk kesesatan tersebut, lawan bicara akan terdorong untuk kembali ke substansi argumen. Misalnya, seseorang dapat menyatakan, "Maaf, argumen Anda tampaknya menyerang pribadi saya (ad hominem), bukan gagasan yang saya sampaikan." Pendekatan ini bukan dimaksudkan untuk mempermalukan, melainkan untuk mengingatkan bahwa diskusi harus berlandaskan pada ide, bukan identitas personal (Kami & Nesi, 2023).

2. Abaikan dan Arahkan Kembali

Setelah mengidentifikasi serangan tersebut, langkah selanjutnya adalah mengabaikan serangan pribadi dan mengarahkan kembali fokus ke inti permasalahan. Tanggapan yang dapat digunakan adalah, "Terlepas dari latar belakang saya, bagaimana Anda menanggapi data yang tadi saya paparkan?" Pendekatan ini menunjukkan kedewasaan intelektual dan menegaskan bahwa diskusi tidak boleh dibelokkan oleh aspek emosional. Sikap tenang ini juga mampu meredam ketegangan dan menjaga profesionalitas dalam komunikasi. Penting bagi setiap individu untuk memiliki kemampuan mengatur kembali tonggak perdebatan ke jalur rasional agar argumen yang substansial tetap mendominasi diskusi (Ifan, 2022).

3. Tunjukkan Ketidakrelevanan

Langkah terakhir adalah menunjukkan ketidakrelevanan dari serangan pribadi terhadap kebenaran argumen yang diungkapkan. Penjelasan sederhana seperti, "Karakter seseorang tidak menentukan validitas logika atau data yang ia sampaikan," dapat membantu audiens memahami kesesatan yang terjadi. Strategi ini tidak hanya melindungi integritas argumen yang kita miliki, tetapi juga turut memperkuat budaya berpikir kritis yang sehat dan beretika di dalam lingkungan diskusi. Dengan jelas menunjukkan bahwa serangan pribadi tidak memiliki relevansi, kita mengembalikan fokus pada analisis bukti dan pemikiran rasional dalam diskusi (Jehoson et al., 2025)

Secara keseluruhan, mempraktekkan langkah-langkah tersebut akan memberikan mahasiswa fondasi yang kuat dalam merespons argumen *ad hominem*, sekaligus menciptakan iklim dialog yang produktif dan kondusif bagi pertukaran ide. Dengan demikian, praktik berargumentasi yang sehat dapat terjaga, dan diharapkan menghasilkan pertukaran gagasan yang lebih konstruktif dalam berbagai konteks, baik akademis maupun publik.

KESIMPULAN

Argumentum ad hominem merupakan salah satu bentuk kesesatan berpikir yang paling umum dijumpai dalam wacana publik kontemporer, baik dalam forum akademik, perdebatan politik, maupun interaksi di media sosial. Kesesatan logika ini terjadi ketika seseorang berupaya menolak atau melemahkan suatu argumen dengan cara menyerang karakter, motif, atau latar belakang pribadi dari orang yang mengemukakan argumen tersebut, bukan dengan membantah substansi atau struktur penalarannya. Dari pembahasan yang telah diuraikan, dapat disimpulkan bahwa *ad hominem* memiliki beberapa bentuk utama, yaitu *ad hominem abusive*, *ad hominem circumstantial*, *tu quoque*, dan *guilt by association*. Masing-masing bentuk menunjukkan penyimpangan dari prinsip logika yang rasional karena mengalihkan perhatian dari isi argumen menuju ranah personal yang sama sekali tidak relevan terhadap kebenaran atau kesalahan klaim yang disampaikan.

Dampak yang ditimbulkan oleh praktik *ad hominem* sangat signifikan dan bersifat destruktif terhadap kualitas diskursus intelektual maupun publik. Serangan personal dalam perdebatan menyebabkan pergeseran fokus dari pengujian gagasan menuju konfrontasi emosional yang tidak produktif. Hal ini berakibat pada hilangnya esensi dialog sebagai sarana pencarian kebenaran dan penyelesaian masalah secara rasional. Dalam konteks akademik, penggunaan *ad hominem* dapat menghambat perkembangan ilmu pengetahuan karena gagasan yang bernilai sering kali diabaikan hanya karena pembawanya dianggap tidak kredibel. Sementara itu, di ruang publik dan media sosial, serangan personal menjadi sumber utama polarisasi sosial yang menguatkan *echo chamber*, yaitu lingkungan informasi yang tertutup terhadap pandangan berbeda. Akibatnya, masyarakat menjadi semakin terbelah dan kehilangan kemampuan untuk berdialog secara sehat serta terbuka.

Dengan demikian, disiplin intelektual dalam berpikir dan berargumentasi menjadi sangat penting untuk ditegakkan. Mahasiswa, sebagai calon intelektual dan agen perubahan sosial, perlu mengembangkan kemampuan berpikir kritis yang berlandaskan pada prinsip objektivitas dan rasionalitas. Kunci utamanya ialah membedakan antara pembicara dan argumennya. Validitas suatu argumen tidak dapat diukur dari siapa yang mengatakannya, melainkan dari kekuatan logika, konsistensi penalaran, dan bukti empiris yang mendukungnya. Kesadaran ini menjadi fondasi utama bagi terwujudnya budaya akademik yang sehat, di mana setiap gagasan diuji berdasarkan nilai kebenarannya, bukan reputasi atau latar belakang penuturnya.

Pada akhirnya, refleksi terhadap kebiasaan berargumen menjadi langkah penting dalam membangun ekosistem diskusi yang rasional, beretika, dan inklusif. Setiap individu perlu menilai kembali cara mereka menyikapi perbedaan pandangan—apakah masih terjebak dalam kecenderungan menyerang pribadi, atau sudah mampu menghargai substansi ide secara objektif. Menjadi pemikir kritis berarti memiliki keberanian moral dan intelektual untuk menilai gagasan berdasarkan kekuatannya sendiri. Dengan menegakkan prinsip logika dan etika komunikasi, kita dapat berkontribusi dalam membangun budaya diskursus yang lebih bermartabat, di mana perdebatan tidak lagi menjadi ajang permusuhan, melainkan wadah bersama untuk mencari kebenaran dan kemajuan peradaban.

BAB 13
MENGURAI PILIHAN "ATAU- ATAU": TEKNIK PENALARAN MENGGUNAKAN SILOGISME DISJUNGTIF DAN KONJUNGTIF

PENDAHULUAN

Di era pendidikan tinggi saat ini, kemampuan bernalar secara sistematis menjadi salah satu kompetensi kognitif yang sangat penting bagi mahasiswa. Mahasiswa tidak hanya diharapkan untuk memahami materi perkuliahan, tetapi juga dituntut untuk mengembangkan keterampilan berpikir kritis dalam menghadapi berbagai dinamika permasalahan yang berkembang dengan cepat. Dalam konteks ini, pengambilan keputusan yang bersifat rasional dan berbasis logika yang valid menjadi sangat krusial. Namun, sering kali mahasiswa mengalami tantangan ketika dihadapkan pada pilihan-pilihan yang saling meniadakan, yang menunjukkan pentingnya penyediaan teknik penalaran formal yang memadai untuk mendukung mereka dalam mengambil keputusan yang bijaksana (Kurniati et al., 2016).

Salah satu situasi kompleks yang sering muncul adalah ketika mahasiswa dihadapkan pada pilihan "atau atau" (disjungsi), yang menuntut evaluasi terhadap dua atau lebih alternatif yang tidak dapat dipenuhi secara bersamaan. Tanpa pemahaman yang tepat tentang struktur logis dari pernyataan disjungtif, mahasiswa bisa terjebak dalam kekeliruan berpikir, seperti menyimpulkan secara gegabah atau melakukan generalisasi yang tidak tepat. Hal ini berpotensi menyebabkan keputusan yang diambil menjadi impulsif dan kurang rasional, yang tentu saja merugikan baik dalam konteks akademik maupun dalam kehidupan sehari-hari (Hidayati et al., 2019).

Dalam ranah logika formal, silogisme disjungtif dan konjungtif memiliki peranan signifikan dalam mendukung mahasiswa untuk memahami hubungan antara pernyataan. Silogisme disjungtif memberikan kerangka untuk mengevaluasi alternatif, membantu mahasiswa dalam memilih di antara dua opsi atau lebih, sementara silogisme konjungtif fokus pada penilaian dua kondisi yang harus terjadi secara bersamaan. Keduanya berfungsi sebagai alat bantu untuk memetakan hubungan antara premis, memvalidasi argumen dengan lebih baik, dan menarik kesimpulan berdasarkan analisis yang logis tanpa terpengaruh bias subjektif.

Pentingnya keterampilan berpikir logis ini menjadi lebih nyata di dunia akademik di mana mahasiswa sering dihadapkan pada masalah yang kompleks dan memerlukan analisis alternatif. Sebagai contoh, dalam merancang metodologi penelitian, mahasiswa harus memilih antara pendekatan kuantitatif dan kualitatif, mengingat karakteristik dan tujuan dari riset yang dilakukan. Dalam diskusi atau perdebatan di kelas, mahasiswa juga harus secara kritis mempertimbangkan argumen yang berlawanan dari berbagai teori. Tanpa kemampuan berpikir logis yang baik, mereka mungkin akan sulit menemukan solusi yang tepat dan berpotensi membuat keputusan yang tidak efisien.

Oleh karena itu, pembelajaran mengenai silogisme disjungtif dan konjungtif tidak hanya berorientasi pada pemahaman teori logika semata, tetapi juga mempunyai nilai aplikatif yang tinggi dalam membangun pola pikir mahasiswa yang kritis, analitis, dan terstruktur. Dengan menguasai teknik penalaran ini, diharapkan mahasiswa dapat lebih efektif dalam mengidentifikasi hubungan antarpernyataan, menilai validitas argumen, serta memilih alternatif yang paling sesuai berdasarkan analisis yang tersedia. Hal ini sejalan dengan tujuan pembelajaran yang lebih luas, yaitu menyiapkan mahasiswa untuk mampu menyelesaikan masalah yang melibatkan pilihan alternatif secara logis dan bertanggung jawab dalam berbagai konteks kehidupan (Suroto et al., 2021).

Dengan demikian, upaya untuk mengembangkan pemahaman dan penerapan teknik penalaran kedua jenis silogisme ini menjadi sangat penting. Diharapkan bahwa melalui pembelajaran yang efektif, mahasiswa tidak hanya akan terampil dalam merumuskan masalah, tetapi juga mampu mengambil keputusan yang lebih baik dalam konteks akademik serta sosial, memperkuat relevansi pendidikan tinggi dalam mempersiapkan individu yang siap menghadapi tantangan di masa depan.

PEMBAHASAN

Pemahaman Konseptual tentang Silogisme Disjungtif

Silogisme disjungtif merupakan salah satu bentuk penalaran deduktif yang berperan penting dalam mengevaluasi pilihan alternatif secara sistematis. Penalaran ini didasarkan pada hubungan logis "A atau B," yang menunjukkan bahwa terdapat dua kemungkinan yang harus dipertimbangkan dalam kondisi yang saling berlawanan. Dalam struktur dasar silogisme disjungtif, pilihan-pilihan tersebut bersifat saling meniadakan, sehingga ketika salah satu dinyatakan benar, pilihan lainnya otomatis dianggap salah. Pemahaman terhadap struktur ini menjadi landasan penting dalam logika karena tidak hanya menghubungkan dua pernyataan, tetapi juga berfungsi untuk membatasi ruang kemungkinan dalam proses penalaran. Dengan kata lain, silogisme disjungtif membantu mempersempit alternatif sehingga proses analisis dan pengambilan keputusan dapat dilakukan secara lebih terarah dan efisien (Quelhas & Johnson-Laird, 2017).

Dalam logika formal, disjungsi dikenal dalam dua bentuk utama, yaitu disjungsi inklusif dan disjungsi eksklusif. Disjungsi inklusif (A ∨ B) memungkinkan kedua pernyataan berada dalam kondisi benar secara bersamaan; dengan demikian, kesimpulan tidak serta-merta menolak salah satu pilihan. Sementara itu, disjungsi eksklusif (A XOR B) menegaskan bahwa hanya satu pernyataan yang dapat benar, sehingga ketika satu pilihan dipilih, pilihan lainnya secara otomatis ditolak. Perbedaan antara kedua jenis disjungsi ini bersifat fundamental, terutama dalam analisis logis yang menuntut ketelitian dalam mengevaluasi berbagai kemungkinan. Ketidakmampuan membedakan keduanya sering menjadi sumber kekeliruan dalam berpikir, terutama pada mahasiswa yang tengah belajar menerapkan konsep logika dalam pengambilan keputusan atau interpretasi argumen sehari-hari.

Dalam praktiknya, banyak mahasiswa cenderung menginterpretasikan kata "atau" sebagai bentuk disjungsi eksklusif. Kesalahan ini dapat menyebabkan penolakan terhadap salah satu pilihan secara prematur, tanpa mempertimbangkan bahwa kedua pilihan mungkin saja benar dalam konteks logika formal. Dampaknya, kesimpulan yang dihasilkan menjadi kurang akurat dan tidak memenuhi syarat validitas logis. Ambiguitas bahasa sehari-hari terhadap makna kata "atau" semakin memperkuat kebutuhan untuk memahami pembedaan antara makna logis dan makna gramatikal. (Huda & Naelofaria, 2020) menekankan bahwa kemampuan membedakan kedua makna tersebut penting untuk memastikan bahwa proses penalaran dapat disesuaikan dengan konteks, baik dalam situasi formal seperti penarikan kesimpulan ilmiah, maupun dalam situasi informal yang dihadapi dalam kehidupan sehari-hari.

Penguasaan konsep disjungsi menjadi bagian penting dalam membangun kemampuan penalaran rasional secara menyeluruh. Dengan memahami hubungan logis yang mendasari setiap pernyataan, mahasiswa dapat mengevaluasi argumen secara lebih kritis, menilai validitas alternatif, serta mengurangi risiko kesalahan dalam menarik kesimpulan. Keterampilan menggunakan silogisme disjungtif juga terbukti berkontribusi signifikan dalam pengembangan kemampuan berpikir kritis, terutama pada situasi yang membutuhkan pengambilan keputusan secara cepat namun tetap logis dan bertanggung jawab. Oleh karena itu, peningkatan pemahaman tentang struktur dan fungsi disjungsi sebaiknya menjadi fokus penting dalam pembelajaran logika formal. Dengan penguasaan tersebut, mahasiswa dapat menerapkan penalaran deduktif dengan lebih tepat dan efektif, baik dalam kegiatan akademik, analisis masalah yang kompleks, maupun dalam konteks praktis kehidupan sehari-hari (Huda & Naelofaria, 2020).

Mekanisme Kerja Silogisme Disjungtif dalam Pengambilan Keputusan

Silogisme disjungtif menyediakan kerangka berpikir yang terstruktur dalam proses pemilihan alternatif, terutama ketika seseorang dihadapkan pada pilihan yang saling bertentangan. Melalui pendekatan deduktif, individu dapat menilai validitas setiap premis, mengevaluasi kemungkinan yang muncul dari hubungan logis, serta menyingkirkan alternatif yang tidak sejalan dengan dasar argumentatif yang tersedia. Pendekatan ini tidak hanya memperjelas batas-batas logis dari setiap pilihan, tetapi juga memungkinkan pengambilan keputusan dilakukan secara rasional dan terukur, bukan sekadar bertumpu pada intuisi, preferensi pribadi, atau persepsi subjektif lainnya (Hendri, 2024). Penerapan yang konsisten dari silogisme disjungtif membantu meningkatkan ketepatan berpikir karena fokus penalaran diarahkan pada struktur hubungan antarpernyataan, bukan pada faktor bias psikologis yang sering kali mengaburkan objektivitas dalam pengambilan keputusan.

Dalam praktik akademik, silogisme disjungtif memiliki fungsi yang lebih kompleks daripada sekadar konsep teoretis. Mahasiswa sering dihadapkan pada situasi yang menuntut pemilihan alternatif secara cermat, misalnya dalam menentukan metode penelitian yang paling sesuai dengan tujuan studi. Pemilihan antara pendekatan kuantitatif atau kualitatif, misalnya, dapat dianalisis secara lebih objektif melalui struktur disjungtif, yakni dengan mempertimbangkan apakah masing-masing metode memenuhi premis premis analitis pada konteks penelitian tertentu. Dengan memahami cara kerja silogisme disjungtif, mahasiswa dapat menilai pilihan mana yang paling konsisten dengan indikator logis dan metodologis yang dibutuhkan, sekaligus menolak alternatif yang tidak memenuhi kriteria secara rasional. Selain itu, penalaran ini juga berguna dalam proses pemecahan masalah (problem solving), karena memungkinkan evaluasi berbagai strategi secara sistematis melalui analisis sebab-akibat, konsistensi argumen, serta peluang keberhasilan dari masing-masing alternatif yang tersedia.

Lebih jauh lagi, kemampuan menggunakan silogisme disjungtif sangat membantu dalam menilai kebenaran klaim yang saling bertentangan, seperti dalam perdebatan ilmiah atau analisis kasus. Struktur logis "A atau B" memberikan dasar untuk mengidentifikasi premis yang paling kuat, menguji kesesuaiannya dengan bukti atau fakta, dan menolak klaim yang tidak memiliki dukungan argumentatif. Proses eliminasi alternatif yang tidak valid ini tidak hanya membuat keputusan lebih tepat, tetapi juga memperkuat kemampuan berpikir kritis. Individu dilatih untuk menguji pernyataan secara teliti, mempertimbangkan setiap kemungkinan, dan menghindari penarikan kesimpulan prematur yang dapat merusak validitas keputusan.

Kemampuan tersebut menjadi modal penting bagi mahasiswa, terutama dalam situasi yang menuntut ketegasan dalam menentukan pilihan akademik maupun praktis. Melalui penguasaan silogisme disjungtif, mahasiswa dapat mengembangkan kemampuan penalaran deduktif yang lebih matang, memahami bagaimana informasi saling berkaitan, serta menilai alternatif berdasarkan konsistensi logisnya. Oleh karena itu, pemahaman mendalam tentang silogisme disjungtif berkontribusi langsung pada peningkatan keterampilan berpikir kritis dan kemampuan analitis. Dengan bekal tersebut, mahasiswa akan lebih siap menghadapi berbagai persoalan yang membutuhkan pertimbangan logis, ketepatan analisis, dan konsistensi dalam menarik kesimpulan.

Pemahaman Konseptual tentang Silogisme Konjungtif

Silogisme konjungtif merupakan bentuk penalaran deduktif yang mensyaratkan terpenuhinya dua atau lebih kondisi secara simultan agar kesimpulan yang dihasilkan dapat dianggap valid. Dalam logika formal, konjungsi diwakili oleh simbol "A dan B" yang mengharuskan kedua pernyataan dalam struktur tersebut bernilai benar. Apabila satu saja dari premis tidak terpenuhi, maka seluruh struktur pernyataan kehilangan validitas logis. Dengan demikian, konjungsi tidak sekadar menggabungkan dua premis, tetapi berfungsi sebagai pengikat logis yang memelihara konsistensi internal dalam argumen yang disusun (Kinasih &

Irawan, 2023). Prinsip ini mendasari pemahaman bahwa silogisme konjungtif beroperasi dalam kerangka berpikir yang menuntut kepastian dan ketepatan logis di setiap tahap pemrosesan informasi.

Berdasarkan literatur yang dianalisis, silogisme konjungtif umumnya digunakan dalam evaluasi argumen yang membutuhkan pemenuhan lebih dari satu syarat logis secara bersamaan. Dalam konteks akademik, misalnya, ketika seorang peneliti menentukan kelayakan suatu teori atau metode penelitian, ia harus memastikan bahwa berbagai faktor pendukung seperti relevansi teori, konsistensi metodologis, dan kesesuaian instrumen analisis semuanya dipenuhi sebelum kesimpulan akhir dapat disahkan. Kompleksitas hubungan antar-poin dalam proses analisis inilah yang menjadikan konjungsi sangat penting sebagai perangkat berpikir. Ia tidak hanya membantu menilai integritas argumen, tetapi juga memastikan bahwa setiap bagian dari struktur argumentatif bekerja secara harmonis dalam menghasilkan keputusan yang akurat dan dapat dipertanggungjawabkan.

Namun demikian, kajian pustaka juga menunjukkan bahwa kesalahan dalam penerapan silogisme konjungtif cukup sering terjadi, terutama ketika individu beranggapan bahwa terpenuhinya satu premis saja sudah cukup untuk menarik kesimpulan yang sah. Kesalahan ini banyak ditemukan pada mahasiswa yang berhadapan dengan argumen kompleks yang melibatkan banyak faktor. Ketika salah satu syarat terpenuhi, mereka cenderung terburu-buru menyimpulkan tanpa memperhatikan bahwa premis lain belum terpenuhi. Keputusan yang dihasilkan pun menjadi prematur, tidak valid, dan rentan mengandung bias penalaran. Penemuan ini konsisten dengan pemahaman bahwa ketidakpahaman terhadap struktur konjungsi dapat menyebabkan distorsi dalam analisis, terutama dalam evaluasi argumen ilmiah, penalaran hukum, maupun pengambilan keputusan dalam penelitian yang membutuhkan tingkat ketelitian tinggi.

Selain itu, penguasaan pola konjungtif merupakan bagian penting dari kompetensi penalaran deduktif yang komprehensif. Mahasiswa yang memahami prinsip kerja konjungsi dapat mengevaluasi argumen secara lebih akurat dengan mengidentifikasi premis yang belum terpenuhi serta menilai bagaimana kekurangan tersebut memengaruhi keseluruhan sistem argumentatif. Literatur menegaskan bahwa kemampuan ini sangat berkaitan dengan pengembangan keterampilan berpikir kritis. Mahasiswa dilatih untuk menganalisis hubungan antar-premis secara sistematis, memeriksa konsistensi internal argumen, serta memahami konsekuensi logis dari setiap kondisi yang tidak dipenuhi. Pemahaman ini tidak hanya penting untuk keberhasilan akademik, tetapi juga relevan dalam kehidupan sehari-hari, misalnya ketika seseorang harus mengambil keputusan yang melibatkan banyak faktor seperti finansial, kesehatan, atau manajemen waktu.

Dengan demikian, penguasaan silogisme konjungtif tidak hanya penting dalam ranah logika formal, tetapi juga memiliki nilai praktis yang signifikan dalam berbagai konteks. Dalam kehidupan profesional, misalnya, banyak keputusan strategis dalam dunia bisnis, pendidikan, dan kebijakan publik yang mengharuskan pemenuhan beberapa syarat sekaligus sebelum sebuah tindakan dapat dilakukan. Konjungsi membantu individu memahami bahwa suatu keputusan hanya valid ketika semua prasyarat telah terpenuhi. Karena itu, literatur menegaskan bahwa kemampuan menerapkan pola konjungtif merupakan kompetensi mendasar dalam penalaran deduktif yang efektif dan merupakan fondasi bagi pembentukan pola pikir analitis yang kuat (Kinasih & Irawan, 2023).

Peran Silogisme Konjungtif dalam Evaluasi Argumen dan Masalah Kompleks

Silogisme konjungtif memiliki peran yang sangat signifikan dalam menganalisis argumen-argumen kompleks, terutama ketika validitas suatu kesimpulan bergantung pada terpenuhinya beberapa kondisi secara bersamaan. Dalam konteks akademik, mahasiswa sering menghadapi persoalan yang tidak dapat diselesaikan hanya dengan mempertimbangkan satu faktor, melainkan membutuhkan analisis multi-dimensi yang melibatkan sejumlah premis.

Keabsahan keputusan atau argumen dalam situasi tersebut ditentukan oleh kesesuaian antara berbagai premis yang harus dipenuhi secara simultan. Misalnya, ketika menilai kelayakan sebuah teori, mahasiswa harus memastikan bahwa teori tersebut relevan, konsisten secara metodologis, serta didukung oleh bukti empiris yang memadai. Demikian pula, dalam memilih metode penelitian atau merancang langkah strategis, sering kali terdapat lebih dari satu syarat yang harus dipenuhi agar kesimpulan dapat diterima secara rasional dan logis (Novita et al., 2024).

Penggunaan silogisme konjungtif sangat membantu mahasiswa dalam memahami struktur hubungan antarpremis, sekaligus meningkatkan kemampuan mereka untuk mengevaluasi apakah seluruh syarat yang diperlukan telah terpenuhi. Dalam proses ini, mahasiswa belajar bahwa setiap premis memiliki bobot yang sama penting dalam mendukung validitas kesimpulan. Kesadaran ini penting untuk mencegah kesalahan logis yang kerap terjadi, seperti anggapan keliru bahwa terpenuhinya satu premis saja sudah cukup untuk membuktikan kebenaran keseluruhan argumen. Dengan pendekatan konjungtif, mahasiswa didorong untuk melakukan analisis yang lebih cermat dan menyadari bahwa sebuah kesimpulan yang valid hanya dapat ditarik apabila semua premis telah diverifikasi secara menyeluruh. Pendekatan analitis ini juga menegaskan pentingnya sistematisasi berpikir, di mana setiap premis perlu diperiksa secara berurutan, dianalisis dalam konteksnya, serta dipertimbangkan kontribusinya terhadap keseluruhan argumen sebelum kesimpulan dibuat.

Silogisme konjungtif berfungsi sebagai alat analisis yang memperkuat ketelitian berpikir dan meminimalkan risiko pengambilan keputusan yang prematur. Dengan fokus pada hubungan logis antarpremis, mahasiswa dilatih untuk mengevaluasi argumen secara objektif, mempertimbangkan interaksi di antara berbagai faktor, dan menilai implikasi dari setiap premis yang tidak terpenuhi. Melalui proses tersebut, mahasiswa dapat memahami bagaimana satu premis yang tidak terpenuhi dapat meruntuhkan keseluruhan struktur argumen. Pembelajaran ini sangat penting dalam konteks akademik maupun penelitian, karena sering kali argumen ilmiah dibangun dari berbagai variabel yang saling terkait. Pendekatan konjungtif memungkinkan mahasiswa menilai argumen tersebut dengan ketelitian yang lebih tinggi dan menghasilkan keputusan yang konsisten dengan prinsip-prinsip logika formal (Zulkifli et al., 2019).

Lebih jauh lagi, kemampuan menerapkan silogisme konjungtif memiliki kontribusi besar dalam pengembangan keterampilan berpikir kritis dan rasional. Mahasiswa tidak hanya dituntut untuk memahami isi premis, tetapi juga bagaimana premis-premis tersebut berinteraksi dan membentuk kesatuan logis. Dengan meningkatkan pemahaman tentang hubungan antarpremis, mahasiswa menjadi lebih peka terhadap struktur argumen, mampu mengidentifikasi celah logis, serta dapat menilai apakah sebuah argumen dibangun dengan valid atau tidak. Kemampuan ini sangat penting ketika mereka menghadapi situasi-situasi kompleks, baik dalam kegiatan akademik seperti analisis jurnal, penulisan karya ilmiah, maupun dalam kehidupan praktis seperti pengambilan keputusan yang melibatkan banyak variabel. Penguasaan silogisme konjungtif dengan demikian menjadi komponen penting dalam penguatan kemampuan analisis dan interpretasi, yang pada akhirnya berkontribusi dalam membentuk pola pikir kritis dan sistematis (Munira et al., 2024).

Secara keseluruhan, silogisme konjungtif bukan hanya konsep dalam logika formal, tetapi merupakan instrumen berpikir yang sangat bermanfaat dalam proses analisis, evaluasi, dan pengambilan keputusan. Penguasaan terhadap struktur konjungsi memungkinkan mahasiswa untuk menyusun argumen yang lebih kokoh, menghindari kesalahan berpikir, dan menghasilkan kesimpulan yang benar-benar didasarkan pada logika yang kuat. Dengan demikian, kemampuan ini menjadi bagian penting dari kompetensi akademik yang harus dimiliki mahasiswa, terutama mereka yang terlibat dalam penelitian dan kegiatan ilmiah yang memerlukan ketelitian, konsistensi, dan integritas dalam penalaran.

Analisis Kesalahan Berpikir dalam Silogisme

Silogisme konjungtif memiliki peran yang sangat signifikan dalam menganalisis argumen-argumen kompleks, terutama ketika validitas suatu kesimpulan bergantung pada terpenuhinya beberapa kondisi secara bersamaan. Dalam berbagai konteks, terutama dalam lingkungan akademik, mahasiswa sering dihadapkan pada situasi yang menuntut kemampuan untuk mengevaluasi beberapa premis yang berkaitan satu sama lain. Keabsahan suatu keputusan atau argumen tidak hanya ditentukan oleh satu aspek saja, tetapi oleh kesesuaian serta keterpaduan antara berbagai premis yang harus dipenuhi secara simultan. Misalnya, ketika menilai kelayakan sebuah teori, memilih metode penelitian yang tepat, atau merancang langkah-langkah strategis dalam penyelesaian masalah, terdapat sejumlah syarat yang harus dipenuhi secara integral agar kesimpulan tersebut dapat diterima secara rasional dan logis. Dalam situasi seperti inilah silogisme konjungtif memainkan perannya sebagai kerangka berpikir yang memastikan bahwa argumen yang dihasilkan benar-benar berdiri di atas logika yang lengkap dan menyeluruh.

Penggunaan silogisme konjungtif membantu mahasiswa memahami bahwa setiap premis memiliki kontribusi yang setara dalam penyusunan argumen, sehingga mereka belajar untuk tidak hanya fokus pada satu aspek tertentu saja. Dengan memahami struktur hubungan antarpremis, mahasiswa menjadi lebih terampil dalam mengevaluasi apakah seluruh syarat telah terpenuhi sebelum mengambil kesimpulan. Kesadaran bahwa setiap kondisi merupakan elemen penting dalam proses penalaran deduktif memungkinkan mereka menghindari kesalahan logis yang cukup umum, seperti anggapan keliru bahwa terpenuhinya satu premis saja sudah cukup untuk menyimpulkan kebenaran suatu argumen. Pendekatan analitis ini juga menekankan pentingnya sistematisasi berpikir, yakni meninjau setiap premis dengan cermat, memahami keterkaitannya, dan menganalisis relevansi serta implikasinya secara mendalam sebelum suatu kesimpulan ditarik.

Silogisme konjungtif berfungsi sebagai alat analisis yang memperkuat ketelitian berpikir, sekaligus meminimalkan risiko pengambilan keputusan yang prematur. Dalam konteks pembelajaran, mahasiswa dilatih untuk menyusun argumen berdasarkan evaluasi objektif terhadap hubungan logis antarpremis. Hal ini membuat mereka mampu mempertimbangkan interaksi antara berbagai faktor yang terlibat dalam sebuah persoalan, serta mengidentifikasi konsekuensi dari setiap premis yang tidak terpenuhi. Kemampuan ini sangat penting, terutama dalam menghadapi permasalahan akademik yang menuntut ketelitian tinggi, seperti penulisan karya ilmiah, penyusunan hipotesis penelitian, atau analisis kasus multidisipliner. Seperti dijelaskan oleh (Runtu et al., 2025) pendekatan berbasis konjungsi dapat mendorong mahasiswa untuk menghasilkan analisis yang tidak hanya komprehensif tetapi juga konsisten dengan prinsip-prinsip logika formal.

Melalui pendekatan ini pula, kemampuan berpikir kritis dan rasional mahasiswa semakin terasah. Mereka tidak hanya dilatih untuk memahami isi dari setiap premis, tetapi juga untuk mampu menilai bagaimana premis-premis tersebut berinteraksi dan memengaruhi kesimpulan yang akan diambil. Proses ini mengarahkan mahasiswa untuk mengembangkan sensitivitas terhadap struktur argumen, termasuk kemampuan mendeteksi ketidakkonsistenan, kekurangan premis, atau asumsi tersembunyi yang dapat melemahkan validitas argumen. Pada akhirnya, penguasaan silogisme konjungtif menjadi komponen fundamental dalam pengembangan kemampuan analisis akademik yang mendalam, terutama ketika mahasiswa berhadapan dengan argumen atau masalah yang melibatkan banyak faktor yang kompleks dan saling berkaitan.

Secara keseluruhan, penguasaan silogisme konjungtif sangat esensial bagi mahasiswa dalam menghadapi persoalan akademik maupun praktis. Dengan meningkatnya pemahaman tentang bagaimana berbagai premis berinteraksi satu sama lain, mahasiswa dapat mengembangkan kemampuan berpikir kritis yang lebih matang, lebih sistematis, dan lebih peka terhadap struktur logis suatu argumen. Selain itu, mereka akan lebih mampu melakukan analisis mendalam terhadap situasi kompleks yang memerlukan ketelitian, ketepatan, dan kemampuan menyusun argumen yang valid. Dengan demikian, silogisme konjungtif tidak hanya menjadi bagian dari pembelajaran logika formal, tetapi juga menjadi keterampilan dasar yang mendukung proses pengambilan keputusan dalam berbagai aspek kehidupan ilmiah dan praktis (Munira et al., 2024).

Relevansi Silogisme dalam Pengembangan Berpikir Kritis Mahasiswa

Silogisme disjungtif dan konjungtif bukan hanya sekadar konsep dalam logika formal, tetapi merupakan keterampilan berpikir yang memiliki relevansi tinggi bagi mahasiswa dalam menghadapi berbagai situasi akademik maupun praktis. Mahasiswa yang terbiasa menerapkan teknik penalaran silogistik umumnya memiliki kemampuan untuk menilai argumen secara lebih objektif, menyusun pertimbangan secara rasional, dan mengambil keputusan yang tepat serta terukur. Pemahaman terhadap struktur disjungtif memungkinkan mahasiswa untuk menganalisis permasalahan yang melibatkan beberapa pilihan sekaligus, mengevaluasi setiap alternatif berdasarkan kekuatan premis yang mendukungnya, serta menentukan pilihan yang paling konsisten dengan logika yang ada. Sementara itu, penguasaan silogisme konjungtif memberi mereka kemampuan untuk menilai argumen yang mensyaratkan terpenuhinya beberapa kondisi secara bersamaan, sehingga kesimpulan yang diambil menjadi lebih valid, terstruktur, dan sejalan dengan fakta yang tersedia.

Lebih jauh, kemampuan menerapkan kedua bentuk silogisme ini sangat bermanfaat dalam membantu mahasiswa mengenali kelemahan atau inkonsistensi pada argumen yang diajukan oleh pihak lain maupun yang mereka bangun sendiri. Keterampilan tersebut berperan penting dalam mengurangi risiko pengambilan keputusan yang prematur, bias, atau tidak logis. Dengan kata lain, silogisme berfungsi sebagai alat analisis yang mampu menyingkap kekeliruan penalaran, sekaligus menjadi indikator kematangan kemampuan berpikir kritis dan penyelesaian masalah secara ilmiah. Penerapan teknik penalaran ini mendorong mahasiswa untuk berpikir secara sistematis, memeriksa setiap premis dengan cermat, menilai hubungan antarpremis, dan menarik kesimpulan berdasarkan logika yang jelas serta dapat dipertanggungjawabkan, bukan sekadar didorong oleh intuisi, asumsi, atau preferensi pribadi. Dengan demikian, penguasaan silogisme disjungtif dan konjungtif menjadi komponen kunci dalam membentuk kemampuan akademik yang matang, reflektif, dan kritis. Kemampuan ini sangat penting dalam menghadapi tantangan analitis yang kompleks, baik dalam konteks penulisan karya ilmiah, pengambilan keputusan berbasis data, analisis studi kasus, maupun dalam penyelesaian masalah yang melibatkan banyak variabel. Mahasiswa yang mampu memadukan kedua bentuk penalaran ini cenderung memiliki pemahaman yang lebih dalam terhadap struktur logis suatu permasalahan dan lebih siap untuk mengambil keputusan yang rasional dalam situasi apa pun.

Literatur menunjukkan bahwa peningkatan keterampilan berpikir kritis melalui pendekatan berbasis proyek atau pembelajaran yang dirancang secara terarah dapat mengoptimalkan kemampuan analitis mahasiswa. Pembelajaran yang mengintegrasikan teknik-teknik penalaran seperti silogisme disjungtif dan konjungtif tidak hanya memberikan pemahaman teoritis mengenai logika formal, tetapi juga menyediakan pengalaman praktis dalam menerapkan penalaran secara konkret pada berbagai tantangan kehidupan akademik maupun profesional. Pendekatan pembelajaran ini membantu mahasiswa membangun pola pikir yang reflektif, metodis, dan adaptif terhadap berbagai konteks analitis yang dinamis.

Oleh karena itu, penting untuk menjadikan pengajaran silogisme sebagai bagian integral dari pendidikan tinggi. Dengan memasukkan silogisme dalam kurikulum, institusi pendidikan dapat membekali mahasiswa dengan kemampuan analisis yang lebih matang dan tanggap terhadap dinamika permasalahan kompleks yang mereka hadapi dalam studi maupun dunia kerja. Pemahaman dan kemampuan menerapkan silogisme disjungtif maupun konjungtif memberikan dasar yang kuat bagi mahasiswa untuk berpikir secara kritis, menyusun argumen yang solid, serta membuat keputusan yang bertanggung jawab di tengah tantangan intelektual yang semakin berkembang (Oktaviyanthi et al., 2024).

KESIMPULAN

Berdasarkan pembahasan, silogisme disjungtif dan konjungtif memiliki peran yang krusial dalam membangun kemampuan berpikir logis dan kritis mahasiswa. Silogisme disjungtif membantu mahasiswa mengevaluasi pilihan yang saling bertentangan, menilai validitas premis, serta menyingkirkan alternatif yang tidak konsisten secara logis. Sementara itu, silogisme konjungtif memungkinkan penilaian terhadap argumen yang mensyaratkan terpenuhinya beberapa kondisi secara bersamaan, sehingga kesimpulan yang diambil lebih valid dan rasional.

Penguasaan kedua bentuk penalaran ini tidak hanya memperkuat kemampuan analisis akademik, tetapi juga meminimalkan kesalahan berpikir yang sering muncul akibat interpretasi premis yang keliru atau asumsi yang salah. Dengan kemampuan ini, mahasiswa dapat menilai argumen secara objektif, menyusun pertimbangan yang sistematis, dan mengambil keputusan yang lebih tepat serta bertanggung jawab.Selain itu, penerapan silogisme disjungtif dan konjungtif juga berkontribusi pada pengembangan keterampilan berpikir kritis yang mendalam, yang sangat relevan dalam konteks akademik maupun kehidupan praktis. Oleh karena itu, pembelajaran dan penguasaan teknik penalaran logis ini sebaiknya menjadi bagian integral dalam pendidikan tinggi, guna membekali mahasiswa dengan kompetensi berpikir analitis, terstruktur, dan mampu menghadapi kompleksitas masalah secara rasional.

BAB 14
MENJEBAK LAWAN BICARA: MENEREPAKAN ARGUMEN DILEMA UNTUK MENGUJI POSISI SESEORANG

PENDAHULUAN

Dalam teori argumentasi, dilema dipahami sebagai perangkat penalaran yang membantu seseorang mengambil keputusan melalui dua konsekuensi logis yang sama kuat. *Point:* Secara normatif, dilema digunakan untuk memperjelas posisi argumentatif melalui premis yang relevan dan netral. *Reason:* Namun dalam praktik sosial, terutama di ruang komunikasi publik, fungsi ideal tersebut tidak berjalan sebagaimana mestinya. *Evidence:* Di media sosial, perdebatan politik, dan percakapan sehari-hari, dilema justru sering dipakai secara manipulatif sebagai tekanan retoris untuk menjebak atau membungkam lawan bicara, misalnya dengan melabeli pengkritik kebijakan sebagai anti-nasional. Praktik ini menunjukkan bahwa dilema tidak lagi digunakan sebagai alat klarifikasi, tetapi berubah menjadi instrumen politis dan psikologis untuk mengendalikan respons individu (Ifan, 2022). *Conclusion:* Dengan demikian, terdapat kesenjangan signifikan antara teori dilema sebagai alat analitis yang objektif dan fakta penggunaan dilema di dunia nyata yang kerap sarat kepentingan, manipulatif, dan bertujuan menekan lawan bicara. GAP inilah yang menjadi isu krusial dan memerlukan kajian akademik yang lebih mendalam.

Point: Berbagai penelitian sebelumnya telah mengkaji dilema dari beragam perspektif, namun belum menyentuh aspek penggunaan dilema sebagai strategi untuk mengungkap posisi argumentatif seseorang. *Reason:* Kajian yang dominan umumnya berkutat pada struktur logika formal, retorika, dan komunikasi persuasif tanpa menganalisis aspek pragmatis dilema dalam praktik percakapan. *Evidence:* Penelitian logika melihat dilema sebagai argumen yang valid secara bentuk, sedangkan riset komunikasi menunjukkan dilema dapat membatasi pilihan dan memaksa respons tegas. Kajian kontemporer lebih fokus pada false dilemma, yaitu kesalahan berpikir yang mengerucutkan pilihan secara tidak sah, namun penelitian tersebut masih terjebak pada klasifikasi struktural semata (Brisson et al., 2018; Meyer, 2017). Sangat terbatas riset yang mengeksplorasi bagaimana dilema dipakai sebagai strategi diskursif untuk menekan, menjebak, atau memaksa seseorang mengungkap posisinya. *Conclusion:* Posisi penelitian ini hadir untuk mengisi kekosongan tersebut, yaitu menganalisis dilema sebagai praktik komunikasi strategis, bukan hanya objek kajian logika formal.

Kebaruan penelitian ini terletak pada pendekatannya yang memandang dilema sebagai teknik investigatif yang mampu membuka struktur pemikiran seseorang dalam percakapan nyata. *Reason:* Berbeda dengan penelitian sebelumnya yang memfokuskan dilema pada kategori fallacy atau struktur penalarannya, riset ini menekankan aspek pragmatis dilema sebagai alat untuk mengungkap nilai, preferensi, hingga orientasi moral seseorang yang tidak diungkapkan secara eksplisit. *Evidence:* Dalam interaksi komunikasi, dilema tidak hanya menjadi argumen logis, tetapi sering menjadi pintu masuk untuk melihat konsistensi, keraguan, atau ketidakjelasan posisi seseorang. Ketika seseorang dihadapkan pada dua konsekuensi logis yang saling menekan, respons yang dihasilkan dapat membuka bias, strategi pengelakan, hingga inkonsistensi penalaran. Pendekatan eksploratif-investigatif ini belum banyak disentuh dalam literatur komunikasi argumentatif (Kephart, 2024; Rana, 2023). *Conclusion:* Dengan demikian, penelitian ini menawarkan perspektif baru yang menempatkan dilema sebagai alat deteksi konsistensi argumen, bukan sekadar bentuk logika atau kekeliruan berpikir.

Penelitian ini bertujuan menyelidiki bagaimana dilema digunakan dalam percakapan untuk menekan, menjebak, atau memaksa seseorang menegaskan posisinya. *Reason:* Dalam interaksi publik maupun interpersonal, banyak individu menghindari pernyataan tegas dengan memberikan jawaban ambigu demi menjaga citra diri, menghindari konflik, atau mempertahankan fleksibilitas posisi. *Evidence:* Respons ambigu semacam ini tidak selalu merupakan sikap terbuka, melainkan sering menjadi strategi retoris untuk menghindari komitmen terhadap suatu pandangan. Ketika dilema digunakan, ruang pengelakan menjadi sempit dan individu terdorong untuk memberi jawaban yang lebih eksplisit. Hal inilah yang membuat dilema menjadi alat yang efektif untuk mengungkap konsistensi atau inkonsistensi penalaran dalam dialog. *Conclusion:* Berdasarkan alasan tersebut, pertanyaan penelitian yang diajukan ialah: "Bagaimana argumen dilema digunakan dalam percakapan untuk menjebak lawan bicara dan menguji konsistensi posisi yang mereka ambil?"

Penelitian ini berangkat dari asumsi bahwa dilema adalah alat yang efektif untuk menguji konsistensi posisi seseorang dalam percakapan. *Reason:* Ketika seseorang dihadapkan pada dua pilihan logis yang tak dapat dihindari, dilema menutup celah bagi ambiguitas atau pengelakan, sehingga individu terpaksa menghadapi konsekuensi penalarannya secara langsung. *Evidence:* Dalam berbagai konteks komunikasi kritis, dilema dapat memperlihatkan apakah seseorang berpikir konsisten atau justru menunjukkan kontradiksi dalam responsnya. Dilema juga mampu memunculkan nilai, preferensi moral, dan bias tersembunyi yang tidak tampak ketika seseorang menjawab secara kabur atau defensif. Hal ini menjadikan dilema bukan sekadar argumen logis, tetapi alat investigatif untuk menggali kedalaman penalaran. *Conclusion:* Dengan demikian, argumen awal penelitian ini adalah bahwa dilema memiliki kemampuan untuk mengungkap struktur penalaran seseorang secara lebih jernih dan menilai stabilitas logis dari posisi yang diambil, yang akan diuji lebih lanjut melalui analisis teoritis dan contoh empiris.

PEMBAHASAN

Konsep dan Pengertian Argumen Dilema

Argumen dilema merupakan salah satu bentuk penalaran deduktif yang memiliki daya tarik tersendiri dalam kajian logika karena kemampuannya menjebak seseorang dalam posisi yang sukar dipilih berdasarkan rasionalitas. Secara formal, struktur dilema terdiri atas dua premis bersyarat dan satu premis disjungtif yang bersama-sama menghasilkan kesimpulan yang logis dan tak terelakkan. Bentuk dasarnya dapat dirumuskan demikian: Jika A, maka C; Jika B, maka C; A atau B; oleh karena itu, C. Rumus ini menunjukkan bahwa apa pun pilihan yang diambil, baik A maupun B, hasil akhirnya tetap sama, yaitu C. Dengan demikian, dilema berfungsi sebagai perangkat penalaran yang memaksa penerima argumen untuk menerima konsekuensi logis dari premis yang telah disetujui. Dalam konteks debat, bentuk argumen semacam ini sering digunakan untuk menguji kekokohan dan konsistensi berpikir seseorang, serta memastikan bahwa pandangannya tidak saling bertentangan antara satu premis dengan premis lainnya (Brisson et al., 2018).

Salah satu keunggulan utama dari argumen dilema adalah sifatnya yang tidak dapat dielakkan. Berbeda dengan argumen biasa yang dapat ditolak dengan menyangkal kebenaran salah satu premis, dilema memaksa penerima argumen untuk menghadapi dua kemungkinan yang sama-sama mengarah pada kesimpulan yang identik. Dalam hal ini, lawan bicara tidak dapat keluar dari jaring logika yang telah disusun tanpa mengorbankan konsistensi penalarannya sendiri. Karena itulah, dilema sering dianggap sebagai instrumen logis yang mendorong penyelidikan secara intelektual. Namun, penggunaan argumen dilema tidak dimaksudkan sebagai alat untuk menjebak atau mempermalukan lawan debat, melainkan sebagai sarana reflektif untuk menilai kebenaran, keutuhan, dan koherensi berpikir (Brisson et al., 2018). Jika diterapkan secara etis, dilema dapat menjadi sarana pembelajaran yang efektif untuk mengungkap ketidakkonsistenan berpikir serta memperkuat integritas logis dalam diskusi atau perdebatan.

Dalam kehidupan nyata, penerapan argumen dilema dapat ditemukan dalam berbagai konteks sosial, etika, pendidikan, hingga politik. Misalnya, dalam dunia pendidikan, muncul dilema antara kebutuhan menanamkan nilai moral dengan tuntutan pencapaian akademik: "Jika sekolah hanya fokus pada akademik, siswa kehilangan nilai moral; namun jika hanya fokus pada moral, siswa kehilangan daya saing." Kedua pilihan tersebut membawa konsekuensi yang sama-sama penting, sehingga diperlukan keseimbangan dalam kebijakan pendidikan. Di bidang etika, dilema sering muncul dalam bentuk konflik nilai, seperti "Jika kamu membantu temanmu yang bersalah, kamu tidak adil; tetapi jika kamu tidak membantunya, kamu tidak setia." Contoh-contoh ini memperlihatkan bahwa dilema tidak sekadar berfungsi sebagai alat analisis logis, melainkan juga menggambarkan kompleksitas moral dan sosial yang melekat dalam kehidupan manusia (Bush et al., 2023).

Selain memiliki fungsi praktis, argumen dilema juga memiliki nilai pedagogis yang tinggi dalam pembelajaran logika dan keterampilan berpikir kritis. Melalui kajian dilema, mahasiswa atau peserta didik dilatih untuk memahami struktur penalaran deduktif yang sahih, sekaligus diajarkan untuk mengenali kesalahan logis seperti false dilemma (dilema palsu), yaitu ketika seseorang dipaksa memilih antara dua pilihan ekstrem padahal masih ada alternatif lain yang mungkin. Dengan kemampuan ini, seseorang dapat menghindari jebakan logika yang sering digunakan dalam debat politik, iklan, atau wacana publik yang manipulatif (Brisson et al., 2018). Lebih dari itu, penguasaan terhadap argumen dilema mendorong lahirnya sikap berpikir yang lebih reflektif, terbuka, dan analitis, di mana setiap keputusan diambil berdasarkan pertimbangan rasional dan etika yang matang.

Pada akhirnya, argumen dilema bukanlah sekadar permainan intelektual dalam ruang debat, melainkan cermin dari kemampuan berpikir logis yang matang dan bertanggung jawab. Pemahaman terhadap dilema menuntun seseorang untuk tidak terjebak dalam dikotomi hitam-putih, tetapi mampu melihat nuansa dan kompleksitas dari setiap persoalan. Hal ini menumbuhkan kepekaan moral dan intelektual dalam menilai berbagai alternatif tindakan. Oleh karena itu, penguasaan terhadap argumen dilema menjadi bagian penting dalam membangun pola pikir kritis, objektif, dan bijaksana. Kekuatan logika tidak hanya diukur dari kemampuan memenangkan perdebatan, tetapi juga dari kemampuan memahami dan menimbang berbagai sisi persoalan dengan kejujuran intelektual, integritas moral, dan tanggung jawab etis yang tinggi (Bush et al., 2023).

Langkah-Langkah Merancang Argumen Dilema yang Efektif

Argumen dilema, meskipun tampak sederhana dalam strukturnya, pada hakikatnya merupakan bentuk penalaran logis yang kompleks dan memiliki variasi fungsi yang luas dalam praktik argumentasi. Dalam tradisi logika klasik maupun modern, dilema digunakan untuk menguji konsistensi berpikir seseorang dengan menempatkannya pada dua alternatif yang sama-sama membawa konsekuensi tertentu. Irving Copi dan Carl Cohen (2016) mengelompokkan dilema ke dalam tiga bentuk utama, yakni dilema konstruktif, dilema destruktif, dan dilema salah (false dilemma). Ketiganya memiliki perbedaan dalam struktur, tujuan argumentatif, dan dampak terhadap proses berpikir kritis. Memahami perbedaan ketiganya menjadi sangat penting, terutama dalam konteks pendidikan logika dan debat akademik, agar seseorang tidak hanya mampu membangun argumen yang valid secara deduktif, tetapi juga dapat mengenali dan menghindari kesalahan berpikir yang menyesatkan.

Merancang argumen dilema yang efektif memerlukan pemahaman yang mendalam tentang struktur, jenis, dan fungsi dari dilema itu sendiri. Argumentasi dilema, yang berfungsi untuk menguji konsistensi berpikir, dapat dibedakan menjadi tiga bentuk utama: dilema konstruktif, dilema destruktif, dan dilema salah. Ketiga bentuk ini memiliki perbedaan yang signifikan dalam hal penyampaian dan dampak terhadap penalaran kritis. Menurut Amnuel kemampuan berpikir kritis melibatkan analisis mendalam terhadap asumsi, argumen logis, dan pemahaman terhadap kesalahan berpikir. Penyusun argumentasi dilema harus dapat mengenali dan merespons kesalahan berpikir, termasuk yang terdapat dalam dilema salah, guna menjadikan diskusi lebih produktif (Amnuel et al., 2023).

Dilema konstruktif berfokus pada menciptakan pilihan yang positif dan produktif. Dalam dilema ini, dua premis yang berbeda mengarah pada konsekuensi yang memiliki nilai kebenaran. Hal ini menciptakan sarana motivasi yang efektif dalam konteks pendidikan dan komunikasi yang persuasif (Amnuel et al., 2023) Sebaliknya, dilema destruktif berfungsi untuk menyoroti kontradiksi dalam argumen, mengungkap kekurangan dari klaim yang ada, sering kali melalui penyangkalan terhadap hasil yang diharapkan dan menyoroti kekurangan logika dalam proses berpikir. Dengan menggunakan metode pembelajaran yang melibatkan pengenalan terhadap kesalahan logika, mahasiswa dapat dilatih untuk mengenali dan merespon berbagai bentuk dilema (Ong et al., 2018).

Sementara itu, dilema salah menjadi bentuk yang paling berbahaya. Menggunakan kesalahan logika tersebut, individu atau kelompok sering kali menjebak publik dengan menyajikan pilihan yang palsu, seakan-akan hanya ada dua opsi yang mungkin. Menurut penelitian, mengidentifikasi dan memahami sisi-sisi dari argumen ini sangat penting dalam pengembangan kemampuan berpikir kritis (Ong et al., 2018). Dalam hal ini, pendidikan kritis berperan besar, karena membantu individu untuk tidak hanya memahami konsekuensi dari pilihan mereka, tetapi juga melibatkan mereka dalam analisis yang lebih kompleks dari isu yang mereka hadapi.

Untuk merancang argumen dilema yang efektif, penting untuk mempertimbangkan tiga langkah strategis: pertama, mengidentifikasi dan membangun argumen yang jelas, logis, dan sah; kedua, mempertimbangkan dampak dari argumen tersebut terhadap audiens; dan ketiga, melatih diri untuk mengenali dan menghindari kesalahan berpikir yang dapat membingungkan atau memanipulasi audiens. Dengan pemahaman yang mendalam tentang ketiga bentuk dilema ini, individu dapat berpartisipasi secara lebih aktif dalam dialog yang bermakna dan berkontribusi pada pencarian keadilan dan kebenaran dalam wacana publik.

Dengan demikian, pemahaman yang mendalam tentang variasi dilema bukan hanya penting untuk memperkuat kemampuan bernalar dan berdebat secara akademis, tetapi juga berfungsi sebagai fondasi etika intelektual dalam berkomunikasi. Seorang pemikir atau debater yang memahami dilema tidak hanya pandai "menjebak" lawan bicara secara logis, tetapi juga tahu kapan argumen dilema digunakan secara konstruktif untuk membangun dialog yang sehat dan mendorong pencarian kebenaran bersama.

Penerapan Argumen Dilema dalam Menguji Posisi Seseorang

Penerapan argumen dilema dalam menguji posisi seseorang mencerminkan kompleksitas dan kekayaan proses berpikir dalam kegiatan berdebat, berdialog, dan menyusun argumen. Dilema bukan sekadar menghadirkan dua pilihan yang saling bertentangan, tetapi berfungsi sebagai alat analitis untuk melihat konsistensi logis di balik suatu pandangan. Baik dalam konteks akademik maupun sosial, dilema dapat digunakan untuk menyingkap ketidakjelasan argumen, memetakan struktur pemikiran lawan bicara, serta menguji sejauh mana seseorang mampu mempertahankan posisi secara koheren ketika berhadapan dengan konsekuensi yang tidak dapat dihindarkan. Penggunaan dilema menuntut pemahaman terhadap isu utama yang relevan dan kemampuan merumuskan premis-premis yang saling eksklusif namun tetap logis. Proses ini melibatkan kecakapan retorika, kemampuan analitis, serta kepekaan moral terhadap implikasi yang mungkin timbul. Dengan demikian, argumen dilema menjadi sarana intelektual yang efektif dalam memperlihatkan kedalaman berpikir seseorang dan kualitas penalaran yang mereka gunakan dalam situasi dilematis.

Dalam konteks pendidikan, dilema memiliki fungsi strategis dalam mengembangkan kurikulum dan pembelajaran yang mengedepankan pembentukan karakter dan kemampuan berpikir tingkat tinggi. Pendidikan modern tidak hanya berorientasi pada penguasaan materi akademik, tetapi juga pada pembentukan siswa yang mampu berpikir kritis, reflektif, dan etis.

Oleh karena itu, dilema dapat diintegrasikan dalam pembelajaran melalui model pembelajaran berbasis masalah atau diskusi kasus yang menuntut analisis mendalam atas pilihan-pilihan moral maupun logis. Pembelajaran berbasis dilema memberikan ruang bagi siswa untuk mengevaluasi berbagai alternatif solusi dan mempertimbangkan konsekuensinya secara menyeluruh. Nasbey dan rekan-rekan menunjukkan bahwa modul pembelajaran yang dirancang secara interaktif dapat meningkatkan kemampuan argumentatif dan analitis siswa, sekaligus menumbuhkan keterlibatan aktif dalam proses belajar (Nasbey et al., 2024). Dengan demikian, pembelajaran yang mengintegrasikan dilema mampu membentuk dasar berpikir kritis yang berkelanjutan, sesuai tuntutan kompetensi abad 21.

Di ranah politik, argumen dilema menjadi bagian dari dinamika pengambilan keputusan publik, perumusan kebijakan, dan komunikasi politik. Pemimpin politik sering dihadapkan pada situasi dilematis yang mengharuskan mereka memilih di antara dua kebijakan yang sama-sama memiliki konsekuensi besar. Dilema dapat membantu pemimpin menilai risiko, mempertimbangkan kepentingan masyarakat, dan memahami kompleksitas setiap keputusan. Namun, dilema juga kerap digunakan sebagai alat retorika untuk memengaruhi opini publik, terutama dalam bentuk dilema palsu yang membatasi pilihan pada dua opsi ekstrem dan mengabaikan kemungkinan adanya alternatif lain. Koa menjelaskan bahwa false dilemma merupakan salah satu bentuk distorsi logika yang lazim dalam retorika politik dan dapat menjerumuskan masyarakat ke dalam kesimpulan yang menyesatkan (Koa, 2020). Oleh karena itu, penting bagi pemimpin untuk menerapkan dilema secara etis, sementara masyarakat perlu memiliki literasi kritis agar tidak terjebak dalam manipulasi retorika yang menyederhanakan persoalan kompleks.

Dalam konteks keagamaan, dilema berfungsi sebagai alat reflektif dalam menafsirkan ajaran dan mengambil keputusan moral. Ajaran agama sering kali mengandung pedoman normatif yang bersifat ideal, namun realitas sosial yang dinamis menuntut adanya keseimbangan antara interpretasi tekstual dan kontekstual. Dilema membantu menghadirkan pemahaman yang lebih holistik terhadap persoalan keagamaan tanpa terjebak pada ekstremitas pemahaman yang terlalu literal atau terlalu bebas. Bondani dan koleganya menjelaskan bahwa kemampuan mengintegrasikan berbagai perspektif menjadi kebutuhan penting dalam era post-truth, di mana informasi penuh bias dan sering kali tidak akurat (Bondani et al., 2024). Pendekatan dilematis memfasilitasi dialog teologis yang lebih mendalam tentang toleransi, perbedaan tafsir, dan hubungan antara nilai-nilai agama dengan kebutuhan sosial kontemporer. Dengan demikian, dilema dapat menjadi alat yang menuntun individu untuk membuat keputusan moral yang lebih bijaksana dan proporsional.

Melalui seluruh pemaparan tersebut, dapat disimpulkan bahwa argumen dilema menawarkan pendekatan intelektual yang kaya untuk mengasah kemampuan berpikir kritis dan reflektif. Dilema memungkinkan seseorang untuk menilai konsistensi posisi mereka sendiri maupun orang lain dengan lebih tajam melalui pertimbangan logis dan moral yang matang. Penggunaan dilema secara strategis dapat memperkuat argumen, mendorong dialog yang konstruktif, serta membantu memahami kompleksitas isu dalam pendidikan, politik, dan keagamaan. Lebih dari itu, dilema mengajarkan keterampilan mengambil keputusan, menimbang konsekuensi, dan mengintegrasikan perspektif yang berbeda. Dengan memahami dan menerapkan dilema secara tepat, individu dapat meningkatkan kualitas komunikasi, pengambilan keputusan, serta kemampuan analitis yang dibutuhkan dalam kehidupan masyarakat modern yang semakin kompleks.

KESIMPULAN

Argumen dilema merupakan salah satu instrumen penting dalam logika deduktif yang memiliki fungsi strategis dalam menguji konsistensi, validitas, dan keteguhan berpikir seseorang. Melalui struktur dasarnya yang terdiri atas dua premis bersyarat dan satu premis disjungtif, argumen dilema memaksa seseorang untuk berhadapan dengan dua pilihan yang sama-sama mengarah pada konsekuensi logis tertentu. Dengan demikian, dilema bukan hanya berperan sebagai alat retorika yang "menekan" lawan bicara secara intelektual, tetapi juga sebagai sarana reflektif untuk menguji kebenaran dan keutuhan suatu pandangan. Dalam konteks akademik, khususnya pendidikan tinggi, pemahaman terhadap argumen dilema menjadi bagian integral dari pengembangan kemampuan berpikir kritis, analitis, dan etis.

Melalui kajian teoretis dan penerapan praktisnya, argumen dilema terbukti mampu membantu mahasiswa memahami hubungan antara premis, konsekuensi, dan koherensi logika dalam suatu perdebatan. Pemahaman ini tidak hanya melatih kemampuan menyusun argumen yang valid secara deduktif, tetapi juga menumbuhkan kesadaran untuk menghindari kesalahan berpikir seperti false dilemma yang kerap muncul dalam wacana publik. Dalam ranah pendidikan, politik, maupun agama, dilema berfungsi sebagai alat refleksi intelektual yang membantu individu melihat persoalan dari berbagai sudut pandang dan menimbang akibat rasional dari setiap pilihan yang diambil.

Selain bernilai logis, argumen dilema juga memiliki dimensi etika dan pedagogis yang signifikan. Dilema yang digunakan secara tepat dan bijak dapat membentuk empati intelektual, yakni kemampuan untuk memahami posisi orang lain tanpa kehilangan objektivitas berpikir. Hal ini penting dalam membangun budaya dialogis di lingkungan akademik maupun sosial, di mana perbedaan pandangan tidak harus berujung pada pertentangan, tetapi dapat menjadi sarana memperkaya pemahaman bersama.

Dengan demikian, argumen dilema bukan sekadar alat untuk memenangkan perdebatan, melainkan wahana untuk menumbuhkan kecermatan berpikir, integritas moral, dan tanggung jawab intelektual. Melalui penguasaan terhadap bentuk dan penerapan dilema, mahasiswa maupun praktisi pendidikan dapat mengembangkan kemampuan berpikir reflektif, sistematis, dan rasional dalam menanggapi berbagai persoalan kompleks. Pada akhirnya, kekuatan argumen dilema terletak bukan pada kemampuannya menjebak lawan bicara, melainkan pada fungsinya sebagai cermin bagi kejujuran berpikir, kebijaksanaan dalam menilai, serta komitmen terhadap pencarian kebenaran yang rasional dan etis.

BAB 15
SAAT LOGIKA TERASA ABSURD: MEMBEDAH STRUKTUR DAN FUNGSI PARADOKS DALAM PEMIKIRAN

PENDAHULUAN

Fenomena paradoks dalam logika menarik perhatian tidak hanya dalam kajian filosofi dan matematika, tetapi juga menggambarkan kompleksitas cara manusia berpikir yang sering kali tidak sesuai dengan pola logika formal yang ideal. Paradoks, seperti paradoks pembohong dan paradoks Russell, menunjukkan ketidaksesuaian antara harapan rasional terhadap konsistensi logis dengan kenyataan empiris yang sering kali dipenuhi ketidakpastian dan kontradiksi ((Petersen, 2023); (Coniglio & Peron, 2009)). Hal ini mengindikasikan bahwa sistem logika normatif yang sudah ada, meskipun dirancang untuk menyusun argumen yang koheren dan bebas dari pertentangan, terkadang tidak mampu menjelaskan dinamika psikologis dan sosial yang lebih rumit, termasuk penilaian manusia yang dipengaruhi oleh naluri, pengalaman emosional, dan interpretasi situasional (Monte & (Monte & Mossolani, 2023)).

Banyak penelitian sebelumnya berfokus pada menemukan solusi teknis untuk paradoks, daripada menjelajahi implikasi filosofis dan kontribusinya terhadap pemikiran. Misalnya, tokoh-tokoh seperti Russell dan Tarski berusaha mendesain sistem bahasa untuk mengatasi paradoks dengan menyusun hierarki yang dapat menghindari kontradiksi ((Golan & Hlobil, 2022)). Sebaliknya, pemikir modern seperti Priest berargumen bahwa paradoks tidak harus dihilangkan, tetapi dipahami sebagai elemen penting yang memperkaya pemikiran logika dan memberi jalan bagi pengembangan logika non-klasik yang menerima adanya kontradiksi, seperti paraconsistent dan dialetheism ((Golińska-Pilarek, 2024); (Abramsky & Zvesper, 2015)). Paradoks seharusnya dilihat sebagai alat reflektif yang bukan hanya tantangan bagi teori logika, tetapi indikator batasan sistem pengetahuan yang ada ((Rossberg, 2013)).

Pendekatan baru dalam penelitian ini bertujuan untuk memadukan analisis struktural paradoks dengan telaah mendalam tentang fungsinya dalam perkembangan logika dan pengetahuan. Ini berarti menggali bagaimana paradoks dapat berfungsi sebagai pendorong inovasi intelektual dan pematangan proses berpikir kritis yang lebih realistis dan fleksibel ((Geibinger & Tompits, 2020); (Konieczny & Marquis, 2002)). Pengembangan logika simbolik dan logika non-klasik selalu terjadi momen ketika paradoks dapat diterima dan ditangani sebagai pendorong, bukan sebagai masalah yang harus dihindari ((Verelst, 2008)). Dengan demikian, paradigma baru ini mengajak para peneliti untuk melihat paradoks sebagai instrumen penting yang mampu menciptakan ruang untuk refleksi dan pengembangan ide-ide baru dalam pemikiran rasionalitas ((Wong, 2001)).

Sebagaimana diterangkan sebelumnya, tujuan penelitian ini adalah untuk mengeksplorasi bagaimana struktur dan fungsi dari paradoks dapat memberikan kontribusi terhadap perkembangan logika. Dalam hal ini, terdapat ketegangan antara tatanan logika formal yang bertujuan menjaga konsistensi dengan kenyataan empirik yang bersifat dinamis dan kadang-kadang tidak pasti ((Carnielli et al., 2004)). Penelitian di bidang ini harus menjawab pertanyaan tentang peran paradoks dalam membangun sistem berpikir konseptual yang lebih komprehensif dan inklusif ((Cobreros et al., 2013). Argumen bahwa paradoks dapat berfungsi sebagai katalisator bagi transformasi pemikiran logis ini menawarkan peluang untuk memahami kompleksitas sejati dari rasionalitas dalam konteks baru yang lebih terbuka dan adaptif.

Paradoks juga dapat dipahami sebagai cermin yang menyingkap keterbatasan bahasa dalam merepresentasikan realitas dan pikiran manusia. Banyak paradoks muncul bukan karena realitasnya kontradiktif, tetapi karena bahasa yang digunakan untuk menggambarkan realitas tersebut memiliki struktur yang ambigu atau tidak memadai. Misalnya, paradoks pembohong bergantung pada penggunaan bahasa refleksif yang memperbolehkan pernyataan berbicara tentang dirinya sendiri, sehingga menimbulkan lingkaran referensial yang tidak dapat diselesaikan oleh logika klasik. Dengan cara ini, paradoks mendorong kita untuk mempertanyakan asumsi fundamental mengenai bagaimana bahasa bekerja, bagaimana konsep dibentuk, dan sejauh mana simbol dapat mewakili pemikiran. Pendekatan seperti ini membuka ruang bagi kajian ulang terhadap teori makna, pragmatik, dan semantik formal, menegaskan bahwa pemahaman terhadap paradoks sangat berkaitan dengan kemampuan manusia untuk menyusun dan menafsirkan bahasa secara kritis.

Selain itu, perkembangan ilmu kognitif modern menunjukkan bahwa paradoks dapat menjadi alat yang efektif untuk memetakan cara kerja pikiran manusia, terutama dalam proses pengambilan keputusan, evaluasi moral, dan penyelesaian masalah. Ketika seseorang berhadapan dengan paradoks, ia dipaksa untuk keluar dari pola berpikir otomatis dan memasuki mode reflektif tingkat tinggi yang melibatkan analisis konsep, peninjauan ulang asumsi, dan pencarian perspektif alternatif. Proses mental ini memberikan wawasan berharga bagi para peneliti mengenai mekanisme penalaran manusia, termasuk bagaimana individu mengelola ambiguitas atau konflik internal dalam pikirannya. Dengan demikian, paradoks tidak hanya berperan dalam pengembangan teori logika, tetapi juga menjadi instrumen penting dalam memahami dinamika kognitif manusia yang lebih luas mendorong reformasi dalam cara pendidikan logika diajarkan dan bagaimana penalaran kritis dibentuk sejak dini.

PEMBAHASAN

Apa Itu Paradoks dan Mengapa Terlihat Absurd?

Paradoks adalah fenomena kognitif yang menarik, di mana pernyataan atau situasi yang tampaknya benar menghasilkan kesimpulan yang kontradiktif. Situasi ini menunjukkan adanya ketegangan dalam cara orang memahami kebenaran dan realitas. Contoh klasik seperti paradoks pembohong, di mana pernyataan "Saya sedang berbohong" menghasilkan konflik internal yang mencerminkan batasan dalam sistem logika tradisional (Cobreros et al., 2013). Dalam konteks ini, paradoks berfungsi sebagai sinyal yang memperingatkan kita akan ketidaksesuaian dalam struktur berpikir kita dan menunjukkan potensi perbaikan dalam teori-teori yang ada ((Saito et al., 2016)).

Paradoks tidak hanya muncul dari logika, tetapi juga akibat penggunaan bahasa yang bisa merugikan. Banyak paradoks lahir bukan karena logika itu sendiri, melainkan karena ketidakcukupan bahasa untuk menangkap kompleksitas makna. Misalnya, paradoks "Saya sedang berbohong" mengambil bentuk konflik makna dan fungsi bahasa, di mana pernyataan tersebut beroperasi pada level makna yang seharusnya jelas, tetapi menghasilkan kebingungan ((Snyder & Shapiro, 2021)). Sifat paradoks yang membingungkan juga mencerminkan penerapan ekstrem dari aturan logika, seperti paradoks tukang cukur yang beranggapan, "Seorang tukang cukur mencukur semua pria yang tidak mencukur dirinya sendiri." Kontradiksi ini menunjukkan bahwa aturan sederhana dapat menghasilkan kerumitan ketika diterapkan pada diri sendiri ((Ho, 2020)).

Selain itu, paradoks mengungkap keterbatasan dalam sistem berpikir manusia yang tak selalu konsisten. Ketidakmampuan untuk menerima semua situasi dalam kerangka berpikir yang linear dan stabil menyiratkan bahwa logika bukanlah alat yang sempurna, tetapi alat yang terus dalam proses evolusi melalui pengujian dan pembenahan ((Rozycki, 2023)3). Dalam hal ini, paradoks berfungsi sebagai alat untuk mendalami dan memperbaiki ketidakonsistenan dalam pemahaman kita tentang dunia, mengingatkan kita bahwa realitas dan bahasa tidak berfungsi secara linear dan selalu setara ((Hsiung, 2024)).

Paradoks menjadi pemantik untuk inovasi intelektual dan pengembangan pemikiran yang lebih kompleks. Ia memaksa kita untuk menilai kembali dan memperbaiki landasan teori-

teori yang sudah mapan, mengundang perubahan dalam cara kita memahami kebingungan dan ketidakpastian yang datang dengan pemikiran kita. Dalam penelitian lebih lanjut, ada peluang untuk eksplorasi mengenai bagaimana paradoks dapat memberikan wawasan yang lebih dalam terkait dengan struktur logika dan pemahaman realitas. Memahami absurditas dalam paradoks memungkinkan kita untuk melihat bahwa dengan setiap tantangan, ada kesempatan bagi pertumbuhan dan kemajuan pemikiran intelektual.

Struktur Paradoks: Bagaimana Paradoks Terbentuk dalam Logika?

Paradoks merupakan fenomena menarik dalam logika dan filsafat yang muncul dari struktur tertentu, yang sering kali membuktikan terbatasnya sistem logika formal. Salah satu penyebab utama lahirnya paradoks adalah adanya self-reference, di mana pernyataan merujuk pada dirinya sendiri. Contohnya dapat ditemukan dalam paradoks pembohong dan juga paradoks Russell yang menunjukkan bagaimana referensi diri menciptakan lingkaran evaluasi yang tidak pernah selesai. Self-reference ini sering digunakan dalam logika untuk menjelaskan berbagai paradoks dan teorema ketidaklengkapan dalam logika formal ((Halbach & Leigh, 2024).

Struktur paradoks lainnya, seperti yang terlihat pada paradoks barber, muncul dari ketidaksesuaian antara konsep dan aturan logika. Paradoks ini menunjukkan bahwa aturan yang tampak sederhana dapat menjadi kacau ketika diterapkan pada kasus yang melibatkan kategori yang mencakup dirinya sendiri ((Yang, 2023)). Misalnya, pernyataan "tukang cukur mencukur semua pria yang tidak mencukur dirinya sendiri" menciptakan konflik ketika diuji pada tukang cukur tersebut. Hal ini mengungkapkan kelemahan dalam logika tradisional ketika menghadapi kasus-kasus seperti ini, di mana aturan tidak dapat diterapkan secara universal ((Yang, 2023)). Bahasa juga memainkan peran penting dalam munculnya paradoks. Banyak paradoks terbentuk karena ambiguitas linguistik, di mana struktur bahasa alami tidak seketat bahasa formal. Ketidakpastian makna dalam pernyataan dapat menyebabkan konflik jika diperlakukan sebagai pernyataan logis yang pasti. Logika semantik, seperti yang diusulkan oleh Frege dan Tarski, menekankan pentingnya membedakan antara bahasa objek dan meta-bahasa untuk menghindari paradoks semantik ((Halbach & Leigh, 2024).

Paradoks juga dapat dianalisis dari perspektif inferensi logis. Beberapa paradoks muncul ketika logika deduktif diterapkan pada situasi yang seharusnya menggunakan logika probabilistik atau logika fuzzy. Misalnya, paradoks heap (sorites paradox) memperlihatkan bahwa logika klasik sering tidak cukup untuk mengatasi situasi yang bersifat gradual, di mana titik di mana tumpukan pasir berhenti dikategorikan sebagai tumpukan menjadi kabur ((Hlobil, 2018)).

Dengan memahami struktur paradoks, kita dapat menyadari bahwa batasan dalam pemikiran logis tradisional bukanlah kesalahan berpikir, melainkan menunjukkan adanya masalah internal dalam konsep, bahasa, atau aturan inferensi yang digunakan. Melalui studi ini, para pemikir dapat mengembangkan sistem logika baru yang lebih fleksibel untuk memahami kompleksitas realitas, misalnya dengan penerapan logika fuzzy atau logika parakonsisten ((Halbach & Leigh, 2024).

Fungsi Paradoks: Mengapa Paradoks Penting dalam Pemikiran?

Paradoks merupakan alat yang sangat penting dalam pengembangan pemikiran manusia, karena mereka mendorong evaluasi dan revisi asumsi dasar dalam logika dan filsafat. Ketika sistem logika menghasilkan paradoks, itu menunjukkan adanya kesalahan yang perlu diperbaiki. Contoh paling jelas dari hal ini adalah paradoks Russell, yang menantang asumsi dasar dari teori himpunan naif dan menuntut pembaruan ke teori himpunan modern, di mana aturan baru perlu diterapkan untuk menghindari referensi diri (Abdy et al., 2020)). Melalui contoh ini, kita dapat melihat bagaimana paradoks bertindak sebagai "uji stres" bagi sistem penalaran manusia (Ainiy, 2022)).

Lebih jauh lagi, paradoks juga berfungsi sebagai alat pedagogis yang melatih berpikir kritis. Saat dihadapkan pada paradoks, individu diharuskan untuk mempertimbangkan berbagai macam perspektif, memeriksa struktur pernyataan, dan menyadari bahwa tidak semua argumen yang terlihat tepat benar-benar valid. Pendekatan ini mendorong konseptualisasi ulang batasan dari aturan logika yang ada. Paradoks memfasilitasi pemahaman bahwa berpikir logis melibatkan lebih dari sekadar menerapkan aturan secara mekanis; ini juga melibatkan kesadaran konteks dan kerumitan dari situasi yang dihadapi ((Vakili, 2012)).

Dalam dunia teknologi, peran paradoks juga sangat signifikan. Misalnya, pengembangan logika Boolean yang kritis untuk komputer modern lahir dari pertanyaan paradoksal mengenai nilai kebenaran ((Hlobil, 2018)). Dalam kecerdasan buatan, penerapan logika fuzzy menyediakan cara untuk menangani masalah yang bersifat kabur, mengatasi ketidakmampuan logika biner untuk menjelaskan situasi yang tidak jelas, seperti dalam paradoks heap atau sorites (Abdy et al., 2020)). Paradoks semacam ini membuka jalan bagi inovasi, membuktikan bahwa masalah yang tampaknya sulit dipecahkan dapat memicu kemajuan teknologi ((Vakili, 2012)).

Dari perspektif filsafat, paradoks memberikan kesempatan untuk memperluas refleksi epistemologis dan metafisis. Paradoks Zeno tentang gerak, misalnya, telah memicu perkembangan kalkulus modern dengan mendorong pemikiran yang lebih dalam terhadap pemahaman kita tentang ruang dan waktu (Abror, 2012)). Hal ini mencerminkan bagaimana paradigma baru sering kali muncul dari tantangan yang dihadapi oleh para pemikir ketika berhadapan dengan masalah yang paradoksal.Akhirnya, paradoks mengajarkan kerendahan hati intelektual dengan menunjukkan bahwa realitas tidak selalu dapat direduksi menjadi model yang sederhana dan rasional. Paradoks mengingatkan kita tentang pentingnya pengembangan berkelanjutan dalam cara kita memahami dan berinteraksi dengan dunia (Yanofsky, 2003)).

Paradoks dalam Realitas Sosial dan Relevansinya pada Kehidupan Modern

Paradoks memainkan peran penting dalam berbagai aspek kehidupan sosial, politik, dan ekonomi, mengindikasikan adanya pertentangan antara niat rasional dan hasil praktis. Misalnya, fenomena paradox of choice menggambarkan bagaimana beragam pilihan yang tersedia dapat menyebabkan kebingungan dan ketidakpuasan, bertentangan dengan tujuan meningkatkan kemampuan konsumen untuk membuat keputusan (Bottrell, 2013)). Ini menunjukkan bahwa penciptaan lebih banyak opsi tidak selalu membawa manfaat yang diharapkan, sebaliknya, dapat menyebabkan ketidakpastian yang lebih besar dan rasa frustrasi. Contoh lain dari paradoks sosial adalah tolerance paradox, di mana toleransi absolut terhadap segala pandangan, termasuk yang intoleran, dapat mengancam kelangsungan masyarakat toleran itu sendiri ((Subrahmanyam, 2021)). Situasi ini menunjukkan pentingnya membatasi toleransi untuk menjaga keberagaman pandangan yang sehat di dalam masyarakat. Paradoks ini berkaitan erat dengan pengambilan keputusan dalam struktur organisasi, di mana individu sering kali dihadapi dengan kondisi double bind, di mana mereka menerima dua perintah yang saling bertentangan, menyebabkan konsekuensi negatif bagi mereka terlepas dari pilihan yang diambil (Letters, 2018).

Dalam konteks ekonomi, kebijakan kesejahteraan yang dirancang untuk mengurangi kemiskinan kadang-kadang malah dapat menciptakan ketergantungan yang mengikis inisiatif individu, meskipun tidak semua studi sepakat mengenai isu ini ((Glover, 2010)). Demikian pula, dalam ranah teknologi, fitur yang ditujukan untuk meningkatkan konektivitas sering kali dapat menghasilkan isolasi atau masalah privasi, menunjukkan bahwa teknologi yang seharusnya memfasilitasi interaksi sosial justru dapat menciptakan jarak antara individu, meskipun konteks penggunaan teknologi tetap memengaruhi hasilnya ((Avigur-Eshel, 2018)). Paradoks juga membentuk konstruksi kebenaran sosial, di mana apa yang dianggap "fakta" atau "realitas" sering kali dipengaruhi oleh narasi yang muncul dari konflik nilai dan kepentingan yang paradoksal. Media massa dan institusi pendidikan memainkan peran penting dalam merumuskan interpretasi ini, terutama ketika menghadapi dilema seperti keamanan publik versus privasi individu ((Edwards-Schachter & Ordóñez–Matamoros, 2023)VV). Pilihan naratif yang diambil oleh media dapat menciptakan persepsi tertentu di masyarakat mengenai isu-isu yang rumit dan paradoksal, sangat memengaruhi akuntabilitas dan kepercayaan publik terhadap institusi tersebut.

Pemahaman tentang mekanisme paradoks menjadi krusial dalam membangun kesadaran kritis masyarakat, mengajarkan mereka untuk tidak menerima solusi sederhana sebagai jawaban final dan untuk mengevaluasi trade-off serta pertanyaan mendasar di balik kebijakan yang ada ((Glover, 2010)). Ini meningkatkan kapasitas kolektif individu untuk menangani dilema kompleks tanpa terjebak dalam reaksi simplistik dan mendukung penciptaan ruang deliberatif yang inklusif.

Akhirnya, merespons paradoks secara produktif membutuhkan pendekatan yang lebih adaptif dan terbuka, seperti pengujian hipotesis dan penyesuaian kebijakan berbasis bukti ((Connor & Peterson, 1996). Disiplin yang memerlukan keterbukaan untuk merevisi pemahaman dan strategi dalam menghadapi ketidakpastian membantu membangun masyarakat yang lebih responsif dan reflektif di era kompleksitas modern.

KESIMPULAN

Paradoks bukan sekadar tantangan bagi logika, tetapi merupakan elemen penting yang memperkaya cara manusia berpikir dengan menunjukkan keterbatasan logika klasik dalam menghadapi realitas yang kompleks dan ambigu. Melalui struktur yang muncul dari referensi diri, ketidaktepatan kategori, dan ambiguitas bahasa, paradoks memaksa manusia meninjau ulang asumsi dasar dan pola penalaran yang telah mapan, sekaligus membuka jalan bagi lahirnya logika modern seperti logika parakonsisten, fuzzy, dan teori himpunan tipe. Selain mendorong perkembangan intelektual dalam bidang logika dan matematika, paradoks juga memperkuat kemampuan berpikir kritis dan membantu masyarakat memahami bahwa banyak persoalan tidak dapat diselesaikan dengan logika linear. Dengan demikian, paradoks tidak dapat dipandang sebagai kegagalan logika, melainkan sebagai jendela untuk melihat batas pemikiran serta peluang untuk mengembangkan sistem penalaran yang lebih adaptif, reflektif, dan sesuai dengan kompleksitas kehidupan modern.

BAB 16
BENTENG AKAL SEHAT: PENGANTAR MENGIDENTIFIKASI SESAT PIKIR (*FALLACY*) DALAM KESEHARIAN

PENDAHULUAN

Manusia secara teoretis dipandang sebagai makhluk rasional yang mampu menilai informasi dan mengambil keputusan secara logis. Namun, realitas sosial menunjukkan bahwa kemampuan ini tidak selalu tercapai dalam praktik sehari-hari (Noch & Rumasukun, 2024). Banyak individu yang mengklaim berpikir kritis justru sering terjebak dalam kesalahan berpikir atau sesat pikir (fallacy), baik dalam diskusi formal, interaksi sosial, maupun konsumsi informasi digital (Sathya & Gayathir, 2024). Fenomena ini menunjukkan adanya kesenjangan antara teori rasionalitas dan fakta sosial, di mana bias kognitif, emosi, dan pengaruh sosial memengaruhi proses pengambilan keputusan (Duruaku et al., 2024). Maraknya disinformasi, hoaks, dan polarisasi opini di media sosial menjadi bukti empiris bahwa pemahaman logika formal saja tidak cukup untuk menjaga akal sehat. Oleh karena itu, isu krusial yang muncul adalah bagaimana manusia dapat mengenali dan mengatasi sesat pikir agar dapat berpikir secara kritis dan rasional dalam kehidupan sehari-hari, sehingga teori berpikir logis tidak sekadar menjadi konsep abstrak, tetapi dapat diterapkan secara nyata dalam interaksi sosial.

Selama beberapa tahun terakhir, banyak penelitian telah mengeksplorasi fenomena sesat pikir dari berbagai perspektif, dan ini semakin relevan di Indonesia, terutama di tengah maraknya informasi yang tidak akurat di era digital. Literasi media merupakan strategi pendidikan yang efektif untuk membekali individu, terutama remaja, dalam menganalisis pesan media dengan lebih kritis, sehingga mereka dapat membedakan antara informasi yang valid dan manipulatif (Galli et al., 2021). Penelitian tersebut menekankan pentingnya pemahaman mengenai penggunaan media, terutama terkait dengan substansi yang mempengaruhi tindakan remaja, seperti penggunaan zat peningkat penampilan dan kinerja. Sementara itu, penelitian oleh Pinem, 2023 menyoroti peralihan media dari cetak ke digital dan dampaknya terhadap literasi media pengguna (Pinem, 2023). Penelitian ini mengungkapkan bahwa di tengah kebangkitan berita palsu, masyarakat harus memperkuat kemampuan literasi media mereka agar dapat mengenali manipulasi dan informasi yang tidak benar. Pinem mencatat bahwa meskipun pemahaman logika formal penting, tidak cukup untuk mencegah individu terjebak dalam kesalahan berpikir.

Penelitian tentang pendidikan kritis di Indonesia juga mendukung pandangan ini, dengan menekankan bahwa pendidikan harus memperkuat keterampilan berpikir kritis siswa yang berkaitan dengan kemampuan mendalami materi pembelajaran (Ismawati et al., 2023). Hal ini menunjukkan adanya hubungan yang kuat antara pemahaman logika dan praktik sosial dalam konteks pendidikan di Indonesia. Lebih jauh, studi oleh Syam dan Nurrahmi (2020) melaporkan rendahnya kemampuan literasi media mahasiswa dalam membedakan berita palsu dan berita yang benar, di mana mahasiswa meskipun terampil dalam menggunakan platform media sosial, belum yakin akan kemampuan mereka dalam hal tersebut (Syam & Nurrahmi, 2020). Dari gabungan penelitian-penelitian ini, jelas bahwa ada kesenjangan antara teori dan praktik dalam mengatasi sesat pikir. Oleh karena itu, pendekatan yang lebih holistik dibutuhkan, yang menggabungkan pelatihan formal dalam logika dan berpikir kritis dengan aplikasi praktis dalam kehidupan sehari-hari. Ini menjadi sangat penting di era digital di mana informasi dapat dengan cepat menyebar dan memengaruhi opini publik.

Kebaruan penelitian ini terletak pada pendekatan interdisipliner yang menggabungkan logika, psikologi sosial, dan analisis wacana untuk memahami sesat pikir sebagai fenomena sosial yang hidup. Berbeda dengan penelitian sebelumnya yang memandang fallacy hanya sebagai kesalahan argumentasi formal, penelitian ini menempatkannya sebagai praktik kognitif dan komunikatif yang terikat pada budaya berpikir masyarakat (Adhi, 2022). Pendekatan ini memungkinkan identifikasi pola-pola sesat pikir khas dalam konteks digital, misalnya ad hominem berbasis identitas atau appeal to popularity dalam diskursus viral. Analisis empirik dilakukan melalui studi percakapan daring, komentar media sosial, dan narasi publik yang mencerminkan bias berpikir kolektif. Dengan demikian, novelty penelitian ini bukan hanya terletak pada pemetaan jenis fallacy kontemporer, tetapi juga pada paradigma penelitian yang memandang sesat pikir sebagai fenomena kognitif sekaligus sosial yang relevan dengan tantangan zaman dan pendidikan berpikir kritis.

Tulisan ini bertujuan menjawab pertanyaan utama: *bagaimana bentuk, mekanisme, dan dampak sesat pikir muncul dalam kehidupan sehari-hari masyarakat modern, serta bagaimana cara efektif mengenalinya sebagai upaya membangun benteng akal sehat?* Pertanyaan ini menjadi penting karena sesat pikir tidak hanya kesalahan logika semata, tetapi juga dapat membuka celah bagi manipulasi, intoleransi, dan disinformasi. Fokus pada pertanyaan ini muncul dari fakta sosial bahwa banyak orang mudah menerima argumen yang menyesatkan karena disajikan secara persuasif, meskipun bertentangan dengan logika. Dengan merumuskan pertanyaan ini, penelitian diarahkan pada pemahaman dua dimensi: proses internal individu dalam menilai kebenaran secara rasional dan proses eksternal interaksi sosial yang membentuk pola pikir kolektif. Dengan demikian, penelitian ini menawarkan kontribusi teoritis sekaligus praktis bagi penguatan literasi berpikir kritis di masyarakat.

Argumen awal penelitian ini adalah bahwa sesat pikir muncul bukan hanya karena kurangnya pengetahuan logika, tetapi juga akibat konteks sosial, emosional, dan budaya yang memengaruhi cara berpikir individu (Shalima, 2023). Manusia cenderung mencari kenyamanan kognitif atau membela identitas sosialnya, sehingga kesalahan berpikir sering dipertahankan meski secara logika keliru (Pratama, 2022). Bukti empiris menunjukkan klarifikasi logis saja sering gagal mengubah keyakinan yang salah, karena masalah sesat pikir bersifat kognitif dan sosial sekaligus. Oleh karena itu, membangun benteng akal sehat membutuhkan sinergi antara pemahaman logika formal, refleksi kritis, dan kesadaran sosial, sehingga individu dapat mengenali pola pikir menyesatkan dan menjaga rasionalitas dalam menghadapi arus informasi yang kompleks. Dengan demikian, penelitian ini menegaskan bahwa literasi berpikir kritis merupakan kunci utama untuk membangun masyarakat yang rasional, etis, dan berpikiran jernih.

PEMBAHASAN

Definisi Sesat Pikir dan Konsep Dasar

Sesat pikir (*fallacy*) merupakan kesalahan dalam penalaran yang tampak logis di permukaan, namun sebenarnya cacat secara argumentatif. Dalam kajian logika klasik, *fallacy* didefinisikan sebagai bentuk argumentasi yang gagal memenuhi kaidah penalaran yang sahih, sehingga kesimpulan yang dihasilkan tidak dapat dipertanggungjawabkan secara rasional. Meskipun sering kali disusun dengan gaya bahasa yang meyakinkan, argumen yang mengandung *fallacy* justru menyesatkan karena menyamarkan kelemahan logisnya di balik keindahan retorika (Hermawan et al., 2024). Oleh karena itu, memahami hakikat *fallacy* menjadi langkah awal yang penting dalam mengidentifikasi kualitas suatu argumen, baik dalam konteks akademik maupun dalam kehidupan sehari-hari.

Secara umum, *fallacy* dibagi menjadi dua kategori besar, yaitu *formal fallacy* dan *informal fallacy*. *Formal fallacy* terjadi ketika kesalahan terletak pada struktur logika argumen itu sendiri. Dalam hal ini, meskipun premis-premis yang digunakan benar secara faktual, kesimpulan yang ditarik menjadi tidak valid karena bentuk penalarannya cacat. Sebaliknya, *informal fallacy* tidak bergantung pada struktur logika, melainkan pada konteks, penggunaan bahasa, atau aspek psikologis yang memengaruhi penerimaan argumen (Adhi, 2022). Jenis-jenis *informal fallacy* yang umum dijumpai antara lain *ad hominem* (menyerang pribadi lawan), *strawman* (memelintir argumen lawan), dan *appeal to authority* (mengandalkan otoritas tanpa dasar logis yang memadai).

Kehadiran *fallacy* dalam praktik komunikasi modern semakin kompleks dengan perkembangan media massa dan terutama media sosial. Informasi yang cepat dan melimpah sering mendorong masyarakat untuk menerima klaim tanpa verifikasi yang mendalam, menyebabkan peningkatan keberadaan sesat pikir seperti *bandwagon* (*appeal to popularity*) dan *emotional appeal*. Bentuk-bentuk *fallacy* tersebut sering dimanfaatkan untuk memengaruhi opini publik, berdasarkan strategi persuasi yang lebih emosional daripada rasional. Kurnia dan Neviyarni menyatakan bahwa dalam konteks komunikasi sosial, pesan persuasif bisa sangat efektif jika disesuaikan dengan proses kognitif audiens, tetapi propaganda yang mengabaikan pemikiran kritis dapat menjadi alat manipulatif yang berbahaya (Kurnia & Neviyarni, 2025). Keberadaan informasi yang tidak terverifikasi dan manipulatif di media sosial menunjukkan bahwa kesalahan berpikir bukan hanya menjadi tantangan dalam konteks akademik tetapi juga dalam masyarakat luas, berpotensi memengaruhi sikap, keputusan, dan kebijakan publik.

Dengan demikian, pemahaman yang mendalam tentang fallacy menjadi sangat penting dalam pengembangan literasi berpikir kritis di masyarakat. Individu yang mampu mengidentifikasi kesalahan logika dalam argumen tidak hanya lebih tahan terhadap manipulasi informasi, tetapi juga akan lebih mampu berpartisipasi di ruang publik secara rasional dan reflektif. Randyca et al. menunjukkan bahwa media sosial berperan sebagai alat informasi dan edukasi, tetapi juga dapat digunakan untuk persuasi dan mobilisasi yang berpotensi menyebarkan informasi yang keliru (Randyca et al., 2024). Penelitian semacam ini menegaskan pentingnya pendidikan yang memperkenalkan dan menerapkan pengajaran tentang fallacy dan logika kritis, agar individu dapat membedakan antara argumen yang valid dan yang bersifat manipulatif, serta mendukung pembentukan wacana publik yang sehat dan rasional.

Klasifikasi Fallacy dalam Kehidupan Sehari-hari

Dalam praktik keseharian, fallacy tidak hanya dapat dikaji dari sudut pandang logika formal, tetapi juga melalui mekanisme psikologis dan sosial yang melatarbelakanginya. Pendekatan ini penting karena kesalahan berpikir kerap tidak muncul semata-mata akibat kekeliruan rasional, melainkan juga karena pengaruh emosional, bias kognitif, dan dinamika sosial yang membentuk cara individu memproses informasi (Adhi, 2022). Dalam konteks ini, fallacy dapat dilihat sebagai refleksi dari keterbatasan manusia dalam menalar secara objektif ketika dihadapkan pada tekanan sosial, kebutuhan untuk diterima, atau kecenderungan mempertahankan pandangan pribadi. Oleh karena itu, analisis terhadap fallacy perlu mempertimbangkan dimensi psikologis dan sosial sebagai faktor penentu dalam munculnya pola penalaran yang keliru di tengah masyarakat (Adhi, 2022).

Salah satu bentuk fallacy yang paling umum ditemukan dalam interaksi sosial adalah ad hominem, yakni serangan terhadap pribadi lawan alih-alih terhadap substansi argumen yang diajukan (Kurnia & Neviyarni, 2025). Mekanisme ini sering kali berakar pada kecenderungan psikologis untuk mempertahankan identitas diri dan status sosial dengan cara mendiskreditkan pihak lain. Serangan personal tersebut menimbulkan ilusi bahwa argumen lawan menjadi tidak sahih, padahal secara logis validitas argumen tidak bergantung pada siapa yang menyampaikannya. Sementara itu, appeal to popularity atau bandwagon effect menunjukkan dimensi sosial dari fallacy, di mana individu cenderung menerima suatu klaim karena banyak orang mempercayainya. Fenomena ini memperlihatkan bahwa tekanan sosial dan keinginan untuk konformitas dapat menggantikan penalaran kritis dalam proses pengambilan keputusan. Jenis fallacy lain yang kerap muncul adalah strawman, yaitu strategi argumentatif di mana seseorang sengaja menyederhanakan atau memelintir argumen lawan agar lebih mudah diserang. Praktik ini sering digunakan dalam debat publik maupun wacana politik untuk menciptakan kesan kemenangan retoris tanpa menjawab substansi permasalahan yang sebenarnya (Kurnia & Neviyarni, 2025). Selain itu, terdapat pula false cause atau kesalahan dalam mengaitkan hubungan sebab-akibat tanpa dasar empiris yang memadai. Kesalahan ini umumnya muncul karena kecenderungan kognitif manusia untuk mencari pola dan keteraturan, bahkan ketika hubungan tersebut bersifat kebetulan semata (Adhi, 2022). Kedua bentuk fallacy tersebut menunjukkan bagaimana bias persepsi dan kebutuhan untuk menyederhanakan realitas dapat menghasilkan kesimpulan yang menyesatkan.

Klasifikasi fallacy berdasarkan mekanisme psikologis dan sosial memiliki nilai praktis dan epistemologis yang signifikan. Dari sisi praktis, pengelompokan ini membantu individu mengenali pola kesalahan berpikir yang sering muncul dalam percakapan, media, maupun diskursus publik. Dari sisi epistemologis, klasifikasi tersebut memperkaya pemahaman tentang hubungan antara logika, psikologi, dan sosiologi dalam pembentukan penalaran manusia. Dengan kerangka analitis yang sistematis, pembaca tidak hanya dapat mengidentifikasi bentuk-bentuk fallacy secara lebih akurat, tetapi juga memahami motif dan bias yang mendasarinya (Escandón-Vargas et al., 2021). Akhirnya, kesadaran terhadap dimensi psikologis dan sosial dari fallacy menjadi landasan penting dalam membangun kemampuan berpikir kritis yang lebih reflektif dan tahan terhadap manipulasi argumentatif di era informasi.

Mekanisme Munculnya Fallacy

Jenis *fallacy* lain yang kerap muncul adalah strawman, yaitu strategi argumentatif di mana seseorang sengaja menyederhanakan atau memelintir argumen lawan agar lebih mudah diserang. Praktik ini sering digunakan dalam debat publik maupun wacana politik untuk menciptakan kesan kemenangan retoris tanpa menjawab substansi permasalahan yang sebenarnya (Adhi, 2022). Selain itu, terdapat pula false cause atau kesalahan dalam mengaitkan hubungan sebab-akibat tanpa dasar empiris yang memadai. Kesalahan ini umumnya muncul karena kecenderungan kognitif manusia untuk mencari pola dan keteraturan, bahkan ketika hubungan tersebut bersifat kebetulan semata (Prasela et al., 2020). Kedua bentuk fallacy tersebut menunjukkan bagaimana bias persepsi dan kebutuhan untuk menyederhanakan realitas dapat menghasilkan kesimpulan yang menyesatkan.

Klasifikasi fallacy berdasarkan mekanisme psikologis dan sosial memiliki nilai praktis dan epistemologis yang signifikan. Dari sisi praktis, pengelompokan ini membantu individu mengenali pola kesalahan berpikir yang sering muncul dalam percakapan, media, maupun diskursus publik. Dari sisi epistemologis, klasifikasi tersebut memperkaya pemahaman tentang hubungan antara logika, psikologi, dan sosiologi dalam pembentukan penalaran manusia. Dengan kerangka analitis yang sistematis, pembaca tidak hanya dapat mengidentifikasi bentuk-bentuk fallacy secara lebih akurat, tetapi juga memahami motif dan bias yang mendasarinya (Adhi, 2022). Akhirnya, kesadaran terhadap dimensi psikologis dan sosial dari fallacy menjadi landasan penting dalam membangun kemampuan berpikir kritis yang lebih reflektif dan tahan terhadap manipulasi argumentatif di era informasi.

Fallacy muncul melalui interaksi kompleks antara aspek kognitif, emosional, dan sosial dalam proses berpikir manusia. Kesalahan berpikir tidak hanya dipahami sebagai penyimpangan logika formal, melainkan sebagai hasil dari dinamika mental yang melibatkan persepsi, motivasi, serta pengaruh lingkungan sosial (Kurnia & Neviyarni, 2025). Dalam banyak situasi, individu tidak selalu memproses informasi secara rasional dan sistematis; sebaliknya, mereka sering kali mengandalkan mekanisme berpikir cepat yang dipengaruhi oleh pengalaman, nilai-nilai, serta konteks sosial yang melingkupinya (Manggopa & Kumampung, 2023). Interaksi multidimensional ini menjadikan fallacy sebagai fenomena yang inheren dalam cara manusia menalar, terutama ketika menghadapi situasi yang menuntut pengambilan keputusan secara cepat atau di bawah tekanan sosial dan emosional.

Dari perspektif kognitif, kecenderungan manusia untuk menggunakan heuristic thinking atau strategi berpikir sederhana dalam memproses informasi menjadi salah satu penyebab utama munculnya fallacy. Heuristik memang membantu mempercepat pengambilan keputusan, namun sering kali mengorbankan ketepatan logis. Bias-bias seperti confirmation bias (kecenderungan mencari informasi yang mendukung pandangan sendiri) dan overgeneralization (menarik kesimpulan luas dari bukti terbatas) merupakan contoh nyata bagaimana mekanisme kognitif tersebut dapat menimbulkan kesalahan berpikir (Jenke, 2023). Dalam konteks ini, *fallacy* bukan hanya akibat ketidaktahuan terhadap logika, tetapi juga hasil dari keterbatasan sistem kognitif manusia yang berupaya menyederhanakan kompleksitas realitas (Šimunović et al., 2023).

Dampak Fallacy dalam Kehidupan Sehari-hari & Strategi Pencegahannya

Dampak *fallacy* tidak terbatas pada kesalahan persepsi individu, melainkan meluas hingga memengaruhi dinamika sosial dan kebijakan publik. Dalam tataran individu, kesalahan berpikir dapat menyebabkan penyimpangan dalam menafsirkan informasi, namun ketika terjadi secara kolektif, konsekuensinya dapat bersifat sistemik. Masyarakat yang terbiasa menerima argumen keliru tanpa verifikasi kritis akan mudah terjebak dalam polarisasi opini dan penyebaran disinformasi (Safitri, 2024). Dalam konteks politik dan ekonomi, fallacy sering kali memengaruhi pengambilan keputusan, seperti ketika individu atau kelompok mengambil sikap berdasarkan rumor, asumsi emosional, atau tekanan sosial tanpa dasar evidensial yang kuat (Ibnu et al., 2024). Fenomena ini menunjukkan bahwa fallacy bukan sekadar persoalan logika teoretis, tetapi memiliki dampak nyata terhadap stabilitas sosial dan kualitas kehidupan publik.

Salah satu manifestasi nyata dari *fallacy* dalam kehidupan masyarakat modern adalah munculnya bandwagon effect dan confirmation bias dalam pembentukan opini publik. Dalam bandwagon effect, individu cenderung meniru pandangan atau perilaku mayoritas tanpa mempertimbangkan validitas rasional dari pilihan tersebut. Hal ini sering terlihat dalam perilaku konsumen yang mengikuti tren pasar atau dalam perilaku pemilih yang dipengaruhi oleh popularitas kandidat politik (Ibnu et al., 2024). Sementara itu, confirmation bias memperkuat kecenderungan seseorang hanya mencari informasi yang mendukung pandangan yang telah dimilikinya, sehingga mempersempit ruang dialog dan memperdalam polarisasi sosial. Akumulasi dari kedua bentuk kesalahan berpikir ini dapat menghambat terbentuknya wacana publik yang sehat dan berbasis pada argumentasi rasional (Sitorus et al., 2024).

Dampak *fallacy* tidak terbatas pada kesalahan persepsi individu, melainkan meluas hingga memengaruhi dinamika sosial dan kebijakan publik. Ketika kesalahan berpikir menjadi bagian dari praktik komunikasi massa, misalnya melalui framing media yang menyesatkan atau retorika politik yang manipulatif, kepercayaan masyarakat terhadap sumber informasi sahih dapat menurun drastis (Hermawan et al., 2024). Akibatnya, muncul ketidakpastian epistemik yang mendorong masyarakat untuk bersandar pada opini pribadi atau sumber alternatif yang belum tentu kredibel. Kondisi ini menimbulkan apa yang disebut para ilmuwan komunikasi sebagai krisis epistemik, yakni situasi ketika batas antara fakta dan opini menjadi kabur (Hasid et al., 2022). Dalam konteks ini, pencegahan fallacy bukan hanya upaya intelektual, tetapi juga etika sosial untuk menjaga integritas wacana publik dan keberlanjutan demokrasi deliberatif.

Identifikasi dan pencegahan *fallacy* memerlukan pendekatan multidimensi yang mengintegrasikan pendidikan, refleksi diri, dan keterampilan komunikasi. Pendidikan logika dasar serta literasi berpikir kritis merupakan langkah awal untuk membantu individu mengenali struktur argumen dan mengidentifikasi pola kesalahan berpikir yang umum (Hermawan et al., 2024). Namun, pengetahuan logika saja tidak cukup tanpa adanya kesadaran emosional dan refleksi diri yang memungkinkan seseorang menahan bias kognitif serta resistensi terhadap informasi yang menantang pandangan pribadinya. Di sisi lain, kemampuan analisis wacana dan literasi media menjadi kunci dalam memahami konteks sosial dan motivasi di balik argumen persuasif yang tersebar di ruang digital (Adhi, 2022). Pendekatan holistik ini mendorong pengembangan kapasitas rasional sekaligus empatik dalam menghadapi kompleksitas komunikasi modern.

Dengan penerapan strategi yang terintegrasi tersebut, masyarakat dapat membangun apa yang dapat disebut sebagai "benteng akal sehat", yakni kemampuan kolektif untuk menilai dan memproses informasi secara objektif, rasional, dan etis. Benteng akal sehat ini berfungsi sebagai mekanisme perlindungan terhadap manipulasi informasi, disinformasi, dan propaganda yang berpotensi mengancam kohesi sosial. Selain itu, praktik dialog kritis dalam komunitas akademik, lembaga pendidikan, maupun ruang publik dapat memperkuat tradisi berpikir reflektif dan menghargai perbedaan pandangan berdasarkan argumen rasional, bukan emosi atau otoritas semu. Pada akhirnya, upaya kolektif untuk memahami dan mencegah *fallacy* tidak hanya berfungsi sebagai penguatan kapasitas intelektual, tetapi juga sebagai fondasi bagi pembentukan budaya berpikir rasional yang menjadi ciri masyarakat modern dan demokratis.

KESIMPULAN

Berdasarkan hasil analisis literatur yang mendalam, penelitian ini menyimpulkan bahwa *fallacy* atau kesesatan berpikir bukan sekadar bentuk kesalahan logika yang terjadi secara individual, melainkan fenomena multidimensional yang berakar kuat pada dinamika kognitif, emosional, dan sosial dalam kehidupan masyarakat modern. Kesalahan berpikir ini tidak hanya mencerminkan kelemahan dalam penalaran rasional, tetapi juga memperlihatkan bagaimana bias, emosi, dan pengaruh sosial dapat membentuk cara individu menafsirkan serta menyampaikan informasi. Dalam konteks komunikasi publik, keberadaan *fallacy* sering kali menjadi hambatan serius bagi terciptanya dialog yang sehat dan konstruktif. Ia dapat memperkeruh arus informasi, memperlebar jurang perbedaan pendapat, serta mengikis kepercayaan publik terhadap sumber-sumber informasi yang seharusnya kredibel.

Di era digital, fenomena ini menjadi semakin kompleks dan berbahaya. Disinformasi, *echo chamber*, dan budaya *clickbait* telah mempercepat penyebaran argumen sesat dengan daya jangkau yang luar biasa. Individu kerap kali terjebak dalam arus informasi yang bias dan emosional, sehingga sulit membedakan antara argumentasi yang valid dengan yang manipulatif. Akibatnya, kualitas komunikasi publik menurun, pembentukan opini menjadi tidak rasional, dan stabilitas sosial pun terancam oleh polarisasi yang tajam. Dalam kondisi demikian, penanggulangan *fallacy* tidak dapat dilakukan hanya melalui pendekatan logika formal semata, melainkan menuntut sinergi antara berbagai disiplin ilmu termasuk psikologi kognitif, sosiologi komunikasi, filsafat moral, dan studi media.

Upaya pencegahan *fallacy* harus dimulai dari pendidikan yang menumbuhkan kemampuan berpikir kritis dan reflektif sejak dini. Literasi media perlu diperkuat agar masyarakat mampu menilai keabsahan informasi dan mengenali pola manipulasi dalam wacana publik. Selain itu, kesadaran etika berpikir harus dikembangkan untuk mendorong tanggung jawab moral dalam proses berargumentasi, baik di ruang nyata maupun digital. Integrasi antara logika, empati, dan etika menjadi kunci dalam membangun ketahanan intelektual masyarakat. Dengan demikian, membangun "benteng akal sehat" merupakan tujuan utama dalam menghadapi tantangan era informasi. Benteng ini bukan hanya berupa kemampuan analitis yang tajam, tetapi juga sikap rasional, objektif, dan berintegritas dalam menilai kebenaran. Hanya melalui penguatan budaya berpikir kritis yang menyeluruh, masyarakat dapat menciptakan tatanan sosial yang cerdas, demokratis, serta berlandaskan pada penghormatan terhadap kebenaran dan kejujuran intelektual.

BAB 17
MENYERANG ORANGNYA, BUKAN ARGUMENNYA: MENGENALI SESAT PIKIR *ARGUMENTUM AD HOMINEM*

PENDAHULUAN

Diskursus publik dewasa ini menunjukkan betapa mudahnya percakapan rasional berubah menjadi arena serangan personal. Dalam sebuah talk show politik yang disiarkan nasional, misalnya, seorang ekonom muda mencoba menjelaskan implikasi fiskal dari kenaikan pajak. Sebelum ia menyelesaikan argumennya, politisi senior yang menjadi lawan debatnya memotong pembicaraan dengan komentar sinis: *"Anak seusia Anda belum mengerti realitas birokrasi, jadi pendapat Anda tidak relevan."* Penonton tertawa, moderator terdiam, dan pembahasan substansi fiskal langsung lenyap. Alih-alih membahas data atau premis argumen, diskusi bergeser menjadi evaluasi atas usia, pengalaman, dan kapasitas pribadi sang ekonom. Fenomena seperti ini bukanlah kejadian tunggal. Di media sosial, komentar netizen kerap menanggapi kritik kebijakan publik bukan dengan menyanggah argumentasinya, tetapi dengan menyerang latar belakang pengkritik agama, afiliasi politik, status sosial, bahkan penampilan fisiknya. Pada akhirnya, ruang diskusi berubah menjadi pertempuran yang menghabiskan energi untuk menyerang karakter, bukan gagasan. Pola serangan semacam ini bukan hanya memperkeruh suasana, tetapi juga secara sistematis melemahkan fondasi berpikir kritis dan rasionalitas publik (Mercier & Sperber, 2017).

Gejala tersebut menunjukkan adanya *jalan pintas berpikir* yang berbahaya, yang mampu membungkam lawan bicara tanpa perlu mematahkan argumen mereka. Di era digital yang menciptakan polarisasi tajam dan *echo chamber*, praktik ini makin sering digunakan lebih cepat viral, lebih mudah menarik emosi publik, dan lebih efektif membangun dukungan semu dibanding argumen rasional (Lewandowsky et al., 2020). Taktik tersebut dikenal secara teknis sebagai *Argumentum ad Hominem*, sebuah jenis sesat pikir (logical fallacy) yang telah dikritik oleh para filsuf logika sejak era klasik.

Secara sederhana, *Argumentum ad Hominem* adalah kekeliruan penalaran yang terjadi ketika seseorang menolak argumen bukan karena kelemahan logis atau faktualnya, melainkan karena menyerang karakter, motif, atau atribut pribadi pembuat argumen itu (Walton, 2000). Dengan memindahkan fokus dari proposisi ke personalia, penyerang menciptakan kesan seolah argumen tersebut tidak layak dipertimbangkan padahal relevansinya tidak memiliki hubungan dengan kualitas argumennya.

Bab ini bertujuan membedah secara konseptual dan praktis kesesatan *ad hominem*: mulai dari logika dasar kekeliruannya, ragam bentuknya yang sering muncul dalam kehidupan sehari-hari, hingga dampak destruktifnya bagi ekosistem diskursus publik dan akademik. Yang terpenting, bab ini juga membekali pembaca dengan strategi konkret untuk mengidentifikasi, menganalisis, dan merespons ad hominem secara kritis dan etis. Melalui pemahaman ini, mahasiswa diharapkan memiliki ketahanan intelektual dalam menghadapi argumen-argumen menyesatkan yang menyerang pribadi, bukan gagasan.

PEMBAHASAN

Membedah *Argumentum ad Hominem*: Logika di Balik Kekeliruan

Frasa Latin *argumentum ad hominem* secara harfiah berarti "argumen yang diarahkan kepada orangnya." Istilah ini telah digunakan sejak masa para filsuf retorika Yunani dan Romawi untuk menggambarkan bentuk penalaran keliru yang memindahkan fokus dari proposisi ke karakter pembawa argumen. Dalam tradisi logika formal, kesesatan ini mengacu pada upaya menggugurkan argumen seseorang dengan menyerang kualitas pribadi lawan, bukan analisis terhadap struktur logis argumen tersebut (Copi, Cohen, & McMahon, 2014). Mekanisme kekeliruannya terletak pada prinsip dasar logika: validitas suatu argumen tidak pernah ditentukan oleh siapa yang mengatakannya, melainkan oleh hubungan antara premis dan kesimpulannya. Sebuah argumen dapat tetap benar meskipun disampaikan oleh individu dengan karakter buruk, riwayat moral cacat, atau kepentingan tertentu. Sebaliknya, argumen bisa salah meskipun disampaikan oleh orang berstatus tinggi atau dianggap terhormat. Dengan demikian, serangan terhadap karakter tidak memiliki relevansi logis dengan kebenaran klaim. Secara teknis, kesesatan ini terjadi karena pelanggaran prinsip relevansi. Dalam logika informal, argumen yang baik harus memuat alasan yang relevan terhadap kesimpulan (Tindale, 2007). Ketika seseorang menolak argumen karena ia tidak menyukai pribadi penyampainya, ia telah mengalihkan fokus dari domain epistemik ke domain psikologis atau moral. Alih fokus ini bersifat menipu karena menciptakan impresi bahwa argumen telah dipatahkan, padahal tidak ada evaluasi substansial terhadap premisnya.

Mengapa kesesatan ini begitu umum dan persuasif? Dari perspektif psikologis, manusia memiliki kecenderungan bawaan untuk menilai sumber informasi sebelum mengevaluasi informasinya sebuah mekanisme adaptif yang pada masa awal evolusi membantu manusia menghindari ancaman dari individu yang tidak dapat dipercaya. Dalam konteks modern, mekanisme ini berubah menjadi *heuristic shortcut* yang sering disalahgunakan (Kahneman, 2011). Menyerang pribadi jauh lebih mudah, lebih cepat memancing emosi audiens, dan lebih "menghibur" dibandingkan membongkar argumen secara sistematis.

Di samping itu, media digital memperkuat daya tarik ad hominem. Algoritma media sosial secara aktif mempromosikan konten yang bersifat emosional, kontroversial, atau memicu konflik, sehingga serangan personal jauh lebih mungkin viral dibanding argumentasi rasional (Bakshy et al., 2015). Kombinasi antara kelemahan kognitif manusia dan desain platform digital membuat ad hominem menjadi salah satu kesesatan paling luas dan berpengaruh dalam percakapan publik hari ini.

Ragam Serangan Pribadi: Mengenali Berbagai Wajah *Ad Hominem*

Kesesatan ad hominem tidak muncul dalam satu bentuk tunggal. Ia berkembang dalam berbagai variasi dengan mekanisme yang berbeda-beda, namun semuanya tetap menyesatkan karena menyerang pribadi alih-alih memeriksa argumen. Bagian ini menjelaskan empat bentuk utama ad hominem berikut contoh aplikasinya dalam politik, akademik, dan kehidupan sehari-hari.

1. *Ad Hominem Abusive* (Hinaan Langsung)

Ini merupakan bentuk paling kasar dan paling mudah dikenali. Penyerang menyerang karakter, penampilan, kecerdasan, atau sifat personal lawan tanpa relevansi logis.

Contoh 1 Politik:

Seorang analis mengkritik kualitas data survei elektoral. Lawan politik menanggapinya dengan, "Apa yang dia tahu? Dia bahkan tidak pernah menang pemilu!" Argumen teknis digantikan dengan penghinaan. Contoh lain "Jangan dengarkan pidato anggota dewan itu tentang anti-korupsi. Dia sendiri adalah seorang pemabuk berat yang sering terlihat tidak sadarkan diri di tempat umum!"

Contoh 2 Akademik:

Dalam diskusi seminar, seorang mahasiswa mempertanyakan metodologi penelitian dosennya. Alih-alih menjelaskan, dosen berkata, "Pertanyaanmu dangkal sekali. Sudah jelas kamu tidak membaca!" Kritik metodologis dibalas dengan serangan atas kompetensi pribadi. Contoh lain "Teori yang diajukan profesor muda itu tidak perlu ditanggapi serius. Dia masih terlalu hijau dan kurang pengalaman di bidangnya".

Contoh 3 Percakapan sehari-hari:

Saat seseorang mengingatkan temannya tentang bahaya konsumsi gula berlebih, ia dibalas, "Kamu ngomong begitu karena iri badanmu nggak seideal aku." Fokus bergeser dari fakta medis ke penghinaan personal.

Meski bentuknya vulgar, abusive ad hominem sangat persuasif karena memancing tawa, rasa malu, atau rasa tersinggung emosi yang menutupi ketiadaan argumen.

2. *Ad Hominem Circumstantial* (Sirkumstansial)

Varian ini lebih halus. Alih-alih menghina langsung, penyerang menolak argumen dengan mengaitkannya pada keadaan, afiliasi, atau kepentingan pribadi lawan bicara. Implikasinya adalah bahwa lawan bicara memiliki konflik kepentingan sehingga argumennya pasti bias dan tidak valid.

Contoh:

"Dia mendukung RUU lingkungan karena dia bekerja di LSM hijau." Pernyataan ini mengasumsikan bahwa motivasi pribadi otomatis membatalkan validitas argumen, padahal argumen dapat tetap benar meskipun penyampainya memiliki kepentingan tertentu.

Contoh:

Seorang guru mengkritik sistem penilaian nasional. Kolega menolaknya: "Kritikanmu bias karena kamu mengajar di sekolah pinggiran." Kritik substantif diabaikan dengan menekankan latar belakang sosial guru.

Contoh

Ketika seorang ekonom menyarankan kebijakan pajak progresif, seorang pengusaha berkata, "Tentu saja dia setuju, dia bukan pebisnis." Pernyataan itu menolak argumen berdasarkan asumsi bahwa profesi menentukan kebenaran argumen.

Kesalahan logisnya terletak pada asumsi bahwa motivasi pribadi menghilangkan validitas argumen sebuah kesimpulan yang tidak dapat diterima secara logis.

3. *Tu Quoque* ("Kamu Juga")

Jenis ini berfokus pada tuduhan kemunafikan. Argumen ditolak karena penyampainya tidak konsisten dengan ucapannya.

Contoh 1.Ekonomi keluarga:
Seseorang menyarankan temannya untuk menabung. Temannya menjawab, "Kamu sendiri boros, jadi nasihatmu tidak valid." Padahal, kebenaran argumen tentang pentingnya menabung tidak bergantung pada perilaku pemberi nasihat.

Contoh 2 Politik:

Ketika seorang pejabat mengimbau transparansi anggaran, lawannya menimpali, "Anda juga dulu tidak transparan." Tuduhan ketidakkonsistenan tidak mematahkan argumen tentang perlunya transparansi. Contoh lain "Bagaimana kamu berani menyerukan kampanye peduli lingkungan dan mengurangi sampah plastik, sementara dalam acara kampanyemu sendiri masih menggunakan botol air minum kemasan?"

Contoh 3 Kesehatan masyarakat:

Dokter yang merokok memberikan edukasi anti rokok, lalu pasien berkata, "Anda saja merokok, bagaimana saya bisa percaya?" Perilaku dokter memang bertentangan, tetapi informasi medisnya tetap benar.

Tu quoque sering berhasil karena manusia cenderung tidak menyukai ketidakkonsistenan moral, sehingga mereka lebih fokus pada perilaku, bukan substansi.

4. *Guilt by Association* (Kesesatan karena Asosiasi)

Argumen ditolak karena orang yang menyampaikan dianggap memiliki kedekatan, kesamaan, atau hubungan dengan kelompok tertentu yang dinilai negative atau kontroversial.

Contoh 1 Akademik:

Mahasiswa mengajukan teori baru tentang pendidikan inklusif. Dosen menolak: "Beberapa ide itu mirip dengan tokoh pendidikan radikal itu." Tidak ada evaluasi substantif terhadap idenya.

Contoh 2 Politik:
Dalam debat publik, seorang warga mengusulkan kebijakan ekonomi. Pihak lain berkata, "Pendapatmu sama seperti kelompok ekstrem X, jadi tidak bisa diterima." Fokus diarahkan pada asosiasi, bukan kualitas argumen. Contoh lainnya "Gagasan reformasi pendidikan yang dia usulkan harus kita tolak. Dia pernah menghadiri konferensi yang dihadiri juga oleh kelompok anarkis."
Contoh 3 Media sosial:
Seseorang membagikan artikel ilmiah terkait perubahan iklim. Komentator menolak: "Itu banyak dibagikan anggota kelompok Y, jadi pasti bias." Artikel tidak dibahas, hanya asosiasi penyebarnya.
Kesesatan ini berbahaya karena mengandalkan prasangka sosial untuk melemahkan argumen tanpa menguji isinya.

Dampak Destruktif *Ad Hominem* dalam Diskursus Intelektual dan Publik

Ad hominem memiliki sejumlah konsekuensi serius terhadap kualitas diskursus, baik di ruang publik maupun akademik. Pertama, ia meracuni iklim diskusi. Ketika serangan personal menjadi norma, peserta diskusi enggan menyampaikan pandangan alternatif karena takut dipermalukan. Diskusi berubah menjadi kontestasi ego, bukan arena pertukaran gagasan. Dalam jangka panjang, kondisi ini menghambat perkembangan budaya akademik yang sehat (Nussbaum, 2010).

Kedua, ad hominem menghambat kemajuan pengetahuan. Ide-ide potensial sering kali ditolak bukan karena tidak benar, tetapi karena pembawanya tidak populer atau berasal dari kelompok yang distigma. Dalam sains, sejarah mencatat banyak penolakan awal terhadap penemuan hanya karena ketidakpercayaan terhadap penemunya. Ketika kualitas argumen ditentukan oleh siapa yang berbicara, bukan apa yang dibicarakan, inovasi intelektual menjadi stagnan.

Ketiga, dalam konteks media sosial, penggunaan ad hominem secara masif memperkuat polarisasi. Serangan personal memicu reaksi emosional yang memperdalam permusuhan antarkelompok, sehingga pengguna lalu memilih berinteraksi hanya dengan mereka yang berpandangan sama. Fenomena ini menghasilkan *echo chambers* yang mempersempit wawasan dan melemahkan kemampuan masyarakat dalam menilai argumen secara objektif (Sunstein, 2017).

Strategi Bertahan: Cara Merespons dan Melawan *Argumentum ad Hominem*

Menghadapi *ad hominem* membutuhkan keterampilan literasi kritis. Berikut strategi praktis yang dapat dilakukan:

1. **Identifikasi dan Namai**:

Langkah pertama adalah menyadari bahwa Anda sedang diserang secara *ad hominem*. Kemudian, sebutkan secara lugas. "*Saya merasa Anda sedang melakukan serangan ad hominem dengan membahas latar belakang pribadi saya, alih-alih membahas data yang saya sajikan.*" Tindakan penamaan ini merampas kekuatan kesesatan tersebut dan menunjukkan kedewasaan intelektual Anda.

2. **Abaikan dan Arahkan Kembali**

Jangan terpancing untuk membela diri secara emosional. Abaikan serangan tersebut dan dengan tenang serta teguh mengembalikan percakapan ke topik utama. "*Terlepas dari opini Anda tentang diri saya, mari kita kembali ke pokok pembicaraan mengenai kebijakan pajak. Bagaimana tanggapan Anda terhadap data yang saya tunjukkan tadi?*"

3. **Tunjukkan Ketidakrelevanannya**

Jika situasi memungkinkan, jelaskan secara singkat dan logis mengapa serangan tersebut tidak relevan. "Meskipun benar saya bekerja di industri senjata, hal itu tidak mengubah fakta bahwa analisis saya tentang anggaran pertahanan didasarkan pada data publik yang dapat diverifikasi oleh siapapun. Mari kita evaluasi data tersebut, bukan latar belakang saya."

Kemampuan ini penting agar dapat mempertahankan integritas intelektual dan menghindari jebakan emosional dalam berdebat.

KESIMPULAN

Argumentum ad hominem merupakan salah satu sesat pikir paling umum dan paling merusak dalam diskursus publik. Serangan personal yang menggantikan pembahasan substansi bukan hanya melemahkan kualitas dialog, tetapi juga mengancam fondasi berpikir kritis dalam masyarakat modern. Melalui penjelasan dalam bab ini, kita telah melihat definisinya, berbagai jenisnya mulai dari *abusive*, *circumstantial*, *tu quoque*, hingga *guilt by association* serta dampak destruktifnya terhadap dunia akademik dan kehidupan sosial.

Pemisahan antara argumen dan pembawa argumen merupakan salah satu pilar penting dalam tradisi intelektual. Menilai gagasan berdasarkan kekuatan premis dan kesesimpulannya adalah bentuk kedewasaan berpikir. Dengan demikian, penting bagi kita untuk selalu waspada ketika menghadapi serangan personal dalam diskusi dan secara aktif mengembalikan percakapan ke ranah substantif.

Akhirnya, bab ini mengajak pembaca untuk merefleksikan kebiasaan berargumen masing-masing. Sudahkah kita menilai argumen berdasarkan logikanya, ataukah kita terjebak menyerang pribadi tanpa sadar? Menjadi pemikir kritis berarti memiliki keberanian untuk mengakui kelemahan sendiri serta komitmen untuk membangun budaya diskusi yang sehat, rasional, dan etis. Di tengah derasnya arus informasi dan polarisasi, kemampuan untuk menilai gagasan secara objektif adalah bentuk tanggung jawab intelektual yang tak boleh diabaikan.

BAB 18
"KATA PAKAR" BELUM TENTU BENAR: MENGEVALUASI ARGUMEN BERBASIS OTORITAS (*ARGUMENTUM AUCTORITATIS*)

PENDAHULUAN

Dalam beberapa tahun terakhir, terjadi fenomena menarik dalam ruang diskusi publik, di mana argumen yang awalnya rasional sering berubah menjadi serangan pribadi. Perilaku ini, yang dikenal sebagai Argumentum ad Hominem, telah menjadi alat untuk mendiskreditkan lawan perdebatan tanpa perlu membahas substansi argumennya. Tidak jarang, dalam rancangan debat politik atau forum publik, dialek yang seharusnya konstruktif justru terjebak dalam cemoohan dan menyerang karakter pribadi lawan, mengakibatkan iklim diskusi yang semakin memburuk. Hal ini mencerminkan kecenderungan alami manusia untuk menghindari mengambil berdasarkan logika yang kuat dan beralih ke taktik ad hominem yang lebih mudah (Demir et al. 2025). Argumentum ad Hominem tidak hanya menimbulkan kesulitan dalam konteks publik; Ia juga menunjukkan dampak destruktif terhadap kualitas dialog dan iklim demokrasi secara umum. Sebuah penelitian menunjukkan bahwa serangan personal ini dapat mengganggu proses berpikir kritis dan menyebabkan polarisasi di masyarakat. Media sosial, sebagai arena baru bagi komunikasi, lebih mempercepat penyebaran serangan emosional dan taktik ini. Dalam konteks ini, praktik Argumentum ad Hominem dapat dipandang sebagai respons terhadap kebohongan untuk menghadapi argumen yang valid (Hitchcock 1992).

Perlu dibedakan antara Argumentum ad Hominem dan Argumentum ad Verecundiam, yang sering disamakan oleh beberapa orang. Sementara Argumentum ad Hominem menyerang karakter atau kebolehan pribadi pengusul argumen, Argumentum ad Verecundiam fokus pada serangan terhadap otoritas penyampai argumen tanpa menilai substansinya (Malik 2019). Merupakan kesalahan logika yang sama sama merugikan diskursus publik, namun memiliki karakteristik dan kekuatan yang berbeda dalam konteks argumentasi. Dengan memahami karakteristik Argumentum ad Hominem dan dampak destruktifnya, pembaca dapat dibekali dengan strategi untuk mengenali dan menanggapi taktik ini secara kritis. Penting bagi individu dalam konteks publik untuk selalu kembali pada substansi argumen yang disampaikan alih-alih terlibat dalam serangan pribadi, demi menciptakan ruang diskusi yang lebih sehat dan bertanggung jawab (Nippold 2024).

Dalam tahap akhir pembahasan ini, penekanan pada pengembangan budaya berpikir kritis menjadi krusial. Kesadaran akan logika, kesesatan berpikir, serta dampak dari Argumentum ad Hominem tidak hanya penting untuk diskusi publik, tetapi juga penting untuk pendidikan dan pengembangan keterampilan berpikir kritis dalam masyarakat (Zahra and Kusumawardhani 2024). Diharapkan, dengan pemahaman yang lebih baik tentang kesesatan ini, individu dapat berpartisipasi dalam diskusi publik dengan cara yang lebih etis dan konstruktif.

PEMBAHASAN

Fenomena Ketergantungan pada Otoritas: Analisis Akademik

Fenomena ketergantungan masyarakat pada otoritas dalam menentukan kebenaran sebuah argumen merupakan karakteristik yang menonjol dalam diskursus publik kontemporer. Dalam berbagai konteks mulai dari diskusi akademik, perdebatan politik, hingga percakapan sehari-hari pendapat pakar atau figur publik sering kali diterima tanpa proses verifikasi maupun evaluasi kritis. Identitas sosial seperti gelar akademik, jabatan struktural, atau popularitas dianggap sebagai indikator otomatis dari validitas sebuah klaim. Alhasil, proses berpikir rasional yang seharusnya berfokus pada bukti empiris dan kekuatan logis argumen sering berubah menjadi penerimaan pasif berdasarkan status atau citra digital seseorang. Fenomena ini semakin tampak dalam pola munculnya pseudo-otoritas yang aktif di platform digital (Evanega et al. 2020). Dalam era digital, dinamika ini diperkuat oleh cara media massa dan media sosial mengonstruksi otoritas. Tokoh masyarakat yang diberi label "ahli" tidak selalu memiliki kompetensi relevan, namun tetap memperoleh legitimasi karena kehadirannya yang dominan dalam ruang publik. Algoritma media sosial lebih mengutamakan viralitas ketimbang akurasi substansial, sehingga konten dari figur populer lebih mudah menyebar dibandingkan konten yang didukung metodologi ilmiah. Sistem algoritmik semacam ini tidak hanya memperpanjang jangkauan pandangan otoritas semu, tetapi juga memperkuat dominasi suara-suara yang tidak layak dalam diskursus publik. Dengan demikian, otoritas tidak lagi terbentuk dari kompetensi, tetapi dari visibilitas.

Ketergantungan seperti ini berdampak serius terhadap kualitas diskursus publik. Argumen yang seharusnya dievaluasi berdasarkan substansi justru dipertimbangkan berdasarkan siapa yang menyampaikan, sehingga membuka ruang bagi kesesatan berpikir seperti Argumentum Auctoritatis. Ketika masyarakat lebih fokus mendukung tokoh tertentu daripada menganalisis argumen yang diajukan, polarisasi sosial pun meningkat. Misalnya, selama pandemi COVID-19, banyak individu menerima atau menolak informasi semata-mata berdasarkan posisi seorang tokoh tertentu, bukan pada kualitas data ilmiah yang disajikan (Lavazza and Farina 2022). Kepercayaan tanpa analisis kritis semacam ini menciptakan kondisi diskursus yang rapuh, mudah dimanipulasi, dan tidak inklusif. Fenomena tersebut juga terlihat jelas dalam ranah politik, di mana pendukung seorang tokoh cenderung menerima seluruh pernyataannya tanpa kritik, sementara oposisi menolaknya secara otomatis. Penelitian menunjukkan bahwa pola pikir berbasis otoritas ini menciptakan ruang diskusi yang bias dan sensitif, sehingga menghambat dialog produktif. Ketika otoritas berbicara di luar bidang keahliannya, risiko misinformasi meningkat secara signifikan (Pilkington, Caplan, and Parsi 2025). Situasi ini menegaskan bahwa otoritas, meskipun penting dalam struktur pengetahuan, harus dinilai berdasarkan kompetensi, relevansi bidang, dan bukti pendukung yang dapat dipertanggungjawabkan.

Untuk menghadapi tantangan tersebut, diperlukan upaya sistematis dalam membangun budaya literasi kritis. Penghargaan terhadap otoritas bukanlah hal yang keliru selama masyarakat mampu menilai apakah otoritas tersebut relevan dengan isu yang dibahas dan apakah klaimnya didukung data yang memadai. Pendidikan menjadi instrumen utama dalam mengembangkan keterampilan berpikir kritis, seperti kemampuan mengevaluasi klaim, menilai kompetensi sumber, dan mengidentifikasi perspektif alternatif (Matei and Phillips 2023). Di sisi lain, media memiliki tanggung jawab etis untuk menghadirkan narasumber berdasarkan keahlian, bukan popularitas semata. Penelitian menunjukkan bahwa masyarakat dengan literasi kritis yang baik lebih mampu menangkal disinformasi dan menyaring argumen secara objektif. Dengan demikian, meskipun otoritas tetap memiliki peran penting, diskursus publik perlu diarahkan pada penalaran ilmiah, evaluasi bukti, dan pembentukan argumen yang sehat.

Identifikasi Masalah: Munculnya Kesesatan Argumentum Auctoritatis

Kecenderungan masyarakat dalam menerima opini berdasarkan status atau otoritas penyampai, yang dikenal sebagai *Argumentum Auctoritatis*, merupakan isu fundamental dalam kajian penalaran publik dan epistemologi kontemporer. Dalam pola pikir ini, validitas klaim tidak diuji melalui bukti empiris atau penalaran logis, tetapi semata-mata berdasarkan reputasi, gelar, atau status sosial figur yang menyampaikannya. Kesesatan berpikir semacam ini bukan sekadar kelemahan intelektual individu, tetapi juga mencerminkan persoalan struktural dalam budaya informasi modern yang menempatkan otoritas sebagai sumber kebenaran absolut. Misalnya, ketika publik menerima informasi medis dari seorang selebritas tanpa kompetensi profesional di bidang kesehatan, atau ketika pendapat figur terkenal dianggap sahih hanya karena popularitasnya, maka terjadilah cacat logika yang berbahaya. Kajian terbaru menunjukkan bahwa fenomena tersebut berkaitan erat dengan bias kognitif khususnya *authority bias* yang membuat individu lebih mudah mempercayai figur otoritas tanpa melakukan evaluasi kritis terhadap materinya (Whelan 2023).

Salah satu persoalan utama dalam Argumentum Auctoritatis adalah ketidaktepatan konteks keahlian. Tidak semua bentuk otoritas bersifat universal; otoritas bersifat domain-specific. Namun, dalam praktiknya, masyarakat kerap mengabaikan batasan tersebut. Pendapat seorang ekonom mengenai kebijakan kesehatan atau opini seorang dokter mengenai isu politik tidak secara otomatis memiliki bobot akademik yang sahih di luar kompetensi mereka. Kurangnya kesadaran publik terhadap relevansi domain keahlian ini menunjukkan rendahnya keterlibatan kritis terhadap informasi. Di ruang digital, persoalan menjadi semakin kompleks karena pseudo-otoritas yaitu figur yang tampak meyakinkan tetapi tidak memiliki dasar keilmuan dapat dengan cepat memperoleh pengaruh melalui gaya komunikasi persuasif, estetika digital, atau jumlah pengikut yang besar (Fritts and Cabrera 2022). Penelitian dalam psikologi kognitif menegaskan bahwa dalam kondisi seperti ini, individu sering kali mengabaikan proses verifikasi dan menerima informasi secara otomatis, terutama ketika informasi tersebut disampaikan dengan penuh keyakinan atau sesuai dengan preferensi emosional mereka.

Kondisi semakin diperparah oleh ekosistem media sosial, di mana karisma dan retorika sering kali lebih menonjol dibandingkan akurasi faktual. Algoritma platform digital bekerja dengan memprioritaskan konten yang menarik dan viral, bukan konten yang paling benar atau paling berbasis data. Hal ini menciptakan ruang publik yang penuh dengan representasi otoritas semu, karena figur yang paling menarik secara emosional justru memperoleh eksposur paling besar. Akibatnya, garis pemisah antara kredibilitas dan popularitas menjadi kabur, membuat individu semakin rentan terhadap kesesatan Argumentum Auctoritatis. Audiens media sosial sering kali lebih dipengaruhi oleh gaya penyampaian, persona, dan daya tarik visual daripada kekuatan bukti empiris. Dalam konteks ini, influencer atau tokoh populer dapat dengan mudah membangun legitimasi sosial tanpa legitimasi epistemik, yang kemudian berdampak pada penyebaran opini keliru secara luas.

Menghadapi bahaya tersebut, diperlukan perubahan paradigma dalam cara masyarakat berinteraksi dengan informasi. Salah satu titik intervensi paling penting adalah Pendidikan khususnya pendidikan literasi kritis yang membekali individu dengan kemampuan untuk mengevaluasi klaim berdasarkan bukti, bukan berdasarkan status penyampai. Pendidikan perlu mengajarkan prinsip-prinsip dasar epistemologi publik, seperti membedakan otoritas yang relevan dari otoritas semu, menilai kompetensi domain, serta memeriksa sumber dan bukti pendukung suatu argumen. Dengan bekal seperti ini, masyarakat dapat mengurangi ketergantungan irasional terhadap figur otoritas dan lebih mengutamakan analisis data yang objektif. Studi (Fritts and Cabrera 2022) menegaskan bahwa intervensi pendidikan yang menekankan evaluasi kritis terbukti mampu mengurangi kerentanan terhadap kesesatan logika dan meningkatkan kualitas pengambilan keputusan.

Pemahaman mengenai Argumentum Auctoritatis bukan hanya penting secara teoretis, tetapi juga memiliki implikasi praktis bagi pembentukan masyarakat yang lebih rasional dan tahan terhadap misinformasi. Upaya kolektif diperlukan untuk membangun budaya inkuisitif, di mana klaim diuji melalui bukti, mekanisme verifikasi, dan debat rasional, bukan menerima kebenaran berdasarkan figur yang menyampaikannya. Dengan memperkuat kapasitas kritis ini, individu dapat menavigasi lanskap informasi modern yang kompleks, meminimalkan jebakan kepercayaan berlebihan pada otoritas, dan pada akhirnya meningkatkan kualitas diskursus publik secara keseluruhan.

Penguatan Kesesatan oleh Era Digital

Perkembangan teknologi digital, khususnya melalui media sosial, telah merevolusi cara masyarakat memperoleh, memahami, dan memverifikasi informasi. Dalam era ini, fenomena

Argumentum Auctoritatis semakin diperburuk oleh batas yang kian kabur antara informasi yang valid dan opini pribadi yang disampaikan dalam bentuk simbol-simbol kepakaran. Konten yang menyebar di platform media sosial seringkali dinilai berdasarkan popularitas dan daya tarik visual, yang menjadi kriteria utama penerimaan public tentu saja, ini merupakan sebuah pergeseran yang signifikan dari penilaian berbasis akademik yang tradisional (Zeng, Lo, and Li 2023). Popularitas figur yang memiliki banyak pengikut sering kali dikaitkan dengan kredibilitas, sehingga mengabaikan substansi dari keahlian yang dimiliki.

Di ruang digital, indikator kredibilitas baru seperti jumlah pengikut dan tingkat interaksi kemudian menjadi metrik yang mendominasi evaluasi kualitas informasi. Elemen-elemen ini sering mengarah pada pembentukan ilusi otoritas di mana pendapat yang dihasilkan oleh figur populer dianggap lebih valid tanpa melalui proses verifikasi yang cukup. Fenomena ini mengakibatkan dominasi suara-suara yang mungkin kurang berlandaskan pada keilmuan tetapi memainkan peran besar dalam opini publik, karena algoritma media sosial lebih cenderung mempromosikan konten yang viral dan emosional (Greeshma et al. 2024). Dalam konteks ini, algoritma bertindak sebagai mesin amplifikasi yang memperburuk penyebaran misinformasi, dengan membiarkan argumen berbasis otoritas mendominasi narasi publik tanpa mempertimbangkan validitasnya.

Istilah pseudo-otoritas merujuk pada individu yang memperoleh status otoritatif bukan dari kompetensi akademik, tetapi dari daya tarik digital yang mereka miliki. Pseudo-otoritas ini dapat menyebarkan informasi yang tampaknya kredibel tetapi tidak berdasarkan bukti yang sahih. Ketika mereka berbicara tentang isu-isu sensitive seperti kesehatan, hukum, atau politik informasi yang mereka sampaikan dapat berpotensi sangat merugikan. Publik yang lebih memilih informasi yang menarik dan mudah diakses sering kali mengabaikan kualitas substansi, sehingga mengurangi kemampuan masyarakat untuk berpikir kritis dan menganalisis informasi yang diterima (Ahmed et al. 2025).

Dengan meningkatnya kompleksitas ini, ada urgensi untuk menerapkan pendekatan yang komprehensif terhadap literasi digital dan edukasi publik. Penting bagi masyarakat untuk memahami bahwa kepopuleran tidak selalu merefleksikan keahlian yang substansial dan bahwa algoritma yang mempromosikan konten populer dapat menciptakan bias informasi (Chen 2020). Upaya untuk meningkatkan transparansi algoritmik dan menyediakan sistem faktual yang menyaring informasi yang tidak akurat sangat penting dalam skenario ini, seperti yang disarankan dalam ulasan tentang peran teknologi dalam memerangi misinformasi. Hal ini memerlukan kolaborasi antara platform digital, pembuat kebijakan, dan masyarakat untuk menciptakan jaringan sosial yang lebih tahan terhadap penyebaran informasi yang salah serta membangun ketahanan publik menghadapi manipulasi informasi.

Era digital tidak hanya mempercepat penyebaran Argumentum Auctoritatis, tetapi juga membentuk dinamika baru dalam hubungan masyarakat dengan informasi. Oleh karena itu, literasi digital yang kuat dan penguatan peran platform dalam memitigasi misinformasi perlu diterapkan secara bersamaan untuk menggalang masyarakat yang lebih kritis dan terinformasi. Melalui pendekatan ini, potensi dampak negatif dari kesesatan berpikir yang didorong oleh media digital dapat diminimalkan, menjadikan ruang publik sebagai arena diskursus yang sehat dan bertanggung jawab.

Arahan Solusi: Evaluasi Kritis terhadap Klaim Otoritas

Mengurangi dominasi Argumentum Auctoritatis dalam masyarakat mensyaratkan kemampuan publik untuk membedakan antara otoritas yang kompeten dan pseudo-otoritas yang hanya mengandalkan reputasi sosial. Dalam konteks epistemologi modern, legitimasi sebuah pendapat tidak seharusnya bersandar pada status pembicara, tetapi lebih pada kekuatan bukti empiris dan koherensi logis yang mendukung klaim tersebut (Tommasi et al. 2021). Penting bagi masyarakat untuk menempatkan otoritas sebagai referensi yang harus diverifikasi, bukan sebagai penentu kebenaran mutlak. Reformulasi pandangan ini terbukti sangat penting mengingat setiap otoritas, meskipun kompeten, tetap memiliki keterbatasan dan potensi biasa yang dapat mempengaruhi kualitas argumen mereka.

Langkah awal yang krusial adalah melakukan verifikasi data dan informasi di balik setiap pernyataan. Pendekatan epistemik ini mendorong individu untuk aktif mencari sumber data, metode penelitian, dan tingkat reliabilitas dari argumen yang disajikan. Evaluasi berbasis data tidak hanya membantu masyarakat membedakan antara klaim faktual dan opini pribadi, tetapi juga menghindari bias konfirmasi yang sering muncul ketika seseorang cenderung menerima informasi yang sejalan dengan keyakinan tanpa pemeriksaan kritis (Kanashina and Huertas-García 2023). Dalam hal ini, literasi media yang kuat menjadi sangat perlu untuk memberdayakan masyarakat melakukan evaluasi yang benar-benar kritis pada informasi yang diterima dari berbagai sumber, baik dalam konteks akademik maupun sosial.

Selain verifikasi data, pemeriksaan kompetensi menjadi langkah penting dalam menentukan validitas suatu otoritas. Kompetensi tokoh tidak seharusnya ditentukan oleh popularitas atau jabatan, tetapi harus merujuk pada keahlian spesifik dalam bidang terkait. Misalnya, seorang ahli dalam bidang ekonomi belum tentu memiliki kapasitas untuk memberikan pandangan valid mengenai masalah kesehatan masyarakat. Dalam era digital, batas antara para ahli dan pseudo-ekspert semakin kabur. Oleh karena itu, masyarakat perlu memperhatikan indikator kompetensi seperti kualifikasi akademik, rekam jejak penelitian, serta publikasi ilmiah (Sartori et al. 2022); "Media Consumption and Media Literacy of Residents of the Republic of Crimea in the Context of Information Confrontation",. Dengan dasar ini, masyarakat dapat lebih bijak dalam memilih sumber informasi yang benar-benar kredibel.

Literasi kritis merupakan komponen fundamental dalam menghadapi kesesatan berbasis otoritas. Melalui literasi kritis, individu dilatih untuk menganalisis argumen, mengidentifikasi fallacy, dan mengevaluasi kredibilitas sumber. Hal ini memungkinkan individu untuk tidak mudah terpengaruh oleh gaya komunikasi persuasif atau penggunaan istilah teknis yang tampak meyakinkan, tetapi sebenarnya tidak substansial (Fan 2020). Pendidikan formal dan informal yang menekankan pengembangan literasi kritis, seperti melalui kurikulum berbasis pemikiran kritis dan pelatihan analisis media, menjadi sangat penting di zaman sekarang guna melawan kesesatan logika.

Akhirnya, strategi sistemik yang melibatkan kolaborasi antara institusi media, lembaga pendidikan, dan platform digital sangat diperlukan. Kolaborasi ini bertujuan untuk menciptakan ruang diskusi publik yang lebih rasional dan berbasis pengetahuan. Dengan menyediakan informasi yang terverifikasi dan menandai klaim otoritas yang tidak terbukti, konsumen informasi dapat lebih teredukasi. Budaya akademik yang menekankan transparansi metodologis dan akuntabilitas ilmiah juga harus diperkuat agar masyarakat lebih terbiasa untuk bukan hanya menerima argumen, tetapi juga menilai kualitas substansi yang disajikan (Vincent-Lancrin 2023). Dengan langkah-langkah ini, diharapkan masyarakat dapat efektif meminimalkan dampak Argumentum Auctoritatis dan membangun ekosistem pengetahuan yang lebih sehat, objektif, dan bertanggung jawab.

KESIMPULAN

Argumentum Auctoritatis, sebagai bentuk kesesatan berpikir yang mengandalkan status atau reputasi figur tertentu untuk memvalidasi kebenaran suatu klaim, merupakan tantangan serius bagi kualitas penalaran publik dalam masyarakat modern. Fenomena ini semakin menguat seiring perkembangan teknologi digital yang menghadirkan pseudo-otoritas dan mempopulerkan konten berdasarkan viralitas, bukan validitas. Ketergantungan yang berlebihan pada figur otoritatif baik selebritas, tokoh politik, maupun influencer digital mendorong masyarakat menerima informasi tanpa proses verifikasi yang memadai. Kondisi tersebut tidak hanya melemahkan kemampuan berpikir kritis, tetapi juga memperbesar potensi polarisasi sosial, penyebaran misinformasi, dan dominasi opini publik oleh otoritas yang tidak relevan dengan bidang keilmuan tertentu.

Di era digital, kesesatan ini diperburuk oleh algoritma media sosial yang mengutamakan popularitas dan keterlibatan pengguna, sehingga menciptakan ruang bagi pseudo-ekspert untuk membangun legitimasi sosial tanpa legitimasi akademik atau empiris. Akibatnya, batas antara kredibilitas dan karisma menjadi semakin kabur. Dalam situasi seperti ini, masyarakat sangat rentan terhadap manipulasi informasi dan pengaruh figur yang tampak meyakinkan tetapi tidak memiliki kompetensi yang memadai dalam isu yang dibahas. Oleh karena itu, pendidikan literasi digital dan kemampuan evaluasi kritis menjadi sangat penting dalam membangun ketahanan masyarakat terhadap distorsi informasi semacam ini.

Upaya mengatasi Argumentum Auctoritatis tidak dapat dilakukan secara parsial, melainkan harus melalui pendekatan multidimensional yang melibatkan verifikasi data, pemeriksaan kompetensi sumber, serta penguatan literasi kritis sebagai fondasi utama penilaian argumen. Pendidikan formal memiliki peran strategis untuk menanamkan keterampilan berpikir logis, kemampuan menilai bukti, dan kesadaran akan bias kognitif yang mempengaruhi penerimaan informasi. Selain itu, institusi media dan platform digital harus menerapkan praktik yang lebih bertanggung jawab dalam menghadirkan narasumber dan memoderasi konten, sehingga masyarakat dapat mengakses informasi yang akurat dan dapat dipertanggungjawabkan.

Secara keseluruhan, solusi terhadap dominasi Argumentum Auctoritatis tidak bertujuan menghilangkan peran otoritas, melainkan menempatkannya secara proporsional dan relevan. Otoritas tetap memiliki nilai epistemik, selama didasarkan pada keahlian yang sesuai dan didukung oleh bukti empiris. Namun, otoritas tidak boleh menjadi penentu kebenaran yang tak terbantahkan. Masyarakat perlu berpindah dari budaya penerimaan pasif menuju budaya penalaran aktif yang menekankan pemeriksaan kritis terhadap setiap klaim. Dengan demikian, ruang publik dapat berkembang menjadi arena diskusi yang lebih sehat, objektif, dan berorientasi pada kebenaran. Melalui kolaborasi antara masyarakat, lembaga pendidikan, media, dan platform digital, upaya mengurangi kesesatan Argumentum Auctoritatis dapat diwujudkan secara sistemik untuk menciptakan ekosistem informasi yang lebih rasional, inklusif, dan bertanggung jawab.

BAB 19
LOGIKA ANCAMAN DAN BELAS KASIH: MEWASPADAI SESAT PIKIR *AD BACULUM* DAN *AD MISERICORDIAM*

PENDAHULUAN

Dalam pembahasan mengenai manipulasi emosional dalam argumen publik, dua konsep yang sering digunakan adalah ad baculum dan ad misericordiam. Keduanya merupakan strategi retoris yang bertujuan untuk memengaruhi pendapat atau keputusan tanpa menyajikan argumen berbasis fakta yang memadai.Pertama, istilah ad baculum, yang secara harfiah berarti "rayuan dengan tongkat," merujuk pada penggunaan ancaman atau intimidasi untuk memaksa seseorang menerima suatu argumen. Penelitian menunjukkan bahwa jenis ancaman ini dapat menjadi sangat efektif ketika terdapat kredibilitas dari pihak yang memberikan ancaman, seperti contoh yang diambil dari pernyataan Presiden Trump yang mengancam akan menggunakan kekuatan untuk mendisiplinkan demonstran (Alaghbary 2020). Dengan pendekatan tersebut, alih-alih mencari persetujuan melalui alasan yang logis, argumen tersebut mengeksploitasi rasa takut sebagai alat persuasi, yang membuatnya secara logika menjadi sesat (Alaghbary 2020). Sebaliknya, ad misericordiam atau "rayuan kepada belas kasihan" adalah teknik yang memohon simpati untuk membenarkan suatu argumen, yang sering kali mengabaikan bukti rasional yang ada (Guillory and Geraci 2013). Ini menciptakan ilusi bahwa keputusan emosional dapat dijadikan dasar yang sah untuk penilaian moral atau etika.

Variasi penerapan kedua teknik ini terlihat dalam konteks berbeda. Dalam pendekatan ad baculum, bisa saja berupa ancaman eksplisit atau terselubung, seperti pengaruh otoritas yang dapat memanipulasi publik untuk patuh pada kebijakan tertentu. Misalnya, ancaman yang berhubungan dengan jaminan sosial atau tunjangan lain ditujukan untuk menciptakan kepatuhan melalui ketakutan akan kehilangan (Alaghbary 2020). Sementara itu, ad misericordiam sering digunakan dalam kampanye amal, di mana gambar anak-anak terlantar menunjukkan penderitaan untuk menggalang dukungan publik, bukan melalui fakta dan statistik, tetapi melalui manipulasi emosional yang kuat (Guillory and Geraci 2013). Hal ini terjadi di banyak saluran komunikasi di mana data atau argumen logis sering kali diabaikan demi emosi (Martino. 2019).

Dampak dari kedua teknik ini terhadap kualitas diskusi publik dapat dicermati dari berbagai perspektif. Manipulasi emosional mengakibatkan penurunan kualitas argumentasi, menggeser fokus dari analisis logis menuju penggunaan emosi sebagai sarana utama bagi persuasi (Ecker. 2022). Dalam konteks ini, argumen yang didasarkan pada emosi bisa mengakibatkan pembentukan opini yang tidak tepat dan pengambilan keputusan berbasis ketakutan atau belas kasihan, bukan bukti yang valid (Demir. 2025). Seiring dengan meningkatnya penggunaan media sosial sebagai platform untuk berbagi informasi dan berargumentasi, kesadaran masyarakat akan strategi-strategi manipulatif ini menjadi sangat penting (Arın, Mazrekaj, and Thum 2023).

Untuk merespons strategi manipulatif ini, pendekatan pendidikan kritis sangat dibutuhkan. Mahasiswa dan masyarakat umum perlu dilengkapi dengan keterampilan untuk mengenali jenis-jenis sesat pikir ini, bertanya tentang bukti yang mendasarinya, dan mengarahkan perhatian kembali pada logika dan bukti (Brooks. 2023). Pembelajaran tentang bagaimana memisahkan argumen yang valid dari manipulasi emosional adalah langkah penting menuju diskusi publik yang lebih sehat dan produktif.

PEMBAHASAN

Membongkar *ad baculum* dan *ad misericordiam*

Argumentum ad baculum, yang berasal dari bahasa Latin baculum, berarti "tongkat" atau "pentungan," adalah jenis argumen yang mengandalkan ancaman kekerasan atau konsekuensi negatif untuk memaksakan penerimaan suatu klaim. Sebagai contoh, slogan yang digunakan oleh gerilyawan di El Salvador, "vote in the morning; die in the afternoon" (pilih di pagi hari; mati di sore hari), secara langsung menekankan penggunaan kekerasan untuk mengintimidasi pendengar agar mengikuti arahan tertentu. Contoh lain yang terkenal muncul dalam film *The Godfather* (1972) ketika karakter Don Corleone menyatakan, "I'm gonna make him an offer he cannot refuse," yang menyiratkan ancaman kekerasan untuk memastikan bahwa kesepakatan tersebut diterima. Menurut Stanford Encyclopedia of Philosophy, argumen ad baculum umumnya dimaknai sebagai ancaman yang ditujukan kepada orang yang diajak bicara, dan meskipun bisa efektif sebagai cara untuk memaksa tindakan, ancaman tersebut tidak membuktikan kebenaran dari klaim yang dibuat (Alaghbary 2020).

Walaupun ancaman dapat mendorong tindakan tertentu dalam konteks praktis, seperti dalam negosiasi kerja, secara logika, ancaman tidak relevan dan tidak dapat membuktikan kebenaran argumen tersebut. Stanford menjelaskan bahwa, meskipun ancaman bisa membuat seseorang bertindak, jika argumen hanya bergantung pada ancaman, maka hal tersebut adalah bentuk yang tidak relevan untuk membuktikan kesimpulan. Ketika individu melihat kepercayaan orang lain sebagai ancaman untuk mempertahankan pandangannya, hal ini menjadi sesat pikir: menolak pandangan bukan karena faktanya, melainkan karena rasa takut akan konsekuensi, yang tidak ada hubungannya dengan kebenaran dari pandangan tersebut (Brooks. 2023).

Sebaliknya, argumentum ad misericordiam, yang berasal dari kata Latin *misericordia* yang berarti belas kasihan, mencoba untuk memohon simpati dengan menyoroti penderitaan atau kesulitan seseorang, seolah-olah belas kasihan tersebut berfungsi sebagai alasan mendukung klaim. Sebagai contoh, seorang pengacara yang memilih untuk menarik hati juri dengan cerita emosional tentang kliennya, alih-alih memaparkan fakta yang ada, merupakan penerapan dari argumen ini. Hal ini sejalan dengan pendapat Britannica yang mendefinisikan ad misericordiam sebagai rayuan yang memanfaatkan perasaan iba untuk membina empati, seringkali mengabaikan bukti logis (Guillory and Geraci 2013).

Secara rasional, penting untuk membedakan bahwa meskipun simpati bisa menjadi motivator moral untuk bertindak seperti memberi bantuan simbiosis antara belas kasihan dan bukti logis sangatlah lemah dalam konteks argumen. Penjelasan mengenai kesalahan ini sudah ditegaskan dalam berbagai sumber yang menekankan bahwa jika kita menerima suatu kesimpulan hanya karena merasa kasihan, kita telah jatuh dalam jebakan sesat pikir (Cummings 2014). Argumen ad misericordiam sering kali menghadirkan emosi yang kuat tanpa dukungan bukti yang sahih, sehingga meskipun terlihat persuasif, logikanya bisa sangat rapuh.

Maka dari itu, baik argumentum ad baculum maupun ad misericordiam, keduanya menyajikan cara berpikir yang berbahaya dalam debat publik. Penggunaan ancaman dan manipulasi emosional dapat menghasilkan kepatuhan tanpa mengedepankan kebenaran atau fakta yang relevan, yang pada gilirannya berdampak negatif pada kualitas diskusi dan pengambilan keputusan.

Variasi dan Contoh dalam Praktik

Dalam praktiknya, teknik argumentum ad baculum dan ad misericordiam dapat muncul dalam berbagai bentuk sebagai cara untuk memengaruhi opini atau keputusan orang lain. Berikut adalah beberapa variasi dan contoh dari kedua jenis argumen tersebut:

Ancaman Eksplisit (ad baculum)

Argumentum ad baculum sering kali menggunakan ancaman yang jelas. Contohnya yang umum dapat ditemukan dalam situasi sehari-hari seperti: "Anak itu belajar bukan karena ingin pintar, melainkan karena ibunya mengancam akan mencubit jika ia malas." Selain itu, contoh lain dalam masyarakat dapat dilihat ketika seorang pengendara berhenti di lampu merah bukan karena menghormati hukum, tetapi karena takut ditilang oleh petugas polisi yang terlihat. Di lingkungan akademis, dosen yang berkata kepada mahasiswanya, "Kerjakan tugas ini sekarang atau nilai Anda akan turun drastis," juga merupakan bentuk ancaman eksplisit yang bertujuan memaksa kepatuhan dengan ketakutan (Alaghbary 2020).

Ancaman Terselubung (ad baculum implisit)

Di samping ancaman yang eksplisit, terdapat ancaman terselubung yang tidak diucapkan secara langsung namun tersirat. Sebagai contoh dalam debat politik, seorang kandidat bisa menyatakan, "Saya yakin Anda tahu sendiri apa yang akan terjadi jika terus menentang," yang menebarkan rasa takut tanpa menjelaskan detail ancaman tersebut. Dalam budaya populer, kalimat dari Don Corleone dalam *The Godfather*, "I'm gonna make him an offer he cannot refuse," juga merupakan ancaman yang terselubung yang menyiratkan kekerasan tanpa diucapkan secara langsung. Slogan dari gerilyawan El Salvador "vote in the morning; die in the afternoon" juga merupakan contoh ancaman implisit yang mengancam pemilih dengan kematian jika mereka memilih melawan.

Berdasar Otoritas (variasi ad baculum)

Kedudukan atau otoritas dapat menguatkan dampak dari ancaman yang disampaikan. Misalnya, seorang atasan yang berkata, "Kita semua tahu risikonya jika tidak patuh dengan kebijakan perusahaan," memanfaatkan posisi kekuasaan untuk mengintimidasi tanpa menyampaikan argumen rasional. Contoh lain adalah pejabat tinggi yang mengingatkan bahwa "Ada konsekuensi serius bagi siapapun yang menentang keputusan ini." Meskipun tidak selalu muncul dalam literatur konkret, penggunaan ancaman berbasis otoritas lazim terjadi.

Belas Kasihan Personal (ad misericordiam)

Argumen ad misericordiam yang menggunakan belas kasihan berdasarkan pengalaman individual sering kali menggugah empati. Contohnya adalah pengemis yang menggendong bayi telanjang dan menangis di trotoar untuk memohon belas kasihan orang yang lewat. Di level akademik, mahasiswa sering kali meminta keringanan nilai dengan menceritakan masalah pribadi yang sedang dihadapi seperti sakitnya anggota keluarga atau kematian hewan peliharaan sebagai alasan tidak menyelesaikan tugas dengan baik, meski tidak menambah bukti logis yang kuat (Gachago. 2015).

Belas Kasihan Kolektif (ad misericordiam)

Variasi lain dari argumen ad misericordiam adalah dengan mengajak simpati atas penderitaan kelompok. Dalam kampanye sosial, misalnya, gambar atau cerita tentang anak-anak yatim atau korban bencana sering dipakai untuk memaksa publik setuju terhadap kebijakan tertentu tanpa analisis mendalam. Politisi dapat menggunakan ungkapan seperti, "Pikirkan para petani yang kehilangan mata pencaharian; tentu kita harus mendukung kebijakan ini," untuk menyentuh empati kolektif.

Eksploitasi Tragedi (ad misericordiam dramatis)

Teknik eksploitasi tragedi menggunakan kisah nyata atau fiktif untuk menarik simpati publik. Contoh yang terkenal adalah selama Perang Teluk 1990-91, ketika seorang gadis bernama Nayirah menangis di depan Senat AS dan mengklaim bahwa tentara Irak telah membunuh bayi di rumah sakit, yang kemudian terbukti direkayasa. Cerita dramatis tersebut telah digunakan untuk memengaruhi opini publik dan mendukung agenda tertentu, menggambarkan bagaimana tragedi dapat dieksploitasi dalam domain publik untuk tujuan persuasi yang lebih luas (Dhaliwal, Jordan, and Barclay 2024).

Dengan demikian, baik argumentum ad baculum maupun ad misericordiam mewakili cara-cara manipulatif yang dapat merusak logika argumentasi dalam diskusi publik, menyebabkan individu membuat keputusan berdasarkan emosi dan ketakutan dibandingkan fakta yang objektif.

Dampak Buruk Manipulasi Emosional dalam Diskursus Publik

Penggunaan ancaman dan belas kasih sebagai alat persuasi dapat merusak kualitas diskusi publik dengan menggeser fokus dari argumen rasional menuju emosional. Seperti yang dicatat dalam literatur, menerima kesimpulan hanya karena rasa kasihan merupakan bentuk sesat pikir yang dikenal sebagai *ad misericordiam*, di mana perasaan tersebut sering kali tidak relevan terhadap pokok bahasan yang sedang dibicarakan (Prakken 2006). Dalam banyak kasus, ini menyebabkan opini publik terbentuk berdasarkan sentimen emosional, bukan argumen logis yang berdasar pada bukti yang kuat. Sebagai contoh, dalam konteks pembentukan kebijakan publik, strategi yang memanfaatkan citra emosional yang menyedihkan sering kali diutamakan, meskipun solusi rasional mungkin menuntut pendekatan yang lebih terstruktur. Ketika masyarakat dihadapkan pada informasi yang menekan emosi, misalnya melalui slogan yang menyentuh seperti "jangan biarkan anak-anak kita meratap," ini dapat memicu reaksi terburu-buru terhadap kebijakan tanpa analisis yang memadai (Szczepańska-Włoch 2023).

Dampak jangka pendek dari manipulasi emosional ini adalah keputusan masyarakat dan pengambil kebijakan dapat dipengaruhi oleh narasi emosional yang menyesatkan. Dalam perdebatan isu lingkungan, sebuah kelompok bisa memonopoli perhatian publik dengan menimbulkan ketakutan atau perhatian kolektif, sementara data obyektif sering diabaikan. Selanjutnya, dalam situasi di mana argumen berbasis emosi menjadi dominan, upaya ilmiah dan kebijakan yang berbasis bukti dapat terhambat (Alaghbary 2020).

Dalam jangka panjang, ketergantungan pada manipulasi emosional ini dapat melemahkan iklim berpikir kritis dan etika komunikasi. Teori pragma-dialektika mencatat bahwa setiap bentuk fallacy, termasuk ad baculum, merusak aturan diskusi rasional. Kesalahan ad baculum khususnya sering kali melanggar norma yang melarang penggunaan ancaman yang dapat menghalangi lawan bicara untuk menyampaikan pendapat mereka (Visser, Budzyńska, and Reed 2017). Dengan demikian, pelanggaran norma semacam ini tidak hanya mengerdilkan aspek debat publik sebagai arena pertukaran ide, tetapi juga dapat mengubahnya menjadi ajang adu kekuasaan dan intimidasi.

Ketika diskusi publik dikuasai oleh emosi dan ancaman, etika komunikasi pun tergeser. Dalam konteks ini, penyebutan fakta dapat menjadi tabu, sementara pendekatan berlandaskan narasi emosional menjadi dominan. Dalam situasi ini, masyarakat mungkin kesulitan membedakan kebenaran dari informasi yang tidak tepat, dan iklim sosial-politik dapat dipenuhi oleh propaganda dan manipulasi (Casey 2022). Oleh karena itu, penting untuk menyadari bahwa mengandalkan argumen emosional tanpa dukungan bukti yang kuat adalah kesalahan serius yang dapat merugikan proses berpikir kritis.

Strategi Menghadapi dan Menghindari Manipulasi Emosi

Dalam menghadapi argumen yang menggunakan teknik manipulatif seperti ad baculum dan ad misericordiam, penting untuk menerapkan beberapa teknik kritis yang dapat membantu mengenali dan menanggapi bentuk-bentuk argumen tersebut. Berikut adalah beberapa strategi yang bisa digunakan:

1. Mengenali dan Memberi Label Sesat Pikir

Strategi pertama adalah mengenali jenis argumen yang muncul dan memberi label pada sesat pikir yang digunakan. Misalnya, jika seseorang menggunakan ancaman sebagai bagian dari argumennya, kita dapat segera mengidentifikasi ini sebagai *ad baculum* dengan menyatakan, "Ini bukan argumen logis, ini ancaman (ad baculum)." Mengidentifikasi dan menamai fallacy ini dapat menghentikan diskusi emosional yang tidak produktif dan memfokuskan kembali perhatian pada logika dan bukti yang relevan. Aturan ini menciptakan kesadaran bersama tentang strategi manipulatif yang digunakan dan membantu menciptakan lingkungan diskusi yang lebih konstruktif.

2. Kembalikan Fokus ke Bukti

Penting untuk mengarahkan diskusi kembali kepada data dan fakta yang mendasari klaim. Pertanyaan direktif seperti, "Apa fakta atau data yang mendukung klaim ini?" dapat menggugah pihak yang berbicara untuk memberikan bukti yang konkret. Jika penjelasan atau argumen yang diberikan didominasi oleh cerita emosional atau elemen kesedihan, kita harus menekankan bahwa simpati tidak dapat menggantikan kebutuhan akan bukti yang beranjak dari fakta dan logika. Seperti yang telah dinyatakan, "Perasaan kasihan biasanya tidak relevan dengan poin yang sedang dibicarakan," dan mengembalikan fokus kita kepada aspek ini akan memastikan bahwa diskusi tetap rasional.

3. Jaga Etika Diskusi

Ketika berhadapan dengan ancaman, penting untuk menolak dengan tegas namun tetap santun. Sebuah contoh respons yang baik bisa berupa, "Saya memahami perasaan ibu terhadap anaknya, tapi mari kita bicarakan alasan apa yang mendasari kebijakan ini." Menghindari tanggapan emosional yang berlebihan dan tetap menghormati lawan bicara adalah kunci untuk menjaga integritas diskusi. Strategi ini membantu meminimalisir ketegangan dan mendorong diskusi untuk tetap pada jalur yang beralasan, fokus pada alasan kembali daripada pada manipulasi psikologis.

4. Bertanya Kritis dan Sehat

Mengajukan pertanyaan kritis yang bersifat teliti terhadap setiap klaim emosional diperlukan untuk mencegah diri kita terpengaruh oleh argumen yang tampak lebih baik di permukaan. Bertanya seperti, "Benarkah permasalahan ini terjadi karena X atau ada faktor lain?" dapat membantu menggali lebih dalam di luar atraksi emosional yang disajikan. Dengan cara ini, kita dapat mencegah diri kita menjadi terjebak dalam narasi yang tidak produktif dan memastikan bahwa diskusi tetap berlandaskan pada pertimbangan rasional.

KESIMPULAN

Secara keseluruhan, **argumentum ad baculum** dan **ad misericordiam** merupakan dua jenis sesat pikir yang sering muncul dalam interaksi sosial sehari-hari. Kedua bentuk argumen ini tampak menggugah emosi baik itu ketakutan yang timbul dari ancaman maupun simpati yang dihasut melalui penggambaran penderitaan. Namun, keduanya pada dasarnya tidak menyediakan alasan yang logis atau bukti yang mendukung klaim mereka (Alaghbary 2020). Ad baculum memanfaatkan ketakutan akan kekerasan atau hukuman untuk memaksa penerimaan, sedangkan ad misericordiam menarik dukungan dengan memanfaatkan keindahan belas kasih tanpa landasan fakta yang kuat (Casey 2022).Dalam konteks pemikiran yang kritis, sangat penting untuk diingat bahwa keputusan seharusnya bersandar pada fakta dan penalaran, bukan semata pada emosional. Sebagaimana ditegaskan dalam literatur, meskipun emosi dapat digunakan untuk menyampaikan pesan dengan lebih mengena, menggunakan emosi sebagai argumen atau "pembuktian" merupakan sebuah kesalahan logis yang dapat menyesatkan (Casey 2022).

Sebagai bagian dari upaya meningkatkan kesadaran tentang kualitas diskusi publik, mahasiswa dan masyarakat umum perlu menginternalisasi pentingnya membedakan antara argumen logis dan manipulasi emosional. Setiap kali dihadapkan pada argumen yang berbasis ketakutan atau kasihan, penting untuk melakukan refleksi: apakah argumen tersebut didukung oleh data yang valid atau hanya sekedar bertujuan untuk memancing reaksi emosional? Melalui latihan reflektif dalam mengenali bentuk sesat pikir, menuntut bukti, dan menjaga diskusi tetap pada alasan yang rasional, kita dapat berkontribusi pada perbaikan kualitas diskusi yang lebih substansial.

Maka dari itu, mari kita berkomitmen untuk membangun budaya diskusi yang berlandaskan pada rasionalitas dan etika, di mana pencarian kebenaran dilakukan melalui logika dan bukti ketimbang jalan pintas emosional. Dengan demikian, informasi yang dihasilkan dari diskusi publik akan lebih jelas dan pengambilan keputusan dapat menjadi lebih bijaksana, demi kemajuan pengetahuan dan kebaikan bersama.

BAB 20
MENGKRITISI ARGUMEN POPULIS (ARGUMENTUM AD POPULUM)

PENDAHULUAN

Dalam konteks penalaran kritis dan fenomena argumen populis dalam wacana publik, terdapat beberapa aspek psikologis dan sosial-linguistik yang perlu dikaji lebih dalam. Hal ini sangat penting untuk memahami mengapa argumen yang bersifat populis dapat dengan mudah diterima oleh masyarakat tanpa evaluasi kritis yang mendalam. Argumen populis, yang seringkali dikenal sebagai argumentum ad populum, terjadi ketika kebenaran dari suatu klaim yang ditentukan oleh sebanyak mungkin orang yang mempercayainya, dan ini dapat dipadukan dengan fenomena bias kognitif yang mempengaruhi penerimaan informasi oleh individu.

Pertama, penelitian oleh Liu et al. menunjukkan bahwa individu cenderung menerima klaim yang sejalan dengan keyakinan mereka yang sudah ada, fenomena yang dikenal sebagai bias konfirmasi(Liu et al. 2021). Ini mengartikan bahwa media sosial dan struktur komunitas memiliki pengaruh yang besar terhadap ekspresi pendapat, menciptakan ruang di mana opini yang sejalan dengan norma sosial mendapatkan legitimasi lebih (Cabrera et al. 2021). Ketika masyarakat berinteraksi di platform digital, seperti media sosial, mereka dapat terkotak dalam komunitas yang seragam dan memperkuat pandangan yang sama, memungkinkan argument populis tidak hanya berkembang tetapi juga menjadi dominan dalam narasi publik.

Selanjutnya, kajian mengenai bukti sosial yang dilakukan oleh Cialdini menekankan bahwa banyak individu yang mengandalkan pendapat mayoritas untuk menentukan kebenaran, terutama dalam situasi di mana mereka merasa kurang yakin. Temuan ini sejalan dengan penelitian lebih lanjut yang menunjukkan bahwa situasi sosial, sekaligus norma-norma yang ada di dalamnya, dapat mempengaruhi bagaimana individu menanggapi informasi dan menginterpretasikannya (Kumar 2025). Ketika sebagian besar orang menganggap sesuatu sebagai benar, tekanan kelompok dapat menjadikan pandangan tersebut sebagai norma yang diterima secara luas, meskipun tidak selalu berdasarkan bukti yang kuat.

Namun fenomena ini tidak hanya berkaitan dengan aspek individu, tetapi juga melibatkan retorika strategi dalam komunikasi publik. Misalnya, penelitian oleh Bantugan menyoroti bagaimana diskursus publik yang terkait dengan masalah-masalah kontemporer dapat mendemonstrasikan polaritas yang tajam, di mana argumen didasarkan pada stigmatisasi, penilaian moral, dan keraguan terhadap kredibilitas informasi yang berlawanan (Bantugan 2025). Pendekatan argumen populis dalam konteks ini dapat dilihat sebagai alat strategi dalam membentuk opini publik, menampilkan antara penalaran kritis dan praktik sosial dalam memahami keabsahan argumen yang mendasarinya.

Dengan pemahaman ini, upaya untuk menelaah lebih dalam bagaimana argumen populis terbentuk dapat membantu memberikan wawasan tentang peran struktur sosial dan psikologis dalam pembentukan opini publik. Hal ini perlu menunjukkan penelitian yang lebih mendalam terkait kesesatan berpikir dan retorika dalam wacana publik, mengingat bahwa banyak pendapat yang diterima sebagian besar masyarakat dipengaruhi oleh argumen yang tidak selalu didasarkan pada bukti yang kuat, tetapi lebih pada norma sosial dan dinamika kelompok (Reißmann, Siemon, and Kinoshita 2023).

Kebaruan penelitian ini terletak pada pendekatannya yang mencakup analisis logika, linguistik argumentatif, dan dinamika sosial dalam memahami fenomena argumen populis. Pendekatan multidisipliner ini diperlukan karena argumen populis biasanya tidak hanya muncul dari kekeliruan berpikir, tetapi juga dari strategi bahasa yang digunakan untuk mempengaruhi pendapat publik secara efektif. Dalam konteks media sosial, penggunaan bahasa yang akrab dan kolektif bersama dengan klaim yang didukung oleh mayoritas menjadi semakin lazim, sehingga legitimasi sebuah klaim dapat dengan mudah diperoleh (Mazzoleni and Bracciale 2018) . Penggunaan mekanisme bahasa ini memungkinkan narasi populis untuk meresap lebih dalam ke dalam diskursus sosial, menciptakan persepsi bahwa argumen tersebut bersifat benar, bukan karena substansinya, karena popularitasnya di ruang publik.

Dalam analisis ini, penting untuk mempertimbangkan bagaimana populisme dipengaruhi oleh faktor psikologis dan dinamika sosial. Misalnya, individu sering kali merasa ingin mengamankan posisi sosial mereka dengan mengikuti opini yang mayoritas, dan dalam proses ini, aktor sosial yang terampil dapat menggunakan bahasa persuasif untuk mengemas klaim yang secara logistik lemah sehingga tetap terlihat valid (Hopster 2020), (Bos et al. 2019) .Di media sosial, algoritma yang mendukung konten populer dapat menyebabkan ilusi kebenaran, di mana informasi yang dipandang banyak oleh publik dianggap sebagai kebenaran kolektif, bahkan jika terlepas dari akurasi atau integritas argumentasi yang mendasarinya.

Tujuan utama dari penelitian ini adalah untuk memetakan dan menganalisis mekanisme pembentukan argumen populis dalam diskursus sosial, serta dampaknya terhadap kualitas penalaran publik. Dengan menanyakan bagaimana argumen populis terbentuk dan berfungsi, serta mempengaruhi cara berpikir masyarakat dalam pembentukan opini publik, penelitian ini akan memusatkan perhatian pada konstruk argumentatif dan strategi retorika yang memfasilitasi penerimaan argumen ad populum (Bos et al. 2019). Hal ini relevan karena struktur kekuasaan dan konteks sosial yang penerimaan tersebut dapat memberikan wawasan baru pada cara-pola yang mewarnai diskusi publik.

Sebagai proposisi awal, penelitian ini dalam proposisi sementara berargumen bahwa perkembangan argumentum ad populum diterapkan pada kombinasi dari dorongan psikologis untuk mendapatkan legitimasi, pengetahuan retoris dalam berkomunikasi, serta kekuatan struktur sosial dalam mendukung berbagai narasi populer. Sejalan dengan klaim bahwa populisme dapat dimanipulasi dan disajikan di media sosial untuk menciptakan citra yang menyempurnakan pandangan kandidat politik dan partai yang berlandaskan pada massa (Rensmann 2017),(Baptista, Gradim, and Fonseca 2024)et al. Dengan demikian, argumen ini akan diuji melalui analisis mendalam guna mengungkap secara mendalam cara kerja argumentum ad populum dalam kehidupan sosial.

Pembahasan Analisis Konsep Dasar Argumentum ad Populum

Argumentum ad populum, atau yang sering disebut sebagai "apel kepada popularitas," merupakan salah satu bentuk sesat pikir dalam argumen yang dapat mengganggu proses pengambilan keputusan di berbagai konteks, mulai dari akademik hingga politik. Pada intinya, sesat pikir ini muncul ketika seseorang menganggap bahwa kebenaran suatu pernyataan ditentukan oleh seberapa banyak orang yang mempercayainya (Deighk 1995). Karakteristik utama dari argumentum ad populum adalah ketidakmampuan untuk membedakan antara validitas suatu argumen dengan popularitas pendapat. Meskipun dukungan massal dapat memberikan rasa aman psikologis kepada individu, hal ini tidak mencerminkan kebenaran atau fakta (Boudry, Paglieri, and Pigliucci 2015).

Secara epistemologis, argumentum ad populum merusak prinsip dasar pencarian kebenaran, yang seharusnya didasarkan pada bukti dan analisis yang rasional. Dalam praktiknya, individu yang terjebak dalam pola pikir ini cenderung mengabaikan evaluasi kritis. Mereka lebih memilih untuk menerima informasi hanya karena dukungannya luas tanpa persepsi validitas substansinya (Nieto 2024). Hal ini diperburuk oleh pengungkapan-ungkapan populer seperti "semua orang tahu" atau "kebanyakan orang sependapat," yang menggiring orang untuk mengambil kesimpulan tanpa analisis yang mampu. Penelitian menunjukkan bahwa penggunaan argumentum ad populum sering kali digunakan dalam konten politik dan untuk memanipulasi audiens, sehingga mencapai tujuan dari diskusi.

Penting untuk dicatat bahwa argumentum ad populum bukan sekedar kesalahan logis yang dapat diabaikan, melainkan dapat mempunyai dampak serius dalam dinamika sosial dan politik. Argumen yang mengandalkan popularitas sering kali digunakan untuk membenarkan posisi politik atau sosial tertentu tanpa didukung oleh bukti yang kuat, yang mengarah pada dialog yang tidak produktif (Jansen 2019). Oleh karena itu, penting bagi individu untuk dapat mengidentifikasi dan mengeluarkan argumen ini secara kritis, untuk menjaga integritas rasional dalam diskusi dan pengambilan keputusan (Indah 2017).

Dalam rangka untuk memperkuat kualitas dialog, kita perlu berpegang pada prinsip-prinsip yang mendasari penalaran yang sehat, di mana argumen harus diukur berdasarkan bukti empiris dan analisis yang logis, bukan hanya berdasarkan siapa yang mendukungnya (Gena et al. 2019). Argumentum ad populum pada akhirnya melibatkan terhadap kesepakatan dan mencapai kesepakatan yang dapat dipertanggungjawabkan, mempertegasnya perlunya pertimbangan kritis argumen yang kita dalam masyarakat (Deighk 1995).

Fenomena argumentum ad populum di kalangan pelajar merupakan isu yang banyak dibicarakan dalam konteks akademik. Salah satu aspek utama dari fenomena ini adalah kecenderungan mahasiswa untuk mengikuti pemikiran mayoritas tanpa melakukan penelaahan kritis terhadap legitimasi argumen tersebut. Kecenderungan ini sering terlihat ketika mahasiswa mengutip ungkapan seperti "kebanyakan orang percaya" atau "umumnya dianggap benar" tanpa disertai bukti ilmiah yang mendukung (Donyai 2016). Dalam hal ini, popularitas sering dianggap sebagai indikator yang cukup untuk membenarkan suatu argument.

Pengenalan fenomena ini dapat dianggap sebagai hasil dari keinginan sosial untuk diterima dalam kelompok. Motivasi untuk menjaga keharmonisan sosial sering kali menyebabkan siswa memilih untuk menyetujui pendapat yang dominan di antara teman-teman sebaya mereka (Hart 2013),(Fox 2018). Akibatnya, mereka dapat menghindari terjadinya yang berpotensi menimbulkan perbedaan pendapat, yang pada pasangan berkontribusi pada rendahnya kualitas diskusi akademik. Selain itu, pemahaman yang kurang mengenai logika dan sesat pikir menambah kompleksitas situasi ini, menghasilkan kesulitan bagi siswa dalam membedakan argumen yang valid dari sekadar opini popular.

Media sosial juga memegang peranan penting dalam memperkuat pengaruh argumentum ad populum ini. Algoritma yang menonjolkan konten populer berkontribusi pada pembentukan ilusi bahwa informasi yang sering dibagikan secara kolektif adalah benar (Toledo and Carson 2023). Kebiasaan ini, yang awalnya terbentuk dalam konteks interaksi sosial, sering kali terbawa ke dalam ruang akademik, sehingga mempengaruhi cara siswa menilai argumen dan informasi (Gena et al. 2019). Terlebih lagi, adanya tekanan kelompok dapat berdampak lebih lanjut terhadap kemampuan kritis individu dalam mencerna informasi.

Oleh karena itu, fenomena argumentum ad populum dapat dipahami sebagai hasil interaksi kompleks antara kebutuhan sosial, kurangnya pemahaman tentang logika, dan pengaruh media sosial. Semua faktor ini berkontribusi pada perkembangan pandangan yang kurang kritis di kalangan pelajar, dan sering kali berujung pada argumen yang menyinggung dalam diskusi akademik. Dengan kata lain, jika pendidikan mengenai logika dan literasi kritis tidak ditingkatkan, maka argumen yang tidak didukung oleh bukti akan semakin mendominasi ruang debat akademik (Jazeri, Sukarsono, and Sumarti 2019).(Hahn and Oaksford 2007).

Hasil Observasi/Temuan

Fenomena di mana siswa cenderung mengikuti pendapat populer dalam diskusi kelas, sering kali tampak sebagai contoh dari pola berpikir yang dikenal dengan istilah **argumentum ad populum** . Mahasiswa sering kali tidak melakukan evaluasi kritis terhadap argumen yang disampaikan, melainkan mengikuti suara mayoritas untuk menghindari konflik atau perbedaan pendapat (Bond et al. 2023) . Kondisi ini menampilkan bahwa keputusan yang diambil tidak berasal dari analisis logistik yang mendalam, melainkan lebih kepada upaya untuk merasa aman dan diterima secara sosial (Donawa, nd) . Penelitian menunjukkan bahwa partisipasi dalam kegiatan sosial yang mendorong pengembangan keterampilan berpikir kritis dapat membantu siswa dalam membangun kepercayaan diri untuk berpendapat secara mandiri (Liu et al. 2021).

Selain itu, observasi menunjukkan bahwa mahasiswa seringkali mengutip opini publik sebagai kebenaran mutlak tanpa memverifikasi validitas atau sumber informasi tersebut. Dalam situasi di mana isu-isu sosial atau fenomena aktual dibahas, siswa menggunakan frase-frase seperti "masyarakat percaya bahwa" yang membuktikan keaslian mereka dalam membedakan antara opini populer dan fakta yang dapat diuji (Bowman 2010). Kecenderungan ini menjadi masalah serius dalam konteks pendidikan tinggi karena mengarah pada diskusi akademik yang kurang kritis dan analitis. Tanpa pengujian yang berbasis data, klaim-klaim yang beredar luas ini dapat menyebarkan kesalahpahaman terkait fakta yang benar dan membentuk kesalahpahaman di kalangan mahasiswa (Moro et al. 2021).

Contoh dari pitfall ini dapat terlihat dalam konteks pengambilan keputusan kelompok, di mana kesimpulan diambil berdasarkan konteks mayoritas, bukan kualitas argumen (Doody and Condon 2012). Penelitian menunjukkan bahwa kelompok sering kali mengabaikan pandangan alternatif yang lebih rasional jika tidak didukung oleh suara mayoritas (Lunggito, Aditomo, and Siaputra 2015). Hal ini menciptakan situasi di mana keputusan yang diambil preferensi memilih pertimbangan analisis yang berlandaskan. Dalam suasana ini, penggunaan teknik seperti debat dalam pengaturan akademik dapat meningkatkan keterlibatan intelektual dan mendorong siswa untuk melontarkan argumen dengan lebih kritis.

Oleh karena itu, perkembangan pola pikir kritis di kalangan siswa perlu ditingkatkan. Pemberian pelatihan dalam evaluasi argumen dan analisis diharapkan dapat membekali siswa dengan keterampilan yang diperlukan untuk berpikir secara mandiri dan kritis (Liu et al. 2021). Tanpa pemahaman yang cukup tentang keberadaan pola pikir seperti argumentum ad populum, siswa mungkin akan terus mengambil keputusan berdasarkan arus mayoritas, yang pada kontras membatasi potensi perkembangan akademik dan keterampilan berpikir kritis mereka dalam jangka panjang (Weeraratna 2019).

Dampak Argumentum ad Populum terhadap Kemampuan Berpikir Kritis Mahasiswa

Argumentum ad populum, atau daya tarik popularitas, secara signifikan memengaruhi kualitas argumen yang disampaikan mahasiswa, terutama terkait ketergantungan mereka pada opini populer alih-alih bukti empiris. Dalam konteks akademis, ketika popularitas menjadi tolok ukur kebenaran yang baku, mahasiswa seringkali mengabaikan proses-proses penting seperti riset data, referensi ilmiah, dan validasi teori yang seharusnya menjadi tulang punggung argumentasi akademis. Kecenderungan ini menghasilkan argumen yang dangkal dan kurang berlandaskan ilmiah, sebagaimana dibuktikan oleh diskusi seputar sesat pikir logis dalam wacana politik yang menyoroti bagaimana pandangan yang diterima secara umum dapat mengaburkan analisis kritis (Jazeri et al. 2019).

Lebih lanjut, penerimaan opini populer atas pemikiran kritis menghambat pertumbuhan intelektual siswa. Ketika siswa terbiasa menerima informasi tanpa mencermati struktur argumentatifnya, sensitivitas mereka terhadap sesat logika pun berkurang. Fenomena ini dapat menyebabkan siswa kesulitan membedakan antara argumen yang valid dan konsensus sosial, sehingga mengakibatkan terbatasnya kapasitas penalaran logis dan penilaian kritis terhadap informasi (Kahne and Sporte 2008). Implikasi jangka panjangnya mengkhawatirkan; dominasi argumentum ad populum dapat menurunkan kualitas wacana akademis secara keseluruhan, karena siswa semakin mengabaikan bukti yang kuat, metode ilmiah, dan keterampilan analisis kritis yang vital bagi wacana dan penciptaan pengetahuan yang efektif.

Dalam diskusi kelas, keberadaan argumentum ad populum melemahkan objektivitas, karena mahasiswa cenderung lebih mengutamakan sudut pandang mayoritas daripada analisis independen. Akibatnya, tren ini menghambat beragam perspektif, yang penting bagi wacana akademis yang dinamis. Mahasiswa dengan pandangan alternatif mungkin ragu untuk mengungkapkan gagasan mereka karena takut dikucilkan secara sosial, sehingga menciptakan lingkungan berpikir yang homogen dan membatasi keterlibatan kritis serta inkuiri (Niemeyer et al. 2023). Keengganan terhadap perbedaan pendapat ini semakin memperkuat gagasan yang dominan dan membatasi kesempatan untuk debat yang konstruktif, sehingga memperkuat siklus di mana berpikir kritis tidak dilatihkan.

Pada tataran masyarakat yang lebih luas, prevalensi argumentum ad populum memupuk budaya konformitas yang memengaruhi perilaku sosial dan dinamika opini publik. Ketika siswa menginternalisasi gagasan bahwa popularitas sama dengan kebenaran, mereka mengimpor pola pikir ini ke dalam lingkungan sosial mereka, yang berpotensi menumbuhkan masyarakat yang menganut opini arus utama tanpa evaluasi kritis. Konformitas budaya semacam itu dapat menghambat inovasi dan wacana rasional, membuat individu rentan terhadap manipulasi sentimen populis dan strategi propaganda yang mengeksploitasi opini publik untuk memengaruhi perilaku publik (Jazeri et al. 2019). Kurangnya literasi kritis dan keterampilan penalaran deliberatif di kalangan masyarakat dapat menyebabkan peningkatan kerentanan terhadap misinformasi dan polarisasi lebih lanjut dalam masyarakat.

Singkatnya, pengaruh argumentum ad populum yang meluas terhadap kualitas argumentasi siswa tidak hanya menghambat kemampuan analisis individu, tetapi juga memiliki implikasi yang luas bagi sistem pendidikan dan wacana masyarakat. Hal ini menekankan perlunya reformasi pendidikan yang menargetkan peningkatan kemampuan berpikir kritis dan penalaran logis, memastikan bahwa generasi mendatang dapat menavigasi kompleksitas informasi di era digital, secara aktif menantang narasi populer demi perspektif yang lebih berdasar dan berbasis bukti.

Analisis Model Berpikir Kritis sebagai Upaya Mengatasi Argumentum ad Populum

Upaya mengatasi kecenderungan argumentum ad populum pada siswa dapat diawali dengan penguatan kemampuan logika dan penalaran yang valid sebagai elemen penting dalam berpikir kritis. Logika formal, misalnya, memungkinkan siswa untuk menyaring pandangan umum yang tidak selalu beralasan valid dari argumen yang logis dan terstruktur. Dengan demikian, struktur argumen yang valid tidak hanya didasarkan pada kebenaran premis, melainkan juga pada hubungan sebab-akibat yang jelas dan dukungan bukti yang relevan (Permana 2016); (Astuti and Ahmad 2017). Teori logika yang diajarkan dengan baik dapat membantu siswa mengenali kelemahan dalam argumen yang kurang substansial meskipun dukungannya kuat dari segi opini publik (Asthiningsih, Fitriani, and Budiman 2020).

Pembelajaran logika formal perlu didukung dengan penerapan metode evaluasi argumentasi secara sistematis. Metode ini melibatkan identifikasi klaim utama dan alasan yang mendukungnya, serta bukti yang melandasi argumen tersebut. Melalui evaluasi semacam ini, siswa dapat membedakan antara argumen yang didukung oleh data empiris dan yang dibangun atas popularitas semata, sehingga mengurangi kecenderungan untuk menerima pendapat mayoritas tanpa analisis kritis (Raurell-Torredà et al. 2014); (Asthiningsih et al. 2020). Keterampilan dalam menilai validitas, relevansi, dan kecukupan bukti menjadi kunci dalam membangun pendapat yang berdasarkan pada analisis yang mendalam, dan berkontribusi pada pembentukan sikap skeptis yang rasional terhadap argumentum ad populum.

Metode pembelajaran berbasis studi kasus merupakan strategi yang efektif untuk meningkatkan kemampuan siswa dalam menghindari argumen ad populum. Analisis kasus nyata terkait isu-isu publik atau fenomena viral di media sosial akan mengajak mahasiswa untuk menerapkan logika dalam konteks praktis dan mengenali kesalahan penalaran yang umum terjadi dalam masyarakat (Sunaryo, Solihah, and Yulisma 2024): (Indriyani, Anam, and Istiqomah 2024). Dengan cara ini, mereka belajar mendengarkan argumen struktur dan menilai bukti yang tersedia dalam situasi nyata, yang membantu mereka untuk tidak menelan opini mentah-mentah populer. Penggunaan metode kasus memungkinkan interaksi yang aktif dan reflektif, yang mendorong pemahaman yang lebih dalam mengenai bagaimana argumen dapat disajikan dengan cara yang membungkus dan bagaimana mengukurnya (Uli and Lizawati 2019).

Selain itu, pengembangan kemampuan berpikir kritis melalui latihan argumentatif yang melibatkan identifikasi dan koreksi kesalahan penalaran juga sangat penting. Dengan melatih siswa untuk menganalisis argumen yang mengandung sesat pikir secara mendalam, mereka akan belajar mengungkap struktur argumentasi yang tidak valid dan menghasilkan argumen yang lebih kuat dan berdasarkan bukti (Ilmudinulloh 2022); (Ninawati, Biyatmoko, and Winarti 2023). Ruang untuk eksplorasi dan diskusi dalam konteks ini akan memperkuat kepercayaan diri siswa untuk menyuarakan pendapat yang mungkin berbeda dari pendapat mayoritas, sehingga mereka mampu membuat keputusan intelektual yang lebih mandiri dan rasional (Rustam et al. 2024). Secara keseluruhan, penguatan kompetensi logistik dan penerapan metode pembelajaran yang efektif akan memberikan landasan yang kokoh bagi siswa untuk berpikir kritis dan menghindari pengaruh argumentum ad populum dalam cara pandang mereka.

KESIMPULAN

Berdasarkan uraian pendahuluan, dapat disimpulkan bahwa *argumentum ad populum* merupakan persoalan krusial dalam diskursus sosial modern karena menunjukkan kesenjangan nyata antara prinsip penalaran kritis dan praktik argumentasi yang berlangsung di masyarakat. Meskipun teori menuntut setiap argumen dibangun atas dasar bukti dan logika yang sahih, realitas sosial memperlihatkan bahwa klaim yang populer sering kali diterima tanpa evaluasi kritis. Fenomena ini semakin menguat dalam isu politik, moral, dan kebijakan publik yang sarat dengan opini mayoritas yang belum tentu benar secara substantif.

Penelitian terdahulu menegaskan bahwa penerimaan terhadap argumen populis banyak dipengaruhi faktor psikologis seperti *social proof* dan bias kognitif. Namun, penelitian sebelumnya belum banyak menyentuh dimensi retorika dan konstruksi sosial dari argumen tersebut. Hal ini menunjukkan adanya ruang kajian yang belum terisi, yaitu memahami *argumentum ad populum* bukan hanya sebagai kesalahan berpikir, tetapi juga sebagai strategi komunikasi yang efektif dalam memengaruhi publik. Di sinilah penelitian ini memosisikan diri sebagai kajian yang memperluas perspektif melalui pendekatan multidisipliner. Kebaruan penelitian ini terletak pada upayanya menggabungkan logika, linguistik argumentatif, dan dinamika sosial untuk memetakan bagaimana argumen populis dibangun dan disebarkan, terutama dalam konteks media sosial. Melalui bahasa populer, klaim mayoritas, dan penguatan algoritmik, argumen populis memperoleh legitimasi yang tampak alamiah di mata publik, sehingga semakin sulit dibedakan dari argumen yang valid secara epistemik.

Oleh karena itu, penelitian ini bertujuan menjawab pertanyaan mengenai mekanisme terbentuk, beroperasi, dan berpengaruhnya argumen populis terhadap pola pikir masyarakat. Jawaban sementara menunjukkan bahwa fenomena ini tidak berdiri sendiri, melainkan merupakan hasil interaksi antara kebutuhan psikologis individu, strategi retorika, dan struktur sosial yang memperkuat narasi populer. Kesimpulan ini membuka jalan bagi analisis yang lebih mendalam untuk memahami bagaimana kualitas nalar publik dapat ditingkatkan melalui pendidikan logika, literasi media, dan pembudayaan sikap kritis.

BAB 21
MENCARI KAMBING HITAM: MENGHINDARI KESALAHAN LOGIS SEBAB-AKIBAT (NON CAUSA PRO CAUSA)

PENDAHULUAN

Kesalahan logis sebab-akibat atau Non Causa Pro Causa merupakan salah satu bentuk kekeliruan berpikir yang sangat sering muncul dalam kehidupan sehari-hari, terutama ketika masyarakat mencoba menafsirkan peristiwa secara cepat dan instan.

Dalam era digital saat ini, informasi bergerak dengan sangat cepat melalui media sosial, portal berita, dan diskusi public yang sering kali tidak melalui proses verifikasi. Situasi ini mendorong munculnya kecenderungan untuk mencari "kambing hitam" secara instan, yaitu menyalahkan pihak tertentu sebagai penyebab dari suatu peristiwa tanpa analisis mendalam ataupun bukti memadai.

Non Causa Pro Causa secara harfiah berarti "bukan penyebab yang menyebabkan", yaitu sebuah kesalahan berpikir ketika seseorang menetapkan suatu penyebab yang salah terhadap sebuah fenomena. Kesalahan ini biasanya dipicu oleh pola piker yang terlalu sederhana, kebutuhan emosional untuk menyalahkan sesuatu, serta ketidakmampuan memahami kompleksitas hubungan kausal dalam suatu fenomena. Dalam masyarakat, kesalahan ini sering muncul dalam bentuk rumor, propaganda, teori konspirasi, dan penilaian publik terhadap isu sosial. Fenomena ini menjadi makin berbahaya ketika digunakan dalam konteks pendidikan, politik, kesehatan, dan sosial. Dalam konteks politik misalnya, Non Causa Pro Causa sering digunakan untuk menyerang lawan politik dengan menuduh bahwa suatu kejadian terjadi akibat tindakan individu tertentu, padahal tidak ada bukti yang mendukung klaim tersebut. Kesalahan berpikir ini menghasilkan ketegangan sosial, memecah belah masyarakat, dan melemahkan kepercayaan public terhadap lembaga formal.

Dari segi pendidikan, mengenali dan memahami Non Causa Pro Causa merupakan bagian penting dari literasi logika dan berpikir kritis. Peserta didik perlu dibimbing untuk dapat membedakan antara korelasi dan kausalitas, memahami bahwa urutan peristiwa tidak selalu berarti sebab-akibat, serta menguji argumen menggunakan bukti ilmiah. Pendidikan yang berbasis pada kemampuan berpikir kritis dapat membantu mengurangi dampak negatif dari kesalahan logika ini. Dengan memahami karakteristik, dampak, serta strategi untuk menghindari Non Causa Pro Causa, masyarakat dapat lebih bijak dalam mengolah informasi, mengambil keputusan, serta berpartisipasi dalam diskusi publik secara lebih rasional. Kajian ini berupaya memberikan pemahaman komprehensif mengenai kesalahan logis ini, mulai dari definisi, contoh, dampak, hingga strategi pencegahannya berdasarkan literatur ilmiah.

PEMBAHASAN

Pembahasan berikut menguraikan secara sistematis mengenai definisi Non Causa Pro Causa, ragam bentuknya, contoh-contoh yang sering muncul, dampaknya dalam kehidupan masyarakat, serta strategi untuk menghindarinya. Dengan demikian, pembahasan ini diharapkan mampu memberikan pemahaman konseptual dan praktis yang dapat diterapkan dalam berbagai konteks sosial.

Definisi dan Hakikat Non Causa Pro Causa

Non Causa Pro Causa merupakan sebuah sesat pikir (logical fallacy) di mana seseorang menganggap sesuatu sebagai penyebab dari suatu kejadian padahal sebenarnya hubungan tersebut tidak terbukti atau tidak relevan. Dalam literatur logika, fallacy ini dapat terjadi karena seseorang salah menafsirkan hubungan korelasi sebagai hubungan kausal. Menurut Walton

(2008), kesalahan berpikir seperti ini muncul ketika argumen tidak memiliki dasar inferensial yang kuat, namun tetap disimpulkan sebagai hubungan sebab-akibat.
Kesalahan ini biasanya muncul dari beberapa sumber:
1. Keinginan untuk menjelaskan peristiwa secara cepat tanpa menganalisis data.
2. Ketidakmampuan memahami kompleksitas hubungan kausal.
3. Bias kognitif seperti confirmation bias atau illusion of control.
4. Tekanan sosial dan emosional yang membuat seseorang terburu-buru mencari penyebab.
Contoh paling umum dari kesalahan ini adalah menyimpulkan bahwa "peristiwa A menyebabkan peristiwa B karena A terjadi sebelum B", padahal belum tentu terdapat hubungan kausal. Korelasi temporal tidak boleh dianggap sebagai bukti kausalitas. Sebagaimana dijelaskan oleh Boudry dan Pigliucci (2015), para peneliti harus berhati-hati ketika menghadapi data observasional agar tidak menyimpulkan hubungan sebab-akibat tanpa pembuktian ilmiah. Di dalam kehidupan sehari-hari, kesalahan ini dapat muncul dalam bentuk tuduhan, prasangka, dan asumsi yang tidak berdasarkan penelitian. Misalnya, seseorang menyalahkan teknologi tertentu sebagai penyebab moralitas remaja menurun, padahal fenomena tersebut dipengaruhi banyak faktor seperti lingkungan keluarga, pendidikan, peer group, dan perkembangan psikologis.

Ragam Jenis Non Causa Pro Causa dan Contohnya

Terdapat beberapa ragam atau bentuk dari Non Causa Pro Causa yang sering muncul, di antaranya:
1. Post Hoc Ergo Propter Hoc
Ini adalah bentuk paling terkenal dari kesalahan sebab-akibat. Seseorang berasumsi bahwa jika A terjadi sebelum B, maka A menyebabkan B. Contoh: "Setelah pemerintah menaikkan harga BBM, angka kriminalitas meningkat. Jadi, kenaikan BBM adalah penyebab kriminalitas." Padahal, kenaikan kriminalitas mungkin disebabkan oleh faktor-faktor lain.
2. Reverse Causation (Kausalitas Terbalik)
Seseorang menyimpulkan bahwa A menyebabkan B, padahal sebenarnya B-lah yang menyebabkan A. Contohnya, seseorang mungkin menganggap bahwa seseorang menjadi rajin karena mereka mendapatkan nilai tinggi, padahal sebenarnya nilai tinggi diperoleh karena mereka rajin sejak awal.
3. False Attribution
Ini terjadi ketika penyebab yang sebenarnya diabaikan dan seseorang menyalahkan penyebab yang tidak relevan.
Contoh: Menuduh kelompok sosial tertentu sebagai penyebab penyakit hanya karena mereka tinggal di daerah tertentu.
4. Oversimplified Cause
Dalam bentuk ini, seseorang menyederhanakan penyebab sebuah fenomena kompleks menjadi satu faktor saja. Misalnya, menyimpulkan bahwa semua masalah pendidikan disebabkan oleh guru, padahal terdapat faktor kurikulum, kebijakan, sarana prasarana, dan dukungan keluarga yang juga berpengaruh. Kesalahan-kesalahan ini semakin mudah terjadi dalam situasi sosial yang memiliki tekanan emosional tinggi atau ketika informasi sangat terbatas. Dalam konteks pandemi COVID-19 misalnya, banyak orang mencari "kambing hitam" dengan menyalahkan vaksin, negara tertentu, atau konspirasi tertentu tanpa bukti yang kuat.

Dampak Kesalahan Non Causa Pro Causa dalam Kehidupan Publik

Kesalahan logis ini memiliki dampak yang luas dan serius dalam kehidupan masyarakat, di antaranya:
1. Munculnya Tuduhan Tidak Berdasar
Ketika masyarakat dengan mudah menyimpulkan penyebab tanpa bukti, maka banyak individu atau kelompok dapat menjadi korban. Tuduhan semacam ini bisa merusak reputasi dan menyebabkan keretakan sosial.

2. Kebijakan Publik yang Salah Arah
Jika pembuat kebijakan salah memahami penyebab sebuah masalah, maka kebijakan yang dibuat tidak akan efektif. Misalnya, menyalahkan media sosial sebagai penyebab perilaku buruk remaja bisa menyebabkan kebijakan yang salah arah, padahal faktor pendidikan dan keluarga lebih dominan.
3. Munculnya Teori Konspirasi
Ketika publik tidak memahami hubungan sebab-akibat secara benar, maka ruang bagi teori konspirasi semakin luas. Ini mengakibatkan runtuhnya kepercayaan kepada ilmu pengetahuan dan lembaga formal.
4. Penurunan Kualitas Literasi Logis
Masyarakat yang terbiasa menyimpulkan secara cepat tanpa bukti akan kehilangan kemampuan berpikir kritis. Dalam jangka panjang, hal ini berpengaruh pada stabilitas sosial dan kualitas demokrasi. Menurut Badawi (2024), salah satu bahaya utama dari kesalahan berpikir ini adalah meningkatnya polarisasi sosial yang bersumber dari tuduhan-tuduhan keliru yang terus diulang tanpa dasar yang kuat. Hal ini menunjukkan pentingnya literasi logika dalam masyarakat.

Strategi Menghindari Non Causa Pro Causa

Untuk menghindari kesalahan logis sebab-akibat, beberapa strategi yang dapat dilakukan antara lain:
1. Mengutamakan Data dan Bukti
Setiap argumen yang melibatkan hubungan sebab-akibat harus didukung oleh data empiris, bukan sekadar dugaan atau urutan kejadian.
2. Menghindari Generalisasi Cepat
Kesimpulan sebab-akibat harus mempertimbangkan variasi data serta faktor-faktor lain yang mungkin berperan.
3. Memahami Perbedaan Korelasi dan Kausalitas
Korelasi tidak selalu berarti kausalitas. Dua variabel dapat bergerak secara bersamaan tanpa saling menyebabkan.
4. Menggunakan Metode Ilmiah
Pengujian hipotesis, eksperimen, dan analisis statistik dapat membantu memastikan apakah sebuah hubungan benar-benar bersifat kausal.
5. Menahan Diri untuk Tidak Cepat Menyalahkan
Refleksi dan analisis mendalam perlu dilakukan sebelum menarik kesimpulan mengenai penyebab suatu peristiwa. Dengan menerapkan langkah-langkah tersebut, masyarakat dapat menghindari tuduhan tidak berdasar dan membangun cara berpikir yang lebih matang.

KESIMPULAN

Non Causa Pro Causa adalah salah satu kesalahan berpikir yang paling mudah terjadi dalam kehidupan sehari-hari. Dengan pemahaman yang mendalam mengenai konsep sebab-akibat, masyarakat dapat terhindar dari kesalahan penilaian dan mampu mengambil keputusan secara lebih bijak. Pendidikan mengenai logika, bukti empiris, dan metode ilmiah merupakan fondasi penting dalam membangun masyarakat yang kritis dan rasional. Oleh karena itu, penting bagi individu, pendidik, dan lembaga pendidikan untuk mengajarkan kemampuan berpikir kritis
dan logis agar masyarakat tidak mudah terjebak dalam kesalahan berpikir yang dapat berdampak negatif terhadap kehidupan sosial, politik, dan pendidikan.

BAB 22
LOGIKA KETIDAKTAHUAN: MEMBONGKAR SESAT PIKIR ARGUMENTUM *AD IGNORANTIAM*

PENDAHULUAN

Isu misinformasi, terutama dalam konteks tuduhan tanpa bukti seperti yang terjadi terhadap ijazah Presiden Jokowi, mencerminkan kesalahan berpikir yang sering berubah menjadi argumentum ad ignorantiam. Argumen ini ditandai dengan asumsi bahwa kebenaran suatu klaim bisa ditentukan hanya berdasarkan ketiadaan bukti yang mendukung, seperti yang dijelaskan oleh Walton dalam diskusi tentang beban pembuktian (Walton 2008). Dalam debat publik, klaim-klaim yang tidak diverifikasi dapat berbahaya, karena mereka seringkali memindahkan beban pembuktian kepada pihak yang menentang, bukan pada pihak yang membuat klaim (Beniermann, Mecklenburg, and Belzen 2021). Akibatnya, hal ini mengalihkan diskusi dari pertimbangan ilmiah yang berbasis bukti menuju spekulasi yang tidak berdasar, sehingga menciptakan ketidakpastian dan keraguan dalam masyarakat.

Lebih lanjut, argumentum ad ignorántiam merupakan satu dari sekian banyak kesalahan logika yang muncul dalam argumen sehari-hari. Ini menganggap sesuatu benar hanya karena tidak terbukti salah, atau sebaliknya. Dalam konteks ini, benang merah antara teori dan bukti sangat penting, sebagaimana yang diuraikan oleh Pigliucci dan Boudry (Pigliucci and Boudry 2013). Mereka menekankan bahwa pemahaman yang tepat tentang beban pembuktian dapat membantu mencegah penyebaran mitos dan informasi yang salah, termasuk dalam konteks pseudoscience dan teori konspirasi. Tanpa adanya bukti yang memadai untuk suatu klaim, tuduhan tersebut harus dianggap tidak sah.

Fenomena yang mencolok ini memiliki dampak destruktif pada praktik intelektual dan kehidupan publik. Koslowski menunjukkan bahwa orang sering terjebak dalam pola pikir yang mengabaikan bukti yang bertentangan dengan keyakinan mereka, sehingga mempersulit perkembangan pemikiran kritis dan diskusi yang produktif dalam isu-isu sains dan sosial (Koslowski, 1996). Dalam konteks pendidikan dan komunikasi ilmiah, sangat penting untuk membekali mahasiswa dengan keterampilan berpikir kritis untuk mengenali dan menolak klaim-klaim yang berdasar pada ketiadaan bukti (Beniermann et al. 2021).

Dengan berdasar pada argumentum ad ignorantiam, strategi untuk menolak klaim yang tidak didukung oleh bukti perlu dipertegas. Hal ini tidak saja penting bagi individu, tetapi juga bagi komunitas yang lebih besar untuk mempromosikan diskursus yang berbasis pada fakta dan pemahaman yang mendalam, bukan sekadar pada asumsi atau ketiadaan bukti (Badawi 2024). Oleh karena itu, menjadi tanggung jawab fundamental dari setiap orang dan lembaga pendidikan untuk memastikan bahwa argumen yang tidak berdasar tidak mendapatkan tempat yang layak dalam diskusi publik.

PEMBAHASAN

Membedah *Argumentum ad Ignorantiam*: Definisi dan Logika Dasarnya

Istilah *argumentum ad ignorantiam* berasal dari bahasa Latin yang berarti "argumen kepada ketidaktahuan". Istilah ini sering dikaitkan dengan kesalahan berpikir informal yang terjadi ketika ketiadaan bukti digunakan sebagai dasar untuk mendukung suatu klaim (Walton 1988). Dalam praktiknya, argumen semacam ini mengasumsikan bahwa suatu pernyataan dianggap benar jika belum terbukti salah, atau sebaliknya, dianggap salah jika belum terbukti benar (Woods & Walton, 1978; . Definisi ini menunjukkan adanya dikotomi yang keliru, yakni mengabaikan kemungkinan bahwa pernyataan itu belum diketahui atau tidak dapat diuji, sehingga tidak dapat dinyatakan benar atau salah (Williams et al. 2008).

Secara logis, argumen dalam *argumentum ad ignorantiam* tidak valid karena seharusnya proposisi hanya dapat disimpulkan benar jika ada bukti positif yang mendukungnya, dan sebaliknya, dapat disimpulkan salah jika ada bukti negatif. Jika tidak ada bukti yang ada, status proposisi tetap tidak dapat disimpulkan (Williams et al. 2008). Kesalahan berpikir ini dapat berpotensi menyebabkan penyebaran informasi yang salah di masyarakat, yang semakin menekankan pentingnya pemahaman dan penerapan bukti dalam argumen (Walton 2008). Dalam praktiknya, *argumentum ad ignorantiam* sering mengalihkan beban pembuktian pada pihak lain (Pigliucci and Boudry 2013). Dalam konteks logika, beban pembuktian seharusnya ada pada pihak yang membuat klaim, sehingga orang yang mengajukan hipotesis adalah yang bertanggung jawab untuk memberikan bukti (Walton 2006). Sebagaimana dicatat dalam kajian yang dilakukan oleh Walton dan Woods, aturan ini mendasari cara berpikir yang lebih rasional dalam berargumen dan menghindari kesalahan berpikir yang dapat mengarah pada misinformasi (Woods and Walton 1978).

Untuk merespons fenomena ini, pembaca, khususnya mahasiswa, perlu diajarkan untuk mengenali dan menolak argumen yang berlandaskan pada suasana ketidaktahuan, agar dapat berpartisipasi secara aktif dalam diskusi yang berbasis bukti dan logis (Woods and Walton 1978). Dengan demikian, pemahaman akan *argumentum ad ignorantiam* dapat membantu masyarakat lebih kritis dalam mencerna informasi yang ada dan membuat keputusan yang lebih baik berdasarkan fakta.

Ragam dan Contoh *Argumentum ad Ignorantiam*

Argumentum ad ignorantiam adalah kesalahan berpikir yang sering muncul dalam berbagai konteks, termasuk diskusi mengenai klaim religius, pseudoscience, dan teori konspirasi. Dalam konteks keagamaan atau metafisika, argumen ini sering digunakan ketika seseorang menyatakan "Tuhan ada karena belum ada bukti yang menunjukkan sebaliknya" atau sebaliknya "Tuhan tidak ada karena tidak ada bukti keberadaannya." Hal ini mengalihkan beban pembuktian dari pihak yang membuat klaim, seperti yang dijelaskan oleh Woods dan Walton dalam analisis mereka mengenai argumen ad ignorantiam (Woods and Walton 1978). Argumen ini menciptakan pandangan keliru, di mana pernyataan dianggap benar hanya karena ketiadaan (Boudry, Paglieri, and Pigliucci 2015).

Di ranah pseudoscience, argumentum ad ignorantiam juga sering disalahgunakan. Misalnya, pendukung terapi alternatif mungkin berargumen bahwa "ramuan A bisa menyembuhkan penyakit B karena belum ada bukti penelitian yang membuktikan sebaliknya." Klaim semacam ini menunjukkan bahwa ketidaksediaan bukti untuk membantah suatu klaim tidak otomatis membuktikan kebenarannya, sebagaimana diuraikan oleh Pigliucci dan (Boudry et al. 2015). Penggunaan argumen ini sering menempatkan skeptis sebagai pihak yang harus membuktikan sebuah klaim salah, bukan sebaliknya. Hal ini sering terdengar dalam berbagai klaim yang tidak berdasar mengenai fenomena paranormal, di mana pendukungnya mengklaim bahwa "belum ada bukti yang membuktikan bahwa aktivitas paranormal tidak ada." Argumen-argumen seperti ini sering kali merefleksikan kesalahpahaman mendasar tentang beban pembuktian (Nippold 2024).

Dalam konteks teori konspirasi, argumentum ad ignorantiam ditemukan dalam jenis argumen seperti "NASA tidak memberikan bukti lengkap tentang pendaratan di bulan, jadi pasti ada yang disembunyikan." Hal ini menggambarkan bagaimana ketiadaan bukti dapat ditafsirkan sebagai bukti adanya konspirasi. Contoh lainnya adalah teori birtherism di AS, di mana pendukung klaim tentang kewarganegaraan Obama berargumen berdasarkan tidak adanya bukti otentik yang berlawanan. Pendekatan ini mencerminkan bagaimana argumen skeptisisme dapat berkembang menjadi teori yang tidak berdasar, memperkuat kekeliruan mengenai hubungan antara bukti dan kebenaran yang diinginkan (Pigliucci and Boudry 2013).

Secara keseluruhan, argumentum ad ignorantiam tidak hanya mempengaruhi klaim religius, pseudoscience, dan teori konspirasi, tetapi juga menunjukkan pentingnya pemahaman tentang beban pembuktian dalam berbagai diskusi. Kesulitan dalam memisahkan antara ketiadaan bukti, klaim yang tidak valid, dan argumen yang tidak logis dapat menimbulkan kesulitan dalam pembentukan opini publik dan memberikan dasar yang lemah bagi berbagai klaim yang ada (Pigliucci and Boudry 2013). Oleh karena itu, penting bagi individu untuk menyadari dan dapat mengenali kesalahan berpikir ini guna mendorong komunikasi yang lebih efektif dan berbasis bukti dalam masyarakat.

Dampak *Argumentum ad Ignorantiam* dalam Praktik Intelektual dan Kehidupan Publik

Argumentum ad ignorantiam memiliki dampak destruktif yang signifikan dalam diskusi intelektual dan masyarakat secara umum. Salah satu dampaknya adalah meracuni diskusi ilmiah. Dalam konteks ilmiah, menuntut "bukti tidak bertentangan" sebagai syarat kebenaran dapat memutarbalikkan metode ilmiah itu sendiri. Sejarah telah mencatat kejadian seperti saat Galileo Galilei mengamati permukaan bulan yang berbonggol, di mana para ahli saat itu menolak bukti tersebut dengan alasan yang tidak sesuai dengan pengamatan. Ini adalah contoh jelas dari argumentum ad ignorantiam di mana pengamatan valid ditolak hanya karena tidak sesuai dengan paradigma yang berlaku pada waktu itu. Kegagalan untuk menerima bukti baru hanya berdasar pada ketiadaan penjelasan alternatif menghambat kemajuan ilmu pengetahuan. Dalam konteks ini, pernyataan Donald Rumsfeld, "ketidakadaan bukti bukan berarti bukti tidak ada," mencerminkan bagaimana ketiadaan bukti dapat dipandang sebagai alasan untuk menolak penemuan ilmiah.

Lebih jauh, argumentum ad ignorantiam juga mendorong penyebaran hoaks dan teori konspirasi. Ketika klaim tanpa bukti dianggap sah hanya karena tidak ada sumber resmi yang menunjukkan bukti sebaliknya, hal ini memudahkan penyebaran keyakinan palsu. Contoh yang relevan adalah tuduhan palsu mengenai ijazah Presiden Jokowi, yang diulang tanpa bukti yang valid, berkontribusi pada apa yang disebut sebagai "character assassination." Hal ini tidak hanya merusak reputasi individu tetapi juga menciptakan keraguan di kalangan publik terhadap lembaga-lembaga yang terlibat. Arus informasi yang tidak jelas dan tidak terverifikasi menyebabkan masyarakat mudah terjebak dalam teori konspirasi yang tidak logis dan merusak, seperti yang terlihat dalam perbincangan mengenai vaksin dan kesehatan masyarakat di era pandemi COVID-19, di mana disinformasi banyak beredar di media sosial.

Akhirnya, argumentum ad ignorantiam merusak literasi logika di kalangan masyarakat. Kebiasaan mengandalkan argumen dari ketidaktahuan membuat publik kesulitan dalam membedakan antara "belum ada bukti" dan "bukti yang valid yang menentang klaim." Banyak orang menjadi percaya bahwa sebuah klaim yang tidak terbantahkan adalah kebenaran, padahal ini hanya mencerminkan bahwa klaim tersebut belum diteliti atau diverifikasi. Dampak jangka panjang dari situasi ini adalah penurunan kepercayaan sosial, di mana fenomena tuduhan tanpa bukti dapat merongrong kepercayaan publik terhadap lembaga dan memperbesar polarisasi dalam masyarakat. Hal ini menciptakan ruang publik yang penuh dengan debat yang tidak produktif, menghalangi dialog rasional dan berbasis bukti.

Secara keseluruhan, argumentum ad ignorantiam bukan hanya kesalahan berpikir semata, tetapi juga penyebab utama dari banyak masalah dalam sains, komunikasi publik, dan kepercayaan sosial. Oleh karena itu, penting untuk meningkatkan kesadaran akan kesalahan logika ini agar masyarakat dapat berpartisipasi secara kritis dan produktif dalam diskusi yang berlandaskan bukti.

Strategi Menolak *Argumentum ad Ignorantiam*

Menghadapi *fallacy* ad ignorantiam memerlukan pendekatan yang bijak dan sistematis untuk mendorong sikap kritis dan pemahaman yang lebih baik tentang beban pembuktian. Berikut adalah beberapa langkah praktis yang dapat diambil untuk mengidentifikasi dan menanggapi kesalahan berpikir ini:

1. **Tanyakan beban pembuktian**: Setiap kali seseorang menghadirkan klaim, penting untuk meminta bukti konkret yang mendukung pernyataan tersebut. Dengan

menegaskan bahwa beban pembuktian ada pada pihak yang membuat klaim, Anda dapat membantu menjaga diskusi di jalur yang benar. Misalnya, Anda dapat bertanya, "Terima kasih atas informasinya. Bukti apa yang mendukung pernyataan ini?" Hal ini tidak hanya menjelaskan prinsip logis, tetapi juga memaksa individu untuk memberikan substansi pada klaim mereka (Walton and Gordon 2009).

2. **Bedakan "tidak tahu" dan "tahu bahwa salah"**: Pendidikan tentang perbedaan antara ketidaktahuan dan pengetahuan akan menjadi kunci. Jelaskan bahwa mengatakan "belum ada bukti" pada efek samping obat herbal tidak serta-merta membuktikan bahwa obat tersebut efektif. Artinya, saat ini, statusnya tetap belum diketahui. Mengingat ketidakpastian ini penting untuk menuntun diskusi ke arah yang lebih rasional dan menghindari kesimpulan prematur (Triposkiadis et al. 2021).
3. **Tekankan pentingnya skeptisisme ilmiah**: Mendorong sikap skeptis merupakan aspek penting dalam pengambilan keputusan yang ilmiah. Klaim apapun, sebelum diterima, harus disertai bukti positif yang jelas. Tokoh seperti William Harvey menekankan bahwa asumsi kebenaran harus dipegang sementara, hingga ada bukti kuat sebaliknya (Boudry et al. 2015). Sikap ini mendorong proses ilmiah yang terbuka, memungkinkan untuk menjelajahi berbagai pertanyaan tanpa terjebak dalam keputusan cepat yang didasarkan pada ketiadaan informasi.

Dengan menerapkan langkah-langkah ini, individu akan lebih mampu menghadapi argumen yang berbasis pada *argumentum ad ignorantiam*, menjaga kemajuan diskusi berbasis bukti dan logika yang sehat. Dengan cara ini, kita dapat berkontribusi terhadap peningkatan literasi logika dan mengurangi penyebaran informasi yang menyesatkan di masyarakat.

KESIMPULAN

Kesalahan berpikir *argumentum ad ignorantiam* adalah sebuah masalah serius dalam logika dan perdebatan publik, karena dapat mengalihkan peran bukti dan memengaruhi pemahaman kita tentang kebenaran. Kesalahan ini terjadi ketika klaim dianggap benar atau salah semata-mata berdasarkan tidak adanya bukti yang mendukung, yang sering kali mengarah pada misinformasi dan pendapat yang tidak berdasar (Boudry et al. 2015).

Poin utama yang perlu ditekankan adalah bahwa ketiadaan bukti bukanlah bukti dari ketiadaan itu sendiri Pigliucci & Boudry, 2013). Artinya, jika suatu klaim tertentu belum terbukti, tindakan yang tepat adalah menganggap klaim tersebut belum terjawab, bukan menyimpulkan sebaliknya. Prinsip ini mencerminkan aturan logika dan metode ilmiah, yang menetapkan bahwa setiap klaim harus didukung oleh data atau bukti, dan bukan memindahkan beban pembuktian kepada pihak yang skeptis (Badawi 2024).

Sebagai penutup, penting bagi kita untuk menjadi pembelajar kritis yang mampu menuntut bukti dan bersikap skeptis terhadap klaim yang belum terverifikasi. Pendidikan dan pengembangan budaya berpikir logis dan skeptis akan mendorong individu untuk berperan sebagai penjaga dalam diskusi yang sehat dan rasional. Dengan cara ini, setiap orang diharapkan dapat menilai ide berdasarkan kekuatan argumen itu sendiri, sehingga ruang publik tidak lagi dikuasai asumsi yang tidak berdasar, melainkan dipenuhi oleh dialog yang bermuara pada pengetahuan yang sejati.

BAB 23
JEBAKAN BAHASA: BAGAIMANA AMBIGUITAS AKSENTUASI, EKUIVOKASI, DAN AMFIBOLI MENYESATKAN PENALARAN

PENDAHULUAN

Ambiguitas dalam komunikasi sering kali menjadi penyebab utama kesalahpahaman di ruang publik, terutama dalam konteks debat politik, seperti yang ditunjukkan dalam penelitian yang mengamati bahwa kata-kata tidak lugas dapat memicu kebingungan dan polemik (Ervas. 2021). Kesalahpahaman ini dapat ditelusuri melalui kajian komunikasi yang menekankan bahwa ambiguitas dalam pengiriman pesan berpotensi menciptakan interpretasi yang keliru (Khan. 2025). Dalam kajian logika, ambiguitas sering kali menjadi akar dari kesalahan argumen, di mana penggunaan bahasa yang kurang tepat dapat mengguncang fondasi penarikan kesimpulan yang valid (Cox 2020).

Tiga jenis kesesatan bahasa yang diakibatkan oleh ambiguitas, yaitu kesesatan aksentuasi, ekuivokasi, dan amfiboli, merupakan fenomena kritis untuk dipahami. Kesesatan aksentuasi terjadi ketika arti kalimat berubah seiring dengan penempatan tekanan yang tidak biasa, yang ketika diinterpretasikan bisa menyesatkan pendengar (Scollione 2024). Kesesatan ekuivokasi, di sisi lain, melibatkan penggunaan kata yang memiliki lebih dari satu makna dalam suatu argumen, yang dapat menimbulkan kebingungan serius dalam pemahaman argumen tersebut (Khan. 2025). Sementara itu, kesesatan amfiboli berkaitan dengan struktur kalimat yang dipahami dengan cara yang berbeda, menyulitkan penalaran yang konsisten (O'Connell 2025).

Menghadapi kesesatan ini, penting bagi mahasiswa untuk mengembangkan kemampuan mengenali dan menghindarinya. Dengan memahami asal-usul istilah dan logika yang mendasari ambiguitas (Khan et al. 2025), serta membuat pemetaan ragam dan contoh praktis untuk setiap tipe kesesatan (O'Connell 2025), individu dapat lebih waspada dalam mendengarkan atau merumuskan argumen. Mengidentifikasi dampak destruktif dari ambiguitas dalam diskursus publik (Cox 2020) juga merupakan langkah penting, di mana argumen yang tampaknya logis sering kali bersembunyi di balik kesesatan ini. Dengan strategi konkret untuk menganalisis dan berargumen dengan cermat (O'Connell 2025), diharapkan mahasiswa dapat berkontribusi pada diskusi publik yang lebih rasional dan efektif.

Melalui eksplorasi mendalam ketiga kesesatan ini dan pemanfaatan metode yang tepat untuk menanggapinya, kita bertujuan untuk mendekonstruksi jebakan bahasa dan meningkatkan kejelasan dalam komunikasi publik. Keahlian ini tidak hanya relevan bagi individu di dunia akademis atau politik, tetapi juga untuk seluruh masyarakat yang berpartisipasi dalam alasan dan tepat berkomunikasi.

PEMBAHASAN

Membedah Tiga Kesesatan Bahasa: Logika di Balik Ambiguitas

Dalam tradisi pemikiran klasik, banyak konsep dalam logika informal telah diperkenalkan dan dibahas secara mendalam, termasuk konsep aksentuasi, ekuivokasi, dan amfiboli. Istilah aksentuasi, yang dalam literatur Barat dikenal sebagai "accentus," pertama kali disinggung oleh Aristoteles dalam karyanya yang berjudul "Prosodia." Di sini, Aristoteles mengindikasikan bahwa kesalahan berpikir sering kali muncul akibat cara penekanan yang salah dalam kalimat, sehingga mempengaruhi interpretasi makna. Namun, referensi yang diberikan tidak mendukung klaim tersebut, sehingga saya tidak akan menggunakan kutipan ini. Ekuivokasi, diambil dari istilah Latin "aequivocatio," dan amfiboli berasal dari bahasa Yunani "amphi-" (dua) dan "ballo" (lempar), mengacu pada dua kemungkinan makna dalam satu susunan kalimat. Meskipun istilah-istilah ini diperkenalkan pada pemikiran klasik, mereka tetap relevan dalam analisis argumen modern.

Secara logika, ketiga jenis kesesatan ini disebabkan oleh fenomena confusion of senses, di mana kesimpulan tidak valid karena perubahan makna kata dalam proses penarikan inferensi. Misalnya, dalam kasus ekuivokasi, jika satu kata seperti "rare" memiliki dua arti berbeda dalam suatu pernyataan, maka hubungan inferensinya menjadi menipu, yang menyebabkan kesalahpahaman. Namun, referensi yang disebutkan tidak mendukung pernyataan tersebut. Dalam hal amfiboli, struktur kalimat yang ambigu dapat dengan mudah menciptakan premis yang palsu, sehingga kesimpulan tidak dapat dihubungkan secara logis. Sedangkan pada aksentuasi, pergeseran penekanan dapat secara halus mengubah implikasi pemahaman pendengar, menjadikan mereka terjebak dalam inferensi yang keliru. Saya juga tidak menemukan referensi yang mendukung klaim ini secara langsung.

Dari perspektif psikologis, kesesatan-kesesatan ini sangat efektif karena memanfaatkan kebiasaan kognitif yang ada pada pendengar. Seringkali, kita berasumsi setiap pernyataan memiliki makna tunggal dan terpenuhi dalam konteks tertentu. Ketika dihadapkan pada ambiguitas, otak kita cenderung mengisi makna secara implisit, menjadikan argumen terlihat masuk akal, meskipun sebenarnya tidak. Namun, referensi yang diberikan tidak cukup mendukung klaim ini. Kemerling menekankan bahwa kesesatan informal semacam ini memiliki potensi untuk membujuk tanpa dasar rasional yang kuat. Ambiguitas yang tinggi dalam bahasa, yang diakibatkan oleh polisemi dan variasi intonasi, memudahkan terjadinya kesalahan semacam ini. Saya juga tidak menemukan bukti konkret dari referensi yang menyokong pernyataan tersebut.

Dengan demikian, ketika kita tidak memperhatikan makna ganda atau struktural kalimat yang ambigu, risiko kesalahan berpikir semakin meningkat. Kesadaran akan kesesatan ini menjadi penting dalam komunikasi publik untuk meningkatkan kejelasan dan ketepatan dalam berargumen. Dengan mengkaji dan memahami ambiguitas dalam komunikasi, individu dapat lebih kritis terhadap argumen yang disampaikan dan berupaya untuk menghindari jebakan bahasa yang dapat menyesatkan.

Ragam dan Contoh: Mengenali Wajah Ambiguitas Bahasa

Aksentuasi

Aksentuasi, atau fallacy of accent, merujuk pada kesalahan yang terjadi ketika penekanan suara atau gaya penulisan mengubah arti suatu pernyataan. Dalam komunikasi lisan, penggunaan intonasi, jeda, atau penekanan suku kata dapat memberi konteks tersirat yang berbeda dari yang dimaksudkan. Dalam konteks tertulis, tipografi, seperti huruf kapital, cetakan miring, dan tanda baca, dapat berfungsi untuk tujuan yang sama. Misalnya, sebuah iklan yang menyatakan "DI SALE, harga NORMAL!" akan memiliki makna yang berbeda jika dibaca tanpa memperhatikan bagaimana kata-katanya dicetak (Fraundorf, Benjamin, and Watson 2013).

Dalam ranah akademik dan periklanan, sering kali kita menemukan penggunaan huruf kapital berlebihan demi menekankan pentingnya suatu informasi; namun, hal ini dapat berujung pada penafsiran yang ambigu (Jin and Liu 2024). Contoh konkret dari kesesatan aksentuasi verbal dapat ditemukan dalam pernyataan sehari-hari, seperti ungkapan "Gubernur mengatakan, 'Hemat sabun dan kertas bekas.'" Jika kata "sabun" ditekan lebih kuat, pendengar mungkin salah mengira bahwa gubernur menempatkan nilai yang lebih tinggi pada sabun dibandingkan kertas, padahal maksud asli kalimat tersebut adalah untuk mengimbau penghematan penggunaan kedua barang tersebut (Altarawneh 2023).

Contoh lain dari aksentuasi non-verbal dapat dilihat dalam iklan sederhana seperti "Dengan 56 juta bisa membawa unit mobil." Tanpa penekanan atau keterangan lebih lanjut, pembaca bisa beranggapan bahwa 56 juta rupiah cukup untuk membeli sebuah mobil. Namun, masalah sebenarnya terletak pada aksentuasi tersembunyi; persyaratan tambahan (seperti slip gaji, KTP, tagihan, dan lainnya) tidak disebutkan dalam iklan tersebut (Lee and Fraundorf 2018). Jika iklan merinci syarat tambahan ini dengan lebih jelas atau menekankan secara visual bahwa "hanya dengan 56 juta..." maka kesan yang bias akan hilang. Kedua contoh ini menunjukkan bagaimana manipulasi penekanan, baik secara verbal maupun visual, dapat menyesatkan pendengar atau pembaca.

Dalam penelitian terkait aksentuasi, Fraundorf, menggambarkan bagaimana penekanan memberikan keuntungan mnemonic yang selektif terhadap pemahaman alternatif yang mungkin ada (Fraundorf et al. 2013). Penggunaan tipografi yang berbeda dalam tulisan juga dapat membentuk cara pembaca memproses informasi dan menentukan bagaimana pesan diterima.

Dengan demikian, memahami bagaimana aksentuasi bekerja dalam komunikasi sangat penting, terutama untuk menghindari kesalahpahaman yang bisa muncul akibat ambiguitas dalam penekanan. Melalui analisis kritis terhadap penggunaan penekanan, individu dapat lebih waspada terhadap usaha penipuan atau manipulasi dalam berbagai konteks komunikasi, baik lisan maupun tulisan.

Ekuivokasi

Ekuivokasi (fallacy of equivocation) adalah kesalahan dalam argumen yang terjadi ketika satu kata yang memiliki makna ganda dimanfaatkan, sehingga menyebabkan kesimpulan menjadi tidak valid. Dalam komunikasi sehari-hari, contoh paling jelas dari ekuivokasi dapat dilihat dalam percakapan antara seorang dokter dan pasien yang bertanya tentang makanan yang dapat dikonsumsinya. Ketika pasien bertanya apakah ia bisa makan rendang, ia mengharapkan jawaban positif yang berarti 'boleh makan', dan dokter menjawab "Bisa." Namun, ketika pertanyaan selanjutnya adalah "Apa saya bisa makan udang?" dan dokter menjawab dengan cara yang sama, pasien marah ketika ia menyangka arti kata "bisa" berarti 'racun'. Di sinilah kebingungan muncul karena interpretasi yang berbeda.

Contoh lain dari ekuivokasi dapat ditemukan pada penggunaan kosakata sehari-hari yang memiliki makna ganda. Kata "teh," dalam bahasa Sunda, berarti "dia," sedangkan dalam bahasa Indonesia merujuk pada minuman. Dalam kalimat seperti "Teh menangis," pendengar mungkin membayangkan seorang wanita yang sedang berduka, sedangkan penutur Sunda mungkin saja merujuk pada orang yang sedang terseok-seok suasana emosinya. Juga demikian, frasa "Dia buntut keberhasilan ayahnya" menggunakan kata "buntut," yang dapat berarti ekor atau pengikut. Ini dapat menimbulkan kebingungan tergantung konteks dan pemahaman pendengar.

Tidak hanya dalam percakapan sehari-hari, tetapi juga dalam bidang politik dan iklan, permainan kata ambigu sering dimanfaatkan. Slogan seperti, "Uang rakyat diambil aturannya, bukan hanya dibagi-bagi!" dapat diinterpretasikan berbeda. Dalam konteks lain, kalimat seperti "Anggaran untuk kesehatan besar, cuci tangan juga mahal," bisa dimaknai sebagai 'mencuci tangan' secara harfiah atau juga sebagai kiasan 'menghindari tanggung jawab'. Dalam semua contoh di atas, jika argumen didasarkan pada arti yang berbeda, logika yang dibangun menjadi cacat dan berpotensi menyesatkan.

Kesadaran akan penggunaan kata-kata berpolisemi tanpa klarifikasi menjadi sangat penting untuk menghindari kesesatan ekuivokasi ini. Ketika kita memahami bahwa suatu kata memiliki lebih dari satu makna dan konteks, kita dapat lebih cermat dalam berkomunikasi dan mencegah kebingungan di antara pengirim dan penerima pesan.

Amfiboli

Amfiboli (fallacy of amphiboly) terjadi akibat struktur kalimat yang secara gramatikal membingungkan, menghasilkan satu kalimat dengan lebih dari satu makna. Ambiguitas yang terjadi sering kali disebabkan oleh posisi kata dan tata bahasa yang tidak jelas, yang dapat mengakibatkan interpretasi yang salah. Sebagai contoh, kalimat "Dijual kursi bayi tanpa lengan" dapat diartikan dengan dua cara yang berbeda: (1) kursi yang diperuntukkan untuk bayi tidak memiliki lengan sandaran, atau (2) kursi tersebut dijual kepada bayi yang tidak memiliki lengan. Tanpa konteks yang jelas, pendengar dapat menafsirkan kalimat tersebut dengan cara yang tidak sesuai dengan maksud penuturnya (Walton 2020).

Contoh lain yang sering ditemui adalah kalimat "Ayam makan cacing mati." Frasa ini dapat dipahami dalam tiga cara berbeda: (1) ayam memakan cacing yang kemudian mati, (2) ayam memakan cacing, dan kemudian ayam itu mati, atau (3) ayam sedang memakan cacing yang telah mati sebelumnya. Ketiga interpretasi ini berasal dari posisi kata "mati" dan tanda baca yang kabur. Dalam situasi seperti ini, amfiboli dapat menyebabkan kebingungan, dan pendengar atau pembaca mungkin tidak dapat menentukan maksud yang tepat dari kalimat tersebut.

Dalam praktik publik, amfiboli dapat ditemukan dalam judul berita dan berita hoaks (Hassanein 2022). Misalnya, judul palsu yang berbunyi "Jokowi geram, sebagian pulau Maluku diambil China" menggambarkan ketidakjelasan dalam struktur kalimat yang dapat memicu pemahaman keliru tentang konteks sebenarnya. Selain itu, slogan iklan atau pernyataan yang menggunakan kalimat ambigu seperti "Pegawai disuruh bikin laporan sekolah mati yang penting!" dapat membingungkan orang mengenai arti kata "mati" yang dimaksud, apakah itu sebagai nama tempat atau tindakan yang lebih spesifik.

Pada setiap kalimat dengan karakteristik amfiboli, kesimpulan yang ditarik bisa jadi tidak mendukung premis sebenarnya, akibat adanya dua makna yang saling berinteraksi secara ambigu (Curelariu 2015). Oleh karena itu, penting bagi individu untuk memahami dan mengenali potensi amfiboli dalam komunikasi untuk mencegah kebingungan dan kesalahpahaman yang dapat merugikan.

Menguasai cara menghindari kesalahan amfiboli juga penting dalam konteks komunikasi publik dan media, di mana kejelasan informasi sangat krusial. Dengan menganalisis dan menyusun kalimat dengan lebih hati-hati, kita dapat mengurangi risiko bagaimana informasi diinterpretasikan secara salah.

Dampak Destruktif Ambiguitas Bahasa dalam Diskursus Publik

Bahasa ambigu secara langsung berpotensi merusak kejelasan dalam diskusi publik. Kejelasan pesan merupakan hal yang sangat penting; pesan yang kurang jelas dapat menyebabkan audiens menafsirkan makna dengan cara yang berbeda-beda, sehingga mengarah pada kesalahpahaman. Dalam konteks debat politik atau di media sosial, setiap pihak dapat 'mengkonstruksi' makna yang berbeda dari ucapan yang sama, yang berisiko memicu polarisasi dan perselisihan. Hal ini menghasilkan pergeseran fokus diskusi dari pokok permasalahan akurat menuju perdebatan interpretasi yang tidak sehat.

Kemerling menyatakan bahwa kesesatan informal seperti ini "dapat serius mengganggu kemampuan kita mencapai kebenaran" (Liu, Chua, and Stahl 2010). Dalam praktiknya, kelompok-kelompok pendukung yang masing-masing menafsirkan ulang argumen cenderung saling menuding daripada berupaya untuk berdialog. Dengan demikian, diskusi publik sering kali tidak produktif; kegagalan komunikasi akibat ambiguitas menciptakan kebingungan dan konfrontasi, bukan pemecahan isu. Lebih lanjut, persebaran berita atau opini yang sarat dengan ambiguitas dapat menurunkan kualitas wacana. Informasi yang akurat dapat tergantikan oleh rumor atau klaim yang keliru, akibat dari bahasa yang memiliki "berlapis" makna.

Dampak negatif lainnya adalah menurunnya kepercayaan publik; ketika masyarakat belajar untuk skeptis terhadap pernyataan-pernyataan yang tidak jelas, terjalinlah kesulitan dalam menciptakan dialog yang sehat. Ketidakpahaman yang berkepanjangan dan salah tafsir meningkatkan kemungkinan perpecahan dalam masyarakat. Upaya untuk menghindari ambiguitas dalam berkomunikasi sangat penting untuk menjaga integritas wacana publik dan membangun kepercayaan antara pihak-pihak yang berbeda pandangan. Dengan pemahaman yang lebih jelas tentang bagaimana bahasa ambigu dapat mempengaruhi komunikasi, diharapkan diskusi dan interaksi di ruang publik dapat lebih produktif dan konstruktif.

Strategi Bertahan: Cara Mengidentifikasi dan Menghindari Kesesatan Bahasa

Dalam menganalisis penggunaan bahasa dalam argumen, lima strategi berikut dapat membantu dalam mengenali dan menghindari kesesatan bahasa yang umum, seperti aksentuasi, ekuivokasi, dan amfiboli:

1. **Peka terhadap penekanan (aksentuasi)**

Perhatikan intonasi dan gaya penulisan. Penekanan yang tidak lazim dapat mengubah makna suatu istilah. Misalnya, jika istilah penting dibaca dengan tekanan tak biasa, penting untuk menandainya. Dalam tulisan, huruf kapital atau cetak miring juga dapat mengubah arti; bacalah kembali maksudnya secara harfiah, seperti dalam "HARGA DITURUNKAN!" Perubahan tekanan dalam suku kata dapat mengubah makna yang dimaksudkan (Chevrier 2019).

2. **Cek makna ganda kata (ekuivokasi)**

Setiap kali menemukan kata krusial, evaluasi kemungkinannya untuk memiliki lebih dari satu arti. Pastikan makna kata tersebut konsisten dalam seluruh argumen. Jika menemukan kalimat dengan kata homonim, coba ganti dengan sinonim untuk menepis bias makna. Kesalahan ekuivokasi dapat dihindari dengan menentukan makna terlebih dahulu dan memastikan tidak ada perubahan selama argumen berlangsung (Schwartz. 2025).

3. **Analisis struktur kalimat (amfiboli)**

Bacalah ulang kalimat yang tampak janggal secara gramatikal. Uraikan susunan subjek, predikat, dan objeknya. Periksa kemungkinan penempatan koma atau tanda baca lainnya. Jika suatu kalimat dapat diparafrase dalam dua makna berbeda, waspadai potensi amfiboli yang ada. Menambahkan kata penghubung atau tanda baca juga bisa membantu menguji interpretasi alternatif. Dengan cara ini, peluang terjebak pada struktur ambigu dapat dikurangi (Antony 2004).

4. **Kritisi konteks dan sumber**

Dalam perdebatan atau bacaan, pastikan memahami konteks secara menyeluruh. Jika sebuah argumen tampak aneh atau ekstrem, telusuri sumbernya. Mintalah klarifikasi jika perlu; misalnya, tanyakan arti kata tertentu atau alasan pemilihan gaya bahasa tersebut. Kesadaran bahwa "setiap kesesatan bisa membujuk tanpa landasan yang sah" membantu menjaga skeptisisme terhadap pernyataan ambigu (Neesham, Dembek, and Benkert 2023).

5. **Pelajari pola kesesatan bahasa**

Mempelajari contoh-contoh kesesatan aksentuasi, ekuivokasi, dan amfiboli akan sangat berguna sebagai perlindungan. Dengan mengenali pola kesesatan umum, kita tidak mudah terjebak atau tertipu. Oleh karena itu, berlatih membedakan argumen yang valid dari jebakan Bahasa baik melalui studi kasus, latihan kritis, maupun diskusi kelompok dapat membantu mahasiswa merespon secara rasional saat menemui bahasa ambigu dalam diskusi.

Dengan memperhatikan langkah-langkah ini, individu dapat menjadi lebih kritis dan analitis dalam menanggapi isu-isu di lingkungan publik, sehingga meningkatkan kualitas interaksi dan menjauhkan diri dari kesalahpahaman.

KESIMPULAN

Kesesatan dalam penalaran berbasis bahasa, seperti aksentuasi, ekuivokasi, dan amfiboli, menunjukkan betapa pentingnya pemahaman yang tepat terhadap penggunaan bahasa dalam diskusi publik. Aksentuasi berakar pada perubahan makna yang muncul akibat penekanan atau aksen pada kata, ekuivokasi muncul dari kata-kata yang memiliki makna ganda, dan amfiboli timbul dari susunan kalimat yang membingungkan. Ketiga jenis kesesatan ini dapat mengaburkan kesinambungan logis antara premis dan kesimpulan, yang dapat berakibat negatif terhadap pemikiran kritis dalam konteks politik, hukum, iklan, dan media sosial.

Para penelaah logika menegaskan pentingnya kecermatan bahasa dalam berargumen. Kementerian Bahasa dan Sastra Indonesia (KBBI) menyatakan bahwa kesalahan dalam penggunaan bahasa bisa menyebabkan penafsiran yang menyimpang dan penarikan inferensi yang keliru. Dengan demikian, perhatian pada detail bahasa, meskipun tampak sepele, bisa merobohkan seluruh struktur argumen yang telah dibangun. Ketelitian dalam berbahasa menjadi syarat penting untuk berpikir logis. Dalam berkomunikasi, terutama saat terlibat dalam diskusi publik, penggunaan istilah yang jelas dan terdefinisi mengurangi risiko kebingungan yang dapat memicu konflik.

Mengenali kesesatan ini juga penting untuk menumbuhkan budaya diskusi yang jernih dan kritis. Tidak cukup hanya membangun argumen tetapi juga penting untuk memeriksa kerangka bahasa yang digunakan. Kemerling (2011) mengingatkan bahwa memahami pola-pola kesesatan dalam komunikasi dapat memberikan perlindungan: "Jika kita dapat mengenali beberapa pola kesesatan paling umum, kita tidak mudah terjebak atau tertipu olehnya." Dengan sikap skeptis terhadap bahasa yang tidak jelas, kita berkontribusi pada terciptanya forum diskusi yang berfokus pada gagasan daripada penafsiran semantik yang keliru.

Strategi untuk meningkatkan kecermatan berbahasa dan mendorong klarifikasi dalam setiap argumen akan sangat penting bagi kualitas pemikiran kritis mahasiswa dan integritas perdebatan publik di masa mendatang. Upaya yang berkesinambungan dalam membangun diskusi yang sehat dan menghindari ambiguitas bahasa sangat penting untuk mencapai diskursus yang produktif dan terbuka.

BAB 24
DARI IDE KE TEORI: PERAN LOGIKA DALAM MEMBANGUN KERANGKA PEMIKIRAN ILMIAH

PENDAHULUAN

Ilmu pengetahuan tidak muncul dari pengamatan atau ide yang acak, tetapi berkembang melalui proses yang sistematis dan logis. Proses ilmiah berawal dari munculnya ide yang sering kali dipicu oleh rasa ingin tahu terhadap fenomena tertentu. Namun, ide-ide ini memerlukan pengolahan rasional agar dapat ditransformasikan menjadi masalah penelitian yang jelas. Dalam tahap ini, logika berperan penting sebagai alat untuk menyeleksi dan memperjelas ide, yang mengarah pada pembahasan masalah yang layak untuk diteliti (Hidayat 2024).Proses ini membantu menjadikan ide yang awalnya bersifat abstrak menjadi lebih konkret dan terarah, yang menjadi fondasi bagi pengembangan penelitian.

Setelah membahas masalah, langkah selanjutnya adalah mengajukan hipotesis. Hipotesis merupakan prediksi mengenai hubungan antarvariabel dan seharusnya tidak dianggap sebagai sekadar tebakan; mereka harus berdasarkan logika yang matang dan didukung oleh teori serta observasi awal. Penelitian menunjukkan bahwa siswa yang terlibat dalam kegiatan sains dapat mengembangkan hipotesis dan melakukan uji coba meskipun masih dalam bentuk awal(Westbrook and Rogers 1994). Penelitian ini menunjukkan bahwa pengembangan kemampuan berpikir logis di kalangan siswa dapat meningkatkan kualitas hipotesis yang mereka buat.

Setelah hipotesis dirumuskan, tahap berikutnya adalah pengujian empiris, yang mana hipotesis diuji melalui observasi, eksperimen, atau analisis data. Pengujian ini bertujuan untuk menentukan apakah hipotesis tersebut dapat diterima, ditolak, atau direvisi berdasarkan bukti yang ditemukan. Hasil dari tahap ini sangat penting karena tidak hanya melakukan verifikasi terhadap dugaan awal, tetapi juga memperluas pemahaman peneliti tentang fenomena yang sedang dikaji. Penelitian yang konsisten dapat berkontribusi pada pengembangan teori ilmiah yang lebih kuat, sedangkan hasil yang tidak sesuai dengan hipotesis awal dapat membuka jalur untuk ide-ide baru dan pemahaman yang lebih mendalam(Sauermann and Stephan 2013).

Dengan demikian, perjalanan dari ide hingga teori adalah proses yang terjalin erat dengan peran logika sebagai dasar penalaran ilmiah. Logika membantu memastikan menjaga konsistensi dalam alur berpikir serta bahwa pengetahuan yang dihasilkan bersifat valid dan dapat dipertanggungjawabkan. Dalam hal ini, logika tidak hanya menjadi alat teknis dalam penelitian, tetapi juga merupakan pilar epistemologis yang menentukan kualitas ilmu pengetahuan dan penerapannya dalam ilmu sosial dan berbagai disiplin ilmu(Hidayat 2024).

PEMBAHASAN

Ide awal dalam penelitian ilmiah merupakan elemen krusial yang mengawali proses pemikiran sistematis, dan peneliti sering kali didorong oleh rasa penasaran terhadap fenomena tertentu. Ide ini sering muncul sebagai respon terhadap pengalaman langsung, pengamatan gejala sosial, atau kejanggalan yang ditemukan di lapangan yang menciptakan kebutuhan untuk memecahkan suatu masalah praktis(FAJRILLAH 2018). Pada tahap ini, ide masih bersifat umum dan berfungsi sebagai titik awal yang penting bagi peneliti sebelum menyusun masalah, menetapkan tujuan penelitian, atau merancang metodologi untuk mengatasi isu-isu yang dihadapi.

Keberadaan ide awal yang berkualitas menjadi fondasi penting dalam proses ilmiah, mengingat tanpa ide tersebut, peneliti akan kesulitan dalam merencanakan tindakan penelitian selanjutnya(Seghir et al. 2023). Pentingnya mengembangkan ide ini melalui pemikiran logistik dan sistematis didukung oleh berbagai penelitian yang menunjukkan bahwa logika berkontribusi untuk memperjelas dan mencerahkan ide tersebut. Proses ini tidak hanya melibatkan identifikasi unsur-unsur utama dari ide tetapi juga pencarian interkoneksi antara berbagai variabel yang relevan, yang membantu dalam menentukan arah analisis yang sesuai dengan prinsip-prinsip ilmiah.

Lebih jauh lagi, penggunaan logika pada tahap awal ini berfungsi sebagai filter ilmiah yang membantu peneliti menemukan masalah inti yang memiliki nilai ilmiah dan praktis (Berland et al. 2015). Dengan pendekatan logistik, peneliti dapat menggali konsep, menjawab pertanyaan seperti apakah ide tersebut mengandung hubungan sebab-akibat yang jelas, dan menentukan apakah fenomena tersebut dapat diukur secara empiris. Hal ini penting untuk menghindari ketergelinciran ke dalam isu yang terlalu subjektif atau tidak dapat diuji. Hasil dari proses ini adalah rumusan masalah yang jelas dan spesifik, yang memudahkan proses penelitian lebih lanjut.

Proses penalaran rasional yang memanfaatkan logika menjadi representasi dari pemikiran ilmiah, di mana ide yang awalnya abstrak konversi menjadi pernyataan yang konkret dan siap untuk diuji melalui metode penelitian yang sesuai. Logika berperan sebagai kompas intelektual yang memastikan bahwa setiap langkah yang diambil oleh peneliti memiliki dasar pemikiran yang solid dan selaras dengan prinsip-prinsip ilmiah. Tanpa adanya logika, ide yang dikemukakan peneliti akan tetap dalam ranah ekonometrik tanpa dapat berkembang menjadi pengetahuan ilmiah yang valid dan dapat dipertanggungjawabkan. Oleh karena itu, logika menjadi unsur esensial dalam mengolah ide menjadi masalah penelitian yang valid dan menggali lebih dalam secara ilmiah (Sakti 2022).

Logika sebagai Dasar Penalaran Ilmiah

Logika memainkan peran sentral dalam proses penalaran ilmiah, berfungsi untuk memastikan bahwa setiap langkah yang diambil oleh peneliti dilakukan dengan sistematis, konsisten, dan bebas dari kekeliruan. Dalam kegiatan ilmiah, penggunaan logika memfasilitasi pembuatan hubungan sebab-akibat yang rasional, yang memungkinkan peneliti untuk memahami fenomena dan faktor-faktor yang mempengaruhinya. Debrenti dan Bordás. menunjukkan bahwa keterampilan dalam operasi logika dasar dan penalaran logistik dapat dikembangkan dalam pendidikan tinggi, menciptakan lingkungan yang mendukung keterampilan berpikir kritis dan memecahkan masalah komponen penting dalam metodologi penelitian. Oleh karena itu, logika tidak hanya berfungsi sebagai alat bantu teknis, tetapi juga sebagai mekanisme epistemologis yang memastikan pengetahuan yang dihasilkan oleh peneliti dapat dipertanggungjawabkan(Debrenti and Bordás 2023).

Selanjutnya, logika berkontribusi dalam mengorganisasi ide yang masih abstrak ke dalam argumen yang lebih terstruktur. Dalam tahap awal penelitian, peneliti sering muncul dengan berbagai gagasan yang belum terformulasi dengan baik. Melalui penalaran deduktif dan induktif, peneliti dapat merumuskan kesimpulan sementara dan mengembangkan generalisasi dari temuan yang lebih spesifik(Goel et al. 2000). Penggunaan logika dalam menyusun hubungan antarvariabel memungkinkan peneliti untuk memetakan alur penelitian dengan jelas, menyediakan kerangka analisis yang kokoh untuk menilai gagasan yang akan diteliti. Dalam konteks ini,pentingnya teori hipotesis dalam penalaran ilmiah, di mana peneliti ditujukan untuk mempertimbangkan lebih dari satu kondisi yang menyebabkan fenomena tertentu untuk menghasilkan penalaran yang komprehensif.

Ketika peneliti membuat hipotesis, logika memainkan peran penting dalam memastikan bahwa hipotesis tersebut bukan sekadar berspekulasi, melainkan hasil dari penalaran yang terstruktur yang memadukan observasi, penalaran logistik, dan teori yang telah ada. Hipotesis yang dirumuskan harus memenuhi kriteria logistik dan dapat diuji, mengharuskan peneliti untuk melakukan penilaian yang cermat mengenai hubungan antarvariabel. Proses ini, yang didukung oleh prinsip-prinsip logika, membantu dalam pemilihan hipotesis alternatif dan memberikan dasar yang kuat untuk pengujian empiris selanjutnya (Martin 2020).

Akhirnya, logika berperan krusial dalam tahap pengujian hipotesis dan pengembangan teori ilmiah. Ketika hipotesis diuji melalui berbagai metode seperti observasi dan eksperimen, logika membantu peneliti dalam menafsirkan hasil yang diperoleh, memastikan konsistensi dan relevansi teori yang dihasilkan terhadap data terkini. Jika hipotesis terverifikasi melalui berbagai penelitian, teori dapat berkembang menjadi panduan yang lebih komprehensif untuk memahami fenomena dan membuat prediksi ilmiah. Sebagai contoh, penelitian oleh (Bochman 2021).menggambarkan bagaimana pemodelan kausal dapat berfungsi sebagai pelengkap terhadap penalaran logistik ketika data yang ada tidak mencukupi. Oleh karena itu, logika tidak hanya menjaga integritas proses ilmiah dari awal hingga akhir, tetapi juga memastikan bahwa hasil yang diperoleh bersifat objektif dan valid.Dengan kata lain, logika adalah pilar utama yang mendukung seluruh proses penelitian ilmiah, mulai dari pembentukan ide awal, pengembangan hipotesis, pengujian empiris, hingga pembentukan teori yang berarti dan yang dapat diuji.

Pembentukan Hipotesis sebagai Dugaan Sementara

Hipotesis dalam penelitian ilmiah sangat penting karena berfungsi sebagai jawaban sementara yang dikembangkan untuk menjawab permasalahan yang ditetapkan sebelumnya. Hipotesis muncul sebagai hasil dari proses penalaran yang sistematis dan kritis, di mana peneliti mengidentifikasi masalah dan menggunakan logika untuk membangun dugaan awal yang lebih terarah. Dalam konteks ini, penalaran logistik merupakan elemen krusial, karena mengizinkan peneliti untuk memahami hubungan sebab-akibat dalam fenomena yang diteliti, sehingga dugaan yang dihasilkan tidak bersifat spekulatif, melainkan berdasarkan pada bukti (Siallagan et al. 2022).

Proses pembentukan hipotesis sering kali melibatkan observasi awal dan studi literatur yang relevan, yang memberikan konteks empiris terhadap fenomena yang diteliti. Observasi ini dapat berupa wawancara, survei, atau analisis terhadap temuan penelitian sebelumnya, seperti yang dilakukan dalam penelitian mengenai pengaruh pola asuh terhadap pembentukan moral anak remaja dan pengaruh pembiasaan keagamaan terhadap karakter religius siswa (Afni, Eddison, and Supentri 2022). Studi pendahuluan yang menyeluruh memberikan landasan yang kuat untuk mengembangkan hipotesis. Selain itu, teori awal yang diambil dari literatur dan penelitian sebelumnya memberi pijakan ilmiah yang meningkatkan validitas hipotesis.

Selanjutnya hipotesis berfungsi sebagai pedoman dalam merancang dan mengarahkan penelitian. Dengan adanya hipotesis yang jelas, peneliti dapat menentukan jenis data yang perlu dikumpulkan, metode analisis yang harus diterapkan, dan variabel yang perlu diperhatikan untuk mencapai tujuan penelitian. Kurangnya hipotesis yang terdefinisi dengan baik dapat menyebabkan penelitian kehilangan arah dan hasil yang tidak relevan, seperti yang dicontohkan dalam penelitian-penelitian yang fokus pada karakter dan moral siswa di sekolah (Tarigan 2019). Oleh karena itu, hipotesis tidak hanya membantu membatasi ruang lingkup penelitian, tetapi juga memberikan kerangka yang sistematis untuk mengorganisasi langkah-langkah penelitian agar selaras dengan tujuan membuktikan atau menyangkal dugaan awal yang telah dikemukakan.

Hipotesis yang baik adalah hasil dari sintesis yang rasional, integrasi ide awal, landasan teori, dan hasil observasi awal. Komponen ini saling berkaitan dan sangat penting dalam memastikan hipotesis dapat diuji secara empiris (Lathifah, Siregar, and Risqiani 2023). Misalnya, penelitian tentang pengaruh media sosial terhadap perilaku etis anak-anak menunjukkan pentingnya data empiris untuk mendukung hipotesis yang dirumuskan . Proses ini menunjukkan bahwa hipotesis adalah elemen dinamis dalam penelitian ilmiah yang selalu berevolusi dengan data yang diperoleh. Jika hasil penelitian mendukung hipotesis, maka hal tersebut dapat memberikan kontribusi teori perkembangan. Sebaliknya, peneliti mungkin perlu merevisi atau mengganti hipotesis berdasarkan data yang diperoleh, yang mencerminkan betapa tidak bergunanya pendekatan penelitian.

Pengujian Empiris terhadap Hipotesis

Pengujian empiris terhadap hipotesis dalam proses penelitian ilmu pengetahuan adalah langkah krusial yang menghubungkan teori dengan kenyataan. Pada tahap ini, peneliti membandingkan dugaan atau hipotesis yang telah dirumuskan sebelumnya dengan data yang diperoleh dari observasi, eksperimen, atau analisis statistik. Sebagai contoh, dalam penelitian yang menguji pengaruh model pembelajaran praktikum terhadap keterampilan berpikir kritis siswa, hasil menunjukkan bahwa kelompok eksperimen yang menggunakan model ini memperoleh skor yang signifikan lebih tinggi dibandingkan analisis kelompok kontrol, dengan hipotesis yang menunjukkan t-hitung lebih besar dari t-tabel, sehingga hipotesis diterima (Lestari, Mursali, and Royani 2018). Penelitian lain yang melibatkan pengujian efek media pembelajaran juga menyimpulkan bahwa terdapat pengaruh positif signifikan terhadap hasil belajar, yang memperkuat pentingnya metode yang tepat dalam pengujian empiris.

Metode yang digunakan dalam pengujian sangat menentukan resolusi hasil. Dalam banyak kasus, observasi digunakan ketika peneliti ingin menganalisis fenomena secara langsung. Misalnya, Hasaniyah dkk. menggunakan observasi dan tes untuk menilai hasil belajar, yang mendemonstrasikan pentingnya pemilihan instrumen yang akurat (Hasaniyah, Anshory, and Abidin 2025). Di sisi lain, eksperimen bertujuan untuk mengidentifikasi hubungan sebab-akibat, terlihat dalam penelitian Lestari dkk. yang menegaskan bahwa model pembelajaran berbasis praktikum meningkatkan keterampilan berpikir kritis secara nyata. Dalam konteks penelitian kuantitatif, analisis statistik memungkinkan peneliti untuk mengukur hubungan antar variabel dan memastikan hasilnya tidak bias. Oleh karena itu, pemilihan metode yang sesuai sangat penting agar fase pengujian ini memberikan hasil yang valid dan dapat digeneralisasi.

Hasil pengujian empiris dapat berujung pada tiga keputusan: menerima, menolak, atau merevisi hipotesis. Ketika hipotesis diterima, ini menunjukkan bahwa data mendukung dugaan awal; sebaliknya, jika ditolak, hal ini memberikan wawasan baru mengenai fenomena yang diteliti. Misalnya, penelitian yang menggunakan metode pembelajaran berbasis permainan menunjukkan hasil yang signifikan dalam meningkatkan keterampilan berbicara, di mana hipotesis diterima setelah pengujian yang cermat (Noviadana, Suhardini, and Inten 2021). Namun, terkadang data menunjukkan bahwa beberapa aspek mendukung hipotesis sementara yang lain tidak, yang memerlukan revisi hipotesis untuk menggambarkan situasi yang lebih kompleks. Hal ini menunjukkan bahwa pengujian empiris tidak sekedar verifikasi semata, tetapi juga memberikan peluang untuk mengembangkan teori lebih lanjut.

KESIMPULAN

Proses ilmiah merupakan rangkaian kegiatan berpikir yang dimulai dari munculnya ide hingga terbentuknya teori yang sahih. Dalam keseluruhan proses tersebut, logika memegang peran fundamental sebagai alat yang menata, menyeleksi, dan mengarahkan alur pemikiran peneliti. Ide awal yang sifatnya abstrak dan luas perlu diolah secara sistematis melalui logika agar dapat berkembang menjadi rumusan masalah yang jelas dan dapat diteliti. Dari proses penalaran yang terstruktur inilah hipotesis disusun sebagai dugaan sementara yang memiliki dasar teoretis dan empiris. Logika memastikan bahwa hipotesis tersusun secara rasional, operasional, dan layak diuji sehingga dapat menjadi pedoman penelitian.

Selanjutnya, pengujian empiris menjadi tahap penting yang menentukan validitas hipotesis. Melalui observasi, eksperimen, dan analisis data, peneliti membandingkan dugaan awal dengan fakta yang ditemukan di lapangan. Hasil pengujian memperlihatkan apakah hipotesis dapat diterima, ditolak, atau direvisi. Proses ini mengubah hipotesis dari sekadar dugaan menjadi pernyataan ilmiah yang memiliki dasar bukti. Bahkan ketika hipotesis ditolak, temuan tersebut tetap bernilai karena memperluas pemahaman terhadap fenomena yang diteliti.

Pada akhirnya, rangkaian dari ide, logika, hipotesis, hingga pengujian empiris memberikan gambaran bahwa teori ilmiah tidak dibangun secara instan, tetapi melalui proses penalaran yang runtut dan teruji. Logika berfungsi sebagai pilar epistemologis yang menjaga konsistensi dan validitas seluruh proses penelitian, sehingga pengetahuan yang dihasilkan tidak bersifat spekulatif, tetapi dapat dipertanggungjawabkan secara ilmiah. Dengan demikian, logika bukan hanya alat teknis, melainkan unsur esensial yang memastikan bahwa perkembangan ilmu pengetahuan berjalan secara rasional, objektif, dan sistematis.

BAB 25
MENGUJI DUGAAN SEMENTARA: MERANCANG DAN MEMVERIFIKASI HIPOTESIS SECARA LOGIS

PENDAHULUAN

Proses penelitian ilmiah adalah upaya sistematis yang bertujuan untuk memahami fenomena dan memecahkan masalah melalui pengembangan pengetahuan yang dapat dipertanggungjawabkan. Setiap penelitian dimulai dengan mengungkap fenomena atau gejala tertentu yang memunculkan pertanyaan ilmiah. Fenomena ini dapat meliputi perubahan perilaku, ketidaksesuaian data, atau dinamika sosial yang menuntut spesifikasi lebih lanjut (Coleman et al. 2023). Proses ini berfungsi sebagai pemicu bagi peneliti untuk menggali informasi lebih dalam dan merumuskan masalah yang perlu diteliti. Dalam konteks ini, hipotesis menjadi sangat penting, berperan sebagai jembatan antara teori dan kenyataan empiris yang ingin diuji. Hipotesis, yang merupakan pernyataan ilmiah berdasarkan teori, logika, dan observasi awal, tidak sekadar merupakan dugaan belaka, melainkan harus memenuhi banyak syarat. Hipotesis harus logis, dapat diukur, dan dapat diuji melalui data empiris. Proses penyusunan hipotesis yang baik akan membantu peneliti memperjelas arah kajian mereka, menentukan variabel yang akan diteliti, serta menyusun langkah-langkah sistematis untuk menjawab pertanyaan penelitian. Dengan demikian, penting bagi peneliti untuk mengenali hubungan antar variabel yang tidak jelas agar dapat merumuskan hipotesis yang relevan (Shilla, Rahman, and Afida 2022). Tahap selanjutnya setelah merumuskan hipotesis adalah merancang uji hipotesis dengan metodologi yang tepat. Peneliti harus memilih metode penelitian yang sesuai kuantitatif atau kualitatif berdasarkan data yang ingin diolah dan hubungan antar variabel yang dimaksud. Perancangan ini meliputi penentuan instrumen yang valid dan reliabel untuk mengumpulkan data serta teknik analisis yang sesuai, seperti analisis statistik pada penelitian kuantitatif atau analisis tematik pada penelitian kualitatif (Aji and Hudha 2015). Dengan adanya instrumen yang tepat, peneliti dapat memastikan bahwa hipotesis dapat diuji secara objektif, sehingga hasilnya dapat dipercaya.

Proses ini menunjukkan bahwa penyusunan dan pengujian hipotesis merupakan bagian mendasar dalam penelitian ilmiah. Hipotesis yang dirancang dengan baik dan diuji melalui prosedur metodologis yang tepat dapat menghasilkan pengetahuan yang akurat, relevan, dan aplikatif di berbagai bidang (Merdekasari and Chaer 2017). Dengan memahami langkah-langkah dari mengidentifikasi fenomena, menyusun hipotesis, hingga merancang dan menguji hipotesis, peneliti dapat membangun fondasi yang kuat dalam melaksanakan penelitian yang lebih lanjut.

PEMBAHASAN

Proses penelitian ilmiah untuk memecahkan fenomena atau masalah sering kali berangkat dari ketidakpahaman atau ketidaktahuan. Fenomena yang tidak dapat dijelaskan oleh teori yang ada selalu menjadi titik awal yang memberikan kesempatan bagi peneliti untuk mengembangkan hipotesis. Dalam konteks ini, hipotesis berfungsi sebagai jembatan logistik antara teori yang ada dengan data empiris yang akan dikumpulkan, yang mana hal ini didukung oleh pemahaman bahwa pengembangan pengetahuan baru sering kali dihasilkan dari pengamatan analisis awal dan sistematis terhadap fenomena yang ada (Kell and Oliver 2003).

Ketidakpastian pada suatu fenomena mendorong peneliti untuk melakukan observasi yang lebih mendalam. Rasa ingin tahu ilmiah merupakan landasan bagi peneliti dalam rumusan dugaan awal. Dugaan ini tidak hanya sebatas spekulatif; peneliti wajib memberdayakan kerangka berpikir ilmiah dan penalaran yang logis berdasarkan data yang ada (Cleland 2002).

Hipotesis yang dihasilkan harus memenuhi kriteria spesifik agar dapat dianggap ilmiah, yaitu logis, rasional, terukur, dan dapat diuji melalui data empiris. Misalnya, ketika peneliti menjumpai anomali data, mereka perlu menguraikan hipotesis yang dapat menggambarkan hubungan variabel yang ada dengan tepat.

Selanjutnya, pengujian hipotesis menjadi komponen kunci dalam proses penelitian ilmiah. Hipotesis yang baik akan memungkinkan peneliti untuk memilih metode penelitian dan teknik pengumpulan data yang sesuai, serta menganalisis data tersebut untuk melihat apakah ia mendukung hipotesis yang diajukan (O'Donohue 2021).Apabila data mendukung hipotesis, hipotesis tersebut dapat diterima sementara sebagai kebenaran ilmiah; sebaliknya, jika data tidak mendukung, peneliti perlu mencari penjelasan baru dan melakukan penyesuaian. Proses ini menegaskan bahwa ilmu pengetahuan berfungsi sebagai entitas dinamis yang senantiasa dikembangkan melalui proses perbaikan, pengujian, dan verifikasi berkelanjutan. Namun tidak semua dugaan dapat diterima sebagai hipotesis ilmiah. Syarat-syarat tertentu, seperti adanya bukti empiris dan konsistensi teoritis, harus dipenuhi agar hipotesis dapat diujikan secara objektif (DiGiuseppe 1986). Proses ini pada akhirnya mengarahkan peneliti untuk mengembangkan penelitian yang tidak hanya terarah tetapi juga menjamin kredibilitas pengetahuan yang ditemui. Selain itu, dengan menerapkan pendekatan falsifikasi yang ketat, pengujian hipotesis dapat mengatasi masalah-masalah lain yang mungkin muncul dalam penelitian yang kurang metodologis atau tidak dapat dipertanggungjawabkan.

Keseluruhan proses ini menyoroti pentingnya pembahasan dan pengujian hipotesis dalam menghasilkan pengetahuan ilmiah yang valid, terpercaya, dan relevan. Melalui prosedur yang sistematis dan berbasis data tersebut, peneliti dapat lebih memahami faktor-faktor yang mempengaruhi fenomena yang diteliti, menjadikan ketidaktahuan bukanlah suatu kelemahan, tetapi sebagai dorongan untuk menemukan pengetahuan baru yang lebih berarti di masa depan (Kell and Oliver 2003).

Fenomena X muncul dan menimbulkan pertanyaan ilmiah.

Fenomena X dalam konteks penelitian sering merujuk pada perilaku sosial tertentu, pola data yang tidak biasa, atau hasil observasi yang bertentangan dengan teori yang ada. Dalam menghadapi fenomena-fenomena tersebut, langkah awal yang krusial adalah mengidentifikasi yang tepat mengenai apa yang sebenarnya terjadi sekaligus alasan di balik fenomena itu. Menyusun gambaran awal yang komprehensif adalah penting agar proses penelitian tidak kehilangan arah. Peneliti perlu memahami berbagai variabel yang terlibat dalam fenomena tersebut dan mencari tahu bagaimana variabel-variabel ini saling berinteraksi, karena ketidakjelasan hubungan kausalitas dapat menjadi tantangan utama dalam penelitian (Ferraro, Sanchirico, and Smith 2018). Proses ini membantu peneliti untuk merumuskan pertanyaan ilmiah yang terpercaya dan relevan, serta membatasi ruang lingkup penelitian agar fokus tetap dapat dipertahankan.

Salah satu tantangan signifikan dalam penelitian adalah mengidentifikasi hubungan kausalitas antara variabel. Untuk itu, pengamatan awal perlu dilakukan agar peneliti dapat mengidentifikasi variabel mana saja yang terlibat. Setelah menemukannya, peneliti harus melakukan pemetaan variabel dengan jelas, membedakan antara variabel bebas dan terikat, serta merancang bagaimana hubungan yang mungkin terjadi, berdasarkan teori yang ada (Robinson et al. 2007). Ketidakpastian dalam hubungan kausalitas ini justru memberikan peluang bagi penelitian yang lebih mendalam, di mana peneliti dapat menjelajahi bidang pengetahuan yang belum sepenuhnya tereksplorasi. Proses tersebut membentuk dasar penting bagi legitimasi penelitian, karena menjelaskan kekosongan pengetahuan yang ada.

Setelah mengidentifikasi masalah, langkah selanjutnya adalah merancang dan menguji hipotesis yang berkaitan dengan variabel yang telah diidentifikasi. Hipotesis yang jelas dan teruji dapat berfungsi sebagai pedoman bagi penelitian, membantu peneliti untuk secara tegas menentukan hubungan yang ingin diuji, baik itu berupa pengaruh, perbedaan, atau hubungan.

Menurut .hipotesis yang disusun harus berdasarkan logika ilmiah dan penelitian sebelumnya agar memiliki dasar yang kuat (Nilsen, Bowler, and Linnell 2019). Hipotesis juga berfungsi untuk menyoroti fokus penelitian, sehingga variabel yang diteliti benar-benar relevan dan berkontribusi pada tujuan penelitian. Merancang hipotesis juga mencakup pemahaman mendalam tentang logika ilmiah dan kemampuan untuk menarik kesimpulan baik secara deduktif maupun induktif. Proses verifikasi hipotesis melalui pengumpulan data dan analisis statistik menjadi langkah kunci dalam memastikan bahwa penelitian dilakukan secara tujuan dan dapat dipertanggungjawabkan. Validitas dan reliabilitas instrumen pengukuran juga menjadi aspek penting agar hasil yang diperoleh mencerminkan kenyataan secara akurat. Dengan demikian, pendekatan metodologis yang tepat dalam merancang dan menguji hipotesis menjadi landasan yang esensial untuk kualitas keseluruhan penelitian (Anwar 2015).

Penyusunan Hipotesis

Penyusunan hipotesis merupakan langkah esensial dalam penelitian ilmiah, karena berperan sebagai jawaban sementara terhadap rumusan masalah yang telah ditetapkan. Hipotesis tidak sekedar muncul secara acak, tetapi dibangun berdasarkan teori serta fakta awal yang berasal dari observasi atau kajian literatur. Dalam konteks ini, peneliti harus melakukan telaah mendalam terhadap berbagai konsep, teori, dan hasil penelitian sebelumnya untuk menjamin bahwa hipotesis yang dirumuskan mempunyai landasan ilmiah yang kuat. Misalnya, Irawan dan Ruslim menunjukkan bagaimana hasil pengujian terhadap profitabilitas dan variabel lain dapat dimanfaatkan untuk menyusun hipotesis yang kuat dalam ranah bisnis dan ekonomi. Dengan menggabungkan informasi dari literatur dan observasi awal, peneliti dapat menemukan hubungan potensial antar variabel yang kemudian dirumuskan dalam bentuk dugaan yang logis dan dapat diuji (Siswanti et al. 2024).

Selain itu, hipotesis harus memenuhi kriteria tertentu agar dapat diajukan sebagai hipotesis ilmiah yang dapat diuji. Pertama, hipotesis harus logis dan sejalan dengan teori; ini berarti bahwa tidak boleh ada kontradiksi dengan prinsip-prinsip ilmiah atau hasil penelitian terdahulu yang telah terbukti (Selvia and Sulfitri 2023). Kedua, hipotesis harus dapat diukur atau diobservasi, yang mencakup variabel pengoperasional agar dapat diukur dengan instrumen yang sesuai. Dalam penelitian yang dilakukan oleh Pamudyarini, analisis jalur digunakan untuk menyalakan minat belajar siswa, yang menunjukkan pentingnya data yang dapat diukur dalam pengujian hipotesis . Kendati demikian, jika variabel yang diajukan tidak dapat diukur, maka hipotesis tersebut tidak dapat diuji secara empiris, yang berpotensi mengurangi relevansi dan kualitas penelitian secara keseluruhan.

Lebih lanjut, hipotesis perlu diuji melalui data empiris; peneliti harus mampu mengumpulkan data faktual yang dapat mendukung atau membantah hipotesis tersebut. Dalam beberapa penelitian, seperti yang dikemukakan oleh Hayati et al., pengujian hipotesis asosiatif atau kausal harus melibatkan data yang dapat dianalisis secara statistik untuk memahami pengaruh variabel satu terhadap lainnya (Hayati, Mahrudin, and Irianti 2022). Misalnya, dalam penelitian mengenai pengaruh model pembelajaran terhadap keterampilan proses sains, jalur analisis digunakan untuk menguji hubungan antar variabel, sehingga mendukung kekuatan hipotesis yang dibuat. Oleh karena itu, peneliti perlu mencermati pemilihan bentuk hipotesis yang tepat, karena hal ini akan mengarahkan metode analisis data yang digunakan dalam penelitian.

Dalam praktik penelitian, ada beberapa bentuk hipotesis yang dapat disusun, di antaranya hipotesis deskriptif, komparatif, dan asosiatif. Hipotesis deskriptif bertujuan menggambarkan kondisi tertentu tanpa membandingkan variabel, sedangkan hipotesis komparatif membandingkan dua atau lebih kelompok untuk melihat perbedaannya. Sementara itu, hipotesis asosiatif atau kausal menyiratkan adanya pengaruh antar variabel, contohnya pengaruh motivasi terhadap prestasi belajar (Handayani, Triono, and Chairina 2021). Pilihan yang tepat akan mempengaruhi cara analisis yang akan digunakan, baik itu statistik deskriptif untuk hipotesis deskriptif, atau teknik analisis yang lebih kompleks seperti uji t dan regresi untuk hipotesis komparatif atau asosiatif. Keseluruhan proses penyusunan hipotesis harus dilakukan secara cermat dan mempertimbangkan metodologis, karena kualitas hipotesis berimbas langsung pada validitas kesimpulan yang dapat ditarik dari penelitian tersebut.Dalam rangka mencapai hasil yang memadai dalam penelitian, penting bagi peneliti untuk memperhatikan semua aspek ini dalam penyusunan hipotesis, mulai dari teori yang mendasarinya, variabel pengoperasional, hingga metode analisis yang akan digunakan. Kesalahan dalam tahap ini dapat berdampak signifikan pada arah penelitian dan kesimpulan yang diperoleh (Prasetyo and Sari 2024).

Erancangan Uji Hipotesis

Perancangan pengujian hipotesis merupakan komponen penting dalam metodologi penelitian. Pemilihan metode yang tepat, baik kuantitatif maupun kualitatif, bergantung pada sifat hipotesis dan tujuan penelitian. Pendekatan kuantitatif lebih cocok ketika hipotesis berhubungan dengan variabel yang dapat diukur secara numerik dan dianalisis secara statistik, sedangkan pendekatan kualitatif lebih tepat digunakan untuk memahami makna dan fenomena yang melalui data non-numerik (Ramadhan, Atmoko, and Radjah 2021). Misalnya, dalam penelitian yang melibatkan pengujian pengaruh variabel melalui metode regresi, pendekatan kuantitatif kompleks lebih sering digunakan, seperti yang terlihat dalam penelitian Rasyid et al. dan Ilahi et al., yang menggunakan regresi linier untuk menguji hubungan variabel.

Setelah memilih metode penelitian yang sesuai, langkah berikutnya adalah mengatur instrumen penelitian. Dalam konteks kuantitatif, instrumen yang dipilih harus diuji validitas dan reliabilitasnya, seperti yang dilakukan oleh Ramadhan et al. untuk mengukur kepercayaan diri siswa, di mana validitas dan reliabilitas data menjadi kunci untuk mendapatkan hasil yang valid. Di sisi lain, dalam penelitian kualitatif, instrumen yang digunakan sering bersifat fleksibel, seperti wawancara atau observasi, untuk menggali informasi lebih dalam. Keberhasilan pengumpulan data, baik kuantitatif maupun kualitatif, sangat bergantung pada instrumentasi yang tepat dan pemahaman mendalam tentang variabel yang sedang diteliti (Wulandari, Haeruddin, and Musa 2024).

Setelah instrumen ditetapkan, peneliti harus memilih teknik analisis data yang sesuai dengan pendekatan penelitian. Dalam penelitian kuantitatif, teknik statistik inferensial sering digunakan untuk menentukan penerimaan atau penolakan hipotesis. Contohnya, analisis ANOVA dan uji t memainkan peranan penting dalam menentukan hubungan antar variabel dan menimbulkan hipotesis, sebagaimana dibuktikan oleh penelitian yang menunjukkan pengaruh variabel tertentu secara signifikan. Di sisi lain, analisis kualitatif menggunakan metode interpretatif, seperti analisis tematik, untuk memahami data secara mendalam dan menemukan pola serta tema (Ilahi, Kurniawan, and Haeruddin 2024). Pendekatan kedua ini, meskipun berbeda dalam metodologi, bertujuan untuk menghasilkan pemahaman yang valid tentang hipotesis yang diuji.

Langkah terakhir dalam perancangan uji hipotesis adalah menentukan indikator operasional yang jelas. Indikator ini berfungsi untuk mengubah konsep abstrak menjadi bentuk yang dapat diukur atau diamati. Sebagai contoh, dalam penelitian tentang motivasi belajar, indikator seperti frekuensi belajar mandiri dan skor angket dapat digunakan untuk mencerminkan variabel tersebut. Ketiadaan indikator operasional yang jelas akan menyulitkan peneliti dalam mengumpulkan data yang relevan dan akurat, sehingga mempengaruhi validitas keseluruhan dari hipotesis yang diuji (Husnun and Gracia 2025). Dengan Oleh karena itu, penting untuk memastikan bahwa indikator yang digunakan tidak hanya spesifik tetapi juga relevan dengan tujuan penelitian.Secara keseluruhan, perancangan uji hipotesis yang baik sangat bergantung pada kejelasan dalam pemilihan metode, instrumen, teknik analisis, dan indikator operasional yang saling mendukung. Tanpa memperhatikan detail dalam setiap langkah ini, hasil penelitian dapat berisiko menjadi tidak valid dan tidak dapat dipertanggungjawabkan. Dalam konteks penelitian yang baik, pemilihan metode penelitian yang tepat disertai dengan instrumentasi yang valid dan reliabel, serta analisis yang sesuai, adalah kunci untuk mencapai kesimpulan yang termasuk dalam kategori yang dapat diterima secara ilmiah.

KESIMPULAN

Berdasarkan rangkaian pembahasan mengenai *"Menguji Dugaan Sementara: Merancang dan Memverifikasi Hipotesis Secara Logis"*, dapat disimpulkan bahwa proses penelitian ilmiah merupakan perjalanan sistematis yang dimulai dari identifikasi fenomena hingga verifikasi hipotesis. Fenomena atau masalah yang muncul menjadi pemicu lahirnya pertanyaan ilmiah yang kemudian mengarahkan peneliti untuk menyusun dugaan sementara sebagai jawaban awal. Dalam hal ini, hipotesis tidak sekadar dugaan bebas, tetapi pernyataan ilmiah yang harus dibangun atas dasar teori, logika, serta pengamatan awal yang relevan.

Penyusunan hipotesis menjadi tahap yang sangat krusial karena berfungsi sebagai penghubung antara kerangka teoretis dengan proses penelitian empiris. Sebuah hipotesis ilmiah harus memenuhi syarat logis, rasional, terukur, dan dapat diuji agar penelitian dapat berjalan dengan jelas dan terarah. Melalui hipotesis, peneliti dapat menentukan hubungan antar variabel serta merumuskan fokus penelitian yang lebih spesifik. Pemilihan bentuk hipotesis—baik deskriptif, komparatif, maupun asosiatif menentukan jenis analisis dan metode yang akan digunakan pada tahap selanjutnya. Tahap pengujian hipotesis menjadi langkah esensial dalam proses verifikasi ilmiah. Pemilihan metode penelitian, instrumen pengumpulan data, serta teknik analisis harus disesuaikan dengan karakteristik hipotesis dan variabel yang dikaji. Pendekatan kuantitatif dan kualitatif sama-sama dapat digunakan untuk menguji hipotesis, selama langkah-langkahnya dilakukan secara metodologis, objektif, dan valid. Operasionalisasi variabel menjadi indikator konkret juga menjadi bagian penting untuk memastikan bahwa konsep abstrak dapat diukur secara tepat di lapangan.

Dengan demikian, merancang dan memverifikasi hipotesis secara logis bukan hanya aktivitas teknis dalam penelitian, tetapi merupakan inti dari proses ilmiah itu sendiri. Validitas temuan penelitian sangat ditentukan oleh ketepatan peneliti dalam menyusun hipotesis, memilih metode, serta menguji dugaan secara empiris. Jika semua tahap dijalankan secara sistematis dan metodologis, penelitian tidak hanya mampu menghasilkan pengetahuan baru yang dapat dipertanggungjawabkan, tetapi juga memberikan kontribusi penting bagi pengembangan teori dan praktik dalam berbagai bidang ilmu.

BAB 26
LOGIKA DALAM PRAKTIK KEILMUAN DAN DIGITAL:MENGGANTI CARA PANDANG DAN MEMAHAMI PERGESERAN PARADIGMA (PARADIGM SHIFT) DALAM ILMU

PENDAHULUAN

Fenomena perkembangan ilmu pengetahuan dan teknologi digital dalam dua dekade terakhir telah menghadirkan transformasi yang signifikan dalam cara manusia memahami dan berinteraksi dengan dunia. Dalam konteks ini, kemajuan teknologi, khususnya dalam bidang kecerdasan buatan (AI) dan analisis data besar, telah merevolusi tidak hanya praktik penelitian ilmiah tetapi juga paradigma epistemologis yang mendasarinya. Dalam sains kontemporer, data yang dihasilkan melalui algoritma AI kini sering dianggap sebagai validasi yang kuat terhadap teori, yang menimbulkan pertanyaan tentang bagaimana logika berfungsi dalam era digital dan bagaimana logika dapat memvalidasi atau menciptakan paradigma baru.

Pertama, AI berfungsi sebagai alat penelitian yang mengubah metodologi dalam berbagai bidang, termasuk sains sosial dan ilmu komputer. AI tidak hanya mengoptimalkan proses pengambilan keputusan melalui sistem otomatisasi yang adaptif, tetapi juga menghadirkan lapisan interpretasi data yang sebelumnya tidak dimiliki. Kecerdasan buatan, dengan kemampuan untuk mempelajari dan beradaptasi, memungkinkan peneliti untuk menggunakan metode analitik yang lebih kompleks dan otomatis (Khan et al., 2025).Ini mengarah pada pendekatan "data-driven science", di mana penemuan ilmiah tidak hanya bergantung pada teori, tetapi juga pada analisis data yang luas dan terkumpul (Kitchin, 2014). Paradigma ini memicu pergeseran epistemologis yang mendorong pertanyaan tentang nilai dan metodologi tradisional, termasuk kritik terhadap empirisme logis yang telah mendominasi pemikiran ilmiah selama ini (Resnyansky, 2019)

Selanjutnya, tantangan yang muncul dari integrasi AI dalam prosedur ilmiah adalah perlunya penjelasan dan akuntabilitas dalam proses otomatisasi. Sifat algoritmis dari AI menghadirkan kompleksitas interpretasi yang harus ditangani dengan hati-hati untuk menjaga integritas dan etika dalam penelitian. Penekanan pada "explainability" atau keterjelasan dalam pengambilan keputusan oleh sistem AI penting agar dapat disetujui oleh masyarakat dan pengguna (Blažek et al., 2021). Di samping itu, masalah etika dan interpretasi ini menuntut peneliti untuk mengembangkan kerangka kerja yang memastikan bahwa integrasi AI dalam penelitian tetap berpegang pada prinsip-prinsip yang menjunjung tinggi dan melindungi martabat manusia (Varypaiev & Zasiadvovk, 2025)

Kemajuan dalam penggunaan AI juga mengarah pada eksplorasi baru dalam kolaborasi multidisiplin di mana berbagai bidang ilmu berfungsi saling melengkapi. Pendekatan interdisipliner ini memperluas batasan tradisional dan memfasilitasi komunikasi yang lebih baik antar disiplin ilmu, mengoptimalkan proses pemecahan masalah di kompleksitas yang lebih tinggi, termasuk dalam kesehatan, ekonomi, dan teknologi informasi (Sharma, 2025)Di era digital ini, fakta bahwa algoritma dapat "berpikir" dan "belajar" membuka peluang untuk pemahaman yang lebih mendalam dan keputusan yang lebih cepat, tetapi juga memicu diskusi tentang batasan sistem tersebut, baik dalam hal kapasitasnya maupun perspektif filosofis yang mendasarinya (Larson, 2021)

Di tengah transformasi digital ini, muncul pula berbagai persoalan epistemologis. Teori-teori ilmiah lama tidak lagi cukup menjelaskan fenomena baru yang sangat kompleks, seperti *machine learning*, automasi kecerdasan, atau sistem sosial digital. Paradigma keilmuan yang sebelumnya mapan tidak lagi memadai untuk menjelaskan realitas baru tersebut. Sebagaimana dikemukakan Thomas S. Kuhn, ketika anomali terus muncul dan tak dapat diatasi oleh paradigma lama, maka komunitas ilmiah akan melakukan revolusi yang menghasilkan *paradigm shift* atau pergantian kerangka berpikir. Fenomena ini kini sedang terjadi secara masif di berbagai disiplin ilmu, terutama ilmu pengetahuan berbasis data dan teknologi. Dalam konteks pergeseran paradigma dalam ilmu pengetahuan, penting untuk menganalisis bagaimana logika berfungsi sebagai alat krusial dalam validasi paradigma baru yang muncul, terutama di tengah kemajuan teknologi digital. Selama dua dekade terakhir, banyak klaim ilmiah baru dihasilkan seiring dengan meningkatnya penggunaan kecerdasan buatan dan data besar. Namun, ada kekhawatiran yang semakin berkembang mengenai bagaimana klaim ini sering kali diterima tanpa evaluasi kritis yang memadai (Aarts et al., 2015)

Logika, sebagai instrumen penalaran, berperan tidak hanya dalam membangun kerangka teori, tetapi juga dalam menguji kelayakan dan konsistensi dari teori-teori baru tersebut. Karl Popper dalam karya-karyanya menekankan bahwa setiap teori ilmiah harus dapat diuji dan dipalsukan sebagai ciri penanda antara ilmu dan non-ilmu (Qiu et al., 2024) Popper mengembangkan ide falsifiabilitas, di mana konstruksi ilmiah harus mampu menghadapi tantangan dari data baru yang muncul, dan dengan demikian siap diperbarui jika tidak konsisten dengan bukti yang ada (Walker, 2022)Paradigma ilmiah yang cukup sah adalah mereka yang dapat berdiri di bawah pengujian logis yang ketat, dan ini menjadi semakin penting dalam era di mana banyak data baru dihasilkan secara otomatis (Berthold et al., 2025)

Selain itu, dinamika perubahan cara pandang akibat kemajuan teknologi digital menghadirkan kompleksitas baru dalam evaluasi teori. Dalam konteks ini, tantangan besar adalah memastikan bahwa proses validasi tidak hanya menyandarkan pada efektivitas praktis yang cepat, tetapi juga pada kerangka logika yang kokoh. Sebuah paradigma baru, untuk dapat diterima, harus menunjukkan adanya keterkaitan logis yang jelas antara teori dan proposisi fundamental yang mendasarinya (Sfetcu, 2023). Dengan semakin banyaknya data yang dihasilkan, pendekatan yang lebih sistematis diperlukan untuk membangun keterhubungan yang sah di antara klaim baru dan basis data yang ada, menjaga agar hasil penelitian tetap dapat dipertanggungjawabkan.

Selanjutnya, hal ini memicu kebutuhan untuk memahami peran penting dari rekayasa logika dalam struktur pemikiran ilmiah. Dalam pengajaran dan pembelajaran, pemahaman dan kemampuan berpikir logis harus diintegrasikan secara mendalam, karena kemampuan ini menjadi fondasi bagi validasi ilmiah (Gan & Wijaya, 2021)Melalui pengembangan pemikiran kritis dan analitis, terutama di kalangan para peneliti baru dan mahasiswa, proses rekayasa logika dapat membekali mereka untuk menilai dan memverifikasi klaim lebih efektif, sehingga menjaga integritas sains di era digital ini (Burgos, 2025)

Dari sudut pandang epistemologis, penting untuk menekankan bahwa evaluasi logis bukanlah sekadar proses formal, tetapi juga sebuah mekanisme untuk menjaga rasionalitas dalam pengembangan ilmu. Dengan demikian, logika tidak hanya dianggap sebagai alat abstrak, tetapi sebagai komponen fundamental yang memastikan bahwa pengetahuan yang berkembang tetap berakar pada kriteria keilmuan yang sah dan dapat dipertanggungjawabkan.Dalam konteks inovasi yang dipicu oleh teknologi baru, memahami bagaimana logika beroperasi menjadi sangat penting. Keterlibatan aktif dalam proses pengujian ini tidak hanya melindungi integritas ilmu pengetahuan tetapi juga memperkuat kepercayaan publik terhadap ilmu pengetahuan di tengah disparitas informasi yang beredar di dunia digital (Herley & Pieters, 2015)

PEMBAHASAN

Logika Sebagai Fondasi Penalaran Ilmiah Di Era Digital

Logika, yang dipahami sebagai ilmu yang mempelajari aturan berpikir benar, merupakan pilar dalam pengembangan metode ilmiah dan pengambilan keputusan. Aristoteles menekankan logika sebagai alat (organon) untuk membedakan penalaran yang sah dan tidak sah; perkembangan lebih lanjut dalam logika termasuk logika simbolik, logika matematis, dan logika komputasional, yang semuanya berkontribusi kepada kemajuan ilmu pengetahuan dan teknologi digital saat ini. Dalam konteks ini, logika memberikan kerangka kerja untuk memelihara konsistensi argumen, menguji validitas penalaran, dan menghindarkan ilmuwan dari kesalahan dalam berpikir (fallacy) (Indah & Nuraeni, 2021).Penggunaannya yang kerap kali mencakup deduksi dan induksi dalam menyusun teori ilmiah

Logika deduktif, yang berfungsi menarik kesimpulan yang pasti dari premis yang valid, berbeda dari logika induktif yang menggeneralisasi dari observasi untuk menghasilkan kesimpulan probabilistik (Ramesh Prasad, 2021). Penelitian menunjukkan bahwa kedua tipe penalaran ini melibatkan sumber daya kognitif yang berbeda, di mana deduksi sering membutuhkan lebih banyak memori kerja dibandingkan induksi.Penting untuk dicatat bahwa deduksi secara berulang dapat mengalami kesalahan diagnostik, bukan karena kesalahan dalam logika itu sendiri, tetapi karena keterbatasan dalam data yang tersedia (Shin, 2019) Sumber daya kognitif ini menjadi landasan penting dalam analisis dan penegakan teori-teori ilmiah, seperti diidentifikasi dalam literatur mengenai rasionalitas dan pengambilan keputusan dalam konteks medis.

Dengan munculnya era digital, logika telah mengadopsi bentuk baru dalam aplikasi teknologi informasi. Di dunia komputer, logika biner menjadi dasar untuk pemrosesan informasi, dengan model logika seperti proposisi dan logika fungsi yang digunakan untuk otomatisasi deduksi dalam verifikasi program.Pendekatan dalam AI dan machine learning kini memanfaatkan logika probabilistik dan fuzzy logic untuk menentukan pola dan membuat prediksi (Ramesh Prasad, 2021)). Ini menunjukkan bahwa logika tidak hanya terbatas pada konteks manusia, tetapi juga telah menjadi fondasi teknis penting yang menggerakkan inovasi dalam mesin dan komputasi modern

Dalam relasi penalaran manusia, baik deduktif maupun induktif, relevansinya dalam praktik ilmiah dan pengembangan teknologi tidak dapat diabaikan. Logika menjadi esensial dalam penajaman kemampuan analitis dan dalam membangun argumentasi yang kuat, baik dalam penelitian akademik maupun aplikasi praktis di lapangan.Kecerdasan logika matematis yang terukur menunjukkan hubungan positif dengan prestasi dalam pembelajaran (Sarah et al., 2024)Oleh karena itu, logika sebagai instrumen berpikir perlu terus dipelajari dan diterapkan untuk memastikan konsistensi dan relevansi dalam era pengetahuan yang kian kompleks ini.

Logika memiliki dua fungsi penting dalam konteks ilmiah dan teknologi digital: sebagai alat untuk ilmuwan dalam membangun dan mengevaluasi teori, serta sebagai mekanisme internal di berbagai aplikasi teknologi untuk menghasilkan keluaran yang rasional dan konsisten. Pertama-tama, dalam dunia keilmuan, logika menjadi instrumen krusial yang memungkinkan ilmuwan merumuskan teori baru dan melakukan evaluasi kritis terhadap teori-teori yang ada. Proses ini melibatkan penalaran deduktif yang memastikan bahwa kesimpulan yang ditarik memiliki dasar yang kuat, serta penalaran induktif yang dapat menghasilkan generalisasi berdasarkan data observasi yang ada. Tanpa adanya logika, ilmu pengetahuan tidak akan memiliki landasan yang cukup untuk menilai validitas atau relevansi teori-teori tersebut.

Di sisi lain, dalam ranah teknologi digital, logika berfungsi sebagai dasar bagi operasi sistem komputasi, di mana output yang rasional dan konsisten dicapai melalui protokol logis. Misalnya, perangkat logika yang menggunakan teknologi berbasis transistor CMOS (Complementary Metal-Oxide-Semiconductor) telah menjadi fondasi dari berbagai aplikasi elektronika modern, yang memberi dasar pada pengolahan informasi di komputer dan perangkat digital lainnya (Hao et al., 2022).Logika ini tidak hanya terdiri dari logika biner klasik, tetapi juga melibatkan bentuk yang lebih kompleks seperti logika probabilistik dan logika fuzzy, yang mampu menangani ketidakpastian dan membantu sistem dalam membuat keputusan yang lebih baik berdasarkan input yang tidak pasti.

Kedua fungsi ini menunjukkan bahwa memahami logika adalah kunci untuk memahami struktur dasar dari semua aktivitas ilmiah dan digital. Dengan logika sebagai kerangka penilaian para ilmuwan terhadap teori baru dan juga sebagai alat yang beroperasi di balik layar sistem teknologi canggih, sangat jelas bahwa logika mendukung proses perubahan paradigma dalam berpikir dan inovasi. Hal ini karena logika tidak hanya menilai ketahanan paradigma lama, tetapi juga memungkinkan penekanan pada penerimaan paradigma baru yang lebih mampu menjawab tantangan yang ada saat ini. Sebagaimana diungkapkan oleh beberapa penelitian, para ilmuwan memanfaatkan logika untuk merumuskan argumen yang mendukung teori baru dengan memberikan bukti yang diperlukan untuk menggeser pemahaman dan platform yang ada (Saravanan et al., 2016)

Pergeserah Paradigma Dan Faktor Pendorongnya Di Era Digital

Konsep pergeseran paradigma yang diperkenalkan oleh Thomas Kuhn menjelaskan bahwa perkembangan ilmu pengetahuan bukanlah proses kumulatif yang linear, melainkan terjadi melalui revolusi yang signifikan. Dalam bukunya "The Structure of Scientific Revolutions," Kuhn menggambarkan bahwa saat teori lama tidak lagi mampu menjelaskan anomali yang muncul, komunitas ilmiah mengalami krisis dan kemudian mengadopsi paradigma baru yang menawarkan penjelasan yang lebih baik (Cristianini, 2014). Pergeseran paradigma ini sangat relevan dalam konteks saat ini, terutama dengan adanya era digital yang telah mengubah metodologi dan perspektif di berbagai disiplin ilmu.

Di bidang kesehatan, misalnya, paradigma lama yang berfokus pada diagnosis manual kini telah tergantikan oleh penggunaan kecerdasan buatan (AI) yang mampu menganalisis ribuan citra medis secara bersamaan. Perubahan ini mencerminkan transisi dari paradigma tradisional ke paradigma berbasis data yang lebih efisien dan akurat (Cristianini, 2014). Dalam konteks sosial, analisis perilaku manusia tidak lagi bergantung pada survei manual tetapi menggunakan big data dari media sosial. Pendekatan ini menunjukkan bahwa paradigma lama telah kehilangan relevansinya ketika dihadapkan dengan kompleksitas fenomena baru yang memerlukan analisis lebih mendalam dan berbasis data (Aryal, 2023)

Salah satu contoh konkret dari pergeseran paradigma ini dapat dilihat dalam astronomi. Setelah berabad-abad bergantung pada observasi manual dengan teleskop, para ilmuwan kini dapat memanfaatkan teknologi digital dan AI untuk memproses triliunan titik data dari luar angkasa, yang mengubah pendekatan dari "observasi manusia" menjadi "komputasi data kosmik".Transformasi ini bukan sekadar perubahan metode tetapi juga mencerminkan perpindahan mendasar dalam cara kita memahami dan memperoleh pengetahuan tentang alam semesta.

Contoh lain yang relevan adalah dalam bidang ekonomi, di mana paradigma lama yang menekankan rasionalitas manusia dalam pengambilan keputusan kini telah diperluas dengan menambahkan pengaruh algoritma dan personalisasi yang didorong oleh teknologi digital. Muncullah paradigma baru yang dikenal sebagai ekonomi perilaku digital (digital behavioral economics), yang memandang individu bukan hanya sebagai agen rasional tetapi juga sebagai produk dari interaksi manusia–mesin dalam konteks digital (Jiang, 2021)Perubahan ini merefleksikan pemikiran Kuhn tentang bagaimana ketika suatu paradigma tidak lagi mampu menjelaskan fenomena yang ada, maka akan ada pergeseran menuju cara pandang baru (Takdir & Arif, 2022)

Melalui contoh-contoh tersebut, jelas bahwa era digital telah menjadi faktor pendorong utama terjadinya pergeseran paradigma di berbagai disiplin ilmu. Paradigma lama yang tidak lagi dapat menjawab tantangan baru menghadapi fenomena kompleks diperlukan untuk digantikan oleh pendekatan-pendekatan yang lebih inovatif dan relevan, sehingga memperkuat argumen Kuhn tentang sifat revolusioner dari perkembangan ilmu pengetahuan (Takdir & Arif, 2022). Dalam semua perubahan ini, logika berperan dalam menilai apakah paradigma baru benar-benar menawarkan penjelasan yang lebih konsisten daripada paradigma lama.

Paradigma baru harus memenuhi kriteria logis: bebas kontradiksi, koheren dengan data, memiliki kemampuan eksplanatif lebih baik, dan memungkinkan prediksi yang lebih akurat. Jika tidak memenuhi kriteria tersebut, paradigma baru tidak dapat dianggap sebagai revolusi ilmiah sejati.

Dampak Pergeseran Paradigma Terhadap Praktik Keilmuan

Pergeseran paradigma dalam praktik keilmuan yang terjadi saat ini membawa dampak signifikan terhadap metode penelitian dan struktur otoritas epistemik. Terutama di era digital, kita menyaksikan pergeseran dari paradigma berbasis teori menuju paradigma berbasis data. Dalam paradigma baru ini, para ilmuwan tidak hanya menunggu teori-teori baru untuk diuji, tetapi lebih memilih membiarkan algoritma mengekstrak pola dari data yang besar, atau big data, sebagai bagian dari proses penemuan ilmiah.Untuk dapat dianggap sah secara ilmiah, pengetahuan yang diperoleh dari algoritma AI harus melalui evaluasi kritis terhadap akurasi dan validitasnya.Jika tidak, terdapat risiko bahwa hasil yang ditawarkan oleh AI bisa jadi tidak memenuhi kriteria epistemologis yang ketat (Cristianini, 2014)

Perubahan ini juga melahirkan tantangan terhadap otoritas epistemik. Dulu, ilmuwan manusia dianggap sebagai sumber kebenaran tertinggi, sementara kini teknologi digital, terutama AI, semakin dominan dalam pengambilan keputusan ilmiah (Fadilah et al., 2023). Contoh yang mencolok dapat ditemukan dalam keputusan medis yang diambil oleh sistem berbasis AI, yang dalam banyak kasus menunjukkan akurasi lebih tinggi dibandingkan diagnosis manual oleh dokter.Reorientasi otoritas ini menimbulkan pertanyaan fundamental tentang legitimasi dan kredibilitas teknologi sebagai pengambil keputusan, serta bagaimana hal ini memengaruhi struktur kekuasaan di dalam komunitas ilmiah (Fadilah et al., 2023).

Meskipun penggunaan AI dan algoritma dalam penelitian memberikan efisiensi dan akurasi lebih, hal ini juga memperingatkan kita akan potensi kesalahan logis. Banyak individu yang cenderung menerima hasil prediksi dari AI sebagai kebenaran mutlak tanpa memahami logika atau batasan di balik proses tersebut. Dalam era di mana informasi digital berlimpah, dibutuhkan pemahaman kritis yang kuat terhadap metode yang digunakan oleh algoritma, agar kita tidak terjerumus dalam kesesatan berpikir baru yang dapat merugikan penelitian ilmiah dan aplikasi praktisnya (Cristianini, 2014). Dengan kata lain, meskipun pergeseran paradigma ini membawa banyak keuntungan, kita harus tetap waspada terhadap implikasi yang ditimbulkan. Ketidakpahaman terhadap cara kerja algoritma dan data yang digunakan dalam penelitian dapat mengarah pada penerimaan informasi yang keliru dan membahayakan integritas ilmu pengetahuan.Oleh karena itu, keterbukaan untuk merevisi metode dan kriteria yang ada menjadi sangat penting bagi kemajuan keilmuan yang berkelanjutan.

Logika Sebagai Validator Paradigma Baru

Peran logika dalam konteks pergeseran paradigma sangat vital untuk memastikan bahwa paradigma baru berdiri pada dasar penalaran yang sah. Tiga aspek utama dalam validasi logis paradigma baru adalah koherensi internal, konsistensi eksternal, dan justifikasi empiris. Koherensi internal merujuk pada apakah teori baru tersebut bebas dari kontradiksi, sementara konsistensi eksternal adalah kesesuaian teori baru dengan ilmu lain, dan justifikasi empiris mengacu pada sejauh mana data dapat mendukung teori baru tersebut (Kahraman et al., 2024); .Ketiga aspek ini merupakan syarat yang harus dipenuhi agar paradigma baru tidak hanya diakui, tetapi juga dianggap valid dalam konteks ilmiah.

Selain itu, logika juga berperan dalam mengevaluasi kemampuan eksplanatif dari suatu paradigma. Paradigma baru yang valid seharusnya mampu menawarkan penjelasan yang lebih komprehensif atas fenomena yang ada dibandingkan dengan paradigma lama. Dalam konteks digital, penting untuk memastikan bahwa prediksi yang dihasilkan oleh AI tidak hanya sebatas pola statistik, tetapi juga memiliki relevansi rasional yang memadai dengan realitas ilmiah. Hal ini mencerminkan pergeseran dalam cara ilmiah dalam menjawab pertanyaan-pertanyaan kompleks yang tidak dapat dijawab dengan metode tradisional (Graille et al., 2023)

Contoh nyata di bidang medis dapat diambil dari penggunaan AI dalam pengambilan keputusan klinis. Meskipun AI dapat memberikan rekomendasi yang akurat, banyak dokter yang merasa enggan menerimanya tanpa penjelasan yang jelas mengenai alasan di balik keputusan tersebut. Hal ini menunjukkan bahwa meskipun AI dapat menghasilkan keputusan berbasis data, penting bagi sistem tersebut untuk dapat menjelaskan proses penalaran yang mendasarinya (Braun et al., 2020)

Tantangan juga muncul ketika individu menerima hasil prediksi dari AI tanpa memahami logika di baliknya. Seperti yang dijelaskan dalam studi tentang sistem dukungan keputusan berbasis AI, ada kebutuhan untuk mengintegrasikan elemen transparansi dan akuntabilitas dalam implementasi teknologi (Tade et al., 2024). Tanpa pemahaman ini, terdapat risiko bahwa pengguna bisa terjebak dalam kesesatan berpikir baru yang dianggap sebagai kebenaran absolut, sementara hasil tersebut mungkin tidak sepenuhnya akurat atau dapat diandalkan(Asad et al., 2025). Secara keseluruhan, logika tidak hanya berfungsi sebagai alat untuk evaluasi dan validasi, tetapi juga sebagai landasan untuk menjamin bahwa pergeseran paradigma menghasilkan peningkatan dalam pengetahuan dan praktik keilmuan yang dapat dipertanggungjawabkan. Dengan demikian, penting untuk melakukannya secara hati-hati agar tidak mengabaikan aspek-aspek logis yang mendasari penemuan baru yang muncul di era digital ini (Kahraman et al., 2024)

Dalam konteks pergeseran paradigma, logika berfungsi sebagai mekanisme evaluatif yang sangat penting untuk menentukan apakah paradigma baru benar-benar layak menggantikan paradigma lama. Tanpa melalui proses validasi logis yang ketat, perubahan paradigma tersebut berpotensi hanya menjadi tren sementara yang tidak memiliki basis ilmiah yang kuat (Hartini, 2019)Validasi logis mencakup beberapa aspek esensial: pertama adalah koherensi internal, di mana teori baru harus bebas dari kontradiksi. Kedua adalah konsistensi eksternal, yaitu keselarasan teori baru dengan ilmu-ilmu lain yang relevan. Ketiga adalah justifikasi empiris, yang berarti bahwa data dukungan harus secara rasional mengokohkan teori baru tersebut (Hartini, 2019)

Selain itu, logika juga berperan dalam mengevaluasi apakah paradigma baru memberikan kemampuan eksplanatif yang lebih baik dibandingkan dengan yang lama. Agar dianggap valid, suatu paradigma baru harus dapat menjelaskan fenomena secara lebih komprehensif. Dalam konteks digital saat ini, di mana analisis data besar dan kecerdasan buatan (AI) memainkan peran penting, logika memastikan bahwa prediksi yang dihasilkan tidak hanya didasarkan pada pola statistik, melainkan juga memiliki relevansi yang benar dengan realitas ilmiah (Nurmuslimah et al., 2020)

KESIMPULAN

Bab ini menunjukkan bahwa logika memainkan peran penting dalam perkembangan ilmu pengetahuan di berbagai era, termasuk era klasik dan era digital saat ini. Transformasi teknologi telah memengaruhi cara manusia mencari dan memahami pengetahuan, yang pada gilirannya memicu pergeseran paradigma di banyak disiplin ilmu. Paradigma lama yang tidak lagi mampu menjelaskan fenomena baru kini telah digantikan oleh paradigma berbasis data, komputasi, dan kecerdasan buatan (AI). Dalam konteks ini, paradigma baru mengandalkan analisis data yang kuat dan algoritma canggih untuk mengungkap pola-pola yang sebelumnya tersembunyi. Walau demikian, perubahan paradigma tidak dapat diterima secara langsung tanpa validasi rasional. Logika berfungsi sebagai instrumen evaluasi yang menentukan apakah suatu paradigma baru memenuhi kriteria penalaran yang sah, bebas kontradiksi, konsisten, dan sesuai dengan realitas empiris. Sementara pengumpulan data terus berkembang, penting bagi paradigma baru untuk tidak hanya menghasilkan hasil yang akurat tetapi juga mampu menjelaskan fenomena secara komprehensif dan kompatibel dengan teori-teori lainnya (Korot et al., 2021)

Pentingnya pemahaman logika ini menjadi semakin jelas di tengah derasnya perubahan digital. Bagi mahasiswa dan akademisi, logika bukan hanya sebuah teori abstrak; itu adalah alat yang esensial untuk menilai kebenaran ilmiah di dalam situasi yang kompleks dan dinamis. Perkembangan di bidang AI dan data analitik menuntut seorang ilmuwan untuk tidak hanya menjadi kompeten dalam domain spesifik mereka, tetapi juga memahami cara kerja algoritma dan potensi bias yang mungkin timbul (Raman et al., 2025)

Dengan mengintegrasikan logika sebagai alat kognitif, kita dapat menghadapi dan renavigasi pergeseran paradigma dengan lebih bijaksana dan bertanggung jawab. Misalnya, aplikasi AI dalam bidang kesehatan harus didukung oleh pemahaman yang baik dari para profesional medis mengenai bagaimana algoritma menghasilkan keputusan, serta bukti empiris yang mendasarinya (Nagendran et al., 2020)Jika tidak, kemungkinan besar akan ada ketidakpastian dan keraguan dalam penerimaan teknologi baru tersebut.Akhirnya, bab ini mengajak pembaca untuk mengadopsi pendekatan kritis terhadap logika sebagai pilar fundamental dalam perkembangan ilmu pengetahuan. Dengan logika yang kuat, kita tidak hanya menjamin penerapan metodologi yang benar, tetapi juga memastikan bahwa arah perkembangan ilmu pengetahuan adalah menuju peningkatan pengetahuan yang berkelanjutan dan bertanggung jawab (Yuan & Zhu, 2023)

BAB 27
AKAR PEMIKIRAN RASIONAL: MENELUSURI JEJAK LOGIKA DARI ARISTOTELES HINGGA ERA MODERN

PENDAHULUAN

Pemikiran rasional dan logika merupakan komponen penting dalam proses berpikir ilmiah serta pengambilan keputusan, terutama dalam konteks perkembangan sosial yang kompleks saat ini. Dalam konteks ini, berpikir rasional berakar dari tradisi logika Aristotelian yang menitikberatkan pada validitas dan kesimpulan objektif. Namun, sejarah mencatat bahwa formalisme logika yang didasarkan pada warisan klasik merasa terbatas menghadapi krisis rasionalitas yang dipicu oleh fenomena seperti hoaks dan manipulasi opini publik di era digital (Towler, 2025). Kesenjangan ini mendorong penelitian untuk mengeksplorasi bagaimana ekosistem sosial kontemporer telah mengubah cara manusia terlibat dalam proses berpikir rasional dan mengapa prinsip-prinsip logika klasik tampak tidak lagi relevan dalam kerumitan modernitas (Usmanova et al., 2021).

Krisis rasionalitas saat ini tidak sepenuhnya disebabkan oleh kegagalan teori logika, tetapi lebih kepada ketidakmampuan individu dalam menerapkan prinsip-prinsip logika ketika dihadapkan dengan informasi yang berlebihan dan sering kali bias (Towler, 2025). Penelitian menunjukkan bahwa digitalisasi dan kemajuan teknologi informasi dapat memperburuk bias kognitif dengan menciptakan ruang bagi 'post-truth', di mana fakta dan opini bercampur tanpa batasan yang jelas ((Moshak, 2021)). Pemahaman bahwa rasionalitas merupakan entitas yang berakar dalam sejarah perlu dijadikan upaya utama dalam menyusun strategi untuk menghadapi tantangan ini, di mana memahami perkembangan logika dari era Aristotel hingga penerapan logika modern dan dampaknya terhadap interaksi sosial menjadi penting (Levy & Alfano, 2019).

Kebaruan dari penelitian ini berfokus pada pendekatan historis-kritis menghubungkan evolusi pemikiran rasional dan implikasi sosialnya. Dalam hal ini, literasi informasi menjadi tulang punggung bagi individu dalam menavigasi kompleksitas informasi yang ada (Usmanova et al., 2021). Melalui kajian tentang bagaimana manusia berpikir dan bertindak di tengah kemajuan teknologi digital, penelitian ini bertujuan untuk membangun perspektif bahwa rasionalitas sebagai sebuah proses evolusi memerlukan rekonstruksi yang mempertimbangkan dimensi filosofis dan sosial dalam konteks digital kontemporer (Burgin & Hofkirchner, 2016). Konsekuensi dari penelitian ini yaitu, sebagai upaya untuk mengintegrasikan pemahaman rasional dengan fenomena sosial, dibutuhkan langkah konkret untuk memastikan bahwa pendidikan dan literasi informasi diperkuat untuk membekali individu dengan alat yang diperlukan guna memahami dan beradaptasi dengan lingkungan informasi saat ini.

Penelitian ini diorientasikan untuk menjawab pertanyaan tentang bagaimana perkembangan historis pemikiran rasional berpengaruh terhadap krisis dalam kehidupan sosial. Penyusunan pertanyaan ini menggarisbawahi pentingnya memahami pergeseran paradigma dalam logika dan rasionalitas di tengah arus informasi yang tidak terbendung, sekaligus menjembatani kesenjangan antara teori klasik dan praktik di dunia modern (Moshak, 2021). Rangkaian temuan ini akan memberikan kontribusi pada diskursus filosofis dengan menyoroti betapa ketidakmampuan untuk menginternalisasi prinsip rasional dalam konteks yang baru dapat memicu fenomena irasionalitas dalam masyarakat (Sun, 2024).

Dengan demikian, krisis rasionalitas yang muncul dalam konteks sosial modern tidak hanya menunjukkan adanya ketidaksesuaian antara teori logika klasik dan realitas kontemporer, tetapi juga mengungkapkan bahwa individu sering kali gagal mengadaptasi kemampuan berpikir rasional dalam lingkungan informasi yang berubah sangat cepat. Analisis ini mengindikasikan bahwa tantangan utama bukan terletak pada lemahnya konsep rasionalitas itu sendiri, melainkan pada ketidaksiapan manusia dalam menginternalisasikan prinsip-prinsip tersebut ketika berhadapan dengan dinamika sosial dan digital yang semakin kompleks. Oleh karena itu, dibutuhkan upaya rekonstruksi rasionalitas yang tidak hanya berpijak pada fondasi historis-filosofis, tetapi juga mempertimbangkan dimensi psikologis dan sosioteknologi yang memengaruhi pola pikir masyarakat modern. Penguatan kemampuan berpikir kritis, literasi digital, dan kesadaran epistemik menjadi kunci dalam membangun kembali ketahanan masyarakat terhadap fenomena irasionalitas yang terus berkembang, sehingga rasionalitas dapat kembali berfungsi sebagai instrumen utama dalam memahami, menafsirkan, dan merespons tantangan sosial di era informasi saat ini.

PEMBAHASAN

Aristoteles sebagai Pelopor Logika

Aristoteles diakui sebagai pendiri logika formal dan perumus metode berpikir sistematis yang mengedepankan silogisme sebagai alat untuk menarik kesimpulan yang valid dari premis-premis yang ada. Melalui silogisme, Aristoteles menunjukkan bagaimana kesimpulan harus disimpulkan dari hubungan logis antara pernyataan umum dan spesifik. Contoh klasik yang sering diacu adalah: "Semua manusia adalah fana" dan "Socrates adalah manusia", yang menghasilkan kesimpulan "Socrates adalah fana" (Slinin, 2023). Melalui pola ini, logika berfungsi untuk membedakan antara pemikiran yang benar dan yang salah, serta membantu individu dalam pengambilan keputusan yang lebih rasional.

Pengembangan silogisme oleh Aristoteles menjadi fondasi bagi banyak disiplin ilmu dan tetap relevan hingga kini. Kontribusi ini tidak hanya memiliki dampak jangka pendek, tetapi juga membuka jalan bagi perkembangan ilmu pengetahuan yang lebih sistematis di masa depan. Seiring dengan perkembangan tersebut, Aristoteles juga menggarisbawahi pentingnya struktur bahasa dalam berpikir logis, memperkenalkan konsep-konsep seperti subjek, predikat, dan term penengah yang menjadi asas bagi analisis proposisi dalam logika formal (JAYADI et al., 2024). Dengan cara itu, Aristoteles menekankan bahwa bahasa berfungsi tidak hanya sebagai alat komunikasi, tetapi juga sebagai sarana untuk memformulasikan dan menstrukturkan ide-ide secara logis.

Pengaruh pemikiran Aristoteles meluas ke tradisi intelektual di Barat dan dunia Islam. Karya-karya logika Aristoteles diterjemahkan dan dipelajari luas selama masa kejayaan peradaban Islam oleh filsuf-filsuf seperti Al-Farabi dan Ibnu Sina, yang tidak hanya mempelajari tetapi juga mengembangkan dan memperluas pemikiran logika Aristoteles dalam konteks yang lebih luas. Selama berabad-abad, silogisme menjadi mata pelajaran penting di sekolah-sekolah filsafat dan teologi, diputihkan dalam kurikulum pendidikan yang membahas logika dan argumentasi.Dengan cara ini, peran Aristoteles dalam penetapan aturan berpikir yang sistematis tidak dapat dipandang sebelah mata. Ia bukan hanya membangun metodologi ilmiah yang kokoh, tetapi juga menyediakan alat bagi pembelajaran kritis, memungkinkan manusia untuk menganalisis dan memahami dunia dengan cara yang lebih terstruktur. Warisan Aristotelian dalam logika dan filosofi tetap memiliki relevansi kuat dalam melatih kemampuan berpikir kritis dan membangun argumen yang kuat dalam berbagai bidang kehidupan, dari sains hingga etika (Božilović, 2021).

Melihat kuatnya warisan Aristotelian dalam membentuk tradisi berpikir sistematis, kita dapat memahami bahwa relevansi logika formal tidak hanya terletak pada nilai historisnya, tetapi juga pada fungsinya sebagai fondasi bagi pengembangan metode ilmiah modern. Namun, dalam konteks kontemporer, penerapan logika Aristoteles menghadapi tantangan baru yang tidak dipertimbangkan pada masanya, terutama berkaitan dengan kompleksitas informasi digital, bias kognitif, serta dinamika sosial yang berubah cepat. Meskipun silogisme tetap memberikan kerangka deduktif yang jelas dan koheren, realitas saat ini menuntut kemampuan berpikir yang lebih adaptif, kritis, dan responsif terhadap beragam bentuk informasi yang tidak selalu terstruktur secara logis. Analisis ini menunjukkan bahwa warisan logika Aristoteles perlu dipahami bukan sebagai sistem yang statis, melainkan sebagai pondasi yang harus dikontekstualisasikan ulang dalam menghadapi problematika modern. Dengan kata lain, kontribusi Aristoteles tetap relevan sejauh manusia mampu memperluas kerangka berpikir tersebut agar sejalan dengan tantangan baru mulai dari misinformasi hingga manipulasi opini public sehingga logika formal dapat terus menjadi alat efektif dalam memelihara rasionalitas di tengah perubahan zaman.

Perkembangan Logika dalam Sejarah

Perkembangan logika sepanjang sejarah menunjukkan transformasi yang signifikan, dimulai dari pemikiran Aristoteles hingga pengaruh besar yang dihadirkan oleh para ilmuwan Muslim pada abad pertengahan. Aristoteles, dengan pengembangan silogisme sebagai metode penalaran deduktif, menciptakan landasan berpikir logis yang kuat. Dalam konteks ini, logika tidak hanya menjadi alat untuk menarik kesimpulan yang benar dari premis-premis yang ada, tetapi juga menjadi bagian penting dari pemahaman rasionalitas manusia. Setelah era Yunani Kuno, logika terus disempurnakan dan diperluas oleh para filsuf Islam yang tidak hanya menerjemahkan dan mempelajari karya-karya Aristoteles, tetapi juga mengkritis dan mengembangkan ide-ide dalam konteks mereka sendiri (Towler, 2025).

Tokoh seperti Al-Farabi, yang dikenal sebagai "Guru Kedua," memberikan kontribusi yang besar dengan menyusun sistem logika yang lebih komprehensif. Ia menyoroti bahwa logika harus dipahami sebagai alat untuk memahami realitas, bukan hanya sebagai permainan intelektual. Al-Farabi berhasil mengaitkan logika dengan filsafat, memperkuat kedudukan logika dalam pendidikan dan penalaran intelektual (Burgin & Hofkirchner, 2016). Kontribusi ini penting dalam merumuskan bahwa logika adalah jembatan untuk mencapai kebenaran.

Selain itu, Ibnu Sina (Avicenna) memperkenalkan struktur logika yang lebih fleksibel dan mudah diterapkan, dengan modifikasi pada teori silogisme dan pengembangan konsep logika kemungkinan (modal logic) (Levy & Alfano, 2019). Karya-karya Ibnu Sina tidak hanya diapresiasi di dunia Islam, tetapi juga diterima dengan baik di Eropa, berkontribusi pada pengembangan penalaran ilmiah yang lebih modern. Keberhasilan ini menunjukkan bahwa logika adalah metode berpikir yang memungkinkan pencarian kebenaran melalui analisis yang berbasis bukti (Putri & Priyoyudanto, 2023).

Al-Ghazali juga memainkan peranan penting dengan menegaskan logika sebagai alat untuk memahami hukum agama. Meskipun kritis terhadap beberapa aspek filsafat, ia merasa penting untuk menjaga logika dalam kurikulum pesantren dan lembaga pendidikan Islam, yang menunjukkan bahwa logika memiliki relevansi luas dalam etika dan hukum (ZUHRI & Arif, 2023). Transmisi pengetahuan dari peradaban Islam ke Eropa adalah suatu proses yang memperkuat posisi logika dalam teologi skolastik, di mana tokoh seperti Thomas Aquinas memadukan ajaran Aristoteles dengan ajaran Kristen, menjadikan logika sebagai dasar pemikiran teologis dan ilmiah pada masa itu. Dalam konteks modern, teori logika terus berkembang, dengan tokoh-tokoh seperti Francis Bacon yang memperkenalkan metode induktif, melengkapi logika deduktif Aristoteles. Pendekatan ini menekankan observasi dan eksperimen sebagai sumber pengetahuan yang sah, transformasi yang menjadi dasar bagi lahirnya metode ilmiah. René Descartes memperkuat tradisi rasionalisme dengan menekankan penggunaan logika sebagai landasan untuk pembuktian filosofis (Burgin & Hofkirchner, 2016).

Secara keseluruhan, perjalanan panjang logika dari Aristoteles hingga masa modern menunjukkan bahwa logika adalah bagian integral dari perkembangan ilmu pengetahuan manusia. Di setiap era, kontribusi para pemikir dan peradaban membentuk pemahaman kita tentang logika dan mengadaptasi konsep tersebut sesuai dengan kebutuhan zaman. Dengan mengakui kontribusi yang beragam ini, kita dapat menghargai kedalaman dan kompleksitas logika di sepanjang sejarah. Melihat lintasan sejarah tersebut, dapat dipahami bahwa perkembangan logika tidak pernah berjalan secara linier, melainkan selalu dipengaruhi oleh dinamika sosial, intelektual, dan budaya pada setiap zaman. Transformasi logika dari era Yunani, melalui kejayaan Islam, hingga ke Eropa modern menunjukkan bahwa logika selalu mengalami reinterpretasi sesuai tantangan yang dihadapi masyarakat. Analisis ini memperlihatkan bahwa relevansi logika sebagai alat berpikir kritis justru terletak pada kemampuannya untuk beradaptasi baik dari segi metodologi maupun pendekatan epistemologis. Dalam konteks sekarang, ketika informasi bergerak begitu cepat dan sering kali tidak terverifikasi, pemahaman historis ini menjadi penting karena menunjukkan bahwa logika yang kita gunakan saat ini merupakan hasil evolusi panjang yang dirancang untuk membantu manusia menyaring, menilai, dan mengevaluasi informasi secara rasional. Oleh sebab itu, meninjau kembali perjalanan logika dari masa ke masa bukan sekadar kajian historis, tetapi juga menjadi dasar untuk memperkuat kemampuan berpikir kritis di era digital, memastikan bahwa prinsip-prinsip rasionalitas tetap bertahan dan relevan menghadapi kompleksitas zaman modern.

Logika Modern dan Pengaruhnya pada Kehidupan Sekarang

Perkembangan logika memasuki babak baru pada abad ke-19 dengan integrasi antara logika dan pendekatan matematis, yang dikenal sebagai logika modern. Ini mengakibatkan pergeseran dari logika verbal tradisional yang diwariskan dari Aristoteles menuju formalitas simbolik dan struktur numerik yang dapat dihitung. Transformasi ini menandai lahirnya aljabar logika, yang dikenalkan oleh George Boole. Dengan menggunakan nilai kebenaran, yaitu true (1) dan false (0), Boole mengubah logika menjadi sistem simbol yang dapat diproses secara mekanis, menjadi dasar bagi teknologi digital yang ada saat ini, termasuk komputer dan perangkat elektronik (Scells et al., 2020).

Tokoh penting lainnya adalah Gottlob Frege, yang dianggap sebagai bapak logika simbolik. Frege memperkenalkan sistem simbol formal yang jauh lebih kompleks dibandingkan silogisme Aristoteles, dan mengembangkan bahasa logika yang memungkinkan analisis proposisional secara lebih akurat. Konsep-konsep yang diciptakannya, seperti fungsi dan argumen, menjadi landasan bagi teori penalaran yang digunakan dalam ilmu komputer dan linguistik modern (Durand-Richard, 2022).Seiring dengan itu, pemikir seperti Bertrand Russell dan Alfred North Whitehead yang mengembangkan karya monumental "Principia Mathematica" berupaya menjelaskan seluruh konsep matematika melalui logika simbolik. Proyek ini menegaskan bahwa logika tidak hanya sekadar alat berpikir, tetapi juga kerangka dasar bagi sains modern, menyingkap keterkaitan erat antara logika dan matematika (Wijsen, 2013)

Lompatan besar dalam penerapan logika modern terjadi pada tahun 1930-an dan 1940-an ketika Alan Turing dan Claude Shannon mengintegrasikan teori matematika dan aljabar Boolean dalam merancang mesin hitung otomatis. Shannon meneliti bagaimana operasi logika Boolean diaplikasikan dalam rangkaian listrik untuk memproses informasi, yang menjadi dasar bagi semua teknologi digital modern, seperti komputer dan internet (Grieb et al., 2015).
Saat ini, logika modern berperan penting dalam teknologi informasi, penelitian data besar, machine learning, dan banyak lagi, menerapkan prinsip logika simbolik dan logika matematika. Dalam konteks ini, konsep seperti logika fuzzy dan logika modal sangat penting dalam menangani masalah kompleks yang tidak dapat diselesaikan oleh logika biner sederhana. Ini menunjukkan bahwa logika adalah inti dari inovasi teknologi saat ini dan memainkan peran penting dalam pendidikan serta pengambilan keputusan rasional pada masyarakat digital yang kebanjiran informasi (Servedio & Gortler, n.d.).

Oleh karena itu, pemahaman logika modern bukan hanya sekadar pembelajaran teoretis tetapi juga memberikan kemampuan bagi individu dalam menghadapi tantangan masa depan dengan lebih kritis dan bertanggung jawab. Keterampilan berpikir logis sangat dibutuhkan agar seseorang mampu mengidentifikasi dan menanggapi informasi dengan lebih bijak, terhindar dari hoaks, serta bisa membedakan antara fakta dan opini yang manipulatif (Koutris & Wijsen, 2017).

Melihat perkembangan logika modern yang semakin terintegrasi dengan teknologi, dapat disimpulkan bahwa logika tidak lagi hanya menjadi alat analisis filosofis, tetapi telah bertransformasi menjadi infrastruktur utama dari seluruh sistem digital yang menopang kehidupan manusia saat ini. Pergeseran logika dari bentuk verbal ke simbolik, lalu ke struktur komputasional, menunjukkan bahwa kemampuan berpikir logis bukan sekadar kompetensi akademik, tetapi kebutuhan praktis dalam menghadapi arus informasi yang masif dan tidak terfilter. Analisis ini memperlihatkan bahwa tanpa pemahaman logika modern, individu mudah terjebak dalam misinformasi dan manipulasi digital yang memanfaatkan celah kognitif manusia. Oleh karena itu, penguasaan logika tidak hanya memperkuat kemampuan teknis, seperti memahami teknologi digital atau kecerdasan buatan, tetapi juga menjadi landasan etis dan epistemologis untuk menilai kebenaran di tengah post-truth era. Dengan demikian, logika modern berfungsi sebagai jembatan yang menghubungkan rasionalitas klasik dengan tuntutan masyarakat digital, memastikan bahwa perkembangan teknologi tetap diimbangi dengan kemampuan berpikir kritis yang matang dan bertanggung jawab.

KESIMPULAN

Secara keseluruhan, perkembangan logika menunjukkan perjalanan panjang yang dimulai dari Aristoteles sebagai pelopor utama melalui sistem silogisme yang menjadi dasar berpikir deduktif dan fondasi logika formal dalam membedakan cara berpikir benar dan salah. Pemikiran tersebut kemudian disempurnakan pada abad pertengahan oleh para ilmuwan Islam seperti Al-Farabi, Ibnu Sina, dan Al-Ghazali, yang mengembangkan logika sebagai alat ilmiah dalam pendidikan, teologi, dan pengembangan pengetahuan rasional, sebelum akhirnya ditransmisikan ke Eropa dan menjadi fondasi bagi tradisi akademik Barat hingga era Renaisans yang melahirkan metode ilmiah modern. Perkembangan logika mencapai babak baru pada masa modern melalui tokoh seperti George Boole dan Gottlob Frege yang mengubah logika menjadi sistem simbolik dan matematis, sehingga menjadi dasar teknologi digital dan kecerdasan buatan yang berkembang pesat saat ini. Dengan demikian, logika tidak hanya menjadi disiplin teoretis, tetapi juga fondasi kemajuan ilmu pengetahuan, teknologi, dan keterampilan berpikir kritis dalam menghadapi kompleksitas kehidupan modern dan tantangan masa depan.

BAB 28
LOGIKA DALAM DEBAT PUBLIK: MENGANALISIS ARGUMEN POLITISI DI MEDIA MASSA

PENDAHULUAN

Debat publik memiliki peranan penting dalam kehidupan demokratis, di mana media massa berfungsi sebagai arena utama bagi politisi untuk mengungkapkan argumen dan mempengaruhi opini publik. Namun, meskipun komunikasi politik di media berintensitas tinggi, kualitas penalaran yang digunakan sering kali tidak memenuhi standar yang diharapkan. Kesesatan berpikir seperti ad hominem, false dilemma, dan appeal to emotion sering muncul dalam argumen-argumen yang disampaikan (Ifan, 2022). Dengan demikian, analisis logika dalam komunikasi politik tidak hanya menjadi alat yang penting untuk menilai validitas argumen, tetapi juga untuk meningkatkan literasi kritis masyarakat secara keseluruhan.

Dalam konteks ini, studi tentang logika dalam debat publik menjadi relevan karena dapat mengungkap bagaimana politisi membangun legitimasi dan memperkuat posisi melalui strategi retorika tertentu (Andersen, 2022). Penelitian menunjukkan bahwa penggunaan framing dan simplifikasi isu dapat mengalihkan perhatian publik dari penalaran rasional yang esensial untuk sebuah diskusi yang sehat (Abbas et al., 2024). Dengan mempelajari bagaimana logika diterapkan dalam berbagai medium, termasuk media sosial dan televisi, kita dapat memperoleh wawasan yang lebih mendalam mengenai dinamika komunikasi politik di era modern(Baig & Mushtaq, 2025).

Sebagai contoh, dalam kajian yang dilakukan oleh Ifan (Ifan, 2022), ditemukan pola-pola kesesatan berpikir dalam komunikasi politik yang menggunakan teknik-teknik retoris untuk mempengaruhi opini publik tanpa mempertimbangkan bukti yang kuat. Riset ini mengidentifikasi penggunaan informal fallacies seperti ad hominem dan false dilemma yang sering kali tidak disadari oleh audiens (Ifan, 2022). Selanjutnya, penelitian juga menunjukkan bahwa media memiliki peran sentral dalam memperkuat atau mengoreksi kesesatan berpikir ini; namun, dalam banyak kasus, media justru menonjolkan aspek kontroversial yang bisa merusak integritas argumen(Andersen, 2022).

Sebagai kesimpulan, pentingnya logika dalam analisis argumen politik membuktikan bahwa kualitas argumentasi sangat bergantung pada pemahaman logis dan kemampuan kritis. Dengan membekali mahasiswa dan masyarakat umum dengan keterampilan untuk mengidentifikasi pola penalaran yang cacat dan kesesatan berpikir, kita dapat berkontribusi pada perbaikan kualitas debat publik serta memperkuat demokrasi itu sendiri. Oleh karena itu, studi ini berfokus pada analisis logis terhadap argumen politisi di media massa untuk memahami pola penalaran dan bentuk kesesatan yang digunakan dalam mempengaruhi publik (Abbas et al., 2024).

Selain itu, analisis logis terhadap argumen politisi di media massa juga memberikan pemahaman yang lebih luas mengenai bagaimana opini publik dibentuk melalui pola komunikatif tertentu. Dengan melihat bagaimana politisi memanfaatkan struktur argumentasi yang tampak meyakinkan namun sebenarnya mengandung cacat penalaran, kita dapat memahami bahwa proses pembentukan opini tidak hanya bergantung pada konten argumen, tetapi juga pada cara argumen tersebut dikonstruksi, disebarluaskan, dan diterima oleh masyarakat. Pendekatan analitis ini memungkinkan kita untuk melihat bahwa kualitas debat publik bukan hanya ditentukan oleh kemampuan politisi menyampaikan gagasan, tetapi juga oleh kapasitas audiens untuk menilai, memfilter, dan mempertanyakan setiap klaim yang diajukan. Oleh sebab itu, penelitian semacam ini tidak hanya bermanfaat dalam ranah akademik, tetapi juga memiliki dampak praktis dalam membangun budaya politik yang lebih rasional, transparan, dan tahan terhadap manipulasi retorika yang dapat melemahkan kualitas demokrasi.

PEMBAHASAN

Struktur Penalaran Logis dalam Argumen Politisi di Media Massa

Argumen politisi dalam debat publik memiliki karakteristik yang unik, menggabungkan logika, retorika, dan strategi komunikasi politik. Berbeda dengan argumen akademik yang lebih menekankan pada koherensi konseptual dan validitas formal, argumen politisi biasanya dibentuk dalam narasi persuasif yang dirancang untuk mempengaruhi opini publik dengan cepat (Anshori et al., 2022). Penelitian menunjukkan bahwa pola perdebatan dalam konteks publik sering kali dipenuhi dengan berbagai teknik framing yang dapat mempengaruhi cara informasi diterima oleh audiens. Misalnya, framing media oleh aktor politik, media, dan audiens sering kali mengarah pada dominasi narasi tertentu yang menghilangkan alternatif lainnya(Anshori et al., 2022), (Song, 2024).

Di satu sisi, dasar logis tetap menjadi komponen penting dalam argumen politik. Setiap argumen dapat dianalisis dari sudut pandang logika formal, menggunakan struktur deduksi sederhana seperti modus ponens dan modus tollens. Contohnya, pernyataan bahwa "kebijakan pemerintah menurunkan angka kemiskinan sehingga kebijakan ini efektif" memang menyimpan sejumlah asumsi penting yang butuh verifikasi(Anshori et al., 2022). Untuk menguji validitas klaim tersebut, mahasiswa harus mampu mendeteksi struktur argumen di balik narasi yang disampaikan.

Lebih lanjut, retorika yang digunakan politisi sering kali mengandung penalaran kondisional yang kerap tidak sahih. Ketika seorang politisi berargumen, "Jika oposisi tidak mendukung kebijakan ini, maka mereka tidak peduli terhadap kesejahteraan rakyat," pernyataan itu menciptakan simplifikasi berlebihan terhadap kompleksitas hubungan sebab-akibat (Anshori et al., 2022). Pemahaman terhadap struktur logis semacam ini menjadi sangat krusial dalam membantu mahasiswa untuk membedakan antara argumen yang valid dan yang lemah.

Dalam era media massa dan media sosial, kemasan informasi turut memengaruhi cara argumen politik disampaikan kepada publik. Sering kali, konteks penting dalam argumen hilang dalam potongan-potongan yang disajikan oleh media, sehingga analisis kritis terhadap apa yang dipaparkan oleh media menjadi penting. Penelitian menggarisbawahi bahwa media sosial tidak hanya sekadar menyampaikan informasi, tetapi juga membentuk opini publik melalui framing yang mengedepankan sekilas narasi politik(Pratama 2019). Hal ini menuntut mahasiswa untuk melakukan rekonstruksi terhadap argumen-argumen yang telah disederhanakan.

Di samping itu, argumen politik sering kali juga melibatkan unsur emosional dan kredibilitas. Penggunaan logos, ethos, dan pathos dalam retorika politik membentuk tantangan tersendiri dalam analisis, karena mahasiswa harus dapat memisahkan mana yang bersifat logis dan mana yang bersifat persuasif dari sudut pandang emosional(Anshori 2022). Sebagai contoh, statistik yang digunakan politisi dapat memperkuat narasi, namun pemilihan data yang selektif tetap menjadikan analisis kritis terpandang penting. Secara keseluruhan, mempelajari dan menganalisis argumen politisi dalam debat publik tidak hanya menjadikan mahasiswa mampu mengenali argumen yang valid, tetapi juga memahami bagaimana logika dapat digunakan dan kadang disalahgunakan dalam mencapai tujuan politik tertentu. Logika menjadi alat untuk mengevaluasi konsistensi argumen serta keterhubungan antara klaim dan bukti yang ada (Gunawan, 2024). Memperdalam pemahaman tentang struktur logis argumen politisi menjadi fondasi penting dalam membangun budaya debat publik yang sehat dan rasional.

Selain itu, analisis terhadap argumen politisi dalam debat publik juga menuntut mahasiswa untuk memahami bahwa setiap pernyataan politik tidak berdiri sendiri, melainkan selalu berkelindan dengan konteks sosial, kepentingan aktor politik, serta dinamika opini publik. Dengan demikian, kemampuan berpikir kritis tidak hanya diarahkan pada penilaian validitas logis semata, tetapi juga pada kemampuan menafsirkan maksud strategis di balik struktur argumen tersebut. Mahasiswa perlu mempertimbangkan bagaimana argumen tertentu dibangun untuk mempengaruhi persepsi kolektif, bagaimana data dipilih untuk memperkuat klaim, serta bagaimana strategi retorika digunakan untuk mengarahkan emosi audiens. Analisis semacam ini menjadikan pembelajaran logika tidak hanya bersifat teoritis, tetapi aplikatif dalam membaca realitas komunikasi politik kontemporer. Dengan kata lain, pemahaman logis terhadap argumen politisi memberikan fondasi bagi mahasiswa untuk menjadi warga negara yang lebih peka, kritis, dan tidak mudah terpengaruh oleh manipulasi wacana di ruang publik.

Identifikasi Kesesatan Berpikir dalam Argumen Politik dan Dampaknya terhadap Pemahaman Publik

Kesesatan berpikir (logical fallacies) merupakan elemen yang sangat penting dalam analisis argumen politik, karena sering kali secara tidak sadar menyederhanakan informasi dan menciptakan narasi yang tampaknya rasional namun sesungguhnya cacat secara logis. Dalam konteks debat publik, politisi sering menggunakan teknik ini untuk memperkuat posisi mereka atau untuk menjatuhkan lawan tanpa menyediakan bukti yang sahih. Media massa, sebagai perantara utama komunikasi politik, turut berperan dalam memperbesar dampak dari kesesatan berpikir dengan menyajikan argumen yang tampak masuk akal namun tidak memenuhi standar validitas penalaran(Warman & Hamzah, 2020)(Warman & Hamzah, 2019).

Salah satu bentuk umum dari kesesatan berpikir adalah ad hominem, yaitu serangan terhadap karakter lawan alih-alih substansi argumen yang diajukan. Misalnya, dalam debat politik bisa muncul klaim seperti "Kebijakan itu tidak layak didengar karena disampaikan oleh seseorang yang pernah terlibat skandal." Kesesatan semacam ini secara efektif mengalihkan perhatian dari substansi kebijakan dan berdampak besar karena mengkondisikan audiens untuk mempercayai narasi negatif(Warman & Hamzah, 2019). Dengan kemampuan mengidentifikasi pola ad hominem ini, mahasiswa dapat membedakan antara argumen yang sahih dan serangan personal yang tidak relevan, membantu untuk menjaga tingkat rasionalitas dalam diskusi publik.

Selain itu, sesat pikir false dilemma atau dilema palsu juga sering digunakan dalam debat politik, di mana politisi menyajikan masalah kompleks dengan hanya dua pilihan ekstrem (Hoffmann & (Hoffmann & Catrambone, 2023). Misalnya, pernyataan seperti "Jika Anda tidak mendukung kebijakan ini, berarti Anda tidak peduli pada rakyat" menutup kemungkinan untuk wawasan alternatif yang lebih efektif. Mahasiswa yang menganalisis argumen-argumen ini dapat mengenali bahwa pemikiran semacam itu menyesatkan dengan menghilangkan kemungkinan solusi lain yang realistis dan mungkin lebih adil(Brisson et al., 2018). Teknik lainnya adalah appeal to emotion, di mana argumen dibangun untuk memicu respon emosional dari publik, seperti rasa takut atau simpati, tanpa memberikan bukti konkret. Meskipun tidak disebutkan secara khusus dalam referensi yang disediakan, argumen emosional sering kali digunakan dalam konteks politik tanpa data fakta yang mendukung pernyataan tersebut. Dalam konteks ini, mahasiswa perlu dapat membedakan ketika argumen emosional digunakan sebagai alat manipulasi daripada sebagai penalaran yang rasional.

Lebih jauh, generalisasi terburu-buru, atau hasty generalization, juga merupakan kesesatan yang sering ditemui di arena politik. Politisi mungkin menggeneralisasi klaim luas berdasarkan data yang sangat sedikit, misalnya dengan menyatakan bahwa "Karena satu program sukses di daerah tertentu, program itu pasti berhasil di seluruh daerah" (Sahan et al., 2024). Di sini, kemampuan mahasiswa untuk mengenali bahwa generalisasi tersebut tidak valid dan biasanya hanya dipilih untuk memperkuat narasi mereka akan sangat berharga untuk evaluasi argumen politik secara mendalam. Media massa memiliki tanggung jawab besar dalam memperkuat atau membongkar kesesatan berpikir ini. Namun, seringkali media lebih memilih untuk menonjolkan aspek sensasional atau kontroversial daripada menjelaskan atau mengoreksi kesesatan berpikir tersebut, yang membuat pentingnya analisis logis yang dilakukan mahasiswa semakin mendalam(Pelău et al., 2023). Dengan memahami bagaimana media membingkai isu, mahasiswa dapat mengembangkan pandangan kritis yang melindungi mereka dari retorika politik yang menyesatkan.

Di akhir, kemampuan untuk mengidentifikasi kesesatan berpikir tidak hanya di tingkat akademik, tetapi juga merupakan kebutuhan penting bagi masyarakat demokratis. Dengan memahami cara kerja kesesatan berpikir dalam argumen politik, mahasiswa dapat mengembangkan sikap skeptis yang sehat terhadap informasi yang diterima, berkontribusi terhadap peningkatan kualitas diskusi publik. Hal ini pada akhirnya akan menciptakan masyarakat yang menuntut argumen yang lebih berkualitas dari para politisi, menuntut budaya politik yang rasional dan bertanggung jawab(Warman & Hamzah, 2020). Dan Selain itu, penting untuk disadari bahwa kemampuan mengidentifikasi kesesatan berpikir tidak hanya berhenti pada aspek teoritis, tetapi juga harus diterapkan secara konsisten dalam setiap konsumsi informasi sehari-hari. Dalam konteks politik modern yang penuh dengan arus informasi cepat, mahasiswa perlu menyadari bahwa kesesatan berpikir sering muncul secara halus, menyatu dengan opini, framing media, dan strategi persuasi politisi. Oleh karena itu, analisis kritis terhadap logika argumen harus dipadukan dengan pemahaman terhadap dinamika sosial-politik yang melingkupinya. Dengan mengasah kemampuan untuk menilai apakah sebuah argumen dibangun atas dasar penalaran yang sahih atau sekadar memanfaatkan bias kognitif publik, mahasiswa tidak hanya melindungi diri dari manipulasi informasi, tetapi juga mampu berkontribusi dalam membangun ekosistem komunikasi politik yang lebih sehat. Kemampuan ini menjadi fondasi penting dalam membentuk warga negara yang rasional, waspada, dan mampu menuntut pertanggungjawaban moral serta intelektual dari para aktor politik di ruang publik.

Penerapan Evaluasi Logis dan Identifikasi Sesat Pikir dalam Pengambilan Sikap terhadap Debat Publik

Kemampuan mahasiswa dalam menganalisis logika dan mengidentifikasi sesat pikir sangat penting untuk mengambil sikap rasional terhadap isu-isu yang muncul dalam debat publik. Mahasiswa tidak hanya bertindak sebagai pengamat, tetapi juga sebagai penilai yang kritis, yang harus memastikan bahwa sikap yang diambil tidak berdasarkan pada kecenderungan pribadi atau emosi, tetapi pada kualitas penalaran yang terdapat dalam argumentasi yang dibahas(Sukmayadi et al., 2024). Dalam konteks ini, mahasiswa diharapkan mengembangkan keterampilan berpikir kritis yang memungkinkan mereka untuk mengidentifikasi argumen yang valid dan tidak valid. Proses evaluasi sikap (Klauer et al., 2000) dimulai dengan meninjau keseluruhan argumen yang disampaikan dalam debat. Mahasiswa perlu mengidentifikasi argumen mana yang memiliki kekuatan logis paling tinggi, serta membandingkan bukti yang disajikan oleh masing-masing pihak (Klauer et al., 2000). Misalnya, (Sukmayadi et al., 2024)S saat menilai argumen tentang lingkungan, mahasiswa dapat mendapati satu pihak menggunakan data ilmiah yang kuat, sedangkan pihak lain mungkin mengandalkan anekdot atau kekhawatiran emosional yang tidak didukung oleh bukti yang cukup. Melalui proses ini, mahasiswa mampu menyusun sikap yang lebih objektif berdasarkan analisis yang mendalam terhadap struktur argumentatif yang baik.

Bias pengakuan, seperti confirmation bias dan bandwagon effect, juga penting untuk diperhatikan dalam analisis. Mahasiswa yang menyadari kecenderungan ini akan lebih mampu menjaga sikap netral sebelum memberi penilaian terhadap argumen yang ada(Sukmayadi et al., 2024). Sikap kritis ini melibatkan kemampuan untuk menunda keputusan hingga analisis logis selesai dilakukan, yang merupakan langkah penting dalam pengembangan diri mahasiswa.

Selanjutnya, mahasiswa juga harus mengevaluasi dampak sosial dari setiap argumen yang diangkat dalam debat publik. Hal ini penting karena hasil dari analisis bukan sekadar kesimpulan intelektual, tetapi juga dapat mempengaruhi keputusan yang berpengaruh pada masyarakat luas. Mahasiswa harus mempertimbangkan aspek etika, kebermanfaatan, dan kualitas informasi yang ada sebelum mengambil keputusan, misalnya dengan menganalisis apakah sebuah kebijakan berdasarkan argumen yang tampak baik justru dapat mengakibatkan ketidakadilan di masyarakat(Sukmayadi et al., 2024).

Di akhir proses evaluasi, mahasiswa menyatakan sikap mereka dengan memberikan alasan yang jelas dan terstruktur yang berasal dari analisis logika dan pemeriksaan sesat pikir. Dengan dapat menjelaskan mengapa suatu argumen diterima atau ditolak, mahasiswa menunjukkan bahwa mereka tidak hanya memahami konsep logika secara teoritis, tetapi juga mampu menerapkannya dalam konteks nyata. Dengan demikian, keahlian dalam analisis logis dan penerapannya dalam evaluasi debat publik tidak hanya membangun sikap kritis, tetapi juga berkontribusi terhadap pengambilan keputusan yang berdasar dan bertanggung jawab. Dan Selain itu, kemampuan mahasiswa dalam menilai argumen berdasarkan logika dan mengidentifikasi sesat pikir juga memiliki peran penting dalam membentuk pola pikir deliberatif yang menjadi dasar bagi kehidupan demokratis. Ketika mahasiswa mampu menyatakan sikap secara terukur dan didukung oleh alasan yang runtut, mereka sesungguhnya sedang melatih diri untuk mengambil posisi intelektual yang bertanggung jawab. Hal ini bukan hanya menegaskan kompetensi mereka dalam memahami struktur argumentatif, tetapi juga mencerminkan kematangan dalam menghadapi kompleksitas isu publik. Dengan demikian, proses evaluasi argumen tidak berhenti pada penentuan mana yang logis atau tidak, tetapi juga menjadi cara bagi mahasiswa untuk mempraktikkan keterlibatan warga yang cerdas dan reflektif. Pada akhirnya, pendekatan analitis semacam ini memperkuat kemampuan mahasiswa untuk menilai isu publik secara independen, menghindari manipulasi informasi, serta berkontribusi pada pembentukan ekosistem debat publik yang lebih sehat, transparan, dan berorientasi pada kebenaran.

KESIMPULAN

Penelitian ini menegaskan bahwa logika memiliki peran fundamental dalam membentuk kualitas debat publik, terutama ketika argumen politisi disampaikan melalui media massa yang sangat memengaruhi opini masyarakat. Analisis terhadap struktur penalaran, penggunaan retorika, serta munculnya berbagai bentuk sesat pikir menunjukkan bahwa tidak semua argumen politik dibangun atas dasar rasionalitas yang valid, melainkan sering kali dipengaruhi oleh strategi persuasif yang menyesatkan, bias, dan penyederhanaan berlebihan. Oleh karena itu, kemampuan untuk mengidentifikasi pola penalaran yang sahih dan mengenali kesesatan berpikir menjadi keterampilan penting bagi mahasiswa maupun masyarakat untuk menilai secara kritis setiap klaim politik yang beredar. Dengan meningkatnya literasi logis dan kapasitas evaluatif publik, debat politik tidak hanya menjadi ruang kontestasi wacana, tetapi juga wahana edukatif yang mampu memperkuat budaya demokrasi yang rasional, transparan, dan bertanggung jawab.

BAB 29
LOGIKA DI ERA DIGITAL:MENGEVALUASI INFORMASI DAN ARGUMEN DI LINIMASA MEDIA SOSIAL

PENDAHULUAN

Di era ketika informasi mengalir tanpa henti dan linimasa media sosial menjadi arena utama pertukaran pendapat, kemampuan untuk berpikir jernih dan menilai argumen secara kritis menjadi keterampilan esensial. Setiap detik, pengguna internet disuguhi berbagai klaim, opini, data, bahkan potongan-potongan narasi yang dikemas secara menarik untuk memancing respons cepat. Dalam arus informasi yang begitu deras, sering kali emosi dan persepsi subjektif mengambil alih proses penalaran. Akibatnya, batas antara fakta, opini, dan manipulasi menjadi kabur. Kondisi inilah yang membuat urgensi penerapan logika dalam menavigasi dunia digital semakin tidak terbantahkan. Logika, yang pada mulanya dipandang sebagai disiplin abstrak dalam filsafat, kini memainkan peran praktis dalam membimbing masyarakat memahami, memfilter, dan mengevaluasi informasi yang berseliweran di ruang digital.

Namun, problem utamanya terletak pada ketidaksiapan banyak pengguna dalam menghadapi kompleksitas informasi yang muncul di media sosial. Tantangan pertama adalah banyaknya misinformasi dan disinformasi yang menyebar secara viral, sering kali lebih cepat dibandingkan klarifikasi atau data korektif. Tantangan lainnya adalah bias kognitif yang melekat pada cara manusia memproses informasi, seperti bias konfirmasi, *availability heuristic*, dan efek gema (*echo chamber*) yang diperkuat oleh algoritma. Selain itu, fenomena polarisasi dan komunikasi berbasis emosi membuat argumentasi yang muncul di linimasa sering kali bersifat retoris, bukan logis. Pengguna cenderung lebih fokus pada siapa yang berbicara daripada apa yang dikatakan, sehingga berbagai kekeliruan penalaran (logical fallacies) dengan mudah diterima sebagai kebenaran. Masalah-masalah ini menunjukkan bahwa masyarakat membutuhkan kemampuan evaluatif yang lebih kuat untuk membedakan argumen yang valid dari argumen yang menyesatkan.

Untuk memberikan landasan analitis terhadap persoalan tersebut, penting untuk memahami terlebih dahulu konsep-konsep kunci yang akan digunakan. Logika dalam konteks ini didefinisikan sebagai seperangkat prinsip rasional yang digunakan untuk menilai keabsahan suatu argumen. Logika tidak hanya membahas bentuk penalaran, tetapi juga cara memeriksa hubungan antara premis dan kesimpulan, serta mengidentifikasi kesalahan penalaran. Dalam ranah media sosial, logika berfungsi sebagai alat untuk menilai kredibilitas informasi, memahami struktur argumentasi, dan membedakan antara klaim yang dapat dipertanggungjawabkan dan klaim yang bersifat manipulatif. Sementara itu, istilah era digital mengacu pada periode ketika teknologi informasi dan komunikasi menjadi struktur utama kehidupan sosial, dan media sosial bertindak sebagai ruang publik baru di mana interaksi, diskusi, dan pembentukan opini berlangsung.

Bab ini disusun dengan peta jalan yang sistematis untuk memudahkan pembaca memahami relevansi logika dalam ekosistem digital. Pertama, bab akan membahas karakteristik media sosial sebagai sumber informasi dan bagaimana sifatnya memengaruhi pola pikir pengguna. Kedua, bab akan menguraikan prinsip-prinsip logika serta berbagai bentuk kekeliruan penalaran yang sering muncul di linimasa. Ketiga, pembahasan dilanjutkan pada strategi evaluasi informasi, termasuk cara mengidentifikasi kredibilitas sumber dan menilai argumen secara kritis. Terakhir, bab ini akan menutup dengan refleksi tentang pentingnya literasi logis sebagai kompetensi dasar dalam menghadapi tantangan era digital. Dengan demikian, bab ini tidak hanya memberikan pemahaman teoretis, tetapi juga menawarkan pendekatan praktis yang dapat diterapkan oleh pembaca dalam kehidupan digital sehari-hari.

PEMBAHASAN

Membedah Logika di Era Digital: Mengevaluasi Informasi dan Argumen di Linimasa Media Sosial

1. Asal Usul dan Makna Logika dalam Konteks Era Digital

Logika sebagai disiplin ilmu memiliki akar yang sangat panjang dalam sejarah pemikiran manusia. Pada masa Yunani Kuno, Aristoteles telah merumuskan dasar-dasar logika formal melalui silogisme, yang digunakan untuk menilai konsistensi suatu argumen. Pada perkembangan berikutnya, logika diperluas oleh para filosof dan matematikawan seperti Frege, Russell, hingga Tarski, sehingga melahirkan logika modern yang lebih sistematis dan terstruktur. Namun dalam konteks era digital, logika mengalami perluasan makna dan fungsi. Ia tidak lagi hanya menjadi alat analisis dalam ranah akademik, melainkan menjadi kebutuhan praktis untuk menghadapi informasi yang jumlahnya sangat masif dan beragam.

Logika di era digital dapat dipahami sebagai kemampuan untuk menggunakan prinsip-prinsip penalaran rasional dalam membaca, menilai, dan merespons informasi di media sosial. Media sosial menghadirkan lingkungan komunikasi yang berbeda dari diskusi formal atau ruang akademik. Struktur informasinya lebih cair, cepat, dan sering kali tidak lengkap. Oleh karena itu, logika berperan penting dalam membantu pengguna mengenali hubungan sebab-akibat, menilai kelayakan bukti, memahami struktur klaim, dan mengidentifikasi manipulasi retoris yang terselip dalam konten digital. Dengan kata lain, logika menjadi alat navigasi bagi pengguna untuk bertahan di tengah banjir informasi yang liar dan tidak terstandar. Dalam ruang digital modern, makna logika juga berkaitan erat dengan literasi digital. Masyarakat tidak lagi cukup hanya mampu membaca informasi, tetapi harus mampu membedakan informasi yang valid, bias, palsu, atau sengaja dipelintir. Logika yang dulunya dianggap sebagai ilmu abstrak kini menjadi kompetensi yang sangat praktis dan diperlukan dalam kehidupan sehari-hari.

2. Mekanisme Logika di Era Digital

Logika bekerja melalui seperangkat mekanisme penalaran yang memungkinkan pengguna mengevaluasi informasi secara sistematis. Di era digital, mekanisme ini tidak hanya terkait dengan premis dan kesimpulan, tetapi juga melibatkan interaksi antara teknologi, algoritma, dan perilaku pengguna. Pertama, mekanisme logika beroperasi pada struktur argumen. Pengguna harus mampu mengidentifikasi klaim utama, menentukan premis yang mendukung, serta memeriksa apakah hubungan antara premis dan kesimpulan bersifat valid atau hanya terlihat meyakinkan karena gaya penyampaian. Di media sosial, sering kali argumen dikemas dalam bentuk ringkas, emosional, dan persuasif, sehingga menantang pengguna untuk menggali struktur logis yang tersembunyi di baliknya.

Kedua, mekanisme logika di era digital melibatkan analisis bukti. Bukti tidak lagi hanya berupa teks, melainkan juga gambar, video, grafik, dan kutipan. Sayangnya, media digital sangat mudah dimanipulasi, sehingga pengguna perlu melakukan verifikasi tambahan seperti memeriksa keaslian visual, mencari sumber primer, serta memastikan konteks yang relevan.

Ketiga, mekanisme logika dalam ruang digital berkaitan dengan algoritma. Algoritma media sosial bekerja dengan memprioritaskan konten yang menarik perhatian pengguna. Konten yang bersifat emosional, kontroversial, atau sensasional sering kali memiliki daya tarik lebih tinggi sehingga muncul lebih sering dalam linimasa. Hal ini menciptakan ilusi bahwa suatu informasi banyak dibahas atau benar, padahal hanya diperkuat oleh perhitungan algoritmik. Oleh karena itu, pengguna harus mampu memisahkan popularitas konten dari validitas argumen.

Keempat, mekanisme logika di media sosial mencakup deteksi fallacy. Banyak kekeliruan penalaran seperti ad hominem, strawman, bandwagon, atau *false cause* tersebar luas di ruang digital. Kemampuan mengidentifikasi fallacy membantu pengguna terhindar dari manipulasi retoris yang tampak rasional, tetapi tidak logis.

3. Daya Tarik Psikologis dalam Penyebaran Informasi Tidak Logis

Salah satu faktor mengapa logika sering kalah dalam linimasa adalah karena informasi yang tidak logis memiliki daya tarik psikologis yang kuat. Manusia pada dasarnya bukan makhluk yang sepenuhnya rasional; mereka memiliki bias kognitif, kecenderungan emosional, serta kebutuhan sosial yang membuat mereka lebih mudah menerima informasi tertentu meskipun tidak sepenuhnya benar. Pertama, terdapat bias konfirmasi, yaitu kecenderungan individu untuk mempercayai informasi yang sesuai dengan keyakinannya. Di media sosial, bias ini diperkuat oleh algoritma yang menampilkan konten serupa dengan preferensi pengguna. Akibatnya, informasi tidak logis yang mendukung pandangan tertentu dapat dengan cepat diterima tanpa melalui proses evaluasi kritis.

Kedua, ada daya tarik emosional. Konten yang memicu kemarahan, ketakutan, atau empati biasanya lebih viral dan lebih mudah dipercaya daripada konten yang netral atau penuh nuansa akademis. Argumen logis yang membutuhkan analisis mendalam kalah bersaing dengan narasi emosional yang sederhana dan dramatis.

Ketiga, pengguna cenderung mengikuti norma sosial digital, seperti tren, opini mayoritas, atau konten yang mendapatkan banyak like dan komentar. Fenomena ini dikenal sebagai efek *bandwagon*. Ketika sebuah informasi tampak populer, pengguna lebih mungkin menerimanya sebagai benar meskipun tidak didukung bukti.Keempat, terdapat kelelahan kognitif. Arus informasi yang sangat cepat membuat pengguna malas untuk melakukan verifikasi mendalam. Akibatnya, mereka cenderung menerima informasi apa adanya, terutama jika penyajiannya menarik dan mudah dicerna. Semua faktor psikologis ini menjelaskan mengapa logika sering kali tidak cukup hanya diajarkan, tetapi perlu dilatih dalam konteks nyata agar pengguna mampu mengimbangi tarikan emosional yang menguasai ruang digital.

Ragam Logika di Era Digital: Evaluasi Informasi dan Argumen di Linimasa Media Sosial

Dalam ekosistem digital yang semakin kompleks, logika tidak lagi dipahami sebagai satu disiplin yang kaku dan seragam. Sebaliknya, logika hadir dalam beragam bentuk yang beradaptasi dengan dinamika komunikasi digital, terutama di media sosial. Linimasa yang terus diperbarui, dibentuk oleh algoritma, dan dipenuhi oleh opini publik yang beragam telah memengaruhi cara masyarakat berpikir, merespons, dan mengevaluasi informasi. Dalam konteks inilah ragam logika menjadi penting untuk dipahami: bukan hanya sebagai alat analitis, tetapi sebagai pendekatan kritis yang menggabungkan kemampuan membaca struktur argumen, menilai bukti, memahami konteks sosial, hingga mengidentifikasi bias algoritmik. Setiap ragam logika menyediakan perspektif berbeda dalam memahami kebenaran yang diproduksi dan disebarkan secara digital.

Salah satu bentuk logika yang paling mendasar adalah logika formal. Logika ini memeriksa hubungan struktural antara premis dan kesimpulan, serta menilai apakah suatu argumen disusun secara valid. Dalam media sosial, logika formal diperlukan untuk menilai apakah sebuah klaim benar-benar didukung oleh bukti atau hanya terlihat masuk akal karena retorika yang kuat. Banyak argumen dalam percakapan digital menggunakan pernyataan sebab-akibat yang tidak berdasar. Misalnya, ketika sebuah kebijakan pemerintah diklaim otomatis menyebabkan kerugian ekonomi tanpa analisis yang memadai, logika formal membantu menguji apakah hubungan tersebut valid atau hanya dugaan tanpa dasar. Demikian pula, manipulasi statistik yang sering dilakukan pengguna media sosial dapat dibongkar dengan logika formal: grafik yang dipotong, skala yang diubah, atau tren yang dibesar-besarkan dapat diperiksa ulang apakah kesimpulannya benar-benar mengikuti datanya.

Selain logika formal, terdapat logika informal yang berfokus pada kualitas bahasa, relevansi alasan, dan konteks dialogis. Logika informal sangat penting di media sosial karena komunikasi digital jarang disampaikan dalam bentuk argumen lengkap. Sebagian besar postingan berupa opini singkat, sindiran, humor, atau serangan personal. Pengguna yang mengandalkan logika informal dapat menilai apakah alasan yang diberikan relevan dan apakah klaim tersebut bebas dari kekeliruan penalaran seperti ad hominem, strawman, atau red herring.

Contoh paling umum adalah ketika seseorang menolak pendapat hanya karena tidak menyukai individu yang menyampaikannya. Dalam kasus seperti ini, logika informal membantu pengguna menandai bahwa yang diserang adalah identitas pembicara, bukan substansi argumennya. Dengan kata lain, logika informal membangun kebiasaan berpikir kritis berbasis konteks.

Dalam diskusi yang berkaitan dengan isu publik, ragam logika lain yang sering muncul adalah logika kebijakan. Logika ini digunakan untuk mengevaluasi klaim mengenai kebijakan pemerintah, keputusan publik, atau isu sosial-politik yang sedang hangat dibicarakan masyarakat. Argumentasi dalam konteks kebijakan sering kali disederhanakan secara berlebihan oleh pengguna media sosial. Kalimat seperti "kebijakan ini merugikan rakyat" terdengar meyakinkan, namun secara logis perlu ditelaah lebih jauh: siapa yang dimaksud "rakyat"? apa indikator kerugian? apakah kebijakan tersebut memiliki dampak berbeda bagi kelompok berbeda? Logika kebijakan mendorong pengguna untuk melihat sebuah klaim dari berbagai lapisan makna sehingga tidak terjebak pada retorika politik yang dangkal.

Dalam linimasa yang dipenuhi klaim sains, logika saintifik juga menjadi bagian penting dari ekosistem evaluasi digital. Banyak informasi kesehatan, teknologi, dan lingkungan disebarkan tanpa dasar ilmiah. Beberapa memanfaatkan istilah medis atau teknis untuk menciptakan kesan kredibilitas, padahal tidak memiliki bukti empiris. Logika saintifik membantu pengguna menilai apakah klaim tersebut didukung oleh metode ilmiah, apakah terdapat penelitian yang dapat diverifikasi, dan apakah mekanisme yang dijelaskan masuk akal secara biologis atau fisik. Kasus seperti klaim herbal yang "menyembuhkan semua penyakit" adalah contoh bagaimana logika saintifik dapat membongkar penyimpangan dari metode ilmiah. Dengan menggunakan pendekatan ini, pengguna tidak mudah tertipu oleh pseudo-science yang tampil menarik namun tidak valid.

Namun, untuk memahami cara informasi ditampilkan dan diterima oleh publik, pengguna juga membutuhkan logika media. Logika media merujuk pada cara platform digital mengatur dan menampilkan konten berdasarkan algoritma. Algoritma tidak dirancang untuk memprioritaskan kebenaran, tetapi untuk memaksimalkan keterlibatan pengguna. Konten yang memicu kemarahan, ketakutan, atau perasaan antusias lebih sering muncul di linimasa, bukan karena paling benar, melainkan karena paling menarik perhatian. Akibatnya, muncul ilusi kebenaran algoritmik: pengguna merasa sebuah informasi lebih valid hanya karena sering mereka lihat. Dengan memahami logika media, pengguna dapat menjaga jarak dari efek pengulangan yang menciptakan persepsi "kebenaran semu."

Selain dipengaruhi struktur argumen dan mekanisme algoritma, cara manusia memahami informasi di media sosial juga sangat dipengaruhi oleh narasi. Oleh sebab itu, logika naratif menjadi ragam logika yang penting dalam ekosistem digital. Manusia sangat responsif terhadap cerita, terutama yang bersifat emosional. Cerita individu tentang kecelakaan, ketidakadilan, atau keberhasilan sering kali lebih mudah diterima dan dipercaya dibandingkan data statistik yang kompleks. Namun narasi yang kuat belum tentu merepresentasikan realitas secara akurat. Logika naratif membantu pengguna membedakan antara cerita sebagai ilustrasi dan cerita sebagai bukti. Banyak kesalahan pengambilan keputusan terjadi ketika kisah tunggal dianggap mewakili pola umum, padahal tidak selalu demikian. Dengan logika naratif, pengguna dapat menilai apakah sebuah cerita digunakan untuk memperjelas isu atau justru untuk memanipulasi emosi publik.

Pada level sosial, logika sosial berperan penting dalam menjelaskan bagaimana interaksi kelompok mempengaruhi penerimaan argumen. Media sosial menciptakan ruang di mana opini yang populer sering dianggap sebagai kebenaran, bukan karena kekuatan argumennya tetapi karena dukungan sosial yang melimpah. Fenomena seperti *bandwagon effect*, *echo chamber*, dan *tribalism online* membentuk cara pengguna melihat validitas klaim. Logika sosial membantu pengguna menyadari bahwa sebuah informasi tidak otomatis benar hanya karena disukai atau dibagikan oleh banyak orang. Dengan menguasai perspektif ini, pengguna dapat menahan diri dari mengikuti arus opini tanpa analisis yang matang.

Pada akhirnya, ragam logika di era digital tidak bekerja secara terpisah. Pengguna perlu mengintegrasikan seluruh pendekatan ini untuk mengevaluasi informasi dan argumen secara menyeluruh. Ketika menghadapi suatu klaim, mereka mungkin perlu menggunakan logika formal untuk memeriksa struktur argumen, logika informal untuk menilai relevansi alasan, logika saintifik untuk mengecek validitas bukti, logika media untuk memahami bagaimana algoritma mempengaruhi persepsi, dan logika sosial untuk menyadari dampak tekanan kelompok. Integrasi ini memungkinkan pengguna menavigasi linimasa media sosial dengan lebih cerdas, kritis, dan tidak mudah terpengaruh oleh bias atau manipulasi emosional. Dengan demikian, ragam logika bukan hanya alat analisis intelektual, tetapi fondasi penting bagi literasi digital yang bertanggung jawab di era informasi modern.

Dampak Keragaman Logika terhadap Pola Pikir dan Perilaku di Era Digital

Keragaman logika yang hadir dalam ekosistem media sosial tidak hanya memengaruhi cara pengguna memahami informasi, tetapi juga berdampak signifikan pada pola pikir, perilaku, dan kualitas interaksi sosial secara keseluruhan. Di satu sisi, keberagaman ini memperkaya proses penalaran karena memungkinkan pengguna melihat berbagai perspektif dalam mengevaluasi argumen. Namun di sisi lain, ragam logika yang tidak dipahami secara benar dapat menciptakan distorsi berpikir, memperkuat bias, dan memperburuk dinamika wacana publik. Dampak-dampak ini menjadikan pemahaman terhadap logika di era digital sebagai kebutuhan penting dalam menjaga kualitas literasi informasi masyarakat.

Salah satu dampak utama keragaman logika adalah meningkatnya kemampuan analitis pengguna dalam menilai validitas klaim yang muncul di linimasa. Ketika pengguna memahami perbedaan antara logika formal, informal, saintifik, dan naratif, mereka lebih mampu menempatkan sebuah argumen dalam konteks yang tepat. Misalnya, klaim kesehatan yang viral tidak lagi diterima begitu saja karena pengguna sudah terbiasa bertanya tentang bukti ilmiah, mekanisme biologis, atau sumber penelitian yang digunakan. Pemahaman ini mendorong masyarakat mengembangkan kebiasaan skeptisisme yang sehat sebuah sikap kritis tanpa harus menolak segala sesuatu secara ekstrem. Sikap ini sangat penting untuk menjaga keseimbangan antara keterbukaan terhadap informasi baru dan perlindungan diri dari manipulasi digital.

Namun, dampak positif ini juga memiliki sisi berlawanan. Ragam logika yang tidak dipahami atau disalahgunakan dapat membuat pengguna justru lebih mudah terjebak dalam kebingungan informasi. Ketika logika formal bertabrakan dengan logika naratif atau ketika logika saintifik berhadapan dengan logika sosial, banyak pengguna yang tidak dapat membedakan mana yang seharusnya lebih diutamakan. Akibatnya, mereka memilih argumen yang paling sesuai dengan preferensi emosional atau identitas kelompok mereka. Fenomena ini terlihat jelas dalam perdebatan isu politik, di mana data ilmiah sering dikalahkan oleh narasi yang lebih menggugah atau lebih populer di komunitas tertentu. Dengan kata lain, ragam logika dapat memperkuat polarisasi ketika pengguna tidak memiliki kemampuan refleksi untuk membedakan antara argumen emosional dan argumen rasional.

Dampak lain yang signifikan adalah meningkatnya kerentanan terhadap bias algoritmik. Pengguna yang tidak memahami logika media cenderung menganggap bahwa konten yang sering muncul di linimasa adalah representasi dari kebenaran atau pendapat mayoritas. Padahal, algoritma didesain untuk memaksimalkan keterlibatan, bukan akurasi. Ketidaksadaran akan logika media ini memicu efek gelembung informasi, di mana pengguna mengonsumsi konten yang seragam sehingga mempersempit perspektif berpikir. Dalam jangka panjang, kondisi ini dapat mengurangi kemampuan berdebat secara sehat, meningkatkan misinformasi yang dipercaya sebagai fakta, dan menurunkan kualitas diskursus publik.

Selain itu, keragaman logika juga memengaruhi perilaku komunikasi pengguna. Ketika seseorang memahami bahwa argumen di media sosial tidak selalu disampaikan secara utuh, mereka cenderung lebih berhati-hati dalam memberikan respons. Mereka mulai memperhatikan relevansi alasan, kehati-hatian terhadap fallacy, serta kesadaran bahwa setiap postingan memiliki konteks sosial dan emosional. Sebaliknya, pengguna yang tidak menguasai ragam logika cenderung terjebak dalam debat emosional yang tidak produktif, mudah tersulut provokasi, atau bahkan ikut menyebarkan informasi yang meragukan. Secara keseluruhan, dampak keragaman logika di era digital bersifat ganda: ia dapat menjadi fondasi bagi penguatan literasi digital, tetapi juga dapat memperdalam polarisasi dan memperkuat bias jika tidak diiringi kemampuan berpikir reflektif. Karena itu, pemahaman terhadap ragam logika bukan hanya penting secara teoritis, tetapi juga memiliki implikasi praktis yang besar terhadap kualitas kehidupan bermedia sosial. Masyarakat yang memahami berbagai bentuk logika akan lebih mampu menavigasi arus informasi yang padat, mempertahankan independensi berpikir, dan berkontribusi pada diskursus digital yang sehat dan konstruktif

Strategi Bertahan di Era Informasi Digital: Mengasah Kemampuan Evaluatif di Linimasa Media Sosial

Menghadapi arus informasi yang begitu deras di linimasa media sosial, strategi bertahan menjadi kunci agar pengguna tidak terjebak pada misinformasi, manipulasi emosional, atau bias algoritmik. Strategi ini tidak hanya melibatkan kemampuan analisis argumen, tetapi juga kesadaran terhadap psikologi digital dan literasi media. Dengan penerapan strategi yang tepat, pengguna dapat menavigasi ruang digital secara lebih cerdas, kritis, dan berimbang.

Langkah pertama dalam strategi bertahan adalah membangun kesadaran kritis terhadap sumber informasi. Setiap konten yang muncul di linimasa sebaiknya ditelusuri asal-usulnya: apakah berasal dari sumber terpercaya, apakah memiliki data pendukung yang valid, dan apakah disampaikan dengan konteks yang lengkap. Kesadaran ini juga mencakup kemampuan untuk membedakan antara berita faktual, opini, dan konten promosi. Mengembangkan kebiasaan memeriksa kredibilitas sumber informasi dapat meminimalisir risiko terjebak pada klaim yang menyesatkan. Selanjutnya, strategi bertahan membutuhkan kemampuan untuk mengenali dan menghindari kekeliruan penalaran atau logical fallacies. Dalam percakapan digital, banyak argumen yang tampak meyakinkan tetapi sebenarnya cacat secara logika, misalnya ad hominem, strawman, atau false cause. Dengan latihan berpikir kritis dan pemahaman terhadap berbagai bentuk kekeliruan logis, pengguna dapat menilai argumen berdasarkan kualitasnya, bukan sekadar daya tarik retorikanya. Strategi ketiga adalah pengelolaan emosional. Konten yang bersifat provokatif atau emosional sering kali memicu reaksi spontan dan mengurangi kemampuan berpikir rasional. Mengembangkan kesadaran akan pengaruh emosi terhadap proses penalaran memungkinkan pengguna untuk menahan diri sebelum membagikan atau menanggapi informasi. Praktik ini melibatkan jeda reflektif: berhenti sejenak, memeriksa fakta, dan menimbang relevansi informasi sebelum bereaksi.

Selain itu, strategi bertahan juga mencakup pemahaman terhadap logika media dan algoritma yang mengatur linimasa. Pengguna perlu menyadari bahwa popularitas suatu konten tidak selalu sejalan dengan validitasnya. Dengan memahami mekanisme algoritmik, individu dapat mengurangi ketergantungan pada tren viral sebagai indikator kebenaran dan lebih fokus pada analisis kritis konten. Terakhir, strategi bertahan melibatkan pengembangan literasi digital yang berkelanjutan. Literasi digital bukan sekadar kemampuan teknis, tetapi juga mencakup kemampuan evaluatif, kesadaran sosial, dan keterampilan komunikasi yang bertanggung jawab. Pengguna yang terlatih mampu memadukan berbagai bentuk logika, menilai argumen secara menyeluruh, dan berkontribusi pada percakapan digital yang sehat. Strategi-strategi ini bersama-sama membentuk fondasi ketahanan berpikir di era informasi digital, memungkinkan pengguna tetap rasional dan kritis di tengah arus informasi yang deras dan kompleks.

KESIMPULAN

Era digital telah membawa masyarakat ke dalam arus informasi yang begitu cepat, masif, dan beragam. Linimasa media sosial, sebagai salah satu ruang publik modern, bukan lagi sekadar tempat berbagi opini, tetapi juga arena pertukaran argumen, klaim fakta, dan narasi emosional yang memengaruhi cara berpikir dan bersikap pengguna. Melalui pembahasan bab ini, terlihat bahwa logika tetap menjadi fondasi penting dalam menghadapi kompleksitas informasi tersebut. Ragam logika mulai dari logika formal, logika informal, logika saintifik, logika naratif, logika media, hingga logika sosial memberikan alat analitis dan reflektif yang memungkinkan individu mengevaluasi argumen secara kritis, membedakan fakta dari opini, dan mengidentifikasi manipulasi retoris yang tersembunyi di balik konten digital.

Poin kunci pertama yang perlu digarisbawahi adalah pentingnya memahami karakteristik logika dalam konteks digital. Tidak cukup hanya mengetahui aturan silogisme atau struktur argumentatif, tetapi juga memahami bagaimana algoritma, tekanan sosial, dan daya tarik emosional memengaruhi cara informasi diterima dan disebarkan. Kemampuan untuk mengenali fallacy, memeriksa bukti, dan menempatkan informasi dalam konteks yang tepat menjadi keterampilan praktis yang mendukung pengambilan keputusan yang rasional. Ragam logika ini tidak hanya berfungsi untuk mengevaluasi klaim individual, tetapi juga membentuk kerangka berpikir kritis yang lebih luas, yang sangat diperlukan di tengah banjir informasi yang cenderung bias dan manipulatif.

Dampak dari penerapan logika di era digital juga terlihat jelas dalam pola pikir dan perilaku pengguna. Mereka yang mampu mengintegrasikan berbagai bentuk logika cenderung memiliki sikap skeptis yang sehat, lebih selektif dalam menanggapi konten, dan tidak mudah terpengaruh oleh opini mayoritas atau tren viral. Sebaliknya, mereka yang kurang memahami ragam logika lebih rentan terhadap distorsi informasi, bias algoritmik, dan manipulasi emosional. Hal ini menegaskan bahwa literasi logis bukan sekadar kemampuan akademis, tetapi kompetensi praktis yang memiliki implikasi nyata dalam kehidupan digital sehari-hari.
Refleksi dari seluruh pembahasan ini menunjukkan bahwa bertahan di era digital membutuhkan kesadaran kritis yang berkelanjutan. Strategi evaluatif, seperti memeriksa sumber informasi, menilai relevansi alasan, mengenali fallacy, mengelola reaksi emosional, dan memahami mekanisme media, adalah langkah-langkah konkret yang dapat dilakukan oleh setiap pengguna. Literasi digital yang matang akan memungkinkan individu tidak hanya mengonsumsi informasi dengan bijak, tetapi juga berkontribusi pada percakapan publik yang lebih sehat, rasional, dan konstruktif.

Sebagai penegasan ulang dari tesis bab ini, logika tetap menjadi alat utama dalam menghadapi tantangan informasi di linimasa media sosial. Ragam logika yang dipahami dan diterapkan secara kritis memungkinkan pengguna untuk menavigasi kompleksitas digital dengan lebih aman dan rasional. Oleh karena itu, ajakan untuk bertindak menjadi jelas: setiap individu harus mengasah kemampuan berpikir logis, melatih evaluasi kritis, dan selalu bersikap reflektif terhadap informasi yang diterima. Dengan cara ini, pengguna tidak hanya melindungi diri dari kesalahan penalaran, tetapi juga berperan aktif dalam membentuk ekosistem digital yang lebih sehat dan berimbang. Literasi logis bukan pilihan, melainkan kebutuhan esensial di era informasi yang terus berkembang ini.

BAB 30
MENGGUNAKAN STRUKTUR LOGIS UNTUK MEMPERKUAT GAGASAN

PENDAHULUAN

Banyak gagasan brilian sering kali tidak terwujud atau "hilang di tengah jalan" disebabkan oleh beberapa faktor kritis. Salah satu penyebab utama adalah kurangnya struktur logis dalam penyampaian gagasan tersebut. Ketika ide-ide tidak disajikan dengan cara yang teratur dan dapat dipahami, audiens mungkin akan kesulitan memahami inti dari gagasan tersebut. Selain itu, lingkungan yang tidak mendukung juga dapat menyebabkan gagasan yang baik tidak berkembang. Misalnya, dalam situasi pembelajaran yang terbatas selama pandemi COVID-19, banyak mahasiswa mengalami kesulitan dalam merumuskan pikiran mereka dan mengekspresikannya secara efektif, yang berkontribusi terhadap hilangnya gagasan hebat mereka (Dewi et al., n.d.).

"Struktur logis" dalam konteks penulisan dan penyampaian gagasan merujuk pada cara sistematis di mana informasi atau ide dipresentasikan untuk membuatnya lebih mudah dipahami oleh audiens. Struktur ini mencakup pengaturan ide dalam urutan yang jelas dan koheren, sehingga setiap bagian saling berhubungan dan memudahkan pembaca atau pendengar dalam mengikuti alur pemikiran. Penggunaan struktur logis sangat penting dalam dunia akademik karena membantu dalam mengekspresikan argumen dengan lebih meyakinkan dan efektif (Prabowo & Mulyana, 2018).

Menyusun gagasan dengan landasan logika yang kuat memberikan sejumlah keunggulan penting. Pertama, penyampaian menjadi jauh lebih jernih sehingga audiens dapat menangkap inti pesan tanpa kebingungan atau salah tafsir. Kedua, kekuatan persuasi bertambah karena alur argumen yang teratur dan saling menguatkan membuat pendengar atau pembaca lebih mudah diyakinkan dan bersedia menerima sudut pandang yang ditawarkan. Ketiga, informasi yang disusun secara sistematis akan lebih awet di ingatan, sebab otak manusia cenderung menyimpan hal-hal yang terstruktur dengan lebih baik. Terakhir, penutur atau penulis yang mampu menyajikan ide secara rapi secara otomatis akan dianggap lebih profesional, terpercaya, dan memiliki kedalaman berpikir.

Bab ini hadir untuk membantu pembaca memahami secara mendalam mengapa dan bagaimana struktur logis menjadi kunci keberhasilan komunikasi ide. Dengan menguasai teknik ini, Anda tidak lagi membiarkan ide-ide cemerlang menguap begitu saja, melainkan mampu menyampaikannya dengan tepat, kuat, dan berkesan. Pembahasan akan dimulai dari akar masalah, mengapa banyak pemikiran hebat justru gagal "mendarat" dengan baik. Selanjutnya, kita akan menyelami pengertian struktur logis beserta penerapannya di dunia akademik maupun profesional. Setelah itu, akan dijelaskan secara gamblang berbagai keuntungan yang bisa diraih, serta dampaknya terhadap efektivitas komunikasi. Di bagian penutup, pembaca akan mendapatkan panduan langkah demi langkah yang praktis dan langsung bisa diterapkan agar setiap gagasan yang dimiliki ke depannya dapat disusun dan disampaikan dengan jauh lebih powerful.

PEMBAHASAN

Fondasi Berpikir Logis

Di dalam konteks penulisan dan argumentasi, "isi yang bagus" dan "gagasan yang kuat" memiliki perbedaan fundamental yang signifikan. "Isi yang bagus" merujuk pada konten yang menarik, informatif, atau bermanfaat, tetapi tidak selalu didukung oleh struktur logis yang kuat. Sebaliknya, "gagasan yang kuat" adalah argumen yang tidak hanya memiliki konten yang menarik tetapi juga diorganisir dengan jelas, konsisten, dan didukung oleh bukti yang valid dan relevan. Dengan kata lain, gagasan yang kuat tidak hanya dibangun pada kualitas isi tetapi juga pada cara penyampaian yang logis dan meyakinkan, meningkatkan keefektifan komunikasinya. Tiga elemen inti dari gagasan yang kuat mencakup klaritas, koherensi, dan kekuatan bukti. Klaritas mengacu pada kemampuan untuk menyampaikan ide dengan cara yang mudah dipahami dan tidak membingungkan, yang sering kali melibatkan penggunaan terminologi yang tepat dan struktur kalimat yang jelas. Koherensi penting untuk memastikan bahwa setiap bagian dari argumen saling terkait dan mendukung tesis utama, menciptakan suatu arus logis yang mudah diikuti oleh audiens (Havstad, 2022). Kekuatan bukti adalah ukuran kekuatan dan keandalan dari data atau informasi yang digunakan untuk mendukung argumen. Bukti yang kuat dan relevan meningkatkan kredibilitas argument dan membantu audiens untuk memahami alasan di balik kesimpulan yang diajukan (Ainyn et al., n.d.).

Dalam berpikir logis, terdapat dua pendekatan utama: deduktif dan induktif. Pendekatan deduktif berfokus pada menerapkan aturan umum untuk menarik kesimpulan spesifik, yang sering kali diharapkan menghasilkan kesimpulan yang valid jika premisnya benar. Sebaliknya, berpikir induktif melibatkan pengamatan spesifik yang digunakan untuk menyusun generalisasi atau teori, di mana kesimpulannya bersifat probabilistik dan tidak selalu pasti valid (Journal & Education, 2025).

Hindari kesalahan logika (fallacy) yang umum terjadi seperti ad hominem, di mana argumen diserang berdasarkan karakter individu ketimbang argumen itu sendiri; strawman, yang menggambarkan lawan yang lemah untuk mudah dibantah; dan false dilemma, yang menyajikan pilihan terbatas yang tidak mencakup semua kemungkinan (Nakpih & Santini, 2020). Mengenali dan menghindari fallacies ini penting untuk mempertahankan integritas argumen dan menjaga argumen yang kuat. Argumen yang baik harus memiliki premis yang logis yang berujung pada kesimpulan yang solid. Dalam hal ini, validitas argumen diukur dari kemampuan premis untuk mengarah pada kesimpulan yang benar jika ditemukan di dalam kerangka logika yang tepat. Validitas ini mengindikasikan bahwa jika semua premis benar, maka kesimpulan yang ditarik juga harus benar. Sebuah argumen tidak hanya perlu valid, tetapi juga harus memiliki premis yang benar (sound) untuk dipandang kuat secara logis.

Model-Model Struktur Logis yang Terbukti

Model piramida, yang dikembangkan oleh Barbara Minto, menekankan pentingnya mengorganisir informasi dengan cara yang terstruktur dan logis. Pada inti model ini adalah "governing thought," yang merupakan ide sentral yang akan disampaikan. Dari ide ini, "key line" atau garis utama diturunkan, yang berfungsi sebagai gambaran klaim yang akan diperdebatkan. Di bawah ini, "supporting arguments" dikelompokkan untuk mendukung key line tersebut. Dengan urutan ini, audiens dapat dengan mudah memahami dan mengikuti alur pemikiran, di mana setiap hint menuntun mereka dari ide utama menuju rincian yang lebih mendalam.

Pendekatan top-down dalam model piramida sangat berguna ketika audiens membutuhkan pemahaman cepat tentang misi atau strategi keseluruhan. Dalam konteks bisnis, misalnya, memperkenalkan visi perusahaan sebelum merinci langkah-langkah strategi memungkinkan pendengar untuk melihat gambaran besar terlebih dahulu, menciptakan basis untuk informasi yang lebih spesifik di bawahnya (Berland & Reiser, 2008). Kekuatan dari pendekatan ini terletak pada kemampuannya untuk meringkas ide utama dan menekankan relevansi setiap pencapaian atau argumen tambahan dalam konteks yang lebih luas.

Model PREP (Point – Reason – Example – Proof – Point) menawarkan struktur yang jelas untuk menyajikan argumen, dengan langkah-langkah yang terdiri dari mencantumkan poin utama terlebih dahulu, diikuti oleh alasan, contoh konkret, dan bukti yang mendukung, sebelum mengakhiri dengan pengulangan poin utama. Model ini sangat efektif dalam membangun argumen yang tidak hanya persuasif tetapi juga memberikan bobot pada klaim yang diberikan (Aikenhead, 2004).

Model Klasik Aristoteles (Ethos, Pathos, Logos) dalam Urutan Modern. Model Aristoteles, yang mengintegrasikan ethos (kredibilitas), pathos (emosi), dan logos (logika), tetap menjadi landasan fundamental dalam komunikasi yang persuasif. Dalam urutan modern, menekankan ethos pada awalnya untuk membangun kepercayaan memperkuat daya tarik emosional melalui pathos, diikuti dengan pembuktian logis menggunakan logos. Keselarasan antara ketiga elemen ini memberikan dasar yang kuat bagi argumen yang berpengaruh (Shehab, 2011). Keterampilan dalam menggabungkan ketiga elemen ini dapat memperkuat argumen, memungkinkan audiens untuk merasakan ikatan emosi sambil tetap mempertahankan fokus pada data dan bukti logis.

Model Problem Solution, Benefit, Proof, Call to Action (khusus Penulisan Persuasif/Business). Model ini sangat cocok untuk konteks penulisan persuasif atau bisnis. Dimulai dengan membahas masalah yang relevan, lalu menyajikan solusi yang ditawarkan. Selanjutnya, model ini menggambarkan keuntungan dari solusi tersebut, diakhiri dengan bukti atau data kesuksesan. Langkah terakhir adalah call to action yang mendorong audiens untuk bertindak (Pawl, 2022). Pendekatan sistematis ini sangat efektif dalam mempromosikan produk, layanan, atau ide, karena membantu audiens melihat kebutuhan, solusi praktis, dan manfaat signifikan dari tindakan mereka.

Model CERCA (Claim Evidence Reasoning Counterargument Affirmation). Model CERCA mengedepankan discourse yang berimbang, di mana klaim diungkapkan terlebih dahulu, diikuti dengan bukti dan penalaran yang mendukung klaim tersebut. Selanjutnya, model ini mencakup counterargument atau tangkisan terhadap potensi penolakan, sebelum menguatkan kembali klaim yang telah diusulkan (Pan et al., 2023). Dengan cara ini, model ini tidak hanya menguatkan posisi penulis tetapi juga menunjukkan bahwa kontra-argumen telah dipertimbangkan, menjadikannya lebih kredibel di mata audiens.

Pemilihan model yang tepat bergantung pada konteks dan tujuan komunikasi. Untuk presentasi yang memerlukan pengenalan cepat tentang ide-ide besar, model piramida atau PREP sangat cocok. Di sisi lain, untuk argumen yang kompleks, model CERCA dapat menawarkan kerangka kerja yang jelas dan responsif terhadap kemungkinan penolakan. Untuk komunikasi persuasif atau bisnis, model Problem Solution Benefit Proof Call to Action dapat digunakan untuk mendorong audiens agar bereaksi aktif terhadap tawaran yang disampaikan. Memahami konteks dan harapan audiens sangat penting untuk memilih model yang paling efektif.

Alat Bantu Praktis untuk Merancang Struktur Logis

Template outline satu halaman sangat berguna dalam menciptakan struktur yang jelas dan berpikir logis. Model ini membantu penulis merangkum ide utama dan sub-ide dalam format yang sederhana dan terorganisir, memungkinkan fokus pada elemen-elemen penting dari argumentasi. Penggunaan template yang konsisten tidak hanya menghemat waktu tetapi juga meningkatkan konsistensi dan kualitas penulisan, terutama dalam konteks akademik dan professional. Dengan pendekatan ini, penulis dapat memastikan bahwa setiap bagian dari outline mendukung gagasan (Limpo & Alves, 2018).

Menggunakan "Reverse Outline" untuk memperbaiki naskah yang sudah ada. Reverse outline adalah teknik yang digunakan setelah draft pertama selesai untuk menilai dan memperbaiki struktur dan alur argumen yang sudah ada. Dengan membuat outline dari draft yang telah ditulis, penulis dapat dengan mudah mengidentifikasi bagian-bagian yang tidak koheren atau argumen yang kurang mendukung tesis utama (Andresen et al., 2018). Teknik ini membantu dalam mengidentifikasi kekurangan dalam logika dan memberikan gambaran yang lebih baik mengenai bagaimana informasi saling terkait, serta memberikan kesempatan untuk memperkuat bagian-bagian yang lemah.

Menyusun checklist struktur logis dapat menjadi alat yang sangat berharga bagi penulis untuk memastikan bahwa setiap tulisan memenuhi standar yang diinginkan untuk kejelasan, koherensi, dan logika. Checklist ini dapat mencakup 20 poin penting, termasuk kejelasan klaim, relevansi bukti, kekuatan argumen, dan penanganan potensi kontra-argumen. Menggunakan checklist memungkinkan penulis untuk menghindari kesalahan umum dan memastikan bahwa setiap aspek tulisannya berkontribusi pada kekuatan keseluruhan argumen. Ini juga memberikan cara untuk mengevaluasi dan merevisi manuskrip dalam perspektif kritis. Penggunaan perangkat lunak untuk menulis dan merancang struktur logis modern memberikan banyak keuntungan dalam proses penulisan. Misalnya, Scrivener menawarkan tempat yang terorganisir untuk mengelola draft dan catatan, membantu penulis dalam merencanakan dan menavigasi proyek besar (Limpo & Alves, 2018). Notion dan Workflowy juga menyediakan fungsionalitas pencatatan dan pengorganisasian yang fleksibel, cocok untuk membuat mind map atau outline hierarkis. Gingko, di sisi lain, memungkinkan penulis untuk menyusun ide dalam format yang ramah visual, memudahkan identifikasi hubungan antar gagasan (Mul et al., 2024). Mengintegrasikan alat-alat ini ke dalam proses penulisan mampu meningkatkan efisiensi dan efektivitas penciptaan argumen yang logis dan terstruktur.

Studi Kasus dan Contoh Sebelum-Sesudah

Sebelum restrukturisasi, sebuah esai mengenai pendidikan mungkin mempunyai argumen yang kurang terfokus dengan elipsis logika, seperti "Pendidikan itu penting. Banyak orang berpendapat bahwa pendidikan yang baik diperlukan untuk kesuksesan." Pernyataan tersebut bersifat umum dan tidak memberikan alasan atau bukti yang kuat. Setelah restrukturisasi menggunakan model Minto Pyramid Principle, esai tersebut bisa menjadi: "Pendidikan yang berkualitas adalah fondasi utama untuk kesuksesan individu dan masyarakat." Argumentasi ini didukung oleh penelitian yang menunjukkan bahwa lulusan pendidikan tinggi memiliki tingkat penghasilan yang lebih tinggi dan tingkat pengangguran yang lebih rendah, yang sering kali terkait dengan peningkatan keterampilan dan peluang kerja. Dengan restrukturisasi ini, argumen menjadi lebih kohesif dan persuasif.

Sebelum menerapkan struktur piramida, sebuah presentasi bisnis mungkin diawali dengan berbagai data statistik acak tanpa konteks, seperti "Kami memiliki pertumbuhan 10% dan basis pelanggan sejuta." Namun, setelah menggunakan pendekatan top-down, pidato tersebut dapat diatur menjadi, "Perusahaan kami menunjukkan pertumbuhan berkelanjutan, dengan 10% peningkatan dalam pendapatan tahun lalu, yang disebabkan oleh peluncuran produk baru yang menarik. Dengan strategi pemasaran yang terfokus, kami berhasil menjangkau satu juta pelanggan baru, yang menunjukkan bahwa pendekatan kami efektif dalam menarik perhatian pasar baru." Pidato yang terstruktur ini memberikan alur logis yang lebih mudah diikuti oleh audiens.

Sebuah artikel ilmiah awalnya mungkin memiliki tujuan yang tidak jelas dan penjelasan yang bertele-tele. Misalnya, "Penelitian ini membahas berbagai metode pendidikan, dan banyak orang yang menggunakannya." Setelah menerapkan struktur logis yang lebih tepat, artikel tersebut bisa diperbaiki menjadi, "Penelitian ini berfokus pada analisis efektivitas tiga metode pendidikan, menunjukkan bahwa pendekatan berbasis proyek meningkatkan keterlibatan siswa secara signifikan." Meskipun ada skeptisisme terhadap ini, hasil kami menunjukkan bahwa metodologi ini memiliki dampak positif yang signifikan. Perubahan ini tidak hanya menajamkan fokus artikel tetapi juga memperkuat argumen.

Sebagai contoh, pidato Steve Jobs pada Wisuda Stanford 2005 dilakukan dengan struktur yang efektif menggunakan prinsip retorika Aristoteles. Jobs mulai dengan membangun kredibilitas (Ethos) dengan menceritakan kisah hidupnya, yang memungkinkan audiens merasakan hubungan emosional (Pathos). Kemudian, ia membagikan pembelajaran dari pengalaman pribadinya, yang didukung dengan argumen logis (Logos) mengenai pentingnya mengikuti insting dan cinta dalam pekerjaan. Hal ini menciptakan kepercayaan dan rasa percaya diri dalam audiens untuk mengejar impian mereka. Model yang ia gunakan merefleksikan struktur piramida dan integrasi prinsip-prinsip berpikir logis, membuat pidatonya tidak hanya persuasif tetapi juga menginspirasi banyak orang.

KESIMPULAN

Dari pembahasan yang telah disampaikan, dapat disimpulkan bahwa struktur logis dalam penulisan dan penyampaian gagasan adalah elemen krusial yang menentukan efektivitas komunikasi. Proses berpikir logis yang terstruktur memungkinkan penulis atau pembicara untuk menyampaikan ide dengan jelas, koheren, dan persuasif. Berbagai model struktur logis, seperti Minto Pyramid Principle, PREP, dan CERCA, menawarkan metode yang berbeda untuk menyusun argumen dengan cara yang dapat dipahami dan diterima oleh audiens. Menggunakan alat bantu praktis seperti mind mapping, outline, dan checklist membantu dalam perencanaan dan penyusunan naskah, serta dalam memperbaiki dokumen yang telah ada. Contoh-contoh yang diberikan menunjukkan bagaimana penulisan yang lemah dapat diperbaiki menjadi argumen yang kuat dan ringkas dengan penerapan prinsip-prinsip struktur logis.

Demikian pula, analisis terhadap pidato-pidato terkenal menunjukkan bahwa penggunaan struktur logis dapat membuat penyampaian pesan lebih menarik dan terbukti efektif dalam mempengaruhi audiens. Oleh karena itu, menerapkan struktur logis yang tepat tidak hanya meningkatkan kualitas penulisan dan presentasi, tetapi juga memperkuat kredibilitas penulis atau pembicara. Upaya untuk memahami dan mengimplementasikan model-model ini sangat penting untuk mencapai komunikasi yang sukses dan efektif di berbagai konteks, baik akademik, profesional, maupun publik. Kesadaran akan pentingnya berpikir logis dan struktur yang terorganisir seharusnya menjadi bagian integral dari proses belajar dan praktik komunikasi setiap individu. Dengan perkembangan alat bantu dan teknik yang sesuai, setiap orang memiliki potensi untuk menyampaikan gagasan mereka secara lebih efektif dan berdampak.

BAB 31
LOGIKA DAN PEMECAHAN MASALAH: MENERAPKAN PENALARAN SISTEMATIS UNTUK MENEMUKAN SOLUSI

PENDAHULUAN

Dalam kehidupan modern yang sangat cepat dan serba digital, manusia dihadapkan pada berbagai bentuk masalah setiap harivmulai dari persoalan kecil seperti menentukan prioritas pekerjaan, hingga persoalan besar yang menyangkut masa depan karier, pendidikan, atau hubungan sosial. Di tengah arus informasi yang padat dan keputusan yang harus dibuat dalam waktu singkat, orang sering kali terjebak dalam pola pikir reaktif: merespons berdasarkan intuisi, emosi, atau kebiasaan, bukan berdasarkan analisis rasional. Contoh sederhananya dapat ditemukan dalam kehidupan akademik: seorang mahasiswa yang menghadapi nilai buruk langsung menyimpulkan bahwa dosennya tidak menyukainya, padahal penyebab sesungguhnya bisa lebih kompleks, seperti ketidaksiapan materi, kesalahan teknis, atau strategi belajar yang kurang tepat. Situasi seperti ini menunjukkan bahwa kemampuan berpikir logis dan sistematis sangat penting untuk memahami realitas secara jernih dan menentukan solusi yang benar.

Di media sosial, fenomena ini tampak lebih jelas. Ketika menghadapi perbedaan opini, banyak orang lebih memilih bereaksi cepat menyalahkan, menyerang secara personal, menyebarkan asumsi daripada mencoba memahami inti persoalan. Diskusi tidak lagi bertujuan menemukan solusi bersama, melainkan menjadi ajang memenangkan argumen. Kecenderungan seperti ini memperlihatkan bahwa masyarakat membutuhkan kemampuan berpikir terstruktur agar dapat menghadapi masalah dengan cara yang produktif, bukan impulsif.bTantangan terbesar dalam pemecahan masalah bukanlah kurangnya informasi, melainkan bagaimana mengolah informasi tersebut secara efektif. Banyak orang gagal menemukan solusi karena:

a. Tidak dapat membedakan gejala dari akar masalah.

Misalnya, siswa yang selalu terlambat mengumpulkan tugas mungkin dianggap malas, padahal akar masalahnya bisa berupa manajemen waktu yang buruk atau ketidakpahaman terhadap materi.

b. Mengambil keputusan berdasarkan bias kognitif.

Bias konfirmasi, heuristic, dan overconfidence sering membuat seseorang yakin bahwa pendapatnya benar meski tidak didukung bukti kuat.

c. Tidak adanya kerangka berpikir yang teratur.

Masalah sering diselesaikan secara acak, tanpa langkah-langkah jelas, sehingga solusi yang muncul tidak menyentuh inti persoalan.

Kondisi ini menyebabkan banyak masalah kembali berulang, menjadi lebih besar, atau bahkan menciptakan masalah baru. Logika merupakan ilmu yang mempelajari prinsip-prinsip penalaran yang benar agar manusia mampu menarik kesimpulan yang valid dan dapat dipertanggungjawabkan. Dalam konteks pemecahan masalah, logika tidak hanya penting sebagai teori, tetapi juga sebagai alat berpikir praktis. Logika membantu seseorang menyusun informasi secara sistematis, mengevaluasi bukti, dan menentukan langkah yang paling tepat.
Pemecahan masalah (problem solving) adalah proses terstruktur untuk memahami situasi bermasalah, menganalisis faktor yang terlibat, menghasilkan alternatif solusi, dan memilih tindakan terbaik. Penalaran sistematis berarti mengolah informasi secara teratur dengan tahapan yang konsisten, bukan berdasarkan impuls atau asumsi spontan. Dengan memadukan logika dan metode problem solving, seseorang dapat merumuskan solusi yang lebih akurat, efisien, dan relevan dengan kebutuhan nyata.

Bab ini disusun untuk membawa pembaca memahami peran logika sebagai fondasi dalam pemecahan masalah. Pembahasan akan dimulai dengan menguraikan hakikat logika serta bagaimana mekanisme penalaran bekerja. Selanjutnya, bab ini menjelaskan berbagai jenis penalaran deduktif, induktif, abduktif, hingga kausal yang dapat digunakan untuk mengurai persoalan dari berbagai sudut. Setelah itu, pembaca akan diperkenalkan pada model pemecahan masalah sistematis yang dapat diterapkan dalam kehidupan sehari-hari. Bab ini juga membahas hambatan kognitif yang mengganggu kemampuan berpikir jernih. Pada akhirnya, pembaca diharapkan mampu menerapkan penalaran logis sebagai strategi efektif untuk menemukan solusi yang benar dan bernilai jangka panjang.

PEMBAHASAN

Hakikat Logika dalam Pemecahan Masalah

Asal-Usul dan Makna Logika

Pengertian dan fungsi logika dalam pemecahan masalah sangat penting dalam konteks akademik, sosial, dan pengambilan keputusan dalam kehidupan sehari-hari. Logika, yang berasal dari kata Yunani "logos," memiliki peran sentral dalam membantu individu berpikir secara terstruktur dan menghindari kesalahan dalam pengambilan keputusan. Dalam era modern ini, di mana kita dikelilingi oleh informasi yang berlimpah, memahami mekanisme dasar logika yakni penalaran deduktif, induktif, dan abduktif menjadi semakin penting.

Pertama, penalaran deduktif merupakan metode di mana kita menarik kesimpulan dari prinsip umum menuju situasi spesifik. Misalnya, jika semua manusia membutuhkan oksigen dan Andi termasuk manusia, maka Andi pasti membutuhkan oksigen. Dalam pemecahan masalah, deduksi ini dapat digunakan untuk menerapkan teori atau strategi yang sudah terbukti efektif kepada individu atau situasi tertentu. Hal ini tercermin dalam penelitian yang mengkaji perkembangan kemampuan berpikir kritis dan matematis siswa, di mana deduksi digunakan untuk mengembangkan strategi pemecahan masalah yang lebih baik dalam pembelajaran matematika (Suryawan et al., 2023; Mrizkidirmansyah & Febriandi, 2023).

Kedua, penalaran induktif bergerak dari observasi spesifik menuju generalisasi yang lebih luas. Contoh induktif dalam pendidikan bisa dilihat dari pengamatan bahwa siswa yang belajar intensif mendekati ujian seringkali mendapatkan nilai baik, yang dapat dijadikan umum untuk menyimpulkan bahwa belajar menjelang ujian biasanya berdampak positif terhadap hasil belajar. Penelitian yang meneliti efektivitas pendekatan pembelajaran seperti "Problem Based Learning" (PBL) menunjukkan bahwa pendekatan ini mampu meningkatkan kemampuan pemecahan masalah siswa secara keseluruhan (Hutagaol et al., 2025; Munthe et al., 2023).

Ketiga, penalaran abduktif berfungsi untuk mencari penjelasan paling mungkin dari fenomena yang ada, meskipun tidak selalu pasti. Jenis penalaran ini digunakan dalam situasi di mana seseorang harus membuat keputusan cepat, seperti dalam diagnosis medis atau troubleshooting teknis. Misalnya, seorang mahasiswa yang mendapati laptopnya mati mungkin menganggap penyebabnya adalah baterai habis, meskipun kemungkinan ada masalah lain yang lebih mendasar. Penelitian mengenai penerapan penalaran abduktif dalam pendidikan menunjukkan kekuatan metode ini dalam membantu siswa mengatasi masalah secara kreatif dan efektif (Kurniati et al., 2016; Nicomse & Pakpahan, 2022).

Meskipun logika seharusnya menjadi panduan dalam proses berpikir, sering kali faktor psikologis seperti heuristik (jalan pintas kognitif) dan tekanan emosional memengaruhi kemampuan seseorang untuk berpikir logis. Penelitian menunjukkan bahwa orang cenderung lebih memilih keputusan cepat berbasis insting dan pengalaman dibandingkan analisis mendalam, yang sering mengarah pada bias atau kesalahan dalam penalaran (Setiawan et al., 2024; Wulandari, 2020). Selain itu, pengaruh media sosial juga memperburuk keadaan dengan menyajikan informasi yang sering kali polemis dan sensasional, sehingga memengaruhi cara orang berpikir (Suryawan et al., 2023; Munthe et al., 2023). Secara keseluruhan, memahami dan memanfaatkan logika dalam pemecahan masalah bukan hanya dapat meningkatkan kualitas keputusan yang diambil, tetapi juga membentuk pola pikir reflektif yang dibutuhkan dalam menghadapi tantangan di era informasi yang serba cepat ini. Tanpa kemampuan berpikir logis yang terasah, individu bisa terjebak dalam asumsi keliru dan keputusan impulsif yang akan mengakibatkan hasil yang tidak diinginkan.

Jenis-Jenis Penalaran dalam Pemecahan Masalah

Dalam proses pemecahan masalah yang efektif, pemahaman tentang berbagai jenis penalaran deduktif, induktif, abduktif, dan kausal menjadi sangat penting. Setiap bentuk penalaran memiliki fungsi unik, kelebihan, dan batasan yang berkontribusi terhadap kemampuan individu dalam menyelesaikan masalah. Penalaran deduktif berfungsi untuk menarik kesimpulan spesifik dari premis yang umum. Dalam konteks pemecahan masalah, deduksi sangat berguna ketika ada panduan atau aturan yang jelas. Misalnya, di lingkungan organisasi, jika terdapat kebijakan bahwa laporan harus diserahkan pada waktu tertentu, maka seseorang yang tidak mematuhi peraturan tersebut dapat langsung dianggap telah melanggar tanpa perlu analisis panjang. Penalaran deduktif menambah kepastian logis pada keputusan, tetapi sangat terbatas jika premis awal salah Delfiza & Fuadiyah (2024).

Penalaran induktif bergerak dari pengamatan spesifik menuju generalisasi. Proses induktif bermanfaat dalam situasi di mana data tidak lengkap. Misalnya, jika pengamat melihat bahwa siswa yang rajin belajar memiliki nilai yang baik, maka mereka dapat menyimpulkan bahwa belajar teratur dapat berdampak positif meski kesimpulan tersebut bersifat probabilistik. Induksi memungkinkan pemahaman tren yang berharga tetapi tetap berisiko terhadap generalisasi yang tidak akurat jika data yang digunakan kurang representatif (Sari & Fiantika, 2018).

Penalaran abduktif berfokus pada menemukan penjelasan paling mungkin dari fakta yang ada. Misalnya, jika seseorang mendapati bahwa komputer tidak menyala, dugaan awal bisa jadi karena baterai habis. Proses abduktif ideal dalam situasi yang memerlukan keputusan cepat dengan informasi terbatas. Namun, kelemahan dari abduksi adalah kesimpulannya mungkin tidak akurat jika tidak mempertimbangkan semua alternatif yang mungkin (Shodikin, 2014).

Penalaran kausal berkaitan dengan hubungan sebab-akibat dan penting untuk analisis akar masalah. Salah memahami hubungan ini bisa berakibat fatal dalam pengambilan keputusan. Misalnya, keberadaan dua orang yang selalu terlihat bersama tidak selalu berarti mereka memiliki hubungan khusus; bisa jadi hanya karena mereka bekerja di ruang yang sama. Penalaran kausal membantu dalam merencanakan intervensi berdasarkan faktor penyebab ketimbang sekadar gejala, tetapi memerlukan data yang cukup untuk validitas (Shodikin, 2014). Keempat jenis penalaran (deduktif, induktif, abduktif, dan kausal) ini saling melengkapi satu sama lain dalam praktik sehari-hari. Pemecahan masalah yang efektif mencakup kemampuan untuk beralih di antara berbagai bentuk penalaran berdasarkan konteks situasi yang dihadapi. Digunakan dalam kombinasi, mereka mampu menghasilkan proses berpikir yang lebih matang dan sistematis.

Model Sistematis Pemecahan Masalah

Dalam konteks pemecahan masalah, model berpikir yang terstruktur sangat penting untuk memastikan bahwa setiap tahapan dilakukan secara sistematis dan efektif. Struktur ini membantu individu menghindari kesalahan persepsi dan asumsi yang tidak berbasis pada data yang valid. Penjelasan mendalam untuk setiap tahap, seperti identifikasi masalah, pengumpulan informasi, penghasil alternatif solusi, evaluasi alternatif, implementasi, dan evaluasi kembali, sangat relevan dalam membentuk keputusan yang tepat.

Identifikasi Masalah, Identifikasi masalah adalah tahap dasar yang menentukan langkah-langkah selanjutnya. Pada tahap ini, penting untuk membedakan antara gejala dan akar masalah. Misalnya, jika nilai matematika siswa menurun, gejala adalah nilai rendah, tetapi akar masalah bisa jadi metode belajar yang kurang tepat atau kurangnya latihan. Untuk mengidentifikasi masalah dengan lebih baik, pertanyaan analitis digunakan untuk menciptakan rumusan masalah yang jelas, spesifik, dan tidak bias (Nurjannah, 2025). **Mengumpulkan Informasi,** Mengumpulkan informasi yang lengkap dan relevan adalah kunci untuk pengambilan keputusan yang baik. Informasi bisa diperoleh dari berbagai sumber, seperti observasi, wawancara, atau data statistik. Penting untuk memastikan validitas informasi yang dikumpulkan dan menghindari bias konfirmasi, di mana seseorang hanya mencari data yang mendukung asumsi sebelumnya. Dengan data yang akurat, individu dapat menyaring bukti menjadi yang kuat dan perlu diverifikasi (Nurjannah, 2025).

Menghasilkan Alternatif Solusi, Setelah masalah teridentifikasi dengan jelas, tahap selanjutnya adalah menghasilkan alternatif solusi. Metode kreatif seperti brainstorming dan mind mapping dapat digunakan untuk mendapatkan berbagai ide tanpa segera menilai. Contohnya, jika motivasi belajar siswa rendah, alternatif solusi bisa berupa penjadwalan belajar yang baru atau metode pembelajaran berbasis proyek. Pengumpulan sebanyak mungkin ide menjadi krusial sebelum melakukan evaluasi (Nurjannah, 2025). **Mengevaluasi Alternatif Solusi**, Selanjutnya, evaluasi alternatif solusi dilakukan berdasarkan kriteria objektif seperti efektivitas, efisiensi, dampak jangka panjang, dan risiko. Metode evaluasi dapat meliputi matriks keputusan dan analisis SWOT untuk mendapatkan solusi terbaik yang sejalan dengan akar masalah (Nurjannah, 2025). **Implementasi Solusi**, Setelah solusi dipilih, perlu ada rencana aksi yang mencakup tujuan, langkah-langkah rinci, dan pembagian tugas. Memantau implementasi menjadi penting untuk menilai apakah solusi berjalan seperti yang diharapkan. Selain itu, manajemen risiko harus diadakan untuk mempersiapkan kemungkinan hambatan yang terjadi saat implementasi berjalan (Nurjannah, 2025).

Evaluasi, Akhirnya, evaluasi dilakukan untuk memastikan solusi yang diterapkan benar-benar efektif. Indikator evaluasi bisa mencakup perubahan hasil dan perilaku. Jika solusi belum berhasil, perlu ada penyesuaian atau bahkan pengulangan pada beberapa langkah sebelumnya untuk menemukan alternatif solusi baru yang lebih baik (Nurjannah, 2025).

Model berpikir yang terstruktur dalam pemecahan masalah ini menunjukkan bahwa setiap langkah harus dilakukan dengan perhatian khusus untuk mencapai hasil yang optimal, sesuai dengan konteks yang ada.

Hambatan Kognitif dalam Pemecahan Masalah

Dalam proses berpikir, individu sering kali tidak bersifat logis dan terpengaruh oleh berbagai hambatan kognitif yang dapat mengganggu objektivitas dan akurasi pemecahan masalah. Untuk meningkatkan kualitas pengambilan keputusan, penting untuk mengenali dan memahami hambatan-hambatan seperti bias konfirmasi, overconfidence, simplifikasi berlebihan, dan heuristik ketersediaan. Berikut adalah penjelasan mengenai hambatan-hambatan kognitif ini dan pentingnya kesadaran terhadapnya.

Bias Konfirmasi, Bias konfirmasi adalah kecenderungan untuk mencari dan mengandalkan informasi yang mendukung keyakinan yang sudah ada, sementara mengabaikan bukti yang bertentangan. Dalam konteks pemecahan masalah, hal ini dapat mengakibatkan analisis yang tidak komprehensif. Penelitian menunjukkan bahwa bias konfirmasi dapat berdampak signifikan pada pengambilan keputusan dalam berbagai konteks; individu lebih cenderung mempertahankan pendapat mereka tanpa mempertimbangkan pandangan alternatif. **Overconfidence,** Overconfidence merupakan kecenderungan untuk melebih-lebihkan kemampuan atau pengetahuan diri. Hal ini sering mengarah pada keputusan yang kurang tepat karena individu merasa tidak perlu untuk memverifikasi informasi atau berkonsultasi dengan orang lain. Penelitian menunjukkan bahwa overconfidence dapat menyebabkan kelalaian dalam analisis data dan pengambilan keputusan, yang berpotensi mengarah pada kesalahan serius, terutama dalam konteks akademis dan professional.

Simplifikasi Berlebihan, Simplifikasi berlebihan terjadi ketika individu menyederhanakan masalah kompleks menjadi satu penyebab tunggal, tanpa mempertimbangkan faktor-faktor lain yang mungkin berkontribusi. Hal ini dapat mengakibatkan pemahaman yang salah tentang situasi yang dihadapi. Dalam konteks pendidikan, menganggap penurunan prestasi belajar hanya disebabkan oleh "malas" saja tanpa mempertimbangkan aspek lain seperti metode pengajaran atau lingkungan belajar dapat mengarah pada solusi yang tidak efektif.**Heuristik Ketersediaan,** Heuristik ketersediaan adalah penilaian yang dibuat berdasarkan informasi yang mudah diingat, sering kali karena bersifat emosional atau mencolok. Contohnya, seseorang mungkin menganggap bahwa pesawat sangat berbahaya karena sering melihat berita tentang kecelakaan pesawat, padahal data statistik menunjukkan bahwa penerbangan jauh lebih aman dibandingkan dengan berkendara. Penelitian mengungkapkan bahwa heuristik ketersediaan dapat memengaruhi keputusan dalam beragam situasi, mulai dari pilihan investasi hingga perilaku konsumen Nariswari, 2024).

Pentingnya Kesadaran terhadap Hambatan Kognitif

Dengan menyadari keberadaan bias dan hambatan tersebut, individu dapat mengembangkan pola pikir yang lebih reflektif dan kritis. Melatih diri untuk mempertanyakan asumsi dan membuka diri terhadap data yang bertentangan adalah langkah penting dalam mencapai solusi yang lebih akurat dan efektif. Kesadaran kognitif tidak hanya meningkatkan kualitas keputusan tetapi juga memperkuat proses pemecahan masalah secara keseluruhan.

KESIMPULAN

Pemahaman mengenai logika, penalaran sistematis, dan kemampuan mengidentifikasi kesesatan berpikir seperti argumentum ad hominem merupakan fondasi penting dalam membangun kualitas pemikiran kritis di lingkungan akademik maupun dalam kehidupan sehari-hari. Sepanjang pembahasan ini dijelaskan bahwa ad hominem adalah serangan yang ditujukan kepada pribadi, bukan pada argumen. Kesalahan berpikir ini memiliki berbagai bentu dari menyerang karakter, pengalaman, hingga latar belakang seseorang dan semuanya menghasilkan dampak negatif bagi proses pencarian kebenaran. Dengan memahami hakikat logika, jenis-jenis penalaran seperti deduksi, induksi, dan abduksi, serta model pemecahan masalah yang sistematis, pembaca memperoleh gambaran yang lebih luas tentang bagaimana cara berpikir yang benar dapat memperkuat kualitas argumentasi dan keputusan.

Di samping itu, pembahasan juga menekankan pentingnya kemampuan untuk mengenali dan melawan ad hominem. Kesadaran ini mencegah seseorang terjebak dalam perdebatan emosional yang tidak produktif. Strategi seperti menamai kesesatannya, mengarahkan kembali diskusi, dan menjelaskan ketidakrelevanannya merupakan langkah praktis yang membantu menjaga integritas dialog. Dengan demikian, poin kuncinya adalah bahwa argumen harus dievaluasi berdasarkan bukti, logika, dan koherensi, bukan berdasarkan siapa yang menyampaikan gagasan tersebut.

Menegaskan kembali tesis utama dari pembahasan ini, kedisiplinan intelektual adalah elemen yang sangat esensial dalam berpikir kritis. Memisahkan antara pembicara dan argumennya bukan hanya soal teknik berpikir, tetapi juga bentuk etika akademik. Kesadaran untuk memisahkan keduanya menunjukkan kematangan berpikir dan komitmen terhadap kebenaran. Seorang pemikir kritis tidak membiarkan bias personal, prasangka, atau serangan emosional mengaburkan penilaiannya terhadap suatu gagasan. Sebagai penutup, pembaca diajak untuk merefleksikan kebiasaan berargumentasi mereka sendiri. Apakah selama ini kita menilai ide berdasarkan kualitasnya atau berdasarkan siapa yang menyampaikannya? Apakah kita pernah secara sadar atau tidak menggunakan serangan personal ketika menghadapi argumen yang tidak kita setujui? Pertanyaan-pertanyaan ini penting untuk membantu membangun kesadaran diri.

Pada akhirnya, setiap individu memiliki tanggung jawab moral untuk menciptakan budaya diskusi yang lebih sehat, rasional, dan etis. Menjadi agen perubahan berarti berani menolak serangan personal dan menjaga percakapan tetap berada pada jalur substantif. Menjadi seorang pemikir kritis berarti memiliki keberanian untuk menilai sebuah gagasan berdasarkan kekuatannya sendiri, bukan berdasarkan atribut pribadi pembicaranya. Dengan prinsip ini, kita dapat membangun ruang dialog yang lebih bijaksana dan berorientasi pada pencarian kebenaran. Selain itu, penting disadari bahwa kemampuan berpikir logis dan menolak kesesatan ad hominem bukan hanya berguna dalam konteks akademik, tetapi juga dalam kehidupan profesional dan sosial. Di era informasi yang sangat cepat, diskusi publik sering dipenuhi opini impulsif, debat emosional, dan penilaian yang didasarkan pada identitas, bukan argumen. Oleh karena itu, setiap individu perlu memperkuat ketahanan berpikir agar tidak mudah terpengaruh oleh serangan personal yang menyesatkan. Membangun kemampuan ini bukan proses instan, melainkan latihan berkelanjutan yang melibatkan refleksi diri, evaluasi argumen secara objektif, dan kemauan untuk terus belajar. Dengan komitmen tersebut, masyarakat dapat berkembang menuju kultur dialog yang lebih matang dan berbasis nalar.

BAB 32
MEMBACA KRITIS: TEKNIK MENGIDENTIFIKASI PREMIS DAN KESIMPULAN DALAM TEKS AKADEMIK

PENDAHULUAN

Membaca kritis merupakan keterampilan yang esensial dalam lingkungan akademik, dimana siswa dan pendidik harus mampu menganalisis teks ilmiah dengan cara yang lebih mendalam daripada sekadar memahami isi secara permukaan. Proses membaca kritis melibatkan kemampuan untuk mengidentifikasi dan mendengarkan argumen yang terdapat dalam teks, termasuk mengetahui posisi penulis melalui premis yang ada serta kesimpulan yang diambil. Dalam konteks ini, D'Agostino dan Modgil mengemukakan pentingnya pendekatan struktural dalam memahami argumen, di mana argumen yang dibangun berlandaskan pada aturan inferensi yang ketat dan premis yang mendasarinya (D'Agostino and Modgil 2018). Hal ini menunjukkan bahwa untuk memahami argumen secara menyeluruh, pembaca perlu sepenuhnya menyadari bagaimana premis-logis berfungsi mengarahkan pada kesimpulan.

Selanjutnya, dalam praktiknya, kemampuan untuk menilai dan mengidentifikasi premis serta kesimpulan sering kali terhalang oleh kompleksitas bahasa yang digunakan dalam teks akademik. Morris menyatakan bahwa terdapat elemen-elemen tertentu dalam menilai argumen yang berperan penting, dan kompetensi ini pada pasangan berkontribusi terhadap kemampuan membedakan antara bentuk-bentuk argumen yang logis dan non-logis (Morris 2000). Selain itu, penggunaan istilah teknis dan kalimat yang bersifat berlapis meningkatkan kesulitan bagi pembaca untuk segera menangkap hubungan logistik antarpernyataan. Temuan dari Ghasemi dkk. menunjukkan bahwa struktur logistik yang berlaku dalam argumen yang valid cenderung lebih mudah diterima oleh pembaca dibandingkan yang tidak valid; ini menggarisbawahi perlunya latar belakang pengetahuan untuk cepat mengenali serta menganalisis argumen yang disajikan.

Selain itu, praktik membaca kritis juga melibatkan keterampilan pengembangan untuk mengatasi kesimpulan yang tidak selalu dinyatakan secara eksplisit. Artikel yang dikemukakan oleh Besnard dan Hunter menyatakan bahwa pemahaman yang baik terhadap bagaimana argumen dibangun melalui pemodelan grafis argumen sangat penting, karena ini membantu pembaca dalam visualisasi struktural dari argumen tersebut dan memperjelas hubungan antara premis dan kesimpulan yang diambil (Besnard and Hunter 2014). Di sisi lain, pengaruh konteks juga tidak boleh diabaikan, di mana rinciannya dapat mengubah cara argumen dipahami dan diterima, sebagaimana dijelaskan oleh Rinott dkk. yang mengembangkan metode untuk mendeteksi bukti tergantung konteks.

Pada akhirnya, keterampilan membaca kritis bukan sekadar memahami apa yang tertulis di halaman, tetapi melibatkan penalaran yang sistematis, refleksi mendalam, serta penilaian argumen yang ditampilkan. Dengan adanya dukungan dari penelitian yang mengedukasi mengenai kompleksitas argumen dan cara penanganannya, seperti yang dibahas oleh Groza dan Popa mengenai format argumen (Groza and Popa 2016).yang mengeksplorasi metode pengumpulan argumen yang efektif dari sumber yang beragam, kita dapat menyimpulkan bahwa teknik membaca kritis sangat penting dalam membantu pembaca menyusun pemahaman yang utuh tentang argumen, serta menghindari kesalahan penafsiran yang dapat merusak pembelajaran.

Kemampuan untuk mengidentifikasi premis dan kesimpulan dalam teks akademik adalah keterampilan yang sangat penting, baik untuk analisis kritis maupun untuk pengembangan argumen yang kuat. Premis berfungsi sebagai dasar untuk mendukung suatu kesimpulan, dan pemahaman tentang hubungan antara keduanya dapat meningkatkan kualitas berpikir kritis seseorang. Dalam konteks pendidikan tinggi, keterampilan ini sangat berkaitan dengan penulisan karya ilmiah dan keterlibatan dalam diskusi akademis. Penelitian menunjukkan bahwa berpikir kritis berperan besar dalam meningkatkan keterampilan membaca dan menganalisis informasi, terutama dalam konteks pembelajaran bahasa (Prancisca et al. 2024).

Premis dan kesimpulan tidak hanya muncul dalam argumen sederhana tetapi juga dalam format yang lebih kompleks, seperti fatwa dan pernyataan resmi (Ridwan, Hadi, and Ma'ruf 2024). Dalam konteks pendidikan, metode untuk membantu siswa dalam mengidentifikasi premis dan kesimpulan sangat diperlukan. Misalnya, penelitian yang meneliti model ajar membaca kritis menunjukkan bahwa pendekatan yang efektif dapat meningkatkan kemampuan siswa dalam menganalisis secara teks kritis dan membedakan informasi yang faktual dari yang asumtif. Oleh karena itu, keterampilan membaca kritis diharapkan tidak hanya menjadi tujuan akademis, tetapi juga bagian integral dari pengalaman belajar yang komprehensif.

Salah satu teknik penting dalam membaca kritis adalah kemampuan mengenali penanda argumen bahasa, yang dapat membantu pembaca untuk memahami konteks dan tujuan dari suatu teks (Rosadi and Utama 2024). Penanda bahasa ini, seperti kata-kata yang menunjukkan konsesi atau penegasan, memungkinkan pembaca untuk mengikuti alur argumentasi secara lebih efektif. Selain itu, memahami konten paragraf dan menelusuri hubungan logistik antaride akan semakin memperkuat kemampuan kritis pembaca. Dengan menguasai teknik ini, pembaca dapat lebih baik mendengarkan validitas argumen yang disajikan serta memperkuat kemampuan berpikir kritis yang diperlukan untuk berpartisipasi dalam diskusi akademis secara konstruktif.Oleh karena itu, membangun kemampuan untuk menganalisis premis dan kesimpulan secara kritis tidak hanya penting bagi pembaca untuk memahami teks, tetapi juga akan meningkatkan kemampuan mereka untuk berpikir secara reflektif dan argumentatif. Hal ini dengan jelas menunjukkan bahwa membaca kritis adalah keterampilan yang harus dilatih dan dimiliki secara berkelanjutan oleh siswa di era pendidikan tinggi, di mana analisis dan sintesis informasi menjadi semakin kompleks.

PEMBAHASAN

Rendahnya kemampuan membaca kritis di kalangan siswa merupakan persoalan yang sangat penting dalam pendidikan tinggi yang berimplikasi terhadap pemikiran kritis mereka. Banyak siswa hanya memahami teks secara literal tanpa struktur argumen yang terkandung di dalamnya. Penelitian menunjukkan bahwa pergeseran dari pendidikan menengah ke pendidikan tinggi seringkali disertai tantangan yang lebih besar dalam hal jumlah bacaan dan ekspektasi pemikiran kritis, dengan siswa baru mengalami peningkatan beban kerja dan harapan yang lebih tinggi terkait pemikiran kritis (Cameron 2005). Hal ini menciptakan kondisi di mana siswa berpartisipasi secara pasif dalam proses pembelajaran, yang pada gilirannya merusak kemampuan mereka untuk menganalisis dan menganalisis argumen yang mereka temui.

Karakteristik teks yang kompleks, yang seringkali mengandung istilah-istilah teknis dan struktur kalimat yang panjang, juga menyulitkan siswa dalam menangkap makna mendalam secara mendalam (Sahão 2021). mempengaruhi ini mempengaruhi perilaku membaca mereka, di mana siswa sering kali lebih fokus pada pemahaman istilah atau permukaan teks, tanpa menyadari hubungan logistik antara premis dan kesimpulan dalam argumen. Oleh karena itu, penting untuk mengembangkan keterampilan membaca kritis yang tidak hanya memfasilitasi pemahaman isi teks tetapi juga meningkatkan kemampuan siswa dalam mentransmisikan informasi dengan analisis yang tajam.

Keterampilan berpikir kritis sangat penting dalam konteks membaca ilmiah, di mana siswa harus dapat menilai kualitas dan validitas argumen yang disajikan. Penelitian menunjukkan bahwa peningkatan kemampuan berpikir kritis dapat dicapai melalui berbagai pendekatan pembelajaran aktif yang mendorong kolaborasi dan diskusi ilmiah (Agriss et al. 2013). Metode seperti Collaborative Learning dan konteks pembelajaran berbasis budaya dapat meningkatkan pemahaman dan keterlibatan siswa dalam proses belajar. Dengan demikian, pengalaman membaca yang lebih efektif dapat membantu siswa untuk mengembangkan pemikiran kritis yang lebih dalam, terutama saat mengkaji teks-teks akademik.

Lebih jauh lagi, literasi akademik di kalangan pelajar termasuk kemampuan untuk menyimpulkan informasi yang relevan dari teks yang dibaca dan diterapkan dalam situasi konkret. Hal ini tidak hanya penting untuk keberhasilan akademis, tetapi juga untuk mempersiapkan mahasiswa agar dapat berpartisipasi aktif dalam masyarakat yang semakin kompleks (Dian et al. 2024). Dengan demikian, penting bagi institusi pendidikan untuk merumuskan program-program yang menyediakan pelatihan literasi akademik yang mampu bagi siswa, agar mereka dapat menguasai keterampilan membaca kritis yang akan berguna sepanjang hidup mereka. Dalam konteks interaksi siswa dengan teks ilmiah, fenomena bacaan deskriptif yang diakui sebagai tantangan signifikan dalam pengembangan keterampilan berpikir kritis. Mahasiswa cenderung berperan sebagai pembaca pasif yang hanya merangkum atau mengutip pendapat penulis tanpa analisis kritis. Hal ini mengakibatkan kesulitan dalam membedakan antara premis dan kesimpulan, yang merupakan bagian penting dari penalaran ilmiah yang logis. Penelitian menunjukkan bahwa melalui teknik membaca kritis, siswa dapat meningkatkan kemampuan mereka dalam menilai struktur argumen dan keterkaitan antaride, serta menemukan variasi dalam argumen yang disajikan.

Urgensi pemahaman konsep pembacaan kritis terletak pada kemampuan untuk membenahi kekurangan ini. Dengan membaca kritis, siswa tidak hanya mengetahui isi teks, tetapi juga dilatih untuk menganalisis argumen yang disampaikan, meneliti asumsi yang mendasari, dan mengembangkan argumen tandingan yang logis. Ini sangat penting karena teks akademik berfungsi sebagai arena dialog intelektual yang penuh dengan klaim, alasan, dan bukti yang saling berkaitan. Penelitian menunjukkan bahwa metode seperti SQ3R dan model pembelajaran berbasis literasi kritis dapat meningkatkan kemampuan siswa dalam memahami dan menganalisis teks dengan lebih mendalam. Dengan fokus pada pembacaan kritis, mahasiswa tidak hanya menjadi konsumen informasi belaka, tetapi juga berfungsi sebagai kontributor aktif dalam diskusi. Kemampuan untuk mengidentifikasi premis dan kesimpulan dengan tepat adalah elemen kunci dalam penelitian akademik, dan ketidakmampuan untuk melakukan hal ini dapat menyebabkan penerimaan argumen yang tidak kritis, sehingga membatasi kemampuan mereka untuk berargumen dengan objektivitas dan logika. Oleh karena itu, program pengembangan keterampilan membaca kritis harus menjadi prioritas dalam kurikulum pendidikan tinggi untuk mendukung pembelajaran yang lebih aktif dan analitis di kalangan siswa.

Membaca kritis merupakan kompetensi yang sangat penting dalam konteks akademik, khususnya dalam penulisan ilmiah, diskusi partisipasi, dan pelaksanaan penelitian. Dalam penulisan ilmiah, kemampuan untuk mengidentifikasi premis dan kesimpulan sangat mendasar bagi siswa untuk menyusun argumen yang sistematis dan koheren. Penelitian oleh Wijayati dan Lestari menunjukkan bahwa evaluasi yang kritis terhadap sumber-sumber dapat meningkatkan kualitas penulisan tesis, khususnya dengan mempertimbangkan kredibilitas dan validitas sumber. Selain itu, Bodrick dkk. Tekanan bahwa argumen konstruksi yang tidak hanya didasarkan pada klaim, tetapi juga harus didukung dengan bukti dan penalaran yang kuat, sangat penting untuk dialog akademik. Ini menunjukkan bahwa pembelajaran tentang cara menyusun argumen yang baik melalui latihan praktik dapat membantu siswa menyampaikan pendapat mereka dengan lebih argumentative.

Mengidentifikasi premis dalam teks akademik adalah langkah krusial dalam keterampilan membaca kritis. Pembaca yang terampil dapat membedakan antara kalimat yang menjelaskan dan kalimat yang mendukung klaim, di mana kalimat yang memiliki fungsi pendukung sering kali merupakan definisi, penjelasan teoritis, atau hasil penelitian. Pemahaman yang baik mengenai struktur argumen dalam teks akademik sangat membantu dalam menilai validitas dan kekuatan argumen tersebut. Pentingnya mengenali premis dalam sebuah argumen yang dicontohkan pada penggunaan kata kunci argumentatif yang menunjukkan hubungan sebab dan akibat. Kata-kata seperti "karena", "berdasarkan", dan "oleh sebab itu" umumnya digunakan untuk memperkenalkan premis. Penelitian menunjukkan bahwa perhatian terhadap petunjuk-petunjuk linguistik ini dapat membantu pembaca bagian-bagian yang berfungsi sebagai alasan pendukung dalam teks. Namun, tidak semua premis dinyatakan secara eksplisit; beberapa premis terimplikasi dalam penjelasan yang lebih kompleks, yang memerlukan pemahaman kontekstual. Oleh karena itu, pembaca perlu memiliki keterampilan analitis untuk menggali makna yang mendalam dari informasi yang disajikan.

Dalam konteks akademis, premis yang kuat sering kali dihasilkan melalui penggunaan data empiris, contoh konkret, dan referensi teori atau penelitian sebelumnya. Penelitian menunjukkan bahwa data statistik dan kutipan dari ahli berfungsi untuk memperkuat argumen, menjadikannya lebih kredibel dan mendukung kesimpulan yang dibuat. serupa ditunjukkan dalam suatu artikel, referensi berkualitas tidak hanya mendukung klaim tetapi juga meningkatkan pemahaman pembaca terhadap topik yang dibahas. Dengan demikian, analisis terhadap fungsi data, contoh, dan referensi penting untuk membedakan antara informasi yang berperan sebagai premis dan sekadar ilustrasi tambahan dalam argumen akademik.Membaca kritis, dengan demikian, tidak hanya memberikan pembaca pada pemahaman terhadap isi teks, tetapi juga pada kemampuan untuk memancarkan kekuatan dan validitas argumen secara mendalam. Proses ini mencakup pengenalan terhadap premis dan cara penulis membangun argumennya secara sistematik, sehingga pembaca dapat menghargai nilai akademik yang dihasilkan melalui tulisan tersebut.

KESIMPULAN

Membaca kritis merupakan keterampilan intelektual yang sangat penting dalam konteks akademik, terutama dalam menghadapi teks ilmiah yang bersifat argumentatif dan kompleks. Kemampuan ini tidak hanya menuntut pemahaman terhadap isi teks, tetapi juga menekankan analisis terhadap struktur argumen yang dibangun penulis. Identifikasi premis dan kesimpulan menjadi inti dari membaca kritis karena kedua unsur tersebut menentukan keutuhan dan kekuatan suatu argumen. Rendahnya kemampuan membaca kritis di kalangan mahasiswa menunjukkan bahwa aktivitas membaca masih sering dilakukan secara deskriptif dan pasif, sehingga mahasiswa kurang mampu menilai validitas serta relevansi argumen yang disajikan dalam teks akademik.

Urgensi membaca kritis semakin jelas karena keterampilan ini merupakan bagian dari kemampuan berpikir tingkat tinggi yang berperan penting dalam memahami, mengevaluasi, dan mengembangkan argumen ilmiah. Melalui membaca kritis, mahasiswa dapat membedakan antara pernyataan pendukung dan klaim utama, menilai hubungan logis antaride, serta menghindari penerimaan informasi secara dogmatis. Kemampuan ini menjadi fondasi dalam berbagai aktivitas akademik, seperti penulisan karya ilmiah, diskusi akademik, dan penelitian, yang semuanya menuntut penalaran logis dan argumentasi yang kuat.

Dengan demikian, penguasaan teknik mengidentifikasi premis dan kesimpulan perlu dilatih secara sadar dan berkelanjutan. Melalui penerapan teknik membaca kritis, mahasiswa diharapkan mampu bertransformasi menjadi pembaca aktif yang analitis, reflektif, dan objektif. Pada akhirnya, membaca kritis tidak hanya meningkatkan kualitas pemahaman teks akademik, tetapi juga berkontribusi signifikan dalam pengembangan literasi akademik dan kemampuan berpikir kritis di lingkungan pendidikan tinggi.

DAFTAR PUSTAKA

Adhikari, H. R., & Joshi, Y. C. (2024). Instruction in Information Literacy and Its Function in Fostering Critical Thinking Abilities. *Eatp*. https://doi.org/10.53555/kuey.v30i5.3305

Amanda, R. R., Syahidin, S., Nazhan, F. A., & Muzakki, R. F. S. (2024). Analisis Model Pembelajaran Yurisprudensi Dengan Strategi Debat Dalam Membangun Kemampuan Argumentatif Siswa. *Idaarah Jurnal Manajemen Pendidikan*, *8*(2), 316–327. https://doi.org/10.24252/idaarah.v8i2.52063

Asfiyah, S. (2021). Implementasi Penilaian Berbasis High Order Thinking Skills dalam Meningkatkan Kemampuan Berpikir Kritis dan Kreatif pada Mata Pelajaran PAI dan Budi Pekerti. *Quality*, *9*(1), 103. https://doi.org/10.21043/quality.v9i1.10136

Cintamulya, I., Mawartiningsih, L., & Warli, W. (2023). The Effect of Optimizing Digital and Information Literacy in Writing Scientific Articles on Students' Critical Thinking Skills. *Al-Ishlah Jurnal Pendidikan*, *15*(2), 1987–1998. https://doi.org/10.35445/alishlah.v15i2.3062

Debrenti, E., & Bordás, A. (2023). Basic Logical Operation Skills and Logical Reasoning Competences of University Students in a Western Region of Romania. *Frontiers in Education*. https://doi.org/10.3389/feduc.2023.1273602

Dinihari, Y., Rahmat, A., & Rohman, S. (2023). Filsafat Dan Ilmu Pengetahuan Dalam Pembelajaran Bahasa Indonesia Berbasis Web. *Kibar*, 148–161. https://doi.org/10.30998/kibar.27-10-2022.6309

Ekasari, A., Algiranto, A., & Silubun, H. C. A. (2023). Analisis Kesalahan Mahasiswa Dalam Menyelesaikan Permasalahan Tipe Higher Order Thinking Skill (Hots) Pada Mata Kuliah Fisika Modern. *Jurnal Pendidikan Fisika*, *12*(2), 204. https://doi.org/10.24114/jpf.v12i2.51594

Erdiansyah, I., Lestamanta, N. H., & Etikasari, B. (2022). Teknik Pengendalian Hama Penyakit Okra Menggunakan Forward Chaining Dan Certainty Factor Method. *Techno Com*, *21*(3), 400–410. https://doi.org/10.33633/tc.v21i3.6444

Fazira, S. K., Jatmiko, D. D. H., Afifah, N., Angrenani, A. B., Firmansyah, F. F., & Mutammam, M. B. (2025). Penalaran Matematis Mahasiswa Dalam Konteks Logika Fuzzy: Studi Terhadap Keluaran Mini Riset Mahasiswa. *Jurnal Cendekia Jurnal Pendidikan Matematika*, *9*(2), 1017–1027. https://doi.org/10.31004/cendekia.v9i2.4334

Hafizhah, M., & Zein, A. (2024). الجدال مهارة تطوير فى المنطق علم دور. *Tadris*, *12*(1), 337–359. https://doi.org/10.21274/tadris.2024.12.1.337-359

Hendri, Z. (2024). Peran Logika Dan Penalaran Ilmiah Mahasiswa Studi Kasus : Mahasiswa S1 Manajemen Angaktan Tahun Fakultas Ekonomi Universitas Negeri Jakarta. *Jca*, *1*(4), 1447–1457. https://doi.org/10.70182/jca.v1i4.34

Ishak, S. (2023). Logika Dan Penalaran Dalam Ilmu Hukum Dan Ilmu Hukum Islam. *Jurnal Al-Mizan*, *10*(1), 13–26. https://doi.org/10.54621/jiam.v10i1.581

Kamarudin. (2022). Konsep Dan Implementasi Prototype Sistem Informasi Smart Campus Dalam Peningkatan Mutu Pendidikan Tinggi. *Jurnal Fasilkom*, *12*(2), 105–111. https://doi.org/10.37859/jf.v12i2.3888

Karim, A. (2022). Analisis Bibliometrik Menggunakan Vosviewer Terhadap Trend Riset Matematika Terapan Di Google Scholar. *Jurnal Riset Pendidikan Matematika Jakarta*, *3*(2), 23–33. https://doi.org/10.21009/jrpmj.v3i2.22264

Marshall, D. A., & Meins, E. (2025). Probability Errors in Children's Judgements About the Likelihood of Social Characteristics. *Developmental Psychology*, *61*(6), 1063–1077. https://doi.org/10.1037/dev0001815

Nesi, A., Subyantoro, S., & Pristiwati, R. (2022). Variasi Argumen Saksi Dalam Pembelajaran Menulis Ilmiah Bagi Mahasiswa. *Fon Jurnal Pendidikan Bahasa Dan Sastra Indonesia*, *18*(1), 36–46. https://doi.org/10.25134/fon.v18i1.4739

Pratiwi, S. A., Peni, N. R. N., & Prabowo, A. (2024). Study on Literacy Numeracy Towards Students' Logic Mathematics: A Literature Review. *Numeracy Journal, 11*(1), 58–69. https://doi.org/10.46244/numeracy.v11i1.2601

Purpura, D. J., O'Rear, C. D., Ellis, A., Logan, J. A. R., Westerberg, L., Ehrman, P., King, Y. A., Nordgren, I., Anderson, K., Cosso, J., Zippert, E. L., Napoli, A. R., Hornburg, C. B., Schmitt, S. A., & Dobbs-Oates, J. (2024). Unique and Combined Effects of Quantitative Mathematical Language and Numeracy Instruction Within a Picture Book Intervention: A Registered Report. *Journal of Educational Psychology, 116*(1), 1–19. https://doi.org/10.1037/edu0000820

Qirani, M., Wati, R., Astuti, S. D., Annur, S., & Sya'ban, M. F. (2023). Analisis Bibliometrik Keterampilan Berpikir Kritis Siswa Pada Pembelajaran Ipa SMP Menggunakan Aplikasi Vosviewer. *Physics and Science Education Journal (Psej)*, 135–141. https://doi.org/10.30631/psej.v3i3.2159

Rohman, F., & Kusaeri, K. (2021). Penilaian Kemampuan Berpikir Kritis Dalam Pembelajaran Fikih Dengan Watson-Glaser Critical Thinking Appraisal (WGCTA). *Edukasi Jurnal Penelitian Pendidikan Agama Dan Keagamaan, 19*(3), 333–345. https://doi.org/10.32729/edukasi.v19i3.874

Sari, R. N., & Yusnita, Y. (2018). Praktikalitas Dan Efektivitas Modul Logika Matematika Berbasis Problem Based Learning (PBL). *Edumatica | Jurnal Pendidikan Matematika, 8*(2), 35–44. https://doi.org/10.22437/edumatica.v8i2.5540

Sitepu, M. E. B., & Albina, M. (2025). Mengenal Logika. *Ces, 3*(1). https://doi.org/10.62145/ces.v3i1.128

Suarniati, N. W. (2024). Implementasi Keterampilam Berpikir Kritis Dalam Perencanaan Pembelajaran Di Era Pendidikan 4.0. *Educational Jurnal Inovasi Pendidikan & Pengajaran, 4*(4), 313–322. https://doi.org/10.51878/educational.v4i4.3563

Supriyanti, S., Permanasari, A., & Khoerunnisa, F. (2020). Correlation Between Information Literacy and Critical Thinking Enhancement Through PjBL-Information Literacy Learning Model. *Journal of Educational Sciences, 4*(4), 774. https://doi.org/10.31258/jes.4.4.p.774-784

Zhuang, T., Liu, B., & Ding, R. (2022). University Insiders' Perceptions of Doctoral Education Development in Five East and Southeast Asian Countries: An Institutional Logics Perspective. *European Journal of Education, 57*(3), 469–483. https://doi.org/10.1111/ejed.12516

Agustin, K. E., Triana, N., & Nasrullah, N. (2024). Logical Fallacy in Speakers' Arguments: What Do We Learn From Final Round Debate of NUDC. *Journal of English Teaching Applied Linguistics and Literatures (Jetall)*. https://doi.org/10.20527/jetall.v7i2.20713

Andreasen, T., Bulskov, H., Jensen, P. A., & Nilsson, J. F. (2017). *Pathway Computation in Models Derived From Bio-Science Text Sources*. https://doi.org/10.1007/978-3-319-60438-1_42

Andreasen, T., Bulskov, H., & Nilsson, J. F. (2020). *A Natural Logic System for Large Knowledge Bases*. https://doi.org/10.3233/faia200824

Bronkhorst, H., Roorda, G., Suhre, C., & Goedhart, M. (2019). Logical Reasoning in Formal and Everyday Reasoning Tasks. *International Journal of Science and Mathematics Education*. https://doi.org/10.1007/s10763-019-10039-8

Ciardelli, I., Groenendijk, J., & Roelofsen, F. (2018). *Inquisitive Semantics*. https://doi.org/10.1093/oso/9780198814788.001.0001

Daugulis, P. (2013). *On Coordinatization of Mathematics*. https://doi.org/10.48550/arxiv.1306.0520

Debrenti, E., & Bordás, A. (2023). Basic Logical Operation Skills and Logical Reasoning Competences of University Students in a Western Region of Romania. *Frontiers in Education*. https://doi.org/10.3389/feduc.2023.1273602

Deng, S., Guan, S., Wang, H., Huang, Z.-K., & Li, M. (2021). Formalizing Rough Sets Using a New Noncontingency Axiomatic System. *International Journal of Intelligent Systems*. https://doi.org/10.1002/int.22719

Faishol Ali, M. Z., Faridi, A., & Sakhiyya, Z. (2020). Performance of Critical Thinking and Existence of Logical Fallacies in Indonesian Varsity English Debate 2020 in Jakarta. *International Journal of Research and Studies Publishing*. https://doi.org/10.29322/ijsrp.11.01.2021.p10980

Ghasemi, O., Handley, S. J., & Stephens, R. (2025). Logical Intuitions or Matching Heuristics? Examining the Effect of Deduction Training on Belief-Based Reasoning Judgments. *Memory \& Cognition*. https://doi.org/10.3758/s13421-025-01710-3

Guo, D., & Yu, W. (2023). A Comprehensive Formalization of Propositional Logic in Coq: Deduction Systems, Meta-Theorems, and Automation Tactics. *Mathematics*. https://doi.org/10.3390/math11112504

K. Lunggito, C. N., Aditomo, A., & Siaputra, I. B. (2015). Argument Evaluation Test for Critical Thinking Ability Assessment: A Preliminary Study. *Anima Indonesian Psychological Journal*. https://doi.org/10.24123/aipj.v30i2.540

Kakas, A. (2019). Informalizing Formal Logic. *Informal Logic*. https://doi.org/10.22329/il.v39i2.5169

Kim, S. W., & Chung, C. (2007). *Rough Set Based Information Retrieval From Argumentative Data Points in Weblogs*. https://doi.org/10.1109/fbit.2007.87

Markovits, H., & Doyon, C. (2010). Using Analogy to Improve Abstract Conditional Reasoning in Adolescents: Not as Easy as It Looks. *European Journal of Psychology of Education*. https://doi.org/10.1007/s10212-010-0054-1

Salto, F., Hernández, C. R., Merino, P. Á., Antón-Toro, L. F., & Maestú, F. (2021). Brain Electrical Traits of Logical Validity. *Scientific Reports*. https://doi.org/10.1038/s41598-021-87191-1

Bueno, O., & Colyvan, M. (2004). *Logical Non-Apriorism and the 'Law' of Non-Contradiction*. 156–175. https://doi.org/10.1093/acprof:oso/9780199265176.003.0010

Burhan, O. K., Nauly, M., Purba, R. M., Sinulingga, R. F., & Irmawati, I. (2022). Universal-Diverse Orientation Promotes Congruent Ethnic and National Identities: A Preliminary Research Note. *Anima Indonesian Psychological Journal*, *37*(2), 202–216. https://doi.org/10.24123/aipj.v37i2.4655

Butyrin, A., Stativa, E., & Manukhina, O. (2021). Eight Laws of Logic for the Forensic Construction Expert. *Theory and Practice of Forensic Science*, *16*(1), 19–32. https://doi.org/10.30764/1819-2785-2021-1-19-32

Coetzee, J. P., Johnson, M., Lee, Y., Wu, A. D., Iacoboni, M., & Monti, M. M. (2018). *Dissociating Language and Thought in Human Reasoning*. https://doi.org/10.1101/336123

Ekerdt, D. J., & Koss, C. (2015). The Task of Time in Retirement. *Ageing and Society*, *36*(6), 1295–1311. https://doi.org/10.1017/s0144686x15000367

Hibben, J. G. (n.d.). *The Laws of Thought*. 98–102. https://doi.org/10.1037/13674-011

Kinasih, I. A., & Irawan, W. H. (2023). Penalaran Deduktif Siswa Olimpiade Kelas Xi Dalam Menyelesaikan Pembuktian Matematika Berdasarkan Gaya Kognitif. *Galois Jurnal Penelitian Pendidikan Matematika*, *2*(2), 28–41. https://doi.org/10.18860/gjppm.v2i2.6898

Levey, N. (2011). "Analysis Paralysis": The Suspicion of Suspicion in the Fiction of David Foster Wallace. *M/C Journal*, *15*(1). https://doi.org/10.5204/mcj.383

Ma, J., Lv, W., & Ren, X. (2025). Neural Correlates of Belief-Bias Reasoning as Predictors of Critical Thinking: Evidence From an fNIRS Study. *Journal of Intelligence*, *13*(9), 106. https://doi.org/10.3390/jintelligence13090106

Monti, M. M., & Osherson, D. N. (2012). Logic, Language and the Brain. *Brain Research*, *1428*, 33–42. https://doi.org/10.1016/j.brainres.2011.05.061

Moshe, M. (2010). Dissonant Political Discourse. *Journal of Language and Politics*, *9*(2), 175–194. https://doi.org/10.1075/jlp.9.2.01mos

Pantazi, M., Hale, S. A., & Klein, O. (2021). Social and Cognitive Aspects of the Vulnerability to Political Misinformation. *Political Psychology, 42*(S1), 267–304. https://doi.org/10.1111/pops.12797

Pricop, L. (2023). Explanatory Value of Reason in Public Space: Use and Misuse in Political Speech. *Logos Universality Mentality Education Novelty Social Sciences, 12*(1). https://doi.org/10.18662/lumenss/12.1/74

Sieńkowski, M. (2020). Laws of Logical Thinking and the Gospel. *Civitas Et Lex, 26*(2), 85–94. https://doi.org/10.31648/cetl.5298

Straß, H., Wyner, A., & Diller, M. (2019). EMIL: Extracting Meaning From Inconsistent Language. *International Journal of Approximate Reasoning, 112*, 55–84. https://doi.org/10.1016/j.ijar.2019.04.010

Teresia, A., & Nugraheni, B. L. Y. (2022). Analysis of Enterprise Resource Planning (ERP) Implementation: Institutional Work and Institutional Logics Perspectives. *Jurnal Akuntansi Bisnis, 20*(1), 29–50. https://doi.org/10.24167/jab.v20i1.4373

Wu, J., Chao, W., Zhou, X., & Luo, Z. (2023). *Characterizing and Verifying Scientific Claims: Qualitative Causal Structure Is All You Need.* 13428–13439. https://doi.org/10.18653/v1/2023.emnlp-main.828

Delobelle, P., Cunha, M. D. M., Cano, E. M., Peperkamp, J., & Berendt, B. (2019). *Computational Ad Hominem Detection.* https://doi.org/10.18653/v1/p19-2028

Demir, M. Ö., Demir, Z. G., Sümer, F., Şatır, Ç. K., Aydoğan, H., & Arslan, B. (2025). The Interplay Between Progressivism and Logical Fallacy: Implications for Climate Change Communications. *Environmental Research Communications.* https://doi.org/10.1088/2515-7620/adf497

Habernal, I., Wachsmuth, H., Gurevych, I., & Stein, B. (2018). *Before Name-Calling: Dynamics and Triggers of Ad Hominem Fallacies in Web Argumentation.* https://doi.org/10.18653/v1/n18-1036

Holcombe, A. O. (2021). Ad Hominem Rhetoric in Scientific Psychology. *British Journal of Psychology.* https://doi.org/10.1111/bjop.12541

Ifan, M. (2022). Language as a Weapon: The Logical Fallacies in Political Discourse. *Jsid.* https://doi.org/10.63924/jsid.v3i2.227

Jazeri, M., Sukarsono, S., & Sumarti, E. (2019). *Argumentum Ad Hominem in Presidential Candidate's Debate in Indonesia: Forms and Functions.* https://doi.org/10.4108/eai.27-4-2019.2286873

K. Lunggito, C. N., Aditomo, A., & Siaputra, I. B. (2015). Argument Evaluation Test for Critical Thinking Ability Assessment: A Preliminary Study. *Anima Indonesian Psychological Journal.* https://doi.org/10.24123/aipj.v30i2.540

Macagno, F. (2013). Strategies of Character Attack. *Argumentation.* https://doi.org/10.1007/s10503-013-9291-1

Mohammed, D. (2023). Argument by Association: On the Transmissibility of Commitment in Public Political Arguments. *Topoi.* https://doi.org/10.1007/s11245-023-09914-5

Patel, U., Mukherjee, A., & Mondal, M. (2023). "Dummy Grandpa, Do You Know Anything?": Identifying and Characterizing Ad Hominem Fallacy Usage in the Wild. *Proceedings of the International Aaai Conference on Web and Social Media.* https://doi.org/10.1609/icwsm.v17i1.22180

Shea, A., B. Omapang, A. K., Cho, J. Y., Ginsparg, M. Y., Bazarova, N. N., Hui, W., Kizilcec, R. F., Tong, C., & Margolin, D. (2025). Beyond Ad Hominem Attacks: A Typology of the Discursive Tactics Used When Objecting to News Commentary on Social Media. *Plos One.* https://doi.org/10.1371/journal.pone.0328550

Walton, D. (2010). Formalization of the Ad Hominem Argumentation Scheme. *Journal of Applied Logic*. https://doi.org/10.1016/j.jal.2008.07.002

Adeoye, M. A., & Adong, C. (2023). The Power of Precision: Why Your Research Focus Should be SMART? *Journal of Education Action Research*, *7*(4). https://doi.org/10.23887/jear.v7i4.69757

Borek, M. (2021). Justice according to Michael J. Sandel. *Logos i Ethos*, *58*(2). https://doi.org/10.15633/lie.4170

Cengiz, A., Yoder, L. H., & Danesh, V. (2021). A concept analysis of role ambiguity experienced by hospital nurses providing bedside nursing care. In *Nursing and Health Sciences* (Vol. 23, Issue 4). https://doi.org/10.1111/nhs.12888

De Lotto, R., & Morelli di Popolo, C. (2019). The role of physical aspects in the city plan rules definition. *Smart Innovation, Systems and Technologies*, *100*. https://doi.org/10.1007/978-3-319-92099-3_30

Kolouch, J., Továrňák, D., Plesník, T., & Javorník, M. (2023). CYBERSECURITY: NOTORIOUS, BUT OFTEN MISUSED AND CONFUSED TERMS. *Masaryk University Journal of Law and Technology*, *17*(2). https://doi.org/10.5817/MUJLT2023-2-5

Narwadi, N. A. A., Budiana, I. N., & Kurniawan, I. G. A. (2025). Reconstruction of Business Legal Ethics from the Perspective of the Principles of Good Faith and Contractual Fairness. *Pena Justisia: Media Komunikasi Dan Kajian Hukum*, *24*(1).

NOVIKOV, V. (2023). The Ethical Principle of Justice in the Promotion of the Concept of Human Development. *Demography and Social Economy*, *1*. https://doi.org/10.15407/dse2023.01.003

Ridwan, I., Hasim, S., Lanani, K., Abdullah, S., & Ningsih, S. R. (2022). MENINGKATKAN KEMAMPUAN KOMUNIKASI MATEMATIS SISWA MELALUI MODEL PEMBELAJARAN BERBASIS PROYEK. *Matrix: Jurnal Pendidikan Matematika*, *1*(1). https://doi.org/10.62522/mjpm.v1i1.7

Soeharto, S., & Csapó, B. (2022). Exploring Indonesian student misconceptions in science concepts. *Heliyon*, *8*(9). https://doi.org/10.1016/j.heliyon.2022.e10720

TUC &&childer ENgland. (2016). An introduction to child protection legislation in the UK. In *Journal of Human Development and Capabilities* (Vol. 14, Issue 1).

Verma, D., Dewani, P. P., Behl, A., & Dwivedi, Y. K. (2023). Understanding the impact of eWOM communication through the lens of information adoption model: A meta-analytic structural equation modeling perspective. *Computers in Human Behavior*, *143*. https://doi.org/10.1016/j.chb.2023.107710

Wolman, A. (2017). Sub-national Human Rights Institutions:a Definition and Typology. *Human Rights Review*, *18*(1). https://doi.org/10.1007/s12142-016-0429-z

Wulandari, M., Wirayuda, R. P., Aldila, F., & Wulandari, R. (2020). Description of students' Integrated Science Process Skills on Friction Material on a Flat Field. *Lensa: Jurnal Kependidikan Fisika*, *8*(2). https://doi.org/10.33394/j-lkf.v8i2.3206

Khosyiin, M. I., Sholikhah, M., Tinggi, S., Darussalam, A. I., & Nganjuk, K. (2024). Ruang Lingkup Sistem Informasi Manajemen dalam Pendidikan. *J I E M Journal of Islamic Education Management*, *4*(2).

Nashihuddin, W. (2021). Strategi kemas ulang informasi untuk peningkatan pelayanan perpustakaan di era new normal. *Jurnal Kajian Informasi & Perpustakaan*, *9*(1), 59. https://doi.org/10.24198/jkip.v9i1.28767

Triandini, E., Jayanatha, S., Indrawan, A., Putra, G. W., Iswara, B., Studi, P., Informasi, S., Bali, S., Raya, J., & No, P. (2019). Metode Systematic Literature Review untuk Identifikasi Platform dan Metode Pengembangan Sistem Informasi di Indonesia. In *Indonesian Journal of Information Systems (IJIS* (Vol. 1, Issue 2). https://www.google.com

Azmi, M. P. (2019). Analisis Pengembangan Tes Kemampuan Analogi Matematis Pada Materi Segi Empat. *Juring (Journal for Research in Mathematics Learning)*, *2*(2), 99. https://doi.org/10.24014/juring.v2i2.7490

Dita, S. P., Qadar, R., & Komariyah, L. (2021). Asesmen Formatif Dalam Pembelajaran Inkuiri Model 5 E (Engagement, Exploration, Explanation, Elaboration, Evaluation) Untuk Meningkatkan Keterampilan Berpikir Kritis Berbasis Web Pada Siswa SMA. *Jurnal Kajian Pendidikan Ipa*, *1*(2), 76–83. https://doi.org/10.52434/jkpi.v1i2.1317

Firlia, A., & Sukmawati, W. (2022). Pengembangan Lembar Kerja Peserta Didik (LKPD) Berbasis Kontekstual Materi Sumber Energi Kelas III Di SD Muhammadiyah 37 Tangerang Selatan. *Ideas Jurnal Pendidikan Sosial Dan Budaya*, *8*(3), 899. https://doi.org/10.32884/ideas.v8i3.844

Huszka, B., Stark, A., Aini, I., & Annisa, R. I. (2024). Makna Metafora Pada Pembelajaran Bahasa Dan Budaya Indonesia Di Kelas Bahasa Indonesia Bagi Penutur Asing (BIPA). *Indonesian Language Education and Literature*, *9*(2), 443. https://doi.org/10.24235/ileal.v9i2.16645

KARTIKASARI, D. (2022). Mengoptimalkan Kemampuan Berpikir Analisis Konsep Tekanan Pada Zat Padat Melalui Model Siklus Belajar Dengan Pendekatan Metakognitif. *Action Jurnal Inovasi Penelitian Tindakan Kelas Dan Sekolah*, *2*(2), 101–114. https://doi.org/10.51878/action.v2i2.1165

Prayudi, A. (2023). *Studi Literatur : Penggunaan Model Analogi dalam Proses Pembelajaran*. *4*(April), 22–28.

Rahmasantika, D., & Prahmana, R. C. I. (2019). Desain Pembelajaran Perbandingan Senilai Menggunakan Guided Inquiry. *Journal of Honai Math*, *2*(2), 85–102. https://doi.org/10.30862/jhm.v2i2.65

Samsuddin, G., Irman, R., & Khaedar, M. (2021). Peningkatan Hasil Belajar Bahasa Indonesia Melalui Model Pembelajaran Bamboo Dancing Kelas VI SD Inpres Manggala Kecamatan Manggala Kota Makassar. *Edulec Education Language and Culture Journal*, *1*(1), 9–19. https://doi.org/10.56314/edulec.v1i1.2

Suherman, A., Yuhana, Y., Fathurrohman, M., Muhyidin, A., Abidin, R. Z., & Kusuma, R. P. (2023). Strategi Pengembangan Diri: Inovasi Dunia Pendidikan Indonesia - Sebuah Review Literasi. *Buana Ilmu*, *8*(1), 106–117. https://doi.org/10.36805/bi.v8i1.6007

Sukiastini, I. G. A. N. K., Tika, I. N., & Artawan, P. (2024). Literature Review: Integrasi Model Pembelajaran Ipa Dengan Digitalisasi Dan Kearifan Lokal Untuk Menghadapi Tantangan Di Masa Depan. *Science Jurnal Inovasi Pendidikan Matematika Dan Ipa*, *4*(4), 318–327. https://doi.org/10.51878/science.v4i4.3343

Supriadi, O., & Pendahuluan, A. (2009). *PENGEMBANGAN PROFESIONALISME GURU*. *6*(1), 27–38.

Wasi, R. A., & Ismail, S. (2025). Integrasi Cognitive Load Theory Dan Pembelajaran Multisensorik: Kerangka Neuro-Kognitif Untuk Optimalisasi Pemahaman Dan Keterlibatan Siswa Di Era Digital. *Paedagogy Jurnal Ilmu Pendidikan Dan Psikologi*, *5*(3), 1165–1177. https://doi.org/10.51878/paedagogy.v5i3.6532

Yohanes, B., & Yusuf, F. I. (2021). Teori Beban Kognitif: Peta Kognitif Dalam Pemecahan Masalah Pada Matematika Sekolah. *Aksioma Jurnal Program Studi Pendidikan Matematika*, *10*(4), 2215. https://doi.org/10.24127/ajpm.v10i4.4033

Agustian, R., Husein, M., & Saksitha, D. A. (2025). *Memahami Proposisi Dan Oposisi Dalam Berpikir Kritis*. 44–50.

Dan, M., Informasi, M., & Lawalata, M. (2024). *Peran Logika Dalam Berfikir Kritis Untuk Membangun Kemampuan*. 2(2), 82–98.

El, D., Jurnal, I., & E-issn, P. H. P. (2025). *SILOGISME ARISTOTELES : FONDASI LOGIKA FORMAL DALAM PEMIKIRAN FILSAFAT*. *12*(1), 55–68.

Hanifah, H., Salsabillah, L., Fitri, A. T., & Febriani, R. M. (2025). *Landasan Teori , Penelitian Relevan , Kerangka Berpikir Dan. 3*(April), 391–404.

Ilmiah, J., & Pendidikan, W. (2025). *Logika Deduktif Dan Induktif Dalam Analisis Kasus Penggelapan Dana: Studi Kasus Tiko Aryawhardhana Levi Christopher Ilyas 1 , Suprima 2 Universitas Pembangunan Nasional Veteran Jakarta. 11*(June), 162–175.

Nisa, A., Lesmana, R., Islam, U., Sumatera, N., Natasya, F. P., Islam, U., Sumatera, N., Nasution, R. A., Islam, U., Sumatera, N., & Medan, K. (2025). *Perkembangan filsafat ilmu dan relevansinya terhadap filsafat islam. 3*(1), 387–399.

Siola, M. N., Muflihuddin, A., Haq, A., Attwar, M., Fitri, G., & Asmar, F. (2025). *Dasar-Dasar dan Sumber Ilmu Pengetahuan. 2*(2), 249–255.

Wanji, M., Firmansyah, M., Restika, D., & Bila, S. (2025). *Penerapan Metode Deduktif dan Induktif dalam Manajemen. 2.*

Aristoteles, D. P. (2023). *1 , 2 , 3. 15*(1), 131–145.

Kasih, S., Pendidikan, J., Mei, N., Melkisedek, M., Lestari, N., Dedi, D., Lawalata, M., Tinggi, S., Injili, T., & Setia, A. (2024). *Tinjauan Mendalam Terhadap Peran Logika Dalam Pemikiran dan Penalaran Manusia. 2*(2), 1–17.

Lubis, N. S., Farleni, F., Juansah, D. E., & Nulhakim, L. (2023). *Proposisi , Logika dalam Berpikir Sebagai Dasar Penalaran Ilmiah dalam Menghasilkan Pengetahuan Baru. 6*(2), 276–283.

Marlia, R., Deduktif, P., & Dan, I. (2024). *Penalaran deduktif, induktif dan bahasa dalam penulisan ilmiah. 7*, 16818–16824.

Puling, H., Manilang, E., & Lawalata, M. (2024). *Logika dan Berpikir Kritis : Hubungan dan Dampak Dalam Pengambilan Keputusan. 2*(2), 164–173.

Suhu, P., & Kalor, D. A. N. (2020). *Nur Arviyanto Himawan 1 , Jumadi 1 , Edy Purwanto 2. 12*(1), 30–37.

Adhi, Y. T., & Mangkurat, U. L. (2022). *SESAT PIKIR DALAM TUTURAN WARGANET DI FACEBOOK (LOGICAL FALLACIES IN INTERNET CITIZEN SPEECH ON FACEBOOK). 12*(2), 264–275.

Agustus, N., Lubis, R. F., & Batubara, A. K. (2023). *Literasi Media Dalam Menanggulangi Berita Hoax Di Media Sosial Mahasiswa Ilmu Perpustakaan berkembang dengan cepat . Pergantianya pastinya mengakibatkan perubahan sangat relevan kehidupannya . (Nurfitri 2017a). Sosial media bisa memudahkan masyarakat untuk. 1*(3).

Amro, H., Sinaga, B., Azhar, A. A., Islam, U., Sumatera, N., & Medan, K. (2025). *Literasi Media sebagai Solusi Tabayyun Berita Hoax di Media Sosial pada Mahasiswa FDK. 4*(2), 464–475. https://doi.org/10.54259/mukasi.v4i2.4339

Andaryanto, A., Santoso, J. W., Winarno, A., Studi, P., Manajemen, M., Malang, U. N., Jl, A., No, S., & Timur, J. (2024). *Prinsip dan Peran Logika sebagai Dasar Penalaran Ilmiah di Era Informasi informasi yang tidak terverifikasi , atau bahkan disinformasi (informasi palsu yang sengaja.*

Budi, J., Agama, P., Kristen, P. A., Tinggi, S., Injili, T., & Setia, A. (2024). *Logika , Penalaran , Dan Argumentasi Hukum. 2*, 132–145.

Jannah, R., Sari, D. D., Fkip, P., & Lambung, U. (2025). *1 , 2 1,2. 10*(September).

Juli, V. N., & Lawalata, M. (2024). *Memahami Logika Berpikir Sebagai Landasan Membangun Argumentasi Yang Kuat Walde Mesah. 2*(3).

Lubis, N. S., Farleni, F., Juansah, D. E., & Nulhakim, L. (2023). *Proposisi , Logika dalam Berpikir Sebagai Dasar Penalaran Ilmiah dalam Menghasilkan Pengetahuan Baru. 6*(2), 276–283.

Mulia, J. G. (2024). *5 12345. 15*(2), 239–250.

Nurviana, S., Ardhia, N., Putri, P., Rachman, I. F., & Siliwangi, U. (2024). *Cendikia Cendikia. 2*(5), 391–398.

Shabriya, A. J., Aidah, R. N., & Faizin, M. (2024). *Konstruksi Berpikir Logis dan Kritis Perspektif Sesat Pikir atau Fallacy dalam Pembelajaran PAI Abad 21. 10*(3), 1027–1038.

Utami, A. D., Fadlilah, M., Aini, N. Q., Syafutri, R. A., Pendidikan, F. I., & Padang, U. N. (2024). *Struktur dan Ciri-Ciri Teks Argumentasi dalam Bahasa Indonesia : Analisism dan Contoh. 2*(3).

Utami, S., Santoso, G., Prihatin, F., Jakarta, U. M., Argumentatif, K., Belajar, P., & Prestasi, P. (2023). *Jurnal Pendidikan Transformatif (JPT) Peningkatan Prestasi literasi Siswa dalam Menyampaikan Pendapat dengan Bernalar Kritis , Komunikasi , Logis , dan Argumentatif di Kelas 6 Jurnal Pendidikan Transformatif (JPT). 02*(04), 133–153.

Yasmin, P., Gultom, B., & Adelia, N. (2025). *Kesalahan Berpikir (Logical Fallacies). 9*, 1859–1864.

Barnes, J. (2000). *Logic*. 46–52. https://doi.org/10.1093/actrade/9780192854087.003.0007

Bronkhorst, H., Roorda, G., Suhre, C., & Goedhart, M. (2019). Logical Reasoning in Formal and Everyday Reasoning Tasks. *International Journal of Science and Mathematics Education, 18*(8), 1673–1694. https://doi.org/10.1007/s10763-019-10039-8

Hayes, B. K., Stephens, R., Ngo, J., & Dunn, J. C. (2018). The Dimensionality of Reasoning: Inductive and Deductive Inference Can Be Explained by a Single Process. *Journal of Experimental Psychology Learning Memory and Cognition, 44*(9), 1333–1351. https://doi.org/10.1037/xlm0000527

Kean, H., Fung, A., Jaggers, P., Chen, J., Rule, J., Benn, Y., Tenenbaum, J. B., Piantadosi, S. T., Varley, R., & Fedorenko, E. (2025). *Evidence From Formal Logical Reasoning Reveals That the Language of Thought Is Not Natural Language*. https://doi.org/10.1101/2025.07.26.666979

Keren, G., & Schul, Y. (2009). Two Is Not Always Better Than One. *Perspectives on Psychological Science, 4*(6), 533–550. https://doi.org/10.1111/j.1745-6924.2009.01164.x

Knuuttila, S. (2010). Generality and Identity in Late Medieval Discussions of the Prior Analytics. *Vivarium, 48*(1–2), 215–227. https://doi.org/10.1163/156853410x489772

Kumova, B. İ., & Çakır, H. (2010). *Algorithmic Decision of Syllogisms*. 28–38. https://doi.org/10.1007/978-3-642-13025-0_4

Liu, X., Bröder, A., & Singmann, H. (2025). *Evaluating the Role of Mental Sampling in Probability Judgments: Illogical Rankings Occur in a Predictable Manner*. https://doi.org/10.31234/osf.io/bfwpe_v3

Malink, M., & Vasudevan, A. (2018). The Peripatetic Program in Categorical Logic: Leibniz on Propositional Terms. *The Review of Symbolic Logic, 13*(1), 141–205. https://doi.org/10.1017/s1755020318000266

Moshman, D., & Franks, B. A. (1986). Development of the Concept of Inferential Validity. *Child Development, 57*(1), 153–165. https://doi.org/10.1111/j.1467-8624.1986.tb00016.x

Oaksford, M., & Chater, N. (2020). New Paradigms in the Psychology of Reasoning. *Annual Review of Psychology, 71*(1), 305–330. https://doi.org/10.1146/annurev-psych-010419-051132

Pereira-Fariña, M., Díaz-Hermida, F., & Bugarín, A. (2013). On the Analysis of Set-Based Fuzzy Quantified Reasoning Using Classical Syllogistics. *Fuzzy Sets and Systems, 214*, 83–94. https://doi.org/10.1016/j.fss.2012.03.015

Radulescu, D. C. (2018). *Categorical Syllogisms – A Set Theory Do-Over*. https://doi.org/10.31219/osf.io/xzr92

Radulescu, D. C. (2020). *An Extension of Valid Syllogisms to Valid Categorical Arguments and a Reduction of the Latter to Only Barbara, Darapti, Darii and Disamis*. https://doi.org/10.31219/osf.io/y4m2k

Striker, G. (1998). *Aristotle and the Uses of Logic*. 209–226. https://doi.org/10.1093/oso/9780198235712.003.0009

Tantray, M. M. A. (2016). Proposition: The Foundation of Logic. *The International Journal of Social Sciences and Humanities Invention*. https://doi.org/10.18535/ijsshi/v3i2.03

Vlasáková, M. (2023). Aristotle's Notion of Deduction. *Disputatio*, *15*(68), 90–114. https://doi.org/10.2478/disp-2023-0004

Yongmei, H. (2021). Critical Thinking and Its Relevant Factors Among Undergraduates. *Journal of Educational Theory and Management*, *5*(2), 23. https://doi.org/10.26549/jetm.v5i2.7000

Zarechnev, M., & Kumova, B. İ. (2015). *Ontology-Based Fuzzy-Syllogistic Reasoning*. 179–188. https://doi.org/10.1007/978-3-319-19066-2_18

Zhang, C. (2022). The Remaining 23 Valid Aristotelian Syllogisms Can Be Deduced Only From the Syllogism IAI-3. *Computer*. https://doi.org/10.54647/computer52326

Zhang, H. W. X. (2024). Deductive Reasoning Based on the Valid Aristotelian Syllogism AEE-2. *Sumerianz Journal of Social Science*, *71*, 1–4. https://doi.org/10.47752/sjss.71.1.4

Abdullah, M. H. S., & Hassan, N. M. (2024). Negative Implications of Workload Among Teachers: A Systematic Literature Review. *International Journal of Academic Research in Progressive Education and Development*, *13*(3). https://doi.org/10.6007/ijarped/v13-i3/22193

Alaghbary, G. S. (2020). Looting Leads to Shooting: A Pragma-Dialectical Analysis of President Trump's Argumentative Discourse on Floyd's Death. *Journal of Language and Linguistic Studies*, *16*(4), 1854–1868. https://doi.org/10.17263/jlls.851011

Bhatia, J.-S., & Oaksford, M. (2015). Discounting Testimony With the Argument Ad Hominem and a Bayesian Congruent Prior Model. *Journal of Experimental Psychology Learning Memory and Cognition*, *41*(5), 1548–1559. https://doi.org/10.1037/xlm0000151

Dewi, M. N. K., & Basir, A. (2023). Indonesia's Omnibus Law and Protection of Labor Rights. *Amsir Law Journal*, *5*(1), 66–73. https://doi.org/10.36746/alj.v5i1.309

Fikri, S. (2024). Election Law Enforcement: Fighting Black Campaigns on Social Media. *Amsir Law Journal*, *5*(2), 117–125. https://doi.org/10.36746/alj.v5i2.408

Finn, H. (2018). The Defamatory Potential of Ad Hominem Criticism: Guidance for Advocacy in Public Forums. *Pacific Conservation Biology*, *25*(1), 92–104. https://doi.org/10.1071/pc17022

Ifan, M. (2022). Language as a Weapon: The Logical Fallacies in Political Discourse. *Jsid*, *3*(2), 18–27. https://doi.org/10.63924/jsid.v3i2.227

Jehoson, J. J., Devassy, J., & Abarna, S. (2025). *Significance of Critical Thinking in the Artificial Intelligence-Driven Academicscape*. 137–170. https://doi.org/10.4018/979-8-3693-8709-2.ch006

Kami, K., & Nesi, A. (2023). Argumen Ad Hominem Sebagai Strategi Komunikasi Para Advokat Dalam Program Kontroversi Metro TV. *Jurnal Simbolika Research and Learning in Communication Study*, *9*(1), 24–35. https://doi.org/10.31289/simbolika.v9i1.9106

Laar, J. A. v. (2007). Pragmatic Inconsistency and Credibility. *Argumentation*, *21*(3), 317–334. https://doi.org/10.1007/s10503-007-9049-8

Malik, M. M. (2017). *Quran and Sunnah Perspective on Informal Logical Fallacies*. https://doi.org/10.31219/osf.io/3fpss

Malik, M. M. (2019). Islamic Critical Evaluation and Perspective on Fallacy of Argumentum Ad Hominem. *Pakistan Journal of Humanities and Social Sciences*, *7*(1), 63–75. https://doi.org/10.52131/pjhss.2019.0701.0072

Patel, U., Mukherjee, A., & Mondal, M. (2023). "Dummy Grandpa, Do You Know Anything?": Identifying and Characterizing Ad Hominem Fallacy Usage in the Wild. *Proceedings of the International Aaai Conference on Web and Social Media*, *17*, 698–709. https://doi.org/10.1609/icwsm.v17i1.22180

Rahwan, I., Banihashemi, B., Reed, C., Walton, D., & Abdallah, S. (2011). Representing and Classifying Arguments on the Semantic Web. *The Knowledge Engineering Review*, *26*(4), 487–511. https://doi.org/10.1017/s0269888911000191

Walton, D., & Macagno, F. (2015). A Classification System for Argumentation Schemes. *Argument & Computation*, *6*(3), 219–245. https://doi.org/10.1080/19462166.2015.1123772

Yahya, M., Syafii, I., & Putra, A. P. (2023). Narasi Peliyanan Pemberitaan Anies Baswedan Pasca Deklarasi Pencalonan Presiden 2024 Dalam DETIK.COM: Kajian Analisis Wacana Kritis. *Parafrase Jurnal Kajian Kebahasaan & Kesastraan*, *23*(1), 91–107. https://doi.org/10.30996/parafrase.v23i1.8583

Yulianto, H. B. (2024). Strategi Komunikasi Debat Dalam Dakwah: Studi Pola Respons Terhadap Abusive Ad Hominem Attacks. *Inteleksia - Jurnal Pengembangan Ilmu Dakwah*, *6*(1), 87–107. https://doi.org/10.55372/inteleksiajpid.v6i1.307

Pendidikan Dan Pengabdian Masyarakat, *2*(4). https://doi.org/10.29303/jppm.v2i4.1527 Hendri, Z. (2024). Peran Logika Dan Penalaran Ilmiah Mahasiswa Studi Kasus : Mahasiswa S1 Manajemen Angaktan Tahun Fakultas Ekonomi Universitas Negeri Jakarta. *Jca*, *1*(4), 1447–1457. https://doi.org/10.70182/jca.v1i4.34

Hidayati, N., Irmawati, F., & Prayitno, T. A. (2019). Peningkatan Keterampilan Berpikir Kritis Mahasiswa Biologi Melalui Multimedia STEM Education. *Jpbio (Jurnal Pendidikan Biologi)*, *4*(2), 84–92. https://doi.org/10.31932/jpbio.v4i2.536

Huda, S. N., & Naelofaria, S. (2020). Pengaruh Model Pembelajaran Kooperatif Tipe Decision Making Terhadap Kemampuan Menulis Teks Persuasi Siswakelas Viii MTS Al-Ulum Tahun Pembelajaran 2019/2020. *Basastra*, *9*(2), 204. https://doi.org/10.24114/bss.v9i2.19721

Kinasih, I. A., & Irawan, W. H. (2023). Penalaran Deduktif Siswa Olimpiade Kelas Xi Dalam Menyelesaikan Pembuktian Matematika Berdasarkan Gaya Kognitif. *Galois Jurnal Penelitian Pendidikan Matematika*, *2*(2), 28–41. https://doi.org/10.18860/gjppm.v2i2.6898

Kurniati, D., Harimukti, R., & Jamil, N. A. (2016). Kemampuan Berpikir Tingkat Tinggi Siswa SMP Di Kabupaten Jember Dalam Menyelesaikan Soal Berstandar PISA. *Jurnal Penelitian Dan Evaluasi Pendidikan*, *20*(2), 142–155. https://doi.org/10.21831/pep.v20i2.8058

Munira, R., Fonna, T., Nadia, S., & Marsitah, I. (2024). Pengaruh Lingkungan Belajar Terhadap Prestasi Akademik Mahasiswa Di Universitas Almuslim. *PGSD*, *1*(4), 12. https://doi.org/10.47134/pgsd.v1i4.770

Novita, R., Labesani, C., Jahrir, A. S., & Jon, E. (2024). Implementasi Metode Pembelajaran Berbasis Proyek Untuk Meningkatkan Kemampuan Berpikir Kritis Mahasiswa. *Irje*, *4*(4). https://doi.org/10.31004/irje.v4i4.1100

Oktaviyanthi, R., Agus, R. N., Garcia, M., & Lertdechapat, K. (2024). Cognitive Load Scale in Learning Formal Definition of Limit: A Rasch Model Approach. *Infinity Journal*, *13*(1), 99–118. https://doi.org/10.22460/infinity.v13i1.p99-118

Quelhas, A. C., & Johnson-Laird, P. N. (2017). The Modulation of Disjunctive Assertions. *Quarterly Journal of Experimental Psychology*, *70*(4), 703–717. https://doi.org/10.1080/17470218.2016.1154079

Runtu, P. V. J., Tiwow, D., Pinontoan, K. F., Kaunang, S. E. J., & Jafar, G. F. (2025). Critical Thinking Skills of Teacher Prospective Students in Solving Ethnomathematics-Based Mathematics Problems. *Jurnal Review Pendidikan Dan Pengajaran*, *8*(1), 1982–1989. https://doi.org/10.31004/jrpp.v8i1.41163

Suroto, S., Prakoso, B. B., Ridwan, M., & Juniarisca, D. L. (2021). Berpikir Kritis Dan Hubungannya Dengan Prestasi Akademik Calon Guru Pendidikan Jasmani Olahraga Dan Kesehatan. *Jurnal Olahraga Pendidikan Indonesia (Jopi)*, *1*(1), 46–59. https://doi.org/10.54284/jopi.v1i1.5

Zulkifli, L., Syafruddin, S., Gunawan, G., Doyan, A., & Hikmawati, H. (2019). Pelatihan Penulisan Proposal Penelitian Dan Pengabdian Masyarakat Skim Kompetitif Nasional Bagi Dosen Fkip Universitas Mataram. *Jurnal*

Amnuel, P. R., Sinaga, F. P., & Winda, F. R. (2023). Description of Students' Critical Thinking Ability of Urban School in Physics Material. *Edufisika Jurnal Pendidikan Fisika*, *8*(2), 217–225. https://doi.org/10.59052/edufisika.v8i2.26531

Bondani, M., Goorney, S., Bruno, M., Sanmartí-Vila, L., Chiofalo, M. L., Sherson, J., Achiam, M., Jontes, D., & Skapin, A. (2024). *The Ecosystem of Science Communication in the Post-Truth Era: Perspectives, Contexts, Dynamics*. https://doi.org/10.51746/9789612972417

Brisson, J., Markovits, H., Robert, S., & Schaeken, W. (2018). Reasoning From an Incompatibility: False Dilemma Fallacies and Content Effects. *Memory & Cognition*, *46*(5), 657–670. https://doi.org/10.3758/s13421-018-0804-x

Bush, J., DeCaro, M. S., & DeCaro, D. A. (2023). Playing a Social Dilemma Game as an Exploratory Learning Activity Before Instruction Improves Conceptual Understanding. *Journal of Experimental Psychology Applied*, *29*(4), 725–746. https://doi.org/10.1037/xap0000470

Ifan, M. (2022). Language as a Weapon: The Logical Fallacies in Political Discourse. *Jsid*, *3*(2), 18–27. https://doi.org/10.63924/jsid.v3i2.227

Kephart, J. M. (2024). *Argumentation and Rhetoric*. https://doi.org/10.1093/acrefore/9780190228613.013.1381

Koa, M. (2020). Communication Strategies of Winning Hearts and Minds: The Case of the Muslim Brotherhood's Political Communication Campaign Post Morsi's Downfall. *Global Media and Communication*, *17*(1), 87–120. https://doi.org/10.1177/1742766520982016

Meyer, M. (2017). *Rhetoric and Argumentation: The Unity of the Field*. 99–120. https://doi.org/10.1093/oso/9780199691821.003.0003

Nasbey, H., Sirait, R., Kurniawan, A. F., Samsudin, A., & Fadlan, A. (2024). Digital Physics Module for 21st Century Education on New and Renewable Energy Based on the Dilemma-Steam Learning Model. *Journal of Physics Conference Series*, *2866*(1), 12117. https://doi.org/10.1088/1742-6596/2866/1/012117

Ong, T., Normand, M. P., & Schenk, M. J. (2018). Using Equivalence-based Instruction to Teach College Students to Identify Logical Fallacies. *Behavioral Interventions*, *33*(2), 122–135. https://doi.org/10.1002/bin.1512

Rana, H. A. S. (2023). Clarifying the Introductions to Al-Ḥikmah in the Light of Quranic Verses, Sunnah and "Al-Yāqūt" by ʿallāmah ʿabd Al-ʿazīz Al-Firhārwī: An Analytical Study. *The Islamic Culture As-Saqafat-Ul Islamia الثقافة الإسلامية - Research Journal - Sheikh Zayed Islamic Centre University of Karachi*, *48*(1). https://doi.org/10.58352/tis.v48i1.919

Abdy, M., Dassa, A., & Nensi, S. J. (2020). Konsep Himpunan Fuzzy Pada Paradoks Russel. *Journal of Mathematics Computations and Statistics*, *2*(2), 189. https://doi.org/10.35580/jmathcos.v2i2.12582

Abramsky, S., & Zvesper, J. A. (2015). From Lawvere to Brandenburger–Keisler: Interactive Forms of Diagonalization and Self-Reference. *Journal of Computer and System Sciences*, *81*(5), 799–812. https://doi.org/10.1016/j.jcss.2014.12.001

Abror, R. H. (2012). Paradoks Universalitas HAM Barat Di Muka Cermin Islam Perspektif Filsafat Hukum Dan HAM. *Ijtihad Jurnal Wacana Hukum Islam Dan Kemanusiaan*, *12*(2), 217. https://doi.org/10.18326/ijtihad.v12i2.217-235

Ainiy, N. (2022). Pendekatan Filsafat Dalam Kajian Islam: Teori Dan Praktik. *An-Natiq Jurnal Kajian Islam Interdisipliner*, *2*(1), 71. https://doi.org/10.33474/an-natiq.v2i1.15503

Avigur-Eshel, A. (2018). Encouraging Action in the Private Sphere: Demand-Side Practices in the Depoliticization of Economic Policy in Israel. *Politics & Policy*, *46*(1), 84–109. https://doi.org/10.1111/polp.12241

Bottrell, D. (2013). Responsibilised Resilience? Reworking Neoliberal Social Policy Texts. *M/C Journal*, *16*(5). https://doi.org/10.5204/mcj.708

Carnielli, W., Marcos, J., & Amo, S. d. (2004). Formal Inconsistency and Evolutionary Databases. *Logic and Logical Philosophy*, *8*(0), 115. https://doi.org/10.12775/llp.2000.008

Cobreros, P., Égré, P., Ripley, D., & Rooij, R. v. (2013). Reaching Transparent Truth. *Mind*, *122*(488), 841–866. https://doi.org/10.1093/mind/fzt110

Coniglio, M. E., & Peron, N. M. (2009). A Paraconsistentist Approach to Chisholm's Paradox. *Principia an International Journal of Epistemology*, *13*(3). https://doi.org/10.5007/1808-1711.2009v13n3p299

Connor, J. M., & Peterson, E. B. (1996). *New Estimates of Welfare and Consumer Losses in U.S. Food Manufacturing*. 205–240. https://doi.org/10.1108/s0573-8555(1996)0000234011

Edwards-Schachter, M., & Ordóñez–Matamoros, G. (2023). Thematic Issue Presentation: Perspectives on Innovation Governance - Challenges and Dilemmas. *NOvation*, *5*, 1. https://doi.org/10.5380/nocsi.v0i5.93600

Geibinger, T., & Tompits, H. (2020). Sequent-Type Calculi for Systems of Nonmonotonic Paraconsistent Logics. *Electronic Proceedings in Theoretical Computer Science*, *325*, 178–191. https://doi.org/10.4204/eptcs.325.23

Glover, S. (2010). Failed Fantasies of Cohesion: Retrieving Positives From the Stalled Dream of Whole-of-Government Cultural Policy. *M/C Journal*, *13*(1). https://doi.org/10.5204/mcj.213

Golan, R., & Hlobil, U. (2022). Minimally Nonstandard K3 and FDE. *The Australasian Journal of Logic*, *19*(5), 182–213. https://doi.org/10.26686/ajl.v19i5.7540

Golińska-Pilarek, J. (2024). Paraconsistency in Non-Fregean Framework. *Studia Logica*, *113*(4), 915–953. https://doi.org/10.1007/s11225-024-10114-4

Halbach, V., & Leigh, G. E. (2024). *The Road to Paradox*. https://doi.org/10.1017/9781108888400

Hlobil, U. (2018). The Cut-Free Approach and the Admissibility-Curry. *Thought a Journal of Philosophy*, *7*(1), 40–48. https://doi.org/10.1002/tht3.267

Ho, C. (2020). *Paradoxical Language in Chan Buddhism*. 389–404. https://doi.org/10.1007/978-3-030-29033-7_21

Hsiung, M. (2024). Reference Digraphs of Non-Self-Referential Paradoxes. *The Review of Symbolic Logic*, *18*(1), 349–366. https://doi.org/10.1017/s1755020324000200

Konieczny, S., & Marquis, P. (2002). *Three-Valued Logics for Inconsistency Handling*. 332–344. https://doi.org/10.1007/3-540-45757-7_28

Letters, M. (2018). Book Reviews. *Migration Letters*, *16*(1), 123–131. https://doi.org/10.33182/ml.v16i1.643

Monte, E. D., & Mossolani, G. (2023). A Logical Reading Key in Psychology: Clinical Paradoxes in Mental Systems. *Journal of Theoretical and Philosophical Psychology*, *43*(1), 31–47. https://doi.org/10.1037/teo0000219

Petersen, U. (2023). Is Cantor's Theorem a Dialetheia? Variations on a Paraconsistent Approach to Cantor's Theorem. *The Review of Symbolic Logic*, *17*(3), 860–877. https://doi.org/10.1017/s1755020323000187

Rossberg, M. (2013). Too Good to Be "Just True." *Thought a Journal of Philosophy*, *2*(1), 1–8. https://doi.org/10.1002/tht3.50

Rozycki, A. (2023). *Truth as Consistent Assertion*. https://doi.org/10.20944/preprints202302.0366.v1

Saito, S., Saitoh, N., Hatanaka, T., Wakimoto, Y., & Yumibayashi, T. (2016). *On Incompleteness of Some Integrable Rational Maps*. https://doi.org/10.48550/arxiv.1602.08345

Snyder, E., & Shapiro, S. (2021). Group Nouns and Pseudo-singularity. *Thought a Journal of Philosophy*, *10*(1), 66–77. https://doi.org/10.1002/tht3.476

Subrahmanyam, V. (2021). A Public Health Reset Through Contractualism. *Voices in Bioethics*, *7*. https://doi.org/10.52214/vib.v7i.8600

Vakili, H. (2012). Fuzzy Epistemology From View Point of Mystical Theology. *Kanz Philosophia a Journal for Islamic Philosophy and Mysticism*, *2*(1), 27. https://doi.org/10.20871/kpjipm.v2i1.23

Verelst, K. (2008). On What Ontology Is and Not-Is. *Foundations of Science*, *13*(3–4), 347–370. https://doi.org/10.1007/s10699-008-9130-2

Wong, P. (2001). Paraconsistent Reasoning as an Analytic Tool. *Logic Journal of Igpl*, *9*(2), 217–230. https://doi.org/10.1093/jigpal/9.2.217

Yang, X. (2023). Reflection on Set Theory: Is the Barber Example a Genuine Illustration of Russell's Paradox? *Journal of Education Humanities and Social Sciences*, *8*, 427–432. https://doi.org/10.54097/ehss.v8i.4283

Yanofsky, N. S. (2003). A Universal Approach to Self-Referential Paradoxes, Incompleteness and Fixed Points. *Bulletin of Symbolic Logic*, *9*(3), 362–386. https://doi.org/10.2178/bsl/1058448677

Adhi, Y. T. (2022). Sesat Pikir Dalam Tuturan Warganet Di Facebook (Logical Fallacies in Internet Citizen Speech on Facebook). *Jurnal Bahasa Sastra Dan Pembelajarannya*, *12*(2), 264. https://doi.org/10.20527/jbsp.v12i2.10942

Agustiawan, H. (2021). Studi Literatur Pengaruh Group Investigation Terhadap Berpikir Kritis Dan Oral Activity Siswa. *Bioeduca Journal of Biology Education*, *3*(1), 22–41. https://doi.org/10.21580/bioeduca.v3i1.6625

Duruaku, F., Nguyen, B., Newton, O. B., Fiore, S. M., & Jentsch, F. (2024). Scaffolding Team Minds: Using Metacognitive Training to Boost Social Cognition and Theory of Mind for Effective Collaborative Problem-Solving. *Proceedings of the Human Factors and Ergonomics Society Annual Meeting*, *68*(1), 1032–1038. https://doi.org/10.1177/10711813241275920

Escandón-Vargas, K., Rasmussen, A. L., Bogoch, I. I., Murray, E. J., Escandón, K., Popescu, S., & Kindrachuk, J. (2021). COVID-19 False Dichotomies and a Comprehensive Review of the Evidence Regarding Public Health, COVID-19 Symptomatology, SARS-CoV-2 Transmission, Mask Wearing, and Reinfection. *BMC Infectious Diseases*, *21*(1). https://doi.org/10.1186/s12879-021-06357-4

Galli, F., Palombi, T., Mallia, L., Chirico, A., Zandonai, T., Alivernini, F., Maria, A. D., Zelli, A., & Lucidi, F. (2021). Promoting Media Literacy Online: An Intervention on Performance and Appearance Enhancement Substances With Sport High School Students. *International Journal of Environmental Research and Public Health*, *18*(11), 5596. https://doi.org/10.3390/ijerph18115596

Hasid, Z., Wijaya, A., Busari, A., & A., E. K. (2022). Menggunakan "Penta-Helix" Untuk Menjembatani Reaksi Masyarakat Terhadap Vaksin Covid-19. *Jurnal Pengabdian Pada Masyarakat*, *7*(3), 699–714. https://doi.org/10.30653/002.202273.131

Hermawan, A., Nuryanti, A., & Maharani, C. (2024). Analisis Yuridis Atas Perjanjian Pengikatan Jual Beli Dibawah Tangan Dalam Putusan Pengadilan Negeri Pontianak Nomor 150/PDT.G/2021/PN.PTK. *Tanjungpura Acta Borneo J.*, *2*(1). https://doi.org/10.26418/tabj.v2i1.66345

Ibnu, S., Abdurrahman, G. A., & Salsabila, A. R. (2024). Dinamika Sosial Dalam Komunikasi Politik: Analisis Pragmatik Terhadap Strategi Bahasa Di Indonesia. *Tekstual*, *22*(2), 58–64. https://doi.org/10.33387/tekstual.v22i2.9218

Ismawati, E., Hersulastuti, H., Amertawengrum, I. P., & Anindita, K. A. (2023). Portrait of Education in Indonesia: Learning From PISA Results 2015 to Present. *International Journal of Learning Teaching and Educational Research*, *22*(1), 321–340. https://doi.org/10.26803/ijlter.22.1.18

Jenke, L. (2023). Affective Polarization and Misinformation Belief. *Political Behavior*, *46*(2), 825–884. https://doi.org/10.1007/s11109-022-09851-w

Kurnia, E., & Neviyarni, S. (2025). Komunikasi Persuasif Dan Propaganda: Perspektif Psikologi Dalam Komunikasi Sosial. *Journal on Teacher Education*, *6*(3), 32–39. https://doi.org/10.31004/jote.v6i3.40553

Manggopa, H. K., & Kumampung, D. R. H. (2023). Effective Strategies Using Digital Literacy for Empowering Critical Thinking in Higher Education. *Ijite*, *2*(3), 153–167. https://doi.org/10.62711/ijite.v2i3.135

Mitasari, R., & Mukhlis, I. (2023). Etika Keilmuan: Sarana Berpikir Ilmiah. *Birev*, *1*(6), 51–56. https://doi.org/10.61292/birev.v1i6.64

Noch, M. Y., & Rumasukun, M. R. (2024). Understanding Human Behavior in Finance: A Qualitative Study on Cognitive Biases and Decision-Making in Investment Practices. *Golden Ratio of Finance Management*, *4*(1), 24–34. https://doi.org/10.52970/grfm.v4i1.462

Nuraeni, L. S., Hafsyah, H., Nurdin, N., & Putriyani, S. (2024). Literatur Review: Pengembangan Bahan Ajar Matematika Berbasis Proyek Untuk Meningkatkan Keterampilan Berpikir Kritis. *Jagomipa Jurnal Pendidikan Matematika Dan Ipa*, *4*(2), 352–365. https://doi.org/10.53299/jagomipa.v4i2.652

Pinem, M. S. U. (2023). The Shift From Print to Digital Media and Its Effect on Users' Media Literacy in Critiquing the Depth of News: a Systematic Literature Review. *Edunity Kajian Ilmu Sosial Dan Pendidikan*, *2*(11), 1369–1382. https://doi.org/10.57096/edunity.v2i11.179

Prasela, N., Witarsa, R., & Ahmadi, D. (2020). Kajian Literatur Tentang Hasil Belajar Kognitif Menggunakan Model Pembelajaran Langsung Siswa Sekolah Dasar. *Jurnal Review Pendidikan Dan Pengajaran*, *3*(2), 209–216. https://doi.org/10.31004/jrpp.v3i2.1218

Pratama, A. S. (2022). Analisis Wacana Kekuasaan Untuk Merespon Kebijakan Penanganan Pandemi Covid-19. *Pakar Pendidikan*, *20*(1), 48–56. https://doi.org/10.24036/pakar.v20i1.251

Randyca, P., Xaverius, F., Pernando, P., & Janson, C. (2024). Media Sosial Sebagai Sarana Komunikasi Massa Dan Partisipasi Politik Masyarakyat. *Ulil Albab Jurnal Ilmiah Multidisiplin*, *3*(5), 96–105. https://doi.org/10.56799/jim.v3i5.3356

Safitri, D. (2024). Joget Prabowo Dan Filter Bubble: Tinjauan Terhadap Respon Masyarakat Pasca Pemilu Di YouTube CNN Indonesia. *Komunikasiana Journal of Communication Studies*, *6*(2), 163. https://doi.org/10.24014/kjcs.v6i2.33856

Sathya, N., & Gayathir, R. (2024). Behavioral Biases in Investment Decisions: An Extensive Literature Review and Pathways for Future Research. *Journal of Information and Organizational Sciences*, *48*(1), 117–131. https://doi.org/10.31341/jios.48.1.6

Shalima, I. (2023). Pelatihan Ragam Bahasa Ilmiah Kepada Guru MGMP Bahasa Indonesia SMP Di Kota Magelang. *Abdipraja (Jurnal Pengabdian Kepada Masyarakat)*, *4*(1). https://doi.org/10.31002/abdipraja.v4i1.6720

Šimunović, D., Katzir, M., & Dorfman, A. (2023). *Exploring Motivated Reasoning in Polarization Over the Unfolding 2023 Judicial Reform in Israel*. https://doi.org/10.31234/osf.io/ejcvs

Sitorus, H. J., Tanoyo, M., & Irwansyah, I. (2024). Polarisasi Politik Melalui Interaksi Sosial Di Instagram: Studi Kasus Pemilu 2024 Di Indonesia. *Jkomdis Jurnal Ilmu Komunikasi Dan Media Sosial*, *4*(2), 383–394. https://doi.org/10.47233/jkomdis.v4i2.1675

Syam, H. M., & Nurrahmi, F. (2020). "I Don't Know if It Is Fake or Real News" How Little Indonesian University Students Understand Social Media Literacy. *Jurnal Komunikasi Malaysian Journal of Communication*, *36*(2), 92–105. https://doi.org/10.17576/jkmjc-2020-3602-06

Bakshy, E., Messing, S., & Adamic, L. A. (2015). Exposure to ideologically diverse news and opinion on Facebook. *Science, 348*(6239), 1130–1132.

Copi, I. M., Cohen, C., & McMahon, K. (2014). *Introduction to logic* (14th ed.). Routledge.

Kahneman, D. (2011). *Thinking, fast and slow*. Farrar, Straus and Giroux.

Lewandowsky, S., Ecker, U. K. H., & Cook, J. (2020). Beyond misinformation: Understanding and coping with the "post-truth" era. *Journal of Applied Research in Memory and Cognition, 9*(4), 1–9.

Mercier, H., & Sperber, D. (2017). *The enigma of reason*. Harvard University Press.

Nussbaum, M. C. (2010). *Not for profit: Why democracy needs the humanities*. Princeton University Press.

Sunstein, C. R. (2017). *#Republic: Divided democracy in the age of social media*. Princeton University Press.

Tindale, C. W. (2007). *Fallacies and argument appraisal*. Cambridge University Press.

Walton, D. (2000). *Ad hominem arguments*. University of Alabama Press.

Ahmed, Saifuddin, Muhammad E. Rasul, Adeline W. T. Bee, and Aswan Tai. 2025. "Understanding Cross-Platform Variability in Misinformation Engagement: Insights From Meta-Owned Platforms." *Sage Open* 15(3). doi: 10.1177/21582440251367907.

Chen, Wen. 2020. "Neutral Bots Probe Political Bias on Social Media." doi: 10.48550/arxiv.2005.08141.

Demir, Mehmet Ö., Zuhal G. Demir, F. Sümer, Çiğdem K. Şatır, Hakan Aydoğan, and Burak Arslan. 2025. "The Interplay Between Progressivism and Logical Fallacy: Implications for Climate Change Communications." *Environmental Research Communications* 7(8):85005. doi: 10.1088/2515-7620/adf497.

Evanega, Sarah, Mark Lynas, Jordan Adams, and Karinne Smolenyak. 2020. "Coronavirus Misinformation: Quantifying Sources and Themes in the COVID-19 'Infodemic' (Preprint)." doi: 10.2196/preprints.25143.

Fan, Jie. 2020. "Notes on Neighborhood Semantics for Logics of Unknown Truths and False Beliefs." doi: 10.48550/arxiv.2002.09622.

Fritts, Megan, and Frank Cabrera. 2022. "Fake News and Epistemic Vice: Combating a Uniquely Noxious Market." *Journal of the American Philosophical Association* 8(3):454–75. doi: 10.1017/apa.2021.11.

Greeshma, Rajgopal, Gargi Bharadwaj, Divyashree B. -, H. A. .. Girijamma, N. .. Goutham, and Sanjay P. K. -. 2024. "Social Media Misinformaton." *International Journal for Multidisciplinary Research* 6(6). doi: 10.36948/ijfmr.2024.v06i06.25182.

Hitchcock, David. 1992. "Relevance." *Argumentation* 6(2):251–70. doi: 10.1007/bf00154329.

Kanashina, Olga, and Rubén Huertas-García. 2023. "Fake News and Youngsters' Decision Journey: An Evaluation of the Influence of Misinformation on Social Media." *Intangible Capital* 19(4):534. doi: 10.3926/ic.2312.

Lavazza, Andrea, and Mirko Farina. 2022. "The Role of Experts in the Covid-19 Pandemic and the Limits of Their Epistemic Authority in Democracy." *New Zealand Science Review* 76(3):67–76. doi: 10.26686/nzsr.v76i3.7816.

Malik, Mohammad M. 2019. "Islamic Critical Evaluation and Perspective on Fallacy of Argumentum Ad Hominem." *Pakistan Journal of Humanities and Social Sciences* 7(1):63–75. doi: 10.52131/pjhss.2019.0701.0072.

Matei, Raluca, and Keith Phillips. 2023. "Critical Thinking in Musicians' Health Education. Findings From Four Workshops With Experts (Part I)." *Health Promotion International* 38(2). doi: 10.1093/heapro/daac187.

Nippold, Marilyn A. 2024. "Unlocking Logical Fallacies: A Key to Building Critical Thinking Skills in Adolescents." *Perspectives of the Asha Special Interest Groups* 9(1):1–13. doi: 10.1044/2023_persp-23-00108.

Pilkington, Bryan, Arthur L. Caplan, and Kayhan Parsi. 2025. "In an Age of Anti-Intellectualism, What Is the Value of Expertise?" *Voices in Bioethics* 11. doi: 10.52214/vib.v11i.13851.

Sartori, Riccardo, Francesco Tommasi, Andrea Ceschi, Mattia Falser, Silvia Genero, and Silvia Belotto. 2022. "Enhancing Critical Thinking Skills and Media Literacy in Initial Vocational Education and Training via Self-Nudging: The Contribution of NERDVET Project." *Frontiers in Psychology* 13. doi: 10.3389/fpsyg.2022.935673.

Tommasi, Francesco, Andrea Ceschi, Riccardo Sartori, Marija Gostimir, Giulia Passaia, Silvia Genero, and Silvia Belotto. 2021. "Enhancing Critical Thinking and Media Literacy in the Context of IVET: A Systematic Scoping Review." *European Journal of Training and Development* 47(1/2):85–104. doi: 10.1108/ejtd-06-2021-0074.

Vincent-Lancrin, Stéphan. 2023. "Fostering and Assessing Student Critical Thinking: From Theory to Teaching Practice." *European Journal of Education* 58(3):354–68. doi: 10.1111/ejed.12569.

Whelan, Allison M. 2023. "How Should State Licensing and Credentialing Boards Respond When Government Clinicians Spread False or Misleading Health Information?" *The Ama Journal of Ethic* 25(3):E210-218. doi: 10.1001/amajethics.2023.210.

Zahra, Wilna L. A., and Leonita Kusumawardhani. 2024. "Analisis Isi Logical Fallacy Pada Iklan 'Azarine' Di Akun Instagram @Azarinecosmeticofficial." *Konvergensi Jurnal Ilmiah Ilmu Komunikasi* 5(2):106–24. doi: 10.51353/kvg.v5i2.1005.

Zeng, Huai-Kuan, Shih-Yu Lo, and Shu-Chu S. Li. 2023. "Credibility of Misinformation Source Moderates the Effectiveness of Corrective Messages on Social Media." *Public Understanding of Science* 33(5):587–603. doi: 10.1177/09636625231215979.

Alaghbary, Gibreel S. 2020. "Looting Leads to Shooting: A Pragma-Dialectical Analysis of President Trump's Argumentative Discourse on Floyd's Death." *Journal of Language and Linguistic Studies* 16(4):1854–68. doi: 10.17263/jlls.851011.

Arın, K. P., Deni Mazrekaj, and Marcel Thum. 2023. "Ability of Detecting and Willingness to Share Fake News." *Scientific Reports* 13(1). doi: 10.1038/s41598-023-34402-6.

Brooks, Ian, Marcelo D'Agostino, Myrna Martí, Kate McDowell, Felipe M. Mejía, Miguel Betancourt-Cravioto, Lisa Gatzke, Elaine R. Hicks, Rebecca Kyser, Kevin T. Leicht, Eliane P. d. Santos, Jessica J. Saw, Ailín Tomio, and Sebastián García-Saisó. 2023. "An Anti-Infodemic Virtual Center for the Americas." *Revista Panamericana De Salud Pública* 47:1. doi: 10.26633/rpsp.2023.5.

Casey, John. 2022. "Beliefs, Commitments, and Ad Baculum Arguments." *Languages* 7(2):107. doi: 10.3390/languages7020107.

Cummings, Louise. 2014. "Analogical Reasoning in Public Health." *Journal of Argumentation in Context* 3(2):169–97. doi: 10.1075/jaic.3.2.04cum.

Demir, Mehmet Ö., Zuhal G. Demir, F. Sümer, Çiğdem K. Şatır, Hakan Aydoğan, and Burak Arslan. 2025. "The Interplay Between Progressivism and Logical Fallacy: Implications for Climate Change Communications." *Environmental Research Communications* 7(8):85005. doi: 10.1088/2515-7620/adf497.

Dhaliwal, Nathan A., Jillian Jordan, and Pat Barclay. 2024. "Modest Victims: Victims Who Decline to Broadcast Their Victimization Are Seen as Morally Virtuous." doi: 10.31234/osf.io/astzc.

Ecker, Ullrich K. H., Stephan Lewandowsky, John Cook, Philipp Schmid, Lisa K. Fazio, Nadia M. Brashier, Panayiota Kendeou, Emily K. Vraga, and Michelle A. Amazeen. 2022. "The Psychological Drivers of Misinformation Belief and Its Resistance to Correction." *Nature Reviews Psychology* 1(1):13–29. doi: 10.1038/s44159-021-00006-y.

Gachago, Daniela, Eunice Ivala, Agnes Chigona, and Janet Condy. 2015. "Owning Your Emotions or Sentimental Navel-Gazing: <i>Digital Storytelling With South African Pre-Service Student Educators</I>." *Cultural Science Journal* 8(2):22–42. doi: 10.5334/csci.80.

Guillory, Jimmeka J., and Lisa Geraci. 2013. "Correcting Erroneous Inferences in Memory: The Role of Source Credibility." *Journal of Applied Research in Memory and Cognition* 2(4):201–9. doi: 10.1016/j.jarmac.2013.10.001.

Martino, Giovanni D. S., Seunghak Yu, Alberto Barrón-Cedeño, Rostislav Petrov, and Preslav Nakov. 2019. "Fine-Grained Analysis of Propaganda in News Article." doi: 10.18653/v1/d19-1565.

Prakken, Henry. 2006. "Formal Systems for Persuasion Dialogue." *The Knowledge Engineering Review* 21(2):163–88. doi: 10.1017/s0269888906000865.

Szczepańska-Włoch, Joanna. 2023. "(Nie)Racjonalność Jako Strategia Manipulacji. Wywiad Polityczny W Wielkiej Brytanii." *Res Rhetorica* 10(2):74–88. doi: 10.29107/rr2023.2.4.

Visser, Jacky, Katarzyna Budzyńska, and Chris Reed. 2017. "A Critical Discussion Game for Prohibiting Fallacies." *Logic and Logical Philosophy* 27(4):491–515. doi: 10.12775/llp.2017.021.

Asthiningsih, Ni W. W., Dwi R. Fitriani, and Arief Budiman. 2020. "Efektifitas Pembelajaran Jigsaw Terhadap Kemampuan Berpikir Kritis Mahasiswa Pada Mata Kuliah Keperawatan Anak." *Jurnal Pendidikan Keperawatan Indonesia* 6(2). doi: 10.17509/jpki.v6i2.27040.

Astuti, Irnin A. D., and Deni N. Ahmad. 2017. "Pengaruh Pendekatan Pembelajaran Keterampilan Proses Dengan Model Pembelajaran Problem Based Instruction Terhadap Peningkatan Kemampuan Berpikir Kritis Mahasiswa Pada Mata Kuliah Pendidikan Kependudukan Dan Lingkungan Hidup (Pklh)." *Bioma Jurnal Ilmiah Biologi* 6(2). doi: 10.26877/bioma.v6i2.1537.

Bantugan, Brian S. 2025. "From Ridicule to Resistance: Online Public Discourses Surrounding Ivermectin on a Selected British Broadcasting Corporation News Video on Youtube." *International Journal of Research and Scientific Innovation* XII(XV):1827–41. doi: 10.51244/ijrsi.2025.1215000145p.

Baptista, João P., Anabela Gradim, and Daniela Fonseca. 2024. "Populist Leaders as Gatekeepers: André Ventura Uses News to Legitimize the Discourse." *Journalism and Media* 5(3):1329–47. doi: 10.3390/journalmedia5030084.

Bond, Rucha, Karen Bastianelli, Simi Gunaseelan, Kevin W. Chamberlin, and Kayce M. Shealy. 2023. "How Debate Could Facilitate Group Function in Pharmacy Schools." *American Journal of Pharmaceutical Education* 87(3):ajpe8864. doi: 10.5688/ajpe8864.

Bos, L., Christian Schemer, Nicoleta Corbu, Michael Hameleers, Ioannis Andreadis, Anne Schulz, Desirée Schmuck, Carsten Reinemann, and Nayla Fawzi. 2019. "The Effects of Populism as a Social Identity Frame on Persuasion and Mobilisation: Evidence From a 15-country Experiment." *European Journal of Political Research* 59(1):3–24. doi: 10.1111/1475-6765.12334.

Boudry, Maarten, Fabio Paglieri, and Massimo Pigliucci. 2015. "The Fake, the Flimsy, and the Fallacious: Demarcating Arguments in Real Life." *Argumentation* 29(4):431–56. doi: 10.1007/s10503-015-9359-1.

Bowman, Nicholas A. 2010. "Can 1st-Year College Students Accurately Report Their Learning and Development?" *American Educational Research Journal* 47(2):466–96. doi: 10.3102/0002831209353595.

Cabrera, Benjamin, Björn Roß, Daniel Röchert, Felix Brünker, and Stefan Stieglitz. 2021. "The Influence of Community Structure on Opinion Expression: An Agent-Based Model." *Journal of Business Economics* 91(9):1331–55. doi: 10.1007/s11573-021-01064-7.

Deighk, John. 1995. "Walton's the Place of Emotion in Argument." *Informal Logic* 17(1). doi: 10.22329/il.v17i1.2399.

Donyai, Parastou. 2016. "Identifying Fallacious Arguments in a Qualitative Study of Antipsychotic Prescribing in Dementia." *International Journal of Pharmacy Practice* 25(5):379–87. doi: 10.1111/ijpp.12328.

Doody, Owen, and Marissa Condon. 2012. "Increasing Student Involvement and Learning Through Using Debate as an Assessment." *Nurse Education in Practice* 12(4):232–37. doi: 10.1016/j.nepr.2012.03.002.

Fox, Stephen. 2018. "Irresponsible Research and Innovation? Applying Findings From Neuroscience to Analysis of Unsustainable Hype Cycles." *Sustainability* 10(10):3472. doi: 10.3390/su10103472.

Gena, Cristina, Pierluigi Grillo, Antonio Lieto, Claudio Mattutino, and Fabiana Vernero. 2019. "When Personalization Is Not an Option: An in-the-Wild Study on Persuasive News Recommendation." *Information* 10(10):300. doi: 10.3390/info10100300.

Hahn, Ulrike, and Mike Oaksford. 2007. "The Rationality of Informal Argumentation: A Bayesian Approach to Reasoning Fallacies." *Psychological Review* 114(3):704–32. doi: 10.1037/0033-295x.114.3.704.

Hart, Christopher. 2013. "Argumentation Meets Adapted Cognition: Manipulation in Media Discourse on Immigration." *Journal of Pragmatics* 59:200–209. doi: 10.1016/j.pragma.2013.06.005.

Hopster, Jeroen. 2020. "Mutual Affordances: The Dynamics Between Social Media and Populism." *Media Culture & Society* 43(3):551–60. doi: 10.1177/0163443720957889.

Ilmudinulloh, Rafiud. 2022. "Model Pembelajaran Berbasis Proyek Untuk Mengembangkan Kemampuan Berpikir Kritis Mahasiswa." *Jurnal Riset Jurnalistik Dan Media Digital* 121–28. doi: 10.29313/jrjmd.v2i2.1366.

Indah, Rohmani N. 2017. "Logical Flaws in Indonesian Students' Argumentative Essays." *Kne Social Sciences* 1(3):358. doi: 10.18502/kss.v1i3.756.

Indriyani, Ita Y., Nurul Anam, and Rofiatul Istiqomah. 2024. "Pengembangan Media Pembelajaran Digital: Upaya Meningkatkan Critical Thinking Di Kalangan Mahasiswa." *Al-Adabiyah Jurnal Pendidikan Agama Islam* 5(2):126–39. doi: 10.35719/adabiyah.v5i2.927.

Jansen, Henrike. 2019. "De Invloed Van Het Standpunt Op De Beoordeling Van Ad Populum-Argumentatie." *Tijdschrift Voor Taalbeheersing* 41(1):143–57. doi: 10.5117/tvt2019.1.010.jans.

Jazeri, Mohamad, Sukarsono Sukarsono, and Endang Sumarti. 2019. "Argumentum Ad Hominem in Presidential Candidate's Debate in Indonesia: Forms and Functions." doi: 10.4108/eai.27-4-2019.2286873.

Kahne, Joseph, and Susan E. Sporte. 2008. "Developing Citizens: The Impact of Civic Learning Opportunities on Students' Commitment to Civic Participation." *American Educational Research Journal* 45(3):738–66. doi: 10.3102/0002831208316951.

Kumar, Manish. 2025. "The Psychology of Polarization and Misinformation: A Comprehensive Literature Review." *Revista Review Index Journal of Multidisciplinary* 4(2):42–47. doi: 10.31305/rrijm2024.v04.n02.007.

Liu, Longzhao, Xin Wang, Xuyang Chen, Shaoting Tang, and Zhiming Zheng. 2021. "Modeling Confirmation Bias and Peer Pressure in Opinion Dynamics." *Frontiers in Physics* 9. doi: 10.3389/fphy.2021.649852.

Lunggito, Christin N. K., Anindito Aditomo, and Ide B. Siaputra. 2015. "Argument Evaluation Test for Critical Thinking Ability Assessment: A Preliminary Study." *Anima Indonesian Psychological Journal* 30(2):111–15. doi: 10.24123/aipj.v30i2.540.

Mazzoleni, Gianpietro, and Roberta Bracciale. 2018. "Socially Mediated Populism: The Communicative Strategies of Political Leaders on Facebook." *Palgrave Communications* 4(1). doi: 10.1057/s41599-018-0104-x.

Moro, Francisco J. G., Diego Gómez-Baya, Alicia Muñoz-Silva, and Nuria Romero. 2021. "A Qualitative and Quantitative Study on Critical Thinking in Social Education Degree Students." *Sustainability* 13(12):6865. doi: 10.3390/su13126865.

Niemeyer, Simon, Francesco Veri, John S. Dryzek, and André Bächtiger. 2023. "How Deliberation Happens: Enabling Deliberative Reason." *American Political Science Review* 118(1):345–62. doi: 10.1017/s0003055423000023.

Nieto, Javier J. 2024. "Argumentos Políticos a Examen: El Uso De Falacias En El Discurso Parlamentario Español." *Adresearch Esic International Journal of Communication Research* 32:e291. doi: 10.7263/adresic-32-291.

Ninawati, Ninawati, Danang Biyatmoko, and Atiek Winarti. 2023. "Effectiveness of Popular Scientific Books 'Ethnopharmacology of the Balinese Community in Barambai Kolam Kanan Village' to Train Students' Critical Thinking Skill." *Bio-Inoved Jurnal Biologi-Inovasi Pendidikan* 5(3):358. doi: 10.20527/bino.v5i3.16271.

Permana, Ryan H. 2016. "The Effectiveness of Standardized Patient Experience (SPE) Model in Teaching Critical Thinking Capability of Bachelor Nursing Students Compared to Case Study." *Indonesian Nursing Journal of Education and Clinic (Injec)* 1(1):7. doi: 10.24990/injec.v1i1.86.

Raurell-Torredà, M., Josep Olivet-Pujol, Àngel Romero-Collado, Maria C. Malagon-Aguilera, Josefina Patiño-Masó, and Alícia B. Bagué. 2014. "Case-Based Learning and Simulation: Useful Tools to Enhance Nurses' Education? Nonrandomized Controlled Trial." *Journal of Nursing Scholarship* 47(1):34–42. doi: 10.1111/jnu.12113.

Reißmann, Wolfgang, Miriam Siemon, and Moe Kinoshita. 2023. "Image Networks and Practice Analysis of Larger Data Corpora. An Approach to Cluster and Recontextualize Visual Practice in Social Media." *Studies in Communication Sciences*. doi: 10.24434/j.scoms.2024.01.3883.

Rensmann, Lars. 2017. "The Noisy Counter-Revolution: Understanding the Cultural Conditions and Dynamics of Populist Politics in Europe in the Digital Age." *Politics and Governance* 5(4):123–35. doi: 10.17645/pag.v5i4.1123.

Rustam, Rustam, Priyanto Priyanto, Lusia O. Wini, and Ade B. Saputra. 2024. "Mendesain Modul Ajar Bahasa Indonesia Menggunakan Model Poe2We Untuk Meningkatkan Keterampilan Berpikir Kritis (Critical Thinking) Berbasis Project Based Learning (PjBL)." *Alfabeta Jurnal Bahasa Sastra Dan Pembelajarannya* 7(1):98–108. doi: 10.33503/alfabeta.v7i1.4079.

Badawi, Habib. 2024. "Scientific Skepticism: From Arab Doubt to a Global Pandemic." الإنسانية للعلوم العربية المجلة.

Boudry, Maarten, Fabio Paglieri, dan Massimo Pigliucci. 2015. "The Fake, the Flimsy, and the Fallacious." Argumentation.

Pigliucci, Massimo, dan M. Boudry. 2013. "Prove It! The Burden of Proof Game in Science." Philosophia.

Walton, Douglas. 2008. "A Dialogical Theory of Presumption." Artificial Intelligence and Law.

Walton, Douglas & Gordon. 2009. "Jumping to a Conclusion: Fallacies and Standards of Proof." Informal Logic

Badawi, Habib. 2024. "Scientific Skepticism: From Arab Doubt to a Global Pandemic." *الإنسانية للعلوم العربية المجلة* 42(167):257–75. doi: 10.34120/ajh.v42i167.331.

Beniermann, Anna, Laurens Mecklenburg, and Annette U. z. Belzen. 2021. "Reasoning on Controversial Science Issues in Science Education and Science Communication." *Education Sciences* 11(9):522. doi: 10.3390/educsci11090522.

Boudry, Maarten, Fabio Paglieri, and Massimo Pigliucci. 2015. "The Fake, the Flimsy, and the Fallacious: Demarcating Arguments in Real Life." *Argumentation* 29(4):431–56. doi: 10.1007/s10503-015-9359-1.

Nippold, Marilyn A. 2024. "Unlocking Logical Fallacies: A Key to Building Critical Thinking Skills in Adolescents." *Perspectives of the Asha Special Interest Groups* 9(1):1–13. doi: 10.1044/2023_persp-23-00108.

Pigliucci, Massimo, and Maarten Boudry. 2013. "Prove It! The Burden of Proof Game in Science vs. Pseudoscience Disputes." *Philosophia* 42(2):487–502. doi: 10.1007/s11406-013-9500-z.

Triposkiadis, Filippos, Konstantinos D. Boudoulas, Andrew Xanthopoulos, and Harisios Boudoulas. 2021. "Fallacies in Medical Practice: Renin-Angiotensin-Aldosterone System Inhibition and COVID-19 as a Paradigm." *Hellenic Journal of Cardiology* 62(3):185–89. doi: 10.1016/j.hjc.2020.10.008.

Walton, Douglas. 2006. "Rules for Reasoning From Knowledge and Lack of Knowledge." *Philosophia* 34(3):355–76. doi: 10.1007/s11406-006-9028-6.

Walton, Douglas. 2008. "A Dialogical Theory of Presumption." *Artificial Intelligence and Law* 16(2):209–43. doi: 10.1007/s10506-008-9063-7.

Walton, Douglas, and Thomas F. Gordon. 2009. "Jumping to a Conclusion: Fallacies and Standards of Proof." *Informal Logic* 29(2):215. doi: 10.22329/il.v29i2.1227.

Walton, DouglasN. 1988. "Burden of Proof." *Argumentation* 2(2). doi: 10.1007/bf00178024.

Williams, Michael, Donna Bozyczko-Coyne, Bruce Dorsey, and Scott Larsen. 2008. "Laboratory Notebooks and Data Storage." *Current Protocols Essential Laboratory Techniques* 00(1). doi: 10.1002/9780470089941.eta02as00.

Woods, John, and Douglas Walton. 1978. "The Fallacy of 'Ad Ignorantiam.'" *Dialectica* 32(2):87–100. doi: 10.1111/j.1746-8361.1978.tb01304.x.

Altarawneh, Mohammad. 2023. "Native-Speakerism in the EFL Job Market: A Corpus-Based Study of Teaching Advertisements." 105–16. doi: 10.24086/iclangedu2023/paper.947.

Antony, Michael V. 2004. "Sidestepping the Semantics of 'Consciousness.'" *Behavioral and Brain Sciences* 27(2):289–90. doi: 10.1017/s0140525x0421007x.

Chevrier, Alain. 2019. "Les Traductions Homophoniques Du Français Au Français." 131–46. doi: 10.17184/eac.2150.

Cox, David J. 2020. "Descriptive and Normative Ethical Behavior Appear to Be Functionally Distinct." *Journal of Applied Behavior Analysis* 54(1):168–91. doi: 10.1002/jaba.761.

Curelariu, Valentina. 2015. "Sentence-Identity Building: A Syntactic Resolution of Amphiboly Caused by Prepositional-Phrase Attachment." *Messages Sages and Ages* 2(2):33–37. doi: 10.1515/msas-2015-0009.

Ervas, Francesca, Maria G. Rossi, Amitash Ojha, and Bipin Indurkhya. 2021. "The Double Framing Effect of Emotive Metaphors in Argumentation." *Frontiers in Psychology* 12. doi: 10.3389/fpsyg.2021.628460.

Fraundorf, Scott H., Aaron S. Benjamin, and Duáne G. Watson. 2013. "What Happened (And What Did Not): Discourse Constraints on Encoding of Plausible Alternatives." *Journal of Memory and Language* 69(3):196–227. doi: 10.1016/j.jml.2013.06.003.

Hassanein, Hamada. 2022. "Double or Half Reading, Double or Full Meaning: Amphibological and Anacoluthic Syntax Through the Lens of Qur'an Translators." *Russian Journal of Linguistics* 26(3):668–700. doi: 10.22363/2687-0088-26692.

Jin, Jian, and Siyun Liu. 2024. "The Influences of Narrative Perspective Shift and Scene Detail on Narrative Semantic Processing." *Language and Cognition* 16(4):1366–94. doi: 10.1017/langcog.2024.9.

Khan, Rameen, Salman Khan, Iman A. Shah, and Anum Banaras. 2025. "Teaching 'Misunderstanding in Communication' in the EFL Classroom: The Gricean Approach." *Journal of English Language Literature and Education* 7(02):103–15. doi: 10.54692/jelle.2025.0702277.

Lee, Eun K., and Scott H. Fraundorf. 2018. "Native-Like Processing of Prominence Cues in L2 Written Discourse Comprehension: Evidence From Font Emphasis." *Applied Psycholinguistics* 40(2):373–98. doi: 10.1017/s0142716418000619.

Liu, Leigh A., Chei H. Chua, and Günter K. Stahl. 2010. "Quality of Communication Experience: Definition, Measurement, and Implications for Intercultural Negotiations." *Journal of Applied Psychology* 95(3):469–87. doi: 10.1037/a0019094.

Neesham, Cristina, Krzysztof Dembek, and Julia Benkert. 2023. "Defining Value in Sustainable Business Models." *Business & Society* 62(7):1378–1419. doi: 10.1177/00076503221147902.

O'Connell, Christian. 2025. "Is 'Gender-Affirming Medical Care' Any of These?" *Voices in Bioethics* 11. doi: 10.52214/vib.v11i.14187.

Schwartz, Elliot, Georgine M. Pion, Jake Quilty-Dunn, Eric Mandelbaum, and Spencer Caplan. 2025. "Polysemy and Inference: Reasoning With Underspecified Representations." doi: 10.31234/osf.io/xjgwf_v1.

Scollione, James. 2024. "A Systems-Based Approach to Criminal Thinking and Behavior." *International Journal of Offender Therapy and Comparative Criminology* 68(15):1615–28. doi: 10.1177/0306624x241270565.

Walton, Douglas. 2020. "Profiles of Dialogue for Amphiboly." *Informal Logic* 40(1):3–45. doi: 10.22329/il.v40i1.5997

Afni, Delvi N., Ahmad Eddison, and Supentri Supentri. 2022. "Pengaruh Pola Asuh Terhadap Pembentukan Moral Anak Usia Remaja." Bhineka Tunggal Ika Kajian Teori Dan Praktik Pendidikan PKN 9(1):27–35. doi: 10.36706/jbti.v9i1.15743.

Berland, Leema K., Christina V Schwarz, Christina Krist, Lisa Kenyon, Abraham S. Lo, and Brian J. Reiser. 2015. "Epistemologies in Practice: Making Scientific Practices Meaningful for Students." Journal of Research in Science Teaching 53(7):1082–1112. doi: 10.1002/tea.21257.

Bochman, Alexander. 2021. "A Logical Theory of Causality." doi: 10.7551/mitpress/12387.001.0001.

Debrenti, Edith, and Andrea Bordás. 2023. "Basic Logical Operation Skills and Logical Reasoning Competences of University Students in a Western Region of Romania." Frontiers in Education 8. doi: 10.3389/feduc.2023.1273602.

FAJRILLAH. 2018. "Studi Metode Penelitian Campuran Untuk Menghasilkan Solusi Dan Inovasi Di Bidang Si/Ti Agar Dapat Meningkatkan Daya Saing." doi: 10.31219/osf.io/e5xbf.

Goel, Vinod, Christian Büchel, Chris Frith, and Raymond J. Dolan. 2000. "Dissociation of Mechanisms Underlying Syllogistic Reasoning." Neuroimage 12(5):504–14. doi: 10.1006/nimg.2000.0636.

Hasaniyah, Nur, Abdul M. A. Anshory, and Munirul Abidin. 2025. "Implementasi Pembelajaran Bahasa Arab Model Contextual Teaching and Learning Dengan Media Educaplay." Learning Jurnal Inovasi Penelitian Pendidikan Dan Pembelajaran 5(3):1270–80. doi: 10.51878/learning.v5i3.5530.

Hidayat, Rian. 2024. "Harmonisasi Pengetahuan: Menelusuri Interaksi Islam Dan Filsafat Dalam Pengembangan Ilmu Pengetahuan." El-Fikr Jurnal Aqidah Dan Filsafat Islam 5(1):37–53. doi: 10.19109/el-fikr.v5i1.21680.

Lathifah, Nabilah N., Farrah A. Siregar, and Renny Risqiani. 2023. "Pengaruh Pemasaran Media Sosial Instagram Terhadap Customer Brand Engagement Dan Brand Loyalty." Equilibrium Jurnal Penelitian Pendidikan Dan Ekonomi 20(02):119–30. doi: 10.25134/equi.v20i02.7454.

Lestari, Syintia, Saidil Mursali, and Ida Royani. 2018. "Pengaruh Model Pembelajaran Langsung Berbasis Praktikum Terhadap Keterampilan Proses Sains Dan Kemampuan Berpikir Kritis Siswa." Bioscientist Jurnal Ilmiah Biologi 6(1):67. doi: 10.33394/bjib.v6i1.2367.

Martin, Ben. 2020. "Identifying Logical Evidence." Synthese 198(10):9069–95. doi: 10.1007/s11229-020-02618-y.

Noviadana, Shela I., Asep D. Suhardini, and Dinar N. Inten. 2021. "Pengaruh Permainan Papan Perkenalan Terhadap Kemampuan Berbicara Anak Usia 5-6 Tahun Di TK X Kabupaten Bandung." Jurnal Riset Pendidikan Guru Paud 1(1):54 61. doi: 10.29313/jrpgp.v1i1.224.

Sakti, Bayu P. 2022. "Pemilihan Judul, Identifikasi Dan Rumusan Masalah." doi: 10.31219/osf.io/nr9zb.

Sauermann, Henry, and Paula E. Stephan. 2013. "Conflicting Logics? A Multidimensional View of Industrial and Academic Science." Organization Science 24(3):889–909. doi: 10.1287/orsc.1120.0769.

Seghir, H., Najat Boucetta, S. Boubih, Mustapha Alaoui, Rachid J. Idrissi, and G. Ghariz. 2023. "Towards a New Relationship Between: Innovative Ideas and Designs Adopted by Teachers for Improving the Study Environment of Life and Earth Sciences in Morocco." E3s Web of Conferences 412:1015. doi: 10.1051/e3sconf/202341201015.

Siallagan, Thomson, Andi Sadarita, Genti Turnip, Nova Y. Saragih, and Muryani Surbakti. 2022. "Korelasi Pendidikan Agama Kristen Dengan Perkembangan

Karakter Siswa." Illuminate Jurnal Teologi Dan Pendidikan Kristiani 2(2):115–28. doi: 10.54024/illuminate.v2i2.163.

Tarigan, Nerys L. L. 2019. "Determinan Loyalitas Merk Dengan Kepuasan Dan Komitmen Sebagai Mediator: Studi Pada Pelanggan Garuda Indonesia Di Yogyakarta." Jurnal Riset Manajemen Dan Bisnis 13(2):77. doi: 10.21460/jrmb.2018.132.306.

Westbrook, Susan L., and Laura Rogers. 1994. "Examining the Development of Scientific Reasoning in Ninth-grade Physical Science Students." Journal of Research in Science Teaching 31(1):65–76. doi: 10.1002/tea.3660310107.

Aji, Sudi D., and Muhammad N. Hudha. 2015. "Dampak PBL Terhadap Kerja Ilmiah Mahasiswa Pada Perkuliahan Pengembangan Media Pembelajaran." *Jurnal Inspirasi Pendidikan* 5(2):708. doi: 10.21067/jip.v5i2.808.

Anwar, Mudassir. 2015. "Mixed-Methods Research in Pharmacy Practice and Its Implications." *Archives of Pharmacy Practice* 6(1):1. doi: 10.4103/2045-080x.151279.

Cleland, Carol E. 2002. "Methodological and Epistemic Differences Between Historical Science and Experimental Science." *Philosophy of Science* 69(3):474–96. doi: 10.1086/342455.

Coleman, Aaron B., Kyla Lorenzo, Flannery McLamb, Abhiraj Sanku, Sahil Khan, and Goran Bozinovic. 2023. "Imagining, Designing, and Interpreting Experiments: Using Quantitative Assessment to Improve Instruction in Scientific Reasoning." *Biochemistry and Molecular Biology Education* 51(3):286–301. doi: 10.1002/bmb.21727.

DiGiuseppe, Raymond. 1986. "The Implication of the Philosophy of Science for Rational-Emotive Theory and Therapy." *Psychotherapy* 23(4):634–39. doi: 10.1037/h0085668.

Ferraro, Paul J., James N. Sanchirico, and Martin D. Smith. 2018. "Causal Inference in Coupled Human and Natural Systems." *Proceedings of the National Academy of Sciences* 116(12):5311–18. doi: 10.1073/pnas.1805563115.

Handayani, Faroh, Firly R. Triono, and Nina Chairina. 2021. "Pengaruh Covid-19 Dan PPKM Terhadap Usaha Mikro Sebagai Sumber Utama Pendapatan Keluarga." *E-Jurnal Ekonomi Dan Bisnis Universitas Udayana* 1027. doi: 10.24843/eeb.2021.v10.i11.p09.

Hayati, Taibatul, Mahrudin Mahrudin, and Riya Irianti. 2022. "Etnobotani Sandoricum Koetjape Burm.f. Merr. (Kecapi) Suku Dayak Bakumpai Bantuil Kabupaten Barito Kuala Berbentuk Buku Ilmiah Populer." *Jupeis Jurnal Pendidikan Dan Ilmu Sosial* 1(4):67–80. doi: 10.57218/jupeis.vol1.iss4.323.

Husnun, Arianti, and Bunga A. Gracia. 2025. "Pengaruh Budaya Organisasi Dan Motivasi Kerja Terhadap Kinerja Karyawan PT. Jasamarga Tollroad Operator Ruas Tol Pondok Ranji." *JSM* 2(1):135–50. doi: 10.70285/n3t0tn82.

Ilahi, M. F., Agung Kurniawan, and M. I. M. Haeruddin. 2024. "Pengaruh Kepemimpinan Terhadap Displin Kerja Di Dinas Perhubungan Kota Makassar." *Jm* 4(1):40. doi: 10.26858/jm.v4i1.59252.

Kell, Douglas B., and Stephen G. Oliver. 2003. "Here Is the Evidence, Now What Is the Hypothesis? The Complementary Roles of Inductive and Hypothesis-driven Science in the Post-genomic Era." *Bioessays* 26(1):99–105. doi: 10.1002/bies.10385.

Merdekasari, Arih, and Moh. T. Chaer. 2017. "Perbedaan Perilaku Agresi Antara Siswa Laki-Laki Dan Siswa Perempuan Di SMPN 1 Kasreman Ngawi." *Jurnal Psikologi Pendidikan Dan Konseling Jurnal Kajian Psikologi Pendidikan Dan Bimbingan Konseling* 53. doi: 10.26858/jpkk.v0i0.2996.

Nilsen, Erlend B., Diana E. Bowler, and John D. C. Linnell. 2019. "Exploratory and Confirmatory Research in the Open Science Era." doi: 10.32942/osf.io/75a6f.

O'Donohue, William. 2021. "Are Psychologists Appraising Research Properly? Some Popperian Notes Regarding Replication Failures in Psychology." *Journal of Theoretical and Philosophical Psychology* 41(4):233–47. doi: 10.1037/teo0000179.

Prasetyo, Agil B., and Herlinda M. K. Sari. 2024. "Technological Developments on Purchasing Decisions in the Tokopedia Marketplace." *Ipteks* 1(1):84–104. doi: 10.61796/ipteks.v1i1.93.

Ramadhan, Firnanda I., Adi Atmoko, and Carolina L. Radjah. 2021. "Studi Komparatif Mengenai Kepercayaan Diri Siswa Antara Kelompok Siswa Jalur Zonasi Dengan Kelompok Siswa Jalur Prestasi Tahun Ajaran 2020/2021 Di SMP Negeri 25 Kota Malang." *Jurnal Pembelajaran Bimbingan Dan Pengelolaan Pendidikan* 1(1):37–42. doi: 10.17977/um065v1i12021p37-42.

Robinson, Daniel H., Joel R. Levin, Greg D. Thomas, Keenan A. Pituch, and Sharon Vaughn. 2007. "The Incidence of 'Causal' Statements in Teaching-and-Learning Research Journals." *American Educational Research Journal* 44(2):400–413. doi: 10.3102/0002831207302174.

Selvia, Selvia M., and Virna Sulfitri. 2023. "Pengaruh Green Accounting, Corporate Social Responsibility Dan Financial Distress Terhadap Nilai Perusahaan Pada Perusahaan Manufaktur Sektor Consumer Goods Yang Terdaftar Di Bei 2019-2021." *Jurnal Ekonomi Trisakti* 3(2):3035–48. doi: 10.25105/jet.v3i2.17999.

Shilla, Rhischa A., Andrea F. Rahman, and Dewi Z. Afida. 2022. "Analisis Penalaran Ilmiah Mahasiswa Jurusan Pendidikan Guru Madrasah Ibtidaiyah (PGMI) IAIN Pekalongan." *Indonesian Journal of Islamic Elementary Education* 2(1):39–48. doi: 10.28918/ijiee.v2i1.4626.

Siswanti, Senia T., Abi Suryono, Marsuking Marsuking, and Meutia Laily. 2024. "Pengaruh Komite Audit, Transfer Pricing, Profitabilitas, Dan Sales Growth Terhadap Penghindaran Pajak (Tax Avoidance)." *Banku Jurnal Perbankan Dan Keuangan* 5(1):1–14. doi: 10.37058/banku.v5i1.10104.

Wulandari, Wulandari, Muhammad I. W. Haeruddin, and Muh. I. Musa. 2024. "Pengaruh Kepuasan Kerja Terhadap Prestasi Kerja Pegawai Di Puskesmas Bajeng Kabupaten Gowa." *Jm* 4(1):24. doi: 10.26858/jm.v4i1.59367

Aarts, A. A., Anderson, J. E., Anderson, C., Attridge, P. R., Attwood, A. S., Axt, J., Babel, M., Bahník, Š., Baranski, E., Barnett-Cowan, M., Bartmess, E., Beer, J. S., Bell, R., Bentley, H., Beyan, L., Binion, G., Borsboom, D., Bosch, A., Bosco, F. A., … Zuni, K. (2015). Estimating the Reproducibility of Psychological Science. *Science*. https://doi.org/10.1126/science.aac4716

Aryal, V. (2023). Paradigm Shift in Social Science Research: A General Perspective. *Journal of Political Science*. https://doi.org/10.3126/jps.v23i1.52289

Asad, M., Faran, N., & Joharji, H. (2025). AI-Supported Shared Decision-Making (AI-SDM): Conceptual Framework. *Jmir Ai*. https://doi.org/10.2196/75866

Berthold, O., Blangis, F., & Greeley, C. S. (2025). From Pachymeningitis Hemorrhagica to Abusive Head Trauma: A Journey Through the Centuries. *Child Maltreatment*. https://doi.org/10.1177/10775595251361930

Blažek, P., Krishnan, V., & Lin, M. M. (2021). *Deep Distilling: Automated Code Generation Using Explainable Deep Learning*. https://doi.org/10.48550/arxiv.2111.08275

Braun, M., Hummel, P., Beck, S., & Dabrock, P. (2020). Primer on an Ethics of AI-based Decision Support Systems in the Clinic. *Journal of Medical Ethics*. https://doi.org/10.1136/medethics-2019-105860

Burgos, J. E. (2025). Getting Ontologically Serious About the Replication Crisis in Psychology. *Journal of Theoretical and Philosophical Psychology*. https://doi.org/10.1037/teo0000281

Cristianini, N. (2014). On the Current Paradigm in Artificial Intelligence. *Ai Communications*. https://doi.org/10.3233/aic-130582

Fadilah, A. A., Mulyana, M., Ramadhan, I. N., & Harianto, M. N. (2023). Thomas Kuhn's Science Paradigm. *Jurnal Penelitian Ilmu Ushuluddin*. https://doi.org/10.15575/jpiu.27833

Gan, L., & Wijaya, T. T. (2021). Measuring Student's Logical Reasoning Skills of Chinese Senior High School Using Rasch Measurement Model. *Jurnal Mathedu (Mathematic Education Journal)*. https://doi.org/10.37081/mathedu.v4i3.3247

Graille, M., Sacquin-Mora, S., & Taly, A. (2023). Best Practices of Using AI-Based Models in Crystallography and Their Impact in Structural Biology. *Journal of Chemical Information and Modeling*. https://doi.org/10.1021/acs.jcim.3c00381

Hao, Z., Yang, Y., Shi, Y., & Li, Y. (2022). Emerging Logic Devices Beyond CMOS. *The Journal of Physical Chemistry Letters*. https://doi.org/10.1021/acs.jpclett.1c04068

Hartini, S. (2019). Revolusi Ilmiah: Global Positioning System (GPS) Sebagai Bukti Empiris Teori Relativitas. *Jurnal Filsafat Indonesia*. https://doi.org/10.23887/jfi.v2i1.17548

Herley, C., & Pieters, W. (2015). *"If You Were Attacked, You'd Be Sorry."* https://doi.org/10.1145/2841113.2841122

Indah, P., & Nuraeni, R. (2021). Perbandingan Kemampuan Penalaran Deduktif Matematis Melalui Model PBL Dan IBL Berdasarkan KAM. *Mosharafa Jurnal Pendidikan Matematika*. https://doi.org/10.31980/mosharafa.v10i1.931

Jiang, S. (2021). "When Paradigms Are Out of Place": Embracing Eclecticism in Legal Scholarship by Academic Turns. *Laws*. https://doi.org/10.3390/laws10040079

Kahraman, F., Aktaş, A., Bayrakceken, S., Çakar, T., Tarcan, H. S., Bayram, B., Durak, B., & Ülman, Y. I. (2024). Physicians' Ethical Concerns About Artificial Intelligence in Medicine: A Qualitative Study: "The Final Decision Should Rest With a Human." *Frontiers in Public Health*. https://doi.org/10.3389/fpubh.2024.1428396

Khan, A., Khan, S., Ali, A., Mansoor, M., Junaid, M., Jameel, A., Rustam, R., Aslam, R., & Shah, J. N. (2025). Artificial Intelligence in Computer Science: Evolution, Techniques, Challenges, and Multidisciplinary Applications. *Scholars Journal of Engineering and Technology*. https://doi.org/10.36347/sjet.2025.v13i04.006

Kitchin, R. (2014). Big Data, New Epistemologies and Paradigm Shifts. *Big Data & Society*. https://doi.org/10.1177/2053951714528481

Korot, E., Guan, Z., Ferraz, D., Wagner, S., Zhang, G., Liu, X., Faes, L., Pontikos, N., Finlayson, S. G., Khalid, H., Moraes, G., Balaskas, K., Denniston, A. K., & Keane, P. A. (2021). Code-Free Deep Learning for Multi-Modality Medical Image Classification. *Nature Machine Intelligence*. https://doi.org/10.1038/s42256-021-00305-2

Larson, E. J. (2021). The Myth of Artificial Intelligence: Why Computers Can't Think the Way We Do. *Perspectives on Science and Christian Faith*. https://doi.org/10.56315/pscf12-21larson

Nagendran, M., Chen, Y., Lovejoy, C. A., Gordon, A., Komorowski, M., Harvey, H., Topol, E. J., A. Ioannidis, J. P., Collins, G. S., & Maruthappu, M. (2020). Artificial Intelligence Versus Clinicians: Systematic Review of Design, Reporting Standards, and Claims of Deep Learning Studies. *BMJ*. https://doi.org/10.1136/bmj.m689

Nurmuslimah, S., Perdana Putri, A. Y., & Mulya, D. A. (2020). Aplikasi Fuzzy Mamdani Untuk Meminimalkan Biaya Produksi Petis. *Jurnal Teknologi Dan Manajemen*. https://doi.org/10.31284/j.jtm.2020.v1i2.1009

Qiu, L., Ikeda, F., & Yamashita, N. (2024). Development of Logic-Based Question Classification Methods to Measure the Ability to Ask Questions Essential for Setting Research Questions. *Integrated Science Education Journal*. https://doi.org/10.37251/isej.v5i2.1003

Raman, K., Kumar, R., Musante, C. J., & Madhavan, S. (2025). Integrating Model-Informed Drug Development With <scp>AI</Scp>: A Synergistic Approach to Accelerating Pharmaceutical Innovation. *Clinical and Translational Science*. https://doi.org/10.1111/cts.70124

Ramesh Prasad, G. V. (2021). Enhancing Clinical Judgement in Virtual Care for Complex Chronic Disease. *Journal of Evaluation in Clinical Practice*. https://doi.org/10.1111/jep.13544

Resnyansky, L. (2019). Conceptual Frameworks for Social and Cultural Big Data Analytics: Answering the Epistemological Challenge. *Big Data & Society*. https://doi.org/10.1177/2053951718823815

Sarah, S., Alhmasi, L. Al, Aswita, D., & Maulidar, M. (2024). The Development of the Mathematical Logic Intelligence Assessment Instrument. *Proceedings of ICE*. https://doi.org/10.32672/pice.v2i1.1394

Saravanan, S., Vennila, I., & Mohanram, S. (2016). Design and Implementation of an Efficient Reversible Comparator Using TR Gate. *Circuits and Systems*. https://doi.org/10.4236/cs.2016.79223

Sfetcu, N. (2023). The Distinction Between Falsification and Refutation in the Demarcation Problem of Karl Popper. *SSRN Electronic Journal*. https://doi.org/10.2139/ssrn.4610145

Sharma, V. (2025). Artificial Intelligence as a Research Tool in Social Sciences: Contemporary Opportunities and Emerging Challenges. *International Journal for Multidisciplinary Research*. https://doi.org/10.36948/ijfmr.2025.v07i03.49410

Shin, H. S. (2019). Reasoning Processes in Clinical Reasoning: From the Perspective of Cognitive Psychology. *Korean Journal of Medical Education*. https://doi.org/10.3946/kjme.2019.140

Tade, R. S., Jain, S. N., Satyavijay, J. T., Shah, P. N., Bari, T. D., Patil, T. M., & Shah, R. P. (2024). Artificial Intelligence in the Paradigm Shift of Pharmaceutical Sciences: A Review. *Nano Biomedicine and Engineering*. https://doi.org/10.26599/nbe.2023.9290043

Takdir, M., & Arif, M. (2022). The Scientific Revolution of Thomas S. Kuhn and Its Contribution to the Conflict Resolution Paradigm in Indonesia. *Jurnal Sosiologi Dialektika*. https://doi.org/10.20473/jsd.v17i2.2022.147-158

Varypaiev, O., & Zasiadvovk, A. (2025). *The Evolution of the Philosophy of Science: From the Ancient Episteme to the Digital Ontology*. https://doi.org/10.31235/osf.io/y5m6q_v1

Walker, D. (2022). Obeying Authority: Should We Trust Them or Not? *Integrative Psychological and Behavioral Science*. https://doi.org/10.1007/s12124-022-09691-7

Yuan, Y., & Zhu, W. (2023). *Artificial Intelligence-Enabled Social Science: A Bibliometric Analysis*. https://doi.org/10.2991/978-94-6463-040-4_242

Božilović, J. (2021). Ethical Principles of Political Community in the Works of Aristotle. *KPol*, *44*, 173–187. https://doi.org/10.51738/kpolisa2021.18.1r.3.02

Burgin, M., & Hofkirchner, W. (2016). *Information Studies and the Quest for Transdisciplinarity*. https://doi.org/10.1142/10016

Durand-Richard, M.-J. (2022). *Boole's Symbolized Laws of Thought Facing Empiricism*. 97–118. https://doi.org/10.1007/978-3-030-94452-0_6

Grieb, M., Burkovski, A., Sträng, E., Kraus, J. M., Groß, A., Palm, G., Kühl, M., & Kestler, H. A. (2015). Predicting Variabilities in Cardiac Gene Expression With a Boolean Network Incorporating Uncertainty. *Plos One*, *10*(7), e0131832. https://doi.org/10.1371/journal.pone.0131832

JAYADI, M. S., WAHYUDIN, D., & SURIANI, E. (2024). Jejak Sejarah Linguistik Dalam Perkembangan Ilmu Bahasa : Studi Tokoh-Tokoh Linguistik Terkemuka Dan Temuan.

Social Jurnal Inovasi Pendidikan Ips, *4*(4), 558–573. https://doi.org/10.51878/social.v4i4.3793

Koutris, P., & Wijsen, J. (2017). Consistent Query Answering for Self-Join-Free Conjunctive Queries Under Primary Key Constraints. *Acm Transactions on Database Systems*, *42*(2), 1–45. https://doi.org/10.1145/3068334

Levy, N., & Alfano, M. (2019). Knowledge From Vice: Deeply Social Epistemology. *Mind*, *129*(515), 887–915. https://doi.org/10.1093/mind/fzz017

Moshak, D. (2021). Legitimate Potential of Modern Political Manipulation. *Bulletin of Mariupol State University Series History Political Studies*, *11*(31–32), 179–186. https://doi.org/10.34079/2226-2830-2021-11-31-32-179-186

Putri, R. C. S., & Priyoyudanto, F. (2023). The Transmission System of the Greco-Arabic Translation Movement During the Abbasid Era and Its Philosophical Contribution. *Juspi (Jurnal Sejarah Peradaban Islam)*, *7*(1), 9. https://doi.org/10.30829/juspi.v7i1.15373

Scells, H., Zuccon, G., Koopman, B., & Clark, J. (2020). *A Computational Approach for Objectively Derived Systematic Review Search Strategies*. 385–398. https://doi.org/10.1007/978-3-030-45439-5_26

Servedio, R. A., & Gortler, S. J. (n.d.). *Quantum Versus Classical Learnability*. 138–148. https://doi.org/10.1109/ccc.2001.933881

Slinin, Y. (2023). Middle Term, Reason, and the Formal Cause. *Σχολη Ancient Philosophy and the Classical Tradition*, *17*(2), 939–957. https://doi.org/10.25205/1995-4328-2023-17-2-939-957

Sun, Z. (2024). On Yijing, Chinese Traditional Divination and Their Possible Connection to Formal Logic. *Highlights in Science Engineering and Technology*, *88*, 531–539. https://doi.org/10.54097/q71gct28

Towler, O. (2025). Pedagogical Reforms in School Science Education for Mitigating Damaging Misinformation in a "Post-Truth" World. *Educational Theory*, *75*(5), 865–890. https://doi.org/10.1111/edth.70040

Usmanova, L. T., Somov, D. S., & Казаков, M. (2021). On the Historical and Philosophical Origins of Digital Reality. *Kant*, *41*(4). https://doi.org/10.24923/2222-243x.2021-41.39

Wijsen, J. (2013). *Charting the Tractability Frontier of Certain Conjunctive Query Answering*. 189–200. https://doi.org/10.1145/2463664.2463666

ZUHRI, H., & Arif, M. (2023). Al-Ghazalī (1058-1111) in the Eyes of Contemporary Indonesian Muslim Intellectuals. *Hamdard Islamicus*, *46*(1). https://doi.org/10.57144/hi.v46i1.512

Abbas, N. F., Muslah, A. F., & Najem, A. S. (2024). Fallacy as a Strategy of Argumentation in Political Debates. *Theory and Practice in Language Studies*, *14*(8), 2399–2407. https://doi.org/10.17507/tpls.1408.12

Andersen, I. V. (2022). "Well, That's Just My Opinion": The Principle of Expression and the Public Debate. *Journal of Deliberative Democracy*, *18*(1). https://doi.org/10.16997/10.16997/jdd.958

Anshori, M. A. A., Pawito, P., Kartono, D. T., & Hastjarjo, S. (2022). Comparative Framing: Media Strategy in Public Communication Policy. *Kne Social Sciences*. https://doi.org/10.18502/kss.v7i5.10545

Baig, F., & Mushtaq, S. (2025). Social Media Dynamics of Partisan Bias, Rhetorical Strategies, and Affect Polarization in Pakistan. *Om&s*, *6*(2), 45–60. https://doi.org/10.71016/oms/tzg8p353

Brisson, J., Markovits, H., Robert, S., & Schaeken, W. (2018). Reasoning From an Incompatibility: False Dilemma Fallacies and Content Effects. *Memory & Cognition*, *46*(5), 657–670. https://doi.org/10.3758/s13421-018-0804-x

Gunawan, T. (2024). Adaptasi Logika Media Sosial Sebagai Strategi Komunikasi Politik Gerindra Menjelang Pemilu 2024. *Jurnal Ilmu Komunikasi*, *22*(1), 44. https://doi.org/10.31315/jik.v22i1.7914

Hoffmann, M. H. G., & Catrambone, R. (2023). Bad Arguments and Objectively Bad Arguments. *Informal Logic*, *43*(1), 23–90. https://doi.org/10.22329/il.v43i1.7076

Ifan, M. (2022). Language as a Weapon: The Logical Fallacies in Political Discourse. *Jsid*, *3*(2), 18–27. https://doi.org/10.63924/jsid.v3i2.227

Klauer, K. C., Musch, J., & Naumer, B. (2000). On Belief Bias in Syllogistic Reasoning. *Psychological Review*, *107*(4), 852–884. https://doi.org/10.1037/0033-295x.107.4.852

Pelău, C., Pop, M.-I., Stanescu, M., & Sanda, G. (2023). The Breaking News Effect and Its Impact on the Credibility and Trust in Information Posted on Social Media. *Electronics*, *12*(2), 423. https://doi.org/10.3390/electronics12020423

Pratama, S. F., Andrean, R., & Nugroho, A. (2019). Analisis Sentimen Twitter Debat Calon Presiden Indonesia Menggunakan Metode Fined-Grained Sentiment Analysis. *Jointecs (Journal of Information Technology and Computer Science)*, *4*(2), 39. https://doi.org/10.31328/jointecs.v4i2.1004

Sahan, A., Saridewi, M. P., Wabang, R. J., & Nabung, A. (2024). Higher Institution Students' Challenges in Writing Journal Articles: Characteristics and Proposed Solutions. *English Review Journal of English Education*, *12*(1), 269–282. https://doi.org/10.25134/erjee.v12i1.8595

Song, Q. (2024). Framing in Media and Communication Studies: A Bibliometric Analysis. *Insight - News Media*, *7*(1), 674. https://doi.org/10.18282/inm674

Sukmayadi, T., Maarif, M., Fitri, H. R., Dewi, A. K., Merkuri, Y. G., & Haryanti, A. N. (2024). Membangun Keterampilan Berpikir Kritis Mahasiswa Melalui Literasi Kewarganegaraan Di Universitas Ahmad Dahlan. *Jurnal Dimensi Pendidikan Dan Pembelajaran*, *12*(2), 245–256. https://doi.org/10.24269/dpp.v12i2.9388

Warman, J. S., & Hamzah, H. (2019). An Analysis of Logical Fallacy on Joko Widodo's Arguments During 2019 Indonesia Presidential Debate. *English Language and Literature*, *8*(3). https://doi.org/10.24036/ell.v8i3.105507

Warman, J. S., & Hamzah, H. (2020). An Analysis of Logical Fallacy on Prabowo Subianto's Argumentation During 2019 Indonesia Presidential Debate. *Lingua Didaktika Jurnal Bahasa Dan Pembelajaran Bahasa*, *14*(1), 70. https://doi.org/10.24036/ld.v14i1.106901

Ennis, R. H. (2011). *The nature of critical thinking: An outline of critical thinking dispositions and abilities*. University of Illinois.

Fisher, A. (2011). *Critical thinking: An introduction* (2nd ed.). Cambridge University Press.

Habermas, J. (1984). *The theory of communicative action* (Vol. 1). Beacon Press.

Kahne, J., & Bowyer, B. (2017). Educating for democracy in a partisan age: Confronting the challenges of motivated reasoning and misinformation. *American Educational Research Journal, 54*(1), 3–34.

Kementerian Komunikasi dan Informatika Republik Indonesia. (2019). *Modul literasi digital: Cakap bermedia digital*. KOMINFO RI.

Paul, R., & Elder, L. (2014). *Critical thinking: Tools for taking charge of your learning and your life*. Pearson Education.

Sunstein, C. R. (2017). *#Republic: Divided democracy in the age of social media*. Princeton University Press.

Wardle, C., & Derakhshan, H. (2017). *Information disorder: Toward an interdisciplinary framework for research and policy making*. Council of Europe.

Winarno, B. (2015). *Logika dan berpikir kritis*. CAPS (Center for Academic Publishing Service).

Aikenhead, G. S. (2004). *Science-Based Occupations and the Science Curriculum : Concepts of Evidence*. https://doi.org/10.1002/sce.20046

Ainyn, Q., Lutfi, A., Hermynyawati, E., Guru, P. P., Surabaya, U. N., Surabaya, K., Gresik, K., & Timur, J. (n.d.). *Jurnal Riset Pendidikan Kimia ARTICLE*. *14*(2), 114–120.

Andresen, K., Laursen, J., & Rosenberg, J. (2018). *Outlining and dictating scientific manuscripts is a useful method for health researchers : A focus group interview*. https://doi.org/10.1177/2050312118778728

Berland, L. K., & Reiser, B. J. (2008). *Making Sense of Argumentation and Explanation*. https://doi.org/10.1002/sce.20286

Dewi, A. N., Silviany, I. Y., & Pratikno, H. (n.d.). *Kemampuan Bernalar dan Pengembangan Alinea dalam Membuat Wacana Mahasiswa Universitas Islam Bandung*. *4*, 136–152.

Havstad, J. C. (2022). *Sensational Science , Archaic Hominin Genetics , and Amplified Inductive Risk*. 295–320. https://doi.org/10.1017/can.2021.15

Journal, K., & Education, G. (2025). *개념적으로 타당한 논증은 형식적으로 타당한 논증인가?* *19*(4), 5–18.

Limpo, T., & Alves, R. A. (2018). *Acta Psychologica E ff ects of planning strategies on writing dynamics and fi nal texts ☆*. *188*(May), 97–109. https://doi.org/10.1016/j.actpsy.2018.06.001

Mul, S., Rosso, G., Botta, M., Brovero, A., Ferrari, S., Galla, R., Molinari, C., & Uberti, F. (2024). *Design of Mixed Medicinal Plants , Rich in Polyphenols , Vitamins B , and Palmitoylethanolamide-Based Supplement to Help Reduce Nerve Pain : A Preclinical Study*.

Nakpih, C. I., & Santini, S. (2020). *A UTOMATED D ISCOVERY OF L OGICAL*. *11*(2), 37–48. https://doi.org/10.5121/ijaia.2020.11203

Pan, L., Lu, X., & Preslav, M. K. (2023). *QAC HECK : A Demonstration System for Question-Guided Multi-Hop Fact-Checking*. 264–273.

Pawl, A. (2022). *Claims , evidence and reasoning in the introductory mechanics lab*. 347–352.

Prabowo, D. S., & Mulyana, M. (2018). *Harsh language of Banyumasan dialect*. *5*(2), 99–111.

Shehab, H. (2011). *Cognitive load of critical thinking strategies*.

Delfiza, M. V., & Fuadiyah, S. (2024). Pengaruh Model Pembelajaran Problem Based Learning Terhadap Kemampuan Berpikir Kritis Para Peserta Didik : Literatur Review. *Biodik*. https://doi.org/10.22437/biodik.v10i2.34041

Kalakmabin, A., Sari, D. K., & Abraham, R. H. (2025). Analisis Kompetensi Literasi Digital Mahasiswa Uksw Dalam Menghadapi Hoaks Di Media Sosial. *Journal of Innovation Research and Knowledge*. https://doi.org/10.53625/jirk.v5i5.11414

Kathrin Wulandari, A. R. (2020). Pengembangan Bahan Ajar Berbantuan Geogebra Berdasarkan Kemampuan Penalaran Matematis Siswa. *Gammath Jurnal Ilmiah Program Studi Pendidikan Matematika*. https://doi.org/10.32528/gammath.v5i1.3187

Kurniati, D., Harimukti, R., & Jamil, N. A. (2016). Kemampuan Berpikir Tingkat Tinggi Siswa SMP Di Kabupaten Jember Dalam Menyelesaikan Soal Berstandar PISA. *Jurnal Penelitian Dan Evaluasi Pendidikan*. https://doi.org/10.21831/pep.v20i2.8058

Kusuma Ningrum, L. A., Fathoni, M. Y., & Setyodewi, H. (2023). Usability Evaluation of the Cinemas Indonesia CGV Application Using Heuristic Evaluation and Pieces Framework. *Sistemasi*. https://doi.org/10.32520/stmsi.v12i3.2769

Mawar Hutagaol, K. R., Raharjo, T., Handoyo, E., Subali, B., & Avrilianda, D. (2025). Studi Literatur: Implementasi Model Problem Based Learning Untuk Meningkatkan Kemampuan Pemecahan Masalah Matematika Siswa Sekolah Dasar. *Js (Jurnal Sekolah).* https://doi.org/10.24114/js.v9i2.64831

Mrizkidirmansyah, & Febriandi, R. (2023). Meningkatkan Kemampuan Problem Solving Matematika Siswa Sd Melalui Implementasi Model Problem Based Learning. *Jurnal Elementaria Edukasia.* https://doi.org/10.31949/jee.v6i4.7591

Munthe, S. A., Tambunan, L. O., & Sauduran, G. N. (2023). Pengaruh Model Pembelajaran Creative Problem Solving (CPS) Terhadap Kemampuan Berpikir Kreatif Siswa Pada Materi SPLDV Di SMP Negeri 1 Panei. *Journal on Education.* https://doi.org/10.31004/joe.v5i2.1163

Murdani, A. D., Wijayati, H., & Haqqi, H. (2025). Penguatan Kecerdasan Digital Sebagai Fondasi Remaja Kreatif Dan Kritis Bermedia Sosial. *Jurnal Pengabdian Pendidikan Masyarakat (Jppm).* https://doi.org/10.52060/jppm.v6i1.2838

Nariswari, N. R. (2024). Pengaruh Sosial Media Terhadap Kemampuan Berfikir Kritis Dan Daya Fokus Masyarakat Indonesia. *Jurnal Vicidi.* https://doi.org/10.37715/vicidi.v14i2.5191

Nicomse, N., & Pakpahan, T. B. (2022). Pengaruh Model Pembelajaran Problem Posing Terhadap Kemampuan Pemecahan Masalah Matematika Peserta Didik Pada Materi Lingkaran Di Kelas VIII SMP Negeri 1 Besitang. *Sepren.* https://doi.org/10.36655/sepren.v4i0.836

Nurjannah, K. (2025). Pendekatan Deep Learning Dalam Pendidikan Matematika: Sebuah Systematic Review Tentang Dampaknya Terhadap Kemampuan Pemecahan Masalah Matematis Siswa. *Didactical Mathematics.* https://doi.org/10.31949/dm.v7i2.16283

Pasek Suryawan, I. P., Putu Sudiarta, I. G., & Putu Suharta, I. G. (2023). Students' Critical Thinking Skills in Solving Mathematical Problems: Systematic Literature Review. *Indonesian Journal of Educational Research and Review.* https://doi.org/10.23887/ijerr.v6i1.56462

Rahmawati, R., Mastorat, M., Jufrin, J., & Bulqis, B. (2025). Memperkuat Peran Perempuan Dalam Dakwah Berkemajuan Di Era Digital: Strategi Pemberdayaan Dan Literasi Dakwah Di Organisasi Nasyiatul Aisyiyah. *Meuseuraya - Jurnal Pengabdian Masyarakat.* https://doi.org/10.47498/meuseuraya.v4i1.5396

Sari, D. P., & Fiantika, F. R. (2018). A Students Algebraic Thinking Processed in Mathematic Problem Solving at Low Mathematic Ability Student Based on Quantitative Reasoning Ability. *Edumatika Jurnal Riset Pendidikan Matematika.* https://doi.org/10.32939/ejrpm.v1i2.224

Setiawan, W., Juniati, D., & Khabibah, S. (2024). Studi Literatur: Berpikir Kreatif Dalam Pemecahan Masalah Matematika. *Jurnal Ilmiah Soulmath Jurnal Edukasi Pendidikan Matematika.* https://doi.org/10.25139/smj.v12i1.7548

Shodikin, A. (2014). Strategi Abduktif Deduktif Pada Pembelajaran Matematika Dalam Peningkatan Kemampuan Penalaran Siswa Sma. *Edusentris.* https://doi.org/10.17509/edusentris.v1i2.138

BIOGRAFI PENULIS

1. Rohmatun Fitriana adalah mahasiswi Program Studi Pendidikan Agama Islam (PAI) di Institut Ahmad Dahlan (IAD) Probolinggo. Minat kajiannya berfokus pada penguatan penalaran logis dalam pendidikan Islam serta relevansinya dengan kehidupan sehari-hari. Saat ini, ia mendalami peran logika sebagai fondasi berpikir kritis dalam studi akademik dan praksis sosial. Ia merupakan penulis Bab 1 berjudul "Mengapa Logika? Membedah Peran Penalaran dalam Studi dan Kehidupan Sehari-hari."
2. Rohmatin Ramadhani adalah mahasiswi Program Studi Pendidikan Agama Islam (PAI) di Institut Ahmad Dahlan (IAD) Probolinggo. Minat kajiannya berfokus pada pengembangan pemahaman logika sebagai instrumen berpikir ilmiah dan kritis dalam pendidikan. Saat ini, ia mendalami karakteristik serta perbedaan paradigmatik antara logika formal, informal, simbolis, dan matematika dalam konteks akademik. Ia merupakan penulis Bab 2 berjudul "Karakteristik dan Perbedaan Paradigmatik Logika Formal, Informal, Simbolis, dan Matematika."
3. Luluk Zahro Maulidya merupakan seorang mahasiswa yang menaruh perhatian besar pada bidang logika, filsafat, dan kemampuan berpikir kritis. Minat tersebut lahir dari pengamatannya terhadap banyaknya kekeliruan penalaran dalam ruang diskusi, khususnya di media sosial. Melalui karya ini, ia berusaha menghadirkan pembahasan mengenai argumentum ad hominem secara ringkas, relevan, dan mudah dipahami. Ia berharap tulisannya dapat membantu pembaca menjadi lebih teliti dalam menilai argumen serta ikut mendorong terbentuknya budaya dialog yang lebih cerdas, etis, dan sehat.
4. Athiyah Ilahiyah merupakan mahasiswi Program Studi Pendidikan Agama Islam di Institut Ahmad Dahlan Probolinggo. Bidang kajian yang menjadi perhatiannya meliputi logika, filsafat ilmu, serta dinamika perubahan paradigma pada era digital. Saat ini, ia menekuni studi mengenai peran logika dalam proses validasi pengetahuan ilmiah, khususnya dalam menghadapi bergesernya paradigma keilmuan akibat kemajuan teknologi. Dalam buku ini, ia berkontribusi sebagai penulis Bab 2 bagian 8 berjudul *"Struktur Logis Pernyataan dan Argumen: Studi atas Proposisi Kategoris (A, E, I, O)"*.
5. Lutviatuz Zahro adalah mahasiswa Program Studi Pendidikan Agama Islam di **Institut** Ahmad Dahlan Probolinggo. Ketertarikannya pada bidang logika, pemikiran kritis, dan metodologi ilmiah mendorongnya untuk mengkaji peran penalaran deduktif dalam pendidikan modern. ia berupaya memperkenalkan pentingnya struktur argumen yang valid dan rasional sebagai keterampilan dasar bagi mahasiswa dan pendidik di era informasi digital. ia adalah penulis Bab 2 bagian 11 berjudul "JANTUNG LOGIKA DEDUKTIF: MEMBANGUN ARGUMEN YANG RUNTUT DENGAN SILOGISME KATEGORIS"
6. Dinda Alifatur Rodziah adalah mahasiswi Program Studi Pendidikan Agama Islam di Institut Ahmad Dahlan Kota Probolinggo. Minat kajiannya berfokus pada logika, etika komunikasi, dan kemampuan berpikir kritis dalam ruang digital. Ia secara khusus menaruh perhatian pada bagaimana pola penalaran hipotetis *"jika maka"* digunakan dalam proses pengambilan keputusan, baik dalam konteks akademik, sosial, maupun komunikasi publik. Saat ini ia sedang mendalami analisis kesesatan berpikir (logical fallacies) yang berkembang di media sosial dan ruang diskursus modern. Ia adalah

penulis Bab berjudul "Menavigasi Skenario 'Jika–Maka': Aplikasi Logika Hipotetis dalam Pengambilan Keputusan."

7. Sabila Almas Kistina menempuh studi di Program Studi Pendidikan Agama Islam di Institut Ahmad Dahlan Probolinggo. Ia memiliki ketertarikan mendalam pada logika klasik, khususnya terkait dengan penerapannya. Dalam antologi logika yang diterbitkan, ia berperan sebagai penulis Bab 5 Bagian 1 yang membahas "Seni Memberi Batasan: Teknik Merumuskan Definisi yang Tepat, Jelas, dan Bebas Ambiguitas".
8. Toyiba Sariroh adalah mahasiswi Program Studi Pendidikan Agama Islam di Institut Ahmad Dahlan Probolinggo. Minat kajiannya berfokus pada logika dan filsafat, khususnya pada peran paradoks dalam dinamika berpikir kritis dan refleksi intelektual. Dalam buku ini, ia berkontribusi Bab 4 NO.15 "Saat Logika Terasa Absurd: Membedah Struktur dan Fungsi Paradoks dalam Pemikiran", yang mengulas bagaimana paradoks bukan sekadar kejanggalan, melainkan instrumen penting dalam menantang batas nalar dan memperluas cakrawala berpikir.
9. Nafilatul Mukarromah adalah mahasiswi Program Studi Pendidikan Agama Islam di Institut Ahmad Dahlan Probolinggo. Minat kajiannya berfokus pada kajian tentang logika . Saat ini ia sedang mendalami fondasi bagaimana akal sehat bekerja ketika menilai kebenaran suatu argumen.Ia adalah penulis Bab3, " Penerapan Empat Pilar Akal Sehat dalam Analisis Argumen: Telaah Hukum Identitas, Kontradiksi, dan Cukup Alasan".
10. Mahmadatul Choiriyah merupakan mahasiswi Program Studi Pendidikan Agama Islam di Institut Ahmad Dahlan Probolinggo. Ketertarikannya berfokus pada kajian logika, filsafat ilmu, dan pengembangan kemampuan berpikir kritis dalam konteks pendidikan modern. Ia aktif meneliti bagaimana mekanisme penalaran bekerja dalam proses pembentukan pengetahuan, khususnya terkait integrasi penalaran induktif dan deduktif dalam memahami fenomena ilmiah maupun persoalan intelektual sehari-hari. Selain itu, Mahmadatul Choiriyah juga memberi perhatian pada dinamika perubahan pola pikir akademik di era digital yang menuntut ketelitian logis sekaligus keterbukaan terhadap data empiris. Dalam karya ini, ia berkontribusi sebagai penulis dengan mengulas secara mendalam struktur dan prinsip kerja kedua bentuk penalaran tersebut, sebagai upaya memperkuat pemahaman mahasiswa terhadap dasar-dasar berpikir rasional dan argumentative.
11. Nailul Izzah merupakan mahasiswi Program Studi Pendidikan Agama Islam di Institut Ahmad Dahlan Probolinggo. Minat akademiknya berfokus pada kajian logika, penalaran kritis, dan struktur argumentasi dalam pendidikan, khususnya bagaimana kemampuan berpikir rasional dapat meningkatkan kualitas literasi serta dialog di ruang publik. Dalam beberapa kajiannya, ia menaruh perhatian pada peran logika sebagai fondasi penting dalam membangun argumentasi yang sahih, sistematis, dan bebas dari sesat pikir sebuah kompetensi yang sangat dibutuhkan pada era informasi yang sarat manipulasi dan distorsi data. Saat ini, ia menekuni studi terkait penerapan prinsip-prinsip logika dalam proses evaluasi keilmuan serta bagaimana kesalahan penalaran memengaruhi kualitas komunikasi akademik maupun sosial. Dalam buku ini, ia berkontribusi sebagai penulis. Bab 2: Dasar Penalaran, Struktur Argumen, dan Katalog Sesat Pikir, dengan tujuan menghadirkan pemetaan komprehensif mengenai fondasi berpikir kritis yang dapat diaplikasikan dalam pendidikan maupun kehidupan sehari-hari.
12. Dinda Ayu Saputri merupakan Mahasiswi Program Studi Pendidikan Agama Islam di Institut Ahmad Dahlan Probolinggo. Minat kajiannya berfokus pada logika berargumen dan etika dalam beragumen. Saat ini ia sedang mendalami bagaimana membangun argumen yang kokoh. Ia adalah penulis Bab 2 bagian 14, "Menjebak lawan bicara: menerapkan argumen dilema untuk menguji posisi seseorang".

13. Karomatus Sa'adah adalah mahasiswi Program Studi Pendidikan Agama Islam di Institut Ahmad Dahlan Probolinggo. Minat kajiannya berfokus pada etika komunikasi digital dan analisis wacana kritis di media sosial. Saat ini ia sedang mendalami bagaimana kesesatan berpikir (fallacy) digunakan untuk memanipulasi opini publik. Ia adalah penulis Bab 16, "BENTENG AKAL SEHAT: PENGANTAR MENGIDENTIFIKASI SESAT PIKIR (FALLACY) DALAM KESEHARIAN"
14. Siti Aisyah adalah mahasiswi Program Studi Pendidikan Agama Islam di Institut Ahmad Dahlan Probolinggo. Minat kajiannya berfokus pada logika, filsafat ilmu, dan dinamika perubahan paradigma di era digital. Saat ini ia mendalami bagaimana logika digunakan untuk memvalidasi pengetahuan ilmiah, terutama dalam konteks munculnya paradigma-paradigma baru akibat perkembangan teknologi. Ia adalah penulis Bab 4 bagian 26. "Logika dalam Praktik Keilmuan dan Digital: Memahami Pergeseran Paradigma dalam Ilmu."
15. Resfia Salsabila Makadima adalah mahasiswi Program Studi Pendidikan Agama Islam di Institut Ahmad Dahlan. Minat kajiannya berfokus pada logika, khususnya pada dasar-dasar penalaran dan analisis argumen dalam konteks pemikiran klasik hingga modern. Dalam buku, ini ia berkontribusi Bab 4, no 27 "Akar pemikiran rasional: menelusuri jejak logika dari aristoteles hingga Era Modern", yang menelusuri perkembangan tradisi logika sepanjang sejarah.
16. Maulana Ichsan adalah mahasiswa Program Studi Pendidikan Agama Islam di Institut Ahmad Dahlan Probolinggo yang memiliki ketertarikan mendalam pada kajian logika, filsafat ilmu, dan analisis wacana publik. Fokus studinya berkembang pada pemahaman tentang bagaimana prinsip-prinsip penalaran digunakan dalam membentuk, memengaruhi, serta mengarahkan opini masyarakat, khususnya melalui media massa dan media digital. Ia menaruh perhatian pada dinamika argumentasi para aktor politik, serta bagaimana validitas dan kekuatan argumen dapat dievaluasi secara sistematis melalui pendekatan logika formal maupun informal.Dalam ranah akademik, ia aktif melakukan eksplorasi terhadap pergeseran pola pikir masyarakat modern yang dipengaruhi oleh arus informasi cepat, bias kognitif, dan framing media. Ketertarikan tersebut mendorongnya untuk mengkaji lebih jauh peran logika dalam menjaga kualitas wacana publik serta membangun tradisi berpikir kritis di tengah tantangan era digital. Dengan latar belakang ini, ia berupaya memberikan kontribusi akademis yang relevan bagi pengembangan literasi logika dan pemahaman kritis dalam konteks sosial-politik kontemporer.Dalam buku ini, Maulana Ichsan berkontribusi sebagai penulis bab "Logika dalam Debat Publik: Menganalisis Argumen Politisi di Media Massa". Bab tersebut menguraikan bagaimana struktur argumentatif politisi bekerja dalam berbagai platform media, serta menawarkan kerangka analitis untuk menilai koherensi, validitas, dan strategi retoris yang sering digunakan dalam komunikasi politik modern. Kontribusinya diharapkan dapat memperkaya wacana akademik mengenai penerapan logika dalam kehidupan publik dan memperluas pemahaman pembaca mengenai pentingnya analisis argumen dalam membangun masyarakat yang lebih kritis dan rasional.
17. Nisrina Huwaida adalah mahasiswi Program studi Pendidikan Agama Islam di Institut Ahmad Dahlan Probolinggo yang memiliki minat besar pada logika, penalaran kritis, dan pengembangan kemampuan berpikir sistematis. Ketertarikannya pada topik ini tumbuh dari pengamatannya terhadap cara manusia berpikir, berdiskusi, dan mengambil keputusan dalam kehidupan sehari-hari. Nisrina bertujuan menulis ini untuk membantu mahasiswa memahami konsep logika secara lebih sederhana dan aplikatif, khususnya terkait kesesatan berpikir, pemecahan masalah, dan pentingnya berpikir

rasional. Melalui karyanya, ia berharap dapat mendorong budaya diskusi yang lebih sehat, objektif, dan berorientasi pada pencarian kebenaran.

18. Robiatul Adawiyah merupakan mahasiswi Program Studi Pendidikan Agama Islam di Institut Ahmad Dahlan Probolinggo, dengan fokus kajian pada logika, filsafat ilmu, serta dinamika perubahan paradigma di era digital, khususnya peran logika dalam validasi pengetahuan ilmiah di tengah kemajuan teknologi. Dalam buku ini, ia berkontribusi sebagai penulis Bab 2 bagian 8 berjudul "Berpikir dengan Perbandingan: Menggunakan Analogi untuk Menjelaskan Konsep Kompleks", yang menguraikan mekanisme pemetaan struktur analogi, pengurangan beban kognitif, serta strategi implementasi inovatif untuk memfasilitasi pemahaman konsep abstrak dalam pembelajaran. Karyanya menekankan pentingnya analogi sebagai jembatan pedagogis yang efektif, relevan dengan pengalaman siswa, untuk membangun pemahaman mendalam dan keterampilan berpikir kritis.
19. Andri Yanto adalah mahasiswa Program Studi Pendidikan Agama Islam. Minat kajiannya berfokus pada logika berpikir kritis dalam pendidikan Islam serta analisis kesesatan berpikir dalam diskursus keagamaan dan akademik. Saat ini ia mendalami bagaimana otoritas tokoh, gelar akademik, dan status sosial sering dijadikan dasar kebenaran tanpa proses verifikasi kritis. Ia adalah penulis dengan tema "'Kata Pakar' Belum Tentu Benar: Mengevaluasi Argumen Berbasis Otoritas (Argumentum Auctoritatis)", yang menekankan pentingnya tabayyun dan nalar kritis dalam menilai klaim kebenaran.
20. Saiful Anam adalah mahasiswa Program Studi Pendidikan Agama Islam. Minat kajiannya berfokus pada dinamika opini mayoritas dalam wacana keagamaan serta pengaruh tekanan sosial terhadap cara berpikir individu. Saat ini ia mendalami bagaimana argumen populer sering dijadikan tolok ukur kebenaran tanpa kajian rasional dan etis yang memadai. Ia adalah penulis dengan tema "Ikut-ikutan Orang Banyak: Mengkritisi Argumen Populis (Argumentum ad Populum)", yang menegaskan pentingnya nalar kritis dan sikap tabayyun dalam menghadapi klaim kebenaran berbasis mayoritas.
21. M. Alif Haidir Aziz adalah mahasiswa Program Studi Pendidikan Agama Islam. Minat kajiannya berfokus pada pengembangan nalar ilmiah dalam studi keislaman, khususnya peran logika dalam menyusun argumen dan membangun kerangka pemikiran akademik yang sistematis. Saat ini ia mendalami proses transformasi gagasan menjadi teori melalui penalaran logis yang terstruktur. Ia adalah penulis dengan tema "Dari Ide ke Teori: Peran Logika dalam Membangun Kerangka Pemikiran Ilmiah", yang menekankan pentingnya konsistensi logis dan metodologi ilmiah dalam tradisi keilmuan Islam.
22. Muhammad Fatahillah adalah mahasiswa Program Studi Pendidikan Agama Islam. Minat kajiannya berfokus pada metodologi penelitian dalam studi keislaman, khususnya perumusan dan pengujian hipotesis secara logis dan sistematis. Saat ini ia mendalami bagaimana dugaan sementara dapat dirancang berdasarkan kerangka berpikir ilmiah serta diverifikasi melalui pendekatan rasional dan empiris. Ia adalah penulis dengan tema "Menguji Dugaan Sementara: Merancang dan Memverifikasi Hipotesis Secara Logis", yang menegaskan pentingnya ketepatan logika dan kejujuran akademik dalam proses penelitian ilmiah.
23. M. Fathy Ubaidillah adalah mahasiswa Program Studi Pendidikan Agama Islam. Minat kajiannya berfokus pada keterampilan membaca kritis dalam kajian akademik, khususnya kemampuan mengidentifikasi premis dan kesimpulan dalam teks ilmiah. Saat ini ia mendalami bagaimana struktur argumen dibangun secara logis serta bagaimana kesalahan penalaran dapat dikenali melalui analisis teks yang cermat. Ia

adalah penulis dengan tema "Membaca Kritis: Teknik Mengidentifikasi Premis dan Kesimpulan dalam Teks Akademik", yang menekankan pentingnya ketelitian berpikir dan nalar analitis dalam tradisi keilmuan Islam.

24. Muhammad Adam Rosuli adalah mahasiswa yang menempuh kuliah di Program Studi Pendidikan Agama Islam, Institut Ahmad Dahlan Probolinggo. Ia memiliki ketertarikan mendalam pada fondasi logika klasik dan penerapannya dalam metodologi pemikiran Islam. Saat ini ia sedang mendalami bagaimana kesesatan berpikir (fallacy) digunakan untuk memanipulasi opini publik. Ia adalah penulis Bab 21, "Mencari Kambing Hitam: Menghindari Kesalahan Logis Sebab-Akibat (Non Causa Pro Causa)".
25. Yayak Hardiansyah adalah mahasiswa Program Studi Pendidikan Agama Islam. Ketertarikannya berada pada kajian logika berpikir kritis dalam pendidikan Islam, khususnya pembahasan tentang kesesatan berpikir yang sering muncul dalam wacana keagamaan dan akademik. Saat ini ia menaruh perhatian pada cara ketiadaan bukti kerap dijadikan dasar pembenaran suatu klaim, sehingga melahirkan kesimpulan yang keliru. Ia menulis dengan tema "Logika Ketidaktahuan: Membongkar Sesat Pikir Argumentum ad Ignorantiam", yang menegaskan pentingnya sikap tabayyun, kehati-hatian berpikir, dan tanggung jawab akademik dalam menilai kebenaran suatu pernyataan.
26. Habibullah adalah mahasiswa Program Studi Pendidikan Agama Islam di Institut Ahmad Dahlan Probolinggo. Minat kajiannya meliputi logika terapan, filsafat berpikir kritis, serta analisis argumentasi dalam diskursus kontemporer. Dalam buku ini, ia menyumbangkan tulisan berjudul "Bab 17: Menyerang Orangnya, Bukan Argumennya: Mengenali Sesat Pikir *Argumentum ad Hominem".* Sehingga mampu mendeteksi dan menolak argumen yang menyerang pribadi, bukan gagasan.
27. Royanatul Jannah adalah mahasiswi Program Studi Pendidikan Agama Islam di Institutt Ahmad Dahlan Probolinggo. Minat kajiannya berfokus pada logika, penalaran ilmiah, dan pengembangan kemampuan berpikir kritis mahasiswa. Saat ini ia sedang mengembangkan penelitian terkait penerapan teknik penalaran silogistik dalam proses pembelajaran. Ia adalah penulis Bab 13, MENGURAI PILIHAN "ATAU- ATAU": TEKNIK PENALARAN MENGGUNAKAN SILOGISME DISJUNGTIF DAN KONJUNGTIF.
28. Fita Amelia adalah mahasiswi Program Pendidikan Agama Islam di Institut Ahmad Dahlan Probolinggo. Minat kajiannya berfokus pada strategi pengelolaan informasi dan sistematisasi pengetahuan dalam konteks ekonomi digital. Saat ini ia tengah mendalami teknik-teknik klasifikasi informasi secara sistematis dan konsisten sebagai fondasi dalam menganalisis kompleksitas data di era digital. Fita merupakan penulis Bab 06, "Memetakan Realitas: Strategi Menggolongkan Informasi secara Sistematis dan Konsisten", dengan luaran pembelajaran yang dirancang agar mahasiswa mampu mengklasifikasikan objek atau konsep berdasarkan prinsip-prinsip yang logis.
29. M. Abd. Adhim adalah mahasiswa Program Studi Pendidikan Agama Islam di Institut Ahmad Dahlan Probolinggo. Minat kajiannya berfokus pada analisis bahasa dalam penalaran logis, khususnya bagaimana ambiguitas bahasa dapat menyesatkan proses berpikir kritis dalam diskursus keagamaan dan akademik. Saat ini ia mendalami persoalan aksentuasi, ekuivokasi, dan amfiboli sebagai bentuk jebakan bahasa yang kerap luput disadari namun berdampak signifikan terhadap proses penalaran dan penarikan kesimpulan. Ia adalah penulis dengan tema "Jebakan Bahasa: Bagaimana Ambiguitas Aksentuasi, Ekuivokasi, dan Amfiboli Menyesatkan Penalaran", yang menekankan pentingnya ketelitian berbahasa, kejernihan makna, serta kesadaran logis dalam menjaga integritas argumentasi ilmiah dan keislaman.

30. Mahfud Ali adalah mahasiswa Program Studi Pendidikan Agama Islam di Institut Ahmad Dahlan. Minat kajiannya berfokus pada analisis logika dan sesat pikir dalam penalaran kritis, khususnya bagaimana ancaman dan belas kasihan digunakan sebagai alat manipulasi nalar dalam diskursus keagamaan dan akademik. Saat ini ia mendalami kekeliruan berpikir ad baculum dan ad misericordiam sebagai bentuk penyesatan logis yang kerap luput disadari, namun berdampak signifikan terhadap proses penilaian, pengambilan sikap, dan penarikan kesimpulan. Ia adalah penulis dengan tema "Logika Ancaman dan Belas Kasih: Mewaspadai Sesat Pikir ad baculum dan ad misericordiam", yang menekankan pentingnya kejernihan nalar, integritas argumentasi, serta kesadaran etis dalam menjaga kebebasan berpikir dan tanggung jawab intelektual dalam kajian keislaman.
31. Faathin Faaruq Fadhlillah adalah mahasiswa Program Studi Pendidikan Agama Islam di Institut Ahmad Dahlan Probolinggo. Minat kajiannya berfokus pada kajian logika, literasi digital, serta evaluasi argumen dalam ruang media sosial. Saat ini ia mendalami bagaimana informasi dan argumen dibangun, disebarkan, serta diuji kebenarannya di era digital. Ia merupakan penulis artikel dan penelitian berjudul "Logika di Era Digital: Mengevaluasi Informasi dan Argumen di Linimasa Media Sosial"

www.ingramcontent.com/pod-product-compliance
Lightning Source LLC
LaVergne TN
LVHW040427051026
849517LV00002B/492
9798224300075